Couvertures supérieure et inférieure manquantes

LES

AMOUREUX DE SYLVIA

A LA MÊME LIBRAIRIE

OUVRAGES DE Mrs GASKELL

à 1 fr. 25 c. le volume.

Autour du sofa. 1 vol.

Marie Barton. 1 vol.

Cranford. 1 vol.

Marguerite Hall (nord et sud). 2 vol.

Ruth. 1 vol.

Les amoureux de Sylvia. 1 vol.

Cousine Philis. — L'œuvre d'une nuit de mai. — Le héros du fossoyeur. 1 vol.

Mrs L. E. GASKELL

LES
AMOUREUX DE SYLVIA

ROMAN ANGLAIS

TRADUIT AVEC L'AUTORISATION DE L'AUTEUR

PAR E. D. FORGUES

PARIS

LIBRAIRIE HACHETTE ET Cie

79, BOULEVARD SAINT-GERMAIN, 79

1882

Droits de reproduction réservés.

LES
AMOUREUX DE SYLVIA.

PREMIÈRE PARTIE.

I

MONKSHAVEN.

Monkshaven, — qu'il vous faudrait chercher sur la côte nord-est d'Angleterre, au bord de la Dee, justement à l'endroit où cette rivière tombe dans l'Océan germanique, — compte aujourd'hui quinze mille habitants, mais n'en avait pas la moitié à la fin du dernier siècle, époque où se passèrent les événements que nous allons raconter.

Tout autour, dans un rayon de plusieurs milles, s'étendent ces grands espaces plats et humides qu'on appelle *moorlands*, interrompus çà et là par quelques hauteurs couvertes de rouges bruyères. Du haut de ces cimes qui dominent la mer, s'écoulent des torrents qui, — se creusant avec le temps un chemin plus ou moins large, — ont peu à peu formé des espèces de vallons plus ou moins étroits, au fond desquels s'abrite une végétation riche et puissante. On y trouve de beaux gazons élastiques où paissent en trop grand nombre certains petits moutons à tête noire, mal venus des bouchers à cause de leur maigreur, et dont la laine courte et rude ne jouit pas auprès des tisserands d'une haute considération. Dans ces districts ruraux, éparpillés en plein marécage, la population est de nos jours très-clair-semée. Elle l'était bien plus encore il y a quatre-vingts ans, c'est-à-dire avant que l'agriculture, devenue science, eût trouvé les moyens de lutter contre les difficultés naturelles que lui offrait le sol tourbeux de ces plaines humides, et avant que les chemins de fer, facilitant les communications, n'y amenassent chaque année les *sportsmen* attirés par la quantité de gibier qui peuple ces solitudes.

Monkshaven est une ville de pêcheurs. Son aristocratie, qui n'a rien de commun avec celle du comté, s'est formée parmi les aventureux négociants et les marins plus aventureux encore qui s'engagent dans les vastes opérations dont les mers du Groënland sont le théâtre. On s'en aperçoit de reste à ces vastes appentis qui s'étendent sur les bords de la Dee et d'où sort une odeur d'huile, un parfum de marée que semblent goûter les naturels de l'endroit. Presque tous ont été, sont, ou seront marins : leur destinée individuelle, l'avenir de leurs familles dépendent du succès de leurs expéditions lointaines. Tout ceci contribue à donner à la ville, au pays même, je ne sais quelle tournure amphibie. A vingt milles de la côte, les rebuts de la pêche, les plantes marines, les ordures des *melting-houses* (ces hangars dont nous parlions et qui servent à la fonte du « gras de baleine »), constituent la plus grande masse des engrais du district. De grandes mâchoires de cachalot, à l'aspect sinistre, surmontent, dénudées et blanchies, les portes de plus d'un enclos. Dans une famille d'agriculteurs, s'il y a plusieurs enfants, on peut être sûr que l'un d'eux est à la mer et que, tout en cultivant son modeste jardin, sa mère, les jours d'orage, tournera plus d'une fois du côté de l'Océan des regards inquiets. Les jours de loisir se passent tous à la côte. On voit que le cœur du pays est là, et que ses grands intérêts s'y débattent.

A l'époque dont je parle, le voisinage de la mer était pour tout le pays qui environne Monkshaven un motif de crainte et d'irritation. Voici quelles causes spéciales avaient amené ce résultat étrange.

Depuis la fin de la guerre d'Amérique, aucune nécessité pressante n'était venue aggraver pour l'Angleterre les conditions habituelles de la levée maritime. D'année en année, les fonds alloués pour cet objet diminuaient constamment. Ils atteignirent leur minimum en 1792. En 1793, au contraire, la Révolution française mit l'Europe en feu, et le gouvernement anglais n'épargna rien pour fomenter dans la population des Trois-Royaumes les passions anti-gallicanes soulevées par les excès du régime de la Terreur. Quand il fallut en venir aux mains on avait des vaisseaux, mais où étaient les équipages?

Pour cette disette d'hommes, l'Amirauté possédait un remède souverain, consacré par de nombreux précédents et sanctionné par la loi coutumière sinon par la loi écrite. Des « ordres de *presse* » furent émis qui invitaient les autorités civiles de tout le pays à seconder les officiers chargés de l'enrôlement maritime dans l'accomplissement de leur mission. La côte fut partagée en districts, chacun sous le contrôle d'un capitaine de vaisseau qui lui-même déléguait des lieutenants pour chaque sous-district, et, grâce au blocus ainsi organisé, tous les navires frétés pour le retour étaient attendus et guettés au passage, tous les ports strictement surveillés, et en vingt-quatre heures, s'il le fallait, on se trouvait à même d'ajouter un personnel nombreux aux forces de la marine royale. Mais à mesure que les demandes de l'Amirauté devenaient plus urgentes, ses agents devinrent moins scrupuleux. On en vint à penser qu'il était facile de transformer en bons matelots des paysans robustes. Les lois sur la *presse* exigeaient bien certaines formalités et certaines constatations; mais une fois que la capture était faite, comment un pauvre laboureur aurait-il pu justifier de sa profession habituelle, personne ne voulant écouter les témoignages qu'il aurait fournis, personne après les avoir écoutés n'y voulant croire, et personne enfin, après les avoir écoutés et les avoir crus, ne se souciant de contribuer à la délivrance du captif? Bien des hommes furent ainsi secrètement enlevés et littéralement disparurent, sans que jamais on ait entendu parler d'eux. Les rues d'une grande ville n'étaient pas plus à l'abri que les campagnes les moins peuplées, de ces rapts exécutés à force ouverte et en plein soleil. Lord Thurlow, l'*attorney-general*, enlevé lui-même pendant qu'il faisait une promenade aux environs de Londres, aurait pu porter un éclatant témoignage contre les procédés tout particuliers que se permettait l'Amirauté, soit pour se procurer des marins, soit pour écarter les réclamations incommodes auxquelles ses procédés sommaires avaient donné lieu. L'isolement relatif des villageois de l'intérieur ne les mettait point à l'abri de semblables entreprises. Maint et maint paysan, parti pour la foire où il allait s'engager à l'année, ne revint jamais dire chez lui quelle place il avait trouvée; maint fils de fermier, jeune et robuste, cessa de s'asseoir au foyer de son père et fut à jamais perdu pour son amoureuse. — Tels furent les exploits de la *presse* des matelots pendant les premières années de la guerre avec la France, surtout après chacune des victoires navales qui marquèrent cette lutte acharnée.

Les agents de l'Amirauté se tenaient à l'affût de tout

bâtiment marchand; beaucoup de ces navires revenant après une longue absence — et revenant avec une riche cargaison — se virent abordés à douze heures de terre et dépeupler si bien par cette *presse* impitoyable, que leurs équipages désormais insuffisants, désormais incapables de les ramener au port, étaient réduits à les laisser dériver en pleine mer, où parfois ils se perdaient à jamais. Quant aux hommes ainsi *pressés*, c'est-à-dire enlevés, il leur arrivait souvent de voir disparaître en un jour le fruit rudement gagné de bien des années de travail, et leurs épargnes rester aux mains des propriétaires du navire où ils avaient servi, exposées à toutes les chances de l'improbité, à tous les hasards de vie ou de mort.

Aujourd'hui cette tyrannie nous paraît surprenante. Nous ne comprenons guère qu'aucun enthousiasme guerrier, aucune panique d'invasion, aucune soumission loyale aux pouvoirs établis, aient pu si longtemps maintenir un pareil joug. La *press-gang* telle qu'on la voyait alors, — appuyée de patrouilles et de sentinelles qui barraient les rues et bloquaient les maisons à fouiller, — produit sur nous l'effet d'un mythe hideux, et c'est avec une surprise voisine de l'incrédulité que nous entendons parler de ces églises cernées pendant le service divin pour que les agents de l'Amirauté pussent, tout à leur aise, arrêter et saisir au passage les hommes dont elle voulait faire sa proie. Par différents motifs sur lesquels il est inutile d'insister, les habitants du Sud acceptaient avec plus de soumission que ceux du Nord cet état de choses si abusif; sur la côte du Yorkshire, plus particulièrement, la *presse* rencontrait des résistances furieuses, spécialement parmi ces matelots qui, grâce à l'élévation exceptionnelle de leurs salaires, pouvaient espérer d'arriver comme tant d'autres au rang de commerçant et d'armateur. Les hobereaux du pays lui étaient beaucoup moins hostiles. Ceux qui entouraient Monkshaven, jalousant l'opulence toujours croissante de ses habitants, voyaient avec assez d'indulgence les entraves apportées à ce commerce auquel leur dignité nobiliaire les empêchait de prendre part; ils croyaient d'ailleurs remplir un devoir sacré en appuyant les ordres de l'Amirauté, chaque fois qu'ils en étaient requis, de tout le pouvoir civil à eux conféré, — pourvu cependant qu'ils pussent le faire sans se mêler plus que de raison à des conflits qui, après tout, ne les intéressaient guère.

Bien reçus chez ces gentillâtres, et principalement chez ceux qui avaient plusieurs filles à pourvoir, les officiers de marine employés à l'odieuse mission que nous venons de définir n'étaient pas précisément impopulaires à Monkshaven même, si ce n'est dans les moments de crise où l'exercice de leur métier les mettait en collision directe avec la population. Le souvenir de leurs exploits, leur réputation de franchise, leur gaieté bruyante et cordiale les protégeait contre la haine populaire dont leurs subordonnés conservaient le monopole. Ceux-ci, regardés comme des espions, des « voleurs d'hommes, » de la « vermine » — ainsi les appelait-on, — voyaient fort mal accueillir leurs moindres provocations, et les gens du peuple passaient rarement devant le cabaret de bas étage qu'un pavillon bleu signalait comme le rendez-vous de la *press-gang*, sans cracher vers la porte en témoignage d'exécration. Mais, après tout, cela importait peu. Si dignes qu'ils fussent des surnoms qu'on leur donnait, ces hommes étaient braves et entreprenants. La loi étant pour eux, leur tâche était légitime. Ils servaient leur roi et leur pays. Toutes leurs facultés étaient en jeu, ce qui est toujours agréable. Dans leur vie aventureuse, il y avait ample matière à combinaisons adroites, à succès chaudement disputés; elle demandait du sang-froid, du courage, et satisfaisait à cet instinct « chasseur » qui fait pour ainsi dire partie de tout homme complétement doué.

Au moment où débute ce récit, la *presse* n'avait pas encore fait grands ravages à Monkshaven. Seulement, à quatorze ou quinze milles en mer, *l'Aurora*, bon vaisseau de guerre, était à l'ancre, et recevait les cargaisons humaines de différentes chaloupes de chasse stationnées le long de la côte, aux endroits où le « gibier » semblait vouloir donner. L'une d'elles, *la Lively-Lady*, était visible des hauteurs qui dominent Monkshaven et se tenait à portée de la ville, bien que dissimulée par une espèce de cap à l'examen habituel des bourgeois. Quant au cabaret dont nous avons déjà parlé, — la *Randyvow-House*[1], comme l'appelait le public, — il étalait naïvement son pavillon bleu autour duquel flânait volontiers l'équipage de *la Lively-Lady*, toujours prêt à faire boire les passants inavertis.

Ces préparatifs, si menaçants qu'ils pussent paraître, n'avaient pas encore soulevé au delà d'une certaine mesure l'esprit de méfiance et de révolte si naturel aux populations du Yorkshire.

II

LES REVENANTS DU GROENLAND.

Dans les premiers jours du mois d'octobre 1796, deux filles de fermier étaient en route pour Monkshaven, où elles venaient vendre du beurre et des œufs. A peu près du même âge, elles n'étaient pas placées dans les mêmes conditions d'existence. Molly Corney faisait partie

---

1. Du mot français : *rendez-vous*.

d'une famille nombreuse, et en conséquence n'avait pas été trop gâtée ; Sylvia Robson, au contraire, était fille unique, et on la traitait chez elle avec beaucoup plus de considération que sa compagne. Toutes deux, une fois la vente terminée, avaient mission de faire quelques emplettes, mais avec cette différence que Molly devait approvisionner le ménage paternel de toute sorte d'objets utiles sans doute, mais fort peu intéressants, tandis que Sylvia était autorisée à choisir l'étoffe de son premier manteau. Le prendrait-elle gris, ou bien écarlate ? tel était le grave sujet du débat qui s'agitait entre les deux jeunes filles, tandis qu'elles dévalaient alertes et joyeuses, laissant sur le chemin l'empreinte de leurs pieds nus. Ce n'est pas qu'elles n'eussent leurs souliers et leurs bas, mais elles les portaient à la main pendant la plus grande partie de la route, suivant les traditions économiques de cette époque primitive. Arrivées près de Monkshaven, au lieu d'entrer tout droit dans la ville, elles prirent un petit sentier qui conduisait au bord de la Dee. Il y avait là de grosses pierres éparses sur la rive, et autour desquelles l'eau venait former par endroits des flaques assez profondes. Molly s'assit tout simplement sur l'herbe du bord pour laver ses pieds ; mais Sylvia, qu'égayait peut-être la vision de son manteau futur, posa son panier sur un monticule sablonneux et sauta d'un bond léger sur un quartier de roche qui se dressait presque au milieu du courant. Une fois là, livrant ses petits pieds roses à la rapide fraîcheur de l'onde, elle se mit, par manière d'espièglerie, à éclabousser sa compagne ; mais sur la première remontrance de celle-ci, elle cessa immédiatement, et de la meilleure grâce du monde, ce jeu malvenu. Immobile, étendue sur son divan de pierre comme une sultane sur les coussins du harem, elle se serait volontiers oubliée dans cette attitude nonchalante. Molly, toutefois, d'humeur plus régulière, lui rappela bientôt que l'heure du marché allait expirer, et nos petites fermières se hâtèrent d'achever leur toilette urbaine. Leurs bas bleus bien tirés avaient été tricotés par elles-mêmes, et de brillantes boucles d'acier décoraient leurs souliers de cuir noir à hauts talons montants, bien ajustés sur le cou-de-pied. A partir de ce moment, elles marchèrent moins vite ; mais leur allure conserva cependant l'élasticité de la jeunesse, — car ni l'une ni l'autre n'avait encore vingt ans, et Sylvia n'en comptait guère que dix-sept, tout au plus. Avec leurs chapeaux de feutre noir dénoués et rejetés sur leurs épaules, leurs cheveux bouclés qu'elles venaient de remettre sommairement en bon ordre, leurs jupons courts dont elles avaient secoué la poussière, leurs petits châles (ou leurs grands mouchoirs, comme vous voudrez) épinglés sous le menton et fixés à la taille par le cordon de leurs souliers, — le panier sur le bras, le nez en l'air, les yeux baissés, — nos deux petites fermières étaient charmantes quand elles firent leur entrée dans la ville de Monkshaven.

Le havre étroit formé par l'embouchure de la rivière était encombré de petits navires de toute espèce dont les mâts, vus de loin, formaient une sorte de forêt inextricable. Au delà brillait la mer, véritable plaque de saphir sur laquelle on apercevait au loin les voiles blanches de maint et maint bateau de pêche, — immobile en apparence, et dont on ne pouvait apprécier la marche qu'au moyen de quelque point de repère choisi sur la côte ; près de la barre formée par la Dee, un bâtiment plus considérable était à l'ancre. Sylvia, récemment arrivée dans le pays, ne lui accorda aucune attention particulière ; mais Molly reconnut aussitôt un baleinier revenu des mers du Groënland.... C'était le premier de la saison ! Grand événement pour Monkshaven et grand événement pour Molly, qui, entraînant sa compagne étonnée, descendit d'un pas précipité vers la place du Marché. Mais bien que ce fût une des foires les plus fréquentées de l'année, une de celles où les ménagères venaient s'approvisionner pour la saison d'hiver, la place était vide, et les trépieds que les marchands louaient à un *penny* l'heure, abandonnés çà et là, renversés pour la plupart, attestaient la prompte dispersion de la foule qui tout à l'heure encore encombrait cet endroit. Déposant à la hâte leurs paniers dans une boutique dont l'obligeant propriétaire venait de répondre à leurs questions empressées sur l'arrivée du baleinier, Molly et Sylvia se hâtèrent de courir au port, et, cinq minutes après, on aurait pu les voir côte à côte au milieu de la foule attentive. Mais tous les regards étaient dirigés vers le navire, qui venait justement de jeter l'ancre en dehors de la barre, à un quart de mille environ de l'endroit où elles se trouvaient. Les matelots de la douane, qui avaient conduit à bord l'officier chargé d'examiner la cargaison, revenaient en ce moment au rivage, rapportant quelques menus lambeaux de nouvelles que les assistants se disputaient à l'envi. Sylvia, étreignant la main de sa compagne plus âgée et plus expérimentée qu'elle, écoutait, bouche béante, les réponses que celle-ci arrachait à un vieux marin passablement revêche et qui se faisait tirer l'oreille pour lui répondre. Elle apprit ainsi que le bâtiment en vue s'appelait *la Résolution* et que sa traversée n'avait pas été fort heureuse. Le manifeste présenté à la douane ne déclarait que huit baleines ; en revanche, on disait merveille d'un autre bâtiment, *la Good-Fortune*, arrêté à la pointe Saint-Abb, et qui ramenait pour sa part environ quinze baleines....

« C'est le navire de mon cousin, dit Molly à Sylvia ; il est *specksioneer* à bord de *la Good-Fortune.* »

Sylvia eût peut-être demandé l'explication de ce mot à elle inconnu, mais Molly, sa curiosité une fois satisfaite, se prit à songer aux œufs et au beurre qu'elle avait à vendre, et, bien qu'un peu à regret (car elle ne songeait plus guère à son manteau), Sylvia dut suivre le long des quais sa compagne mieux avisée.

Parmi la foule qu'elles quittaient ainsi, bien des cœurs battaient à l'approche des nouvelles attendues. On se le figurera aisément, si on songe que, pendant six longs mois d'été, ces marins dont on saluait le retour n'avaient pas donné une seule fois de leurs nouvelles. Or, les navires baleiniers partaient pour le Groënland peuplés d'hommes robustes et remplis d'espérances; mais les équipages baleiniers ne revenaient jamais comme ils étaient partis. Quels étaient ceux dont les os blanchissaient maintenant sur les terribles îlots de glace flottante? Quels étaient ceux que l'abîme garderait jusqu'au jour où la mer rendra tous les cadavres engloutis? Quels étaient ceux qui jamais, jamais plus, ne reverraient Monkshaven? Telles étaient les pensées qui peu à peu donnaient une physionomie solennelle à la foule, de plus en plus silencieuse.

Cependant, à quelques pas de là, cinq ou six jeunes filles, perchées au sommet d'un monceau de charpentes marines, se balançaient en se tenant par la main et chantaient un refrain joyeux.

« Pourquoi vous en allez-vous sitôt? crièrent-elles du haut de leur observatoire à Sylvia et à sa compagne; dans dix minutes ils seront ici! »

Puis, sans attendre la réponse qui ne leur serait jamais arrivée, elles reprirent leur chant insensé. La ville était complétement déserte et la place du Marché complétement vide quand nos deux fermières y revinrent.

« Vous n'avez donc pas d'amoureux là-bas, que vous rentrez sitôt en ville? » dit à Sylvia l'homme qui lui rendait son panier.

La belle enfant ne répondit que par une moue dédaigneuse à cette plaisanterie qu'elle jugeait peu convenable. Molly, qui en prit sa part, ne s'en formalisa pas autrement. Elle se complaisait à l'idée (d'ailleurs sans aucune espèce de fondement) qu'elle pourrait avoir un *sweet-heart*, et s'étonnait quelque peu que cette idée restât aussi longtemps dans le domaine des chimères. Ah! si elle pouvait, comme Sylvia, se donner un beau manteau neuf, on verrait peut-être les choses changer d'aspect.... En attendant, le mieux était de sourire et de rougir, comme si les allusions à ce sujet délicat ne la prenaient pas au dépourvu. Elle alla plus loin, et répliqua de manière à faire supposer qu'elle avait effectivement, parmi les marins en voie de retour, un soupirant fort désireux de lui plaire.

Ceci ne fut pas perdu pour Sylvia qui, dès qu'elles se retrouvèrent en tête-à-tête, voulut absolument savoir le nom du soupirant de Molly. Une pareille insistance devait nécessairement embarrasser la jeune présomptueuse. Il ne lui convenait guère d'avouer qu'elle n'avait en réalité voulu désigner personne, et que son *sweet-heart* n'existait encore qu'à l'état d'hypothèse. Aussi commença-t-elle à se remémorer tous ceux qui, depuis qu'elle était au monde, avaient pu lui faire entendre quelques propos flatteurs. Malheureusement la liste n'en était pas longue, attendu que son père n'avait pas grand'dot à lui donner et que son minois n'était pas des plus séduisants; mais elle se rappela tout à coup son cousin le *specksioneer*, qui, avant de partir pour le dernier voyage en mer, lui avait donné deux beaux coquillages, et pris en échange un gros baiser sur ses lèvres à moitié rebelles. Aussi se prit-elle à sourire, et d'un air significatif :

« On ne sait pas, on ne sait pas, dit-elle ensuite. Il ne faut point parler de ces choses-là quand on n'est pa décidée.... Mais si Charlie Kinraid ne se conduit pas trop mal, peut-être sera-t-il écouté.

— Charlie Kinraid ?... qui voulez-vous dire ?

— Ce *specksioneer* dont je vous parlais ;... un cousin que j'ai.

— Et vous croyez qu'il s'occupe de vous ? » demanda Sylvia d'un ton bas et fervent, comme s'il s'agissait de quelque mystère sacré.

Mais Molly répondit simplement :

« Laissez-moi un peu tranquille. »

Et Sylvia ne put savoir au juste si elle coupait court à la conversation parce que sa question l'avait blessée, ou parce qu'elles arrivaient devant le magasin qui allait selon toute probabilité s'accommoder de leur beurre et de leurs œufs.

« Maintenant, Sylvia, dit Molly, laissez-moi votre panier !... Je ferai votre marché pour le moins aussi bien que vous.... Courez chez Foster y choisir, avant qu'il ne fasse nuit, l'étoffe de ce fameux manteau.... J'irai vous y rejoindre dans cinq minutes.... Il faut nous presser un peu, voilà le soleil qui se couche ! »

Sylvia pencha la tête et s'achemina toute seule, d'un air assez triste, vers le magasin des Foster, situé sur la place du Marché.

III

L'ACHAT D'UN MANTEAU.

Les Foster tenaient à Monkshaven « le magasin » par excellence. C'étaient deux frères, de la secte des quakers, et qui touchaient aux limites de la vieillesse. Leur père avant eux, et le père de leur père avant ce dernier, s'étaient successivement enrichis dans cette boutique sombre que les anciens se souvenaient d'avoir vue plus étroite et plus sombre encore. Mercerie, épicerie, draperie, confinées dans trois compartiments différents, y étaient vendues tour à tour. Les pratiques habituelles recevaient des deux frères une cordiale poignée de main accompagnée de questions affectueuses sur l'état de leur santé ou de leurs affaires. Le jour de Noël, le magasin restait ouvert comme une protestation solennelle contre les superstitions de « la vieille Babylone, » et les deux frères, qui n'entendaient pas violenter la conscience de leurs subalternes, demeuraient ce jour-là derrière le comptoir pour répondre à tout venant. Seulement, personne ne venait. Le jour de l'an, par compensation, ils tenaient prêts, dans le salon derrière la boutique, un immense gâteau et plusieurs bouteilles de vin pour faire boire et manger tout acheteur qui se présentait chez eux. Ajoutons, comme trait de caractère, que ces gens si scrupuleux ne se faisaient aucune conscience de frauder les droits. On arrivait à l'arrière-cour des Foster par une petite allée déserte qui descendait vers la rivière, et là, sous un porche bien abrité, une manière de frapper toute particulière appelait immédiatement John ou Jeremy, — à défaut d'eux, leur principal commis de magasin, le jeune Philip Hepburn. On entendait pousser les verrous, on voyait derrière le carreau de la boutique se tirer des rideaux verts, et il était facile de conjecturer qu'il s'accomplissait là quelque transaction mystérieuse. A Monkshaven, du reste, tout le monde était plus ou moins contrebandier, et tout le monde achetait de la contrebande, grâce à la connivence légèrement déguisée des agents de la douane, très-peu rigoureux pour leurs bons voisins.

La tradition voulait que John et Jeremy Foster fussent assez riches pour acheter toute la nouvelle ville s'ils le voulaient bien, et cette réputation leur donnait un crédit immense. Le commerce de détail n'était plus pour eux qu'un insignifiant accessoire, une habitude prise et qu'ils maintenaient, achetant la meilleure marchandise possible pour la revendre avec un léger bénéfice, mais toujours au comptant. Leur grande affaire était une espèce de banque primitive, une caisse de dépôts où venait apporter ses fonds quiconque les voulait mettre à l'abri du vol. Personne ne réclamait d'intérêts pour l'argent ainsi placé ; les Foster d'ailleurs n'en eussent accordé aucun. Mais, par contre, si quelques-uns de leurs clients, dont le caractère leur inspirait confiance, se trouvait en situation de leur demander un prêt, ils l'accordaient volontiers après renseignements, parfois aussi après garanties données, et sans demander un *penny* d'intérêts ou prime quelconque.

Quand on cherchait le motif qui les déterminait à continuer le commerce de détail, les uns disaient que c'était pour se « distraire ; » d'autres parlaient, en revanche, d'un plan de mariage qu'ils avaient dans la tête ; — un mariage qui unirait William Coulson, neveu de la défunte femme de Jeremy, à miss Hester Rose dont la mère était une espèce de parente éloignée, et qui était employée dans le magasin en même temps que William Coulson et Philip Hepburn. Cette version soulevait bien des doutes : — Coulson, disait-on, n'était pas du même sang que les Foster, et si ces derniers avaient pour Hester Rose des intentions si bienveillantes, ils n'auraient pas souffert qu'elle et sa mère vécussent de privations, réduites pour mettre leur modique revenu au niveau de leurs dépenses, à prendre chez elles, comme locataires, Coulson et Hepburn, les deux commis déjà nommés. — Ces incrédules ajoutaient que John et Jeremy laisseraient bien certainement toute leur fortune à quelque hôpital ou à quelque institution de charité.

On leur répondait (car il y a réponse à tout, dans le domaine des suppositions) que les vieux *gentlemen* roulaient probablement quelque dessein profond dans leurs têtes prévoyantes, le jour où ils avaient permis à leur cousine de prendre chez elle Coulson et Hepburn, — l'un qui pouvait passer pour leur neveu, — l'autre qui, tout jeune encore, était évidemment à la tête de leur commerce. Que l'un ou l'autre vînt à s'amouracher d'Hester, et la combinaison secrètement rêvée par les deux quakers se réaliserait conformément à leurs vues.

Pendant que nous entrons dans tous ces indispensables détails, Hester attend patiemment le bon plaisir de Sylvia, qui reste là plantée devant elle, un peu intimidée, un peu étourdie par la vue de tant de belles choses.

Hester était une grande jeune femme sans aucun embonpoint, mais taillée dans d'assez amples proportions, et que la gravité de son aspect semblait vieillir quelque peu. Ses épais cheveux bruns, divisés en bandeaux sur son large front, étaient retenus en bon ordre par son bonnet de mousseline; le galbe de son visage était légèrement anguleux et son teint manquait de fraîcheur, mais sa peau était d'une finesse remarquable. L'honnête et affectueuse expression de ses yeux gris les rendait charmants; et quand ses lèvres, — d'ordinaire un peu serrées, comme celles des gens qui ne disent pas toujours ce qu'ils pensent, — venaient à dessiner quelque rare sourire, lorsqu'on entrevoyait derrière elles deux rangées de dents éblouissantes et parfaitement égales, lorsque ses yeux si doux se levaient en même temps sur celui à qui elle parlait, sa physionomie devenait tout à coup très-engageante. La couleur sobre et la coupe modeste de ses vêtements n'avaient rien qui ne fût d'accord avec les idées religieuses des Foster; mais Hester elle-même n'appartenait pas à la secte des Amis.

La direction des regards de Sylvia lui avait fait présumer, à défaut d'explications plus complètes, qu'elle désirait savoir le prix d'un beau ruban de soie rouge placé fort en évidence et qui semblait la tenir en extase. Avertie de son erreur, Hester remit en place le ruban et alla chercher l'étoffe particulière que la jeune fille lui désignait. A peine avait-elle disparu, que Sylvia s'entendit interpeller par la personne qu'elle désirait le moins rencontrer dans le magasin, et dont l'absence, au moment où elle y entrait, lui avait arraché un secret mouvement de joie ; — c'était son cousin, Philip Hepburn.

Ce jeune homme, de haute taille, mais légèrement voûté par suite de ses occupations habituelles, avait une physionomie trop sérieuse pour son âge. Son épaisse chevelure, indocile au peigne et rebelle à tous les efforts qu'il faisait pour la ramener sur son front, produisait un effet singulier mais nullement désagréable ; sa figure un peu trop longue, son nez légèrement aquilin, ses yeux noirs n'auraient pas été trop mal sans la chute disgracieuse de sa lèvre supérieure qui donnait à l'ensemble de son visage un aspect peu flatteur.

« Eh ! bonjour, Sylvia, lui dit-il.... Que venez-vous chercher par ici ?... Comment va-t-on chez vous ?... Permettez que je vous aide ! »

Sylvia pinça légèrement ses lèvres rouges, et lui répondit, sans le regarder :

« Je vais très-bien, ma mère aussi ; mon père a eu quelques atteintes de rhumatisme, et.... voici quelqu'un qui m'apporte ce que je demande. »

A ces mots, elle se détourna quelque peu de lui, comme n'ayant rien de plus à lui dire. Mais il n'entendait pas laisser tomber ainsi la conversation, et sautant par-dessus le comptoir avec cette agilité spéciale qu'aiment à déployer les commis :

« Je vous aiderai à bien choisir, » continua-t-il plus officieux que jamais.

Sylvia, pourtant, sans avoir l'air de prendre garde à lui, faisait semblant de compter une monnaie quelconque.

« Voyons, que désirez-vous, Sylvie ? lui demanda-t-il à la fin, contrarié de ce long silence.

— Je désire, mon nom étant Sylvia, qu'on ne m'appelle pas Sylvie, et, puisque vous voulez absolument le savoir, je suis venue chercher de la tiretaine pour un manteau. »

Hester rentrait à l'instant même avec un apprenti qui l'aidait à traîner quelques pesants rouleaux de drap écarlate et gris.

« Pas celui-là, dit Philip, écartant du pied la tiretaine rouge et s'adressant au petit garçon.... N'est-ce pas, Sylvie, c'est le gris que vous voulez ?... »

Il donnait ainsi à sa cousine, oubliant ce qu'elle venait de lui dire, le nom qui convenait à leur intimité familière. C'était à coup sûr sans malice, mais elle n'en fut pas moins très-piquée.

« C'est l'étoffe rouge que je veux, miss.... Dites, s'il vous plaît, qu'on ne l'emporte pas ! »

Hester les regardait tour à tour au visage, se demandant avec quelque surprise ce qu'ils pouvaient être l'un à l'autre. Cette fillette dont elle venait d'admirer le joli visage, serait-ce donc la « belle petite cousine » dont Philip avait souvent parlé à sa mère comme d'une enfant gâtée, ignorante au delà du possible, une adorable niaise, et ainsi de suite ? D'après ces propos, Hester s'était imaginée Sylvia Robson fort différente de ce qu'elle la voyait aujourd'hui : plus jeune d'abord, mais aussi bien moins intelligente, bien moins attrayante, — nonobstant la bouderie passagère qui altérait en ce moment l'expression naturellement gracieuse de son aimable physionomie. Sylvia, cependant, avait repoussé l'étoffe grise, et s'absorbait dans la contemplation de la tiretaine écarlate.

Philip Hepburn n'avait pas vu sans quelque mécontentement l'effet produit par ses charitables conseils; il n'en revint pas moins à la charge.

« Voici, disait-il, un article excellent, qui ne crève pas les yeux comme l'autre, et qui s'assortit à n'importe quelle couleur.... Vous n'irez pas prendre cette étoffe, sur laquelle la moindre goutte d'eau ferait tache.

— Je ne croyais pas qu'on vendît ici des tissus si mauvais teint, » répondit Sylvia profitant des avantages qu'on lui laissait, et se relâchant, — le moins possible il est vrai, — de sa gravité d'emprunt.

Hester vint à la rescousse.

« Ce qu'on veut dire, reprit-elle, c'est que ce drap ne conservera pas son premier lustre s'il vient à être mouillé; mais ce n'en est pas moins un article solide et susceptible de faire bon usage. M. Foster, sans cela, ne le recevrait pas dans ses magasins.... Maintenant, reprit Hester, l'étoffe grise est un peu plus serrée et durerait, je crois, plus longtemps.

— Peu m'importe, répliqua Sylvia repoussant avec obstination ce gris sans éclat.... Celle-ci me plaît davantage; veuillez en faire couper huit aunes....

— Il en faut neuf, tout au moins, pour un manteau, reprit Philip avec décision.

— Ma mère a dit huit, » objecta Sylvia, bien décidée à contrarier Philip autant qu'elle le pourrait.

Mais à ce moment des cris d'enfants, des bruits de pas se firent entendre dans la rue, du côté de la rivière. Oubliant aussitôt sa mante et sa querelle, Sylvia courut à la porte du magasin; Philip l'y suivit immédiatement. Hester, qui venait d'accomplir sa tâche en mesurant l'étoffe, les contemplait avec une sorte d'intérêt passif.

Une de ces jeunes filles que Sylvia et Molly avaient trouvées sur leur chemin au sortir de la foule, remontait la rue à grands pas. Elle était pâle d'émotion, ses vêtements en désordre flottaient au vent, et ses gestes abandonnés, ses allures libres, la désignaient comme appartenant à la classe la plus infime de notre population côtière. Sans qu'elle en eût conscience ses joues ruisselaient de larmes, et dès qu'elle reconnut la physionomie sympathique de Sylvia, elle s'arrêta, toute hors d'haleine, pour lui serrer énergiquement la main.

« Les voilà ! les voilà ! criait-elle ; je cours le dire à maman....

— Sylvia, demanda Philip d'un ton sévère, comment connaissez-vous cette fille ?.... Ce n'est pas une personne à qui vous deviez donner la main.

— Que pouvais-je donc faire? dit Sylvia, que l'accent de Philip plus encore que ses paroles disposait à éclater en sanglots. Quand je vois les gens si joyeux, je ne saurais m'empêcher de partager leur bonheur : ma main est allée vers elle comme la sienne venait vers moi.... Pensez donc que le vaisseau arrive enfin !... Si vous aviez vu tous ces regards jetés du côté de la mer, toute cette inquiétude, toute cette attente, vous auriez vous aussi serré la main de cette jeune fille, et sans qu'il y eût un grand dommage, à mon avis.... Il n'y a pas demi-heure que, du côté de la jetée, je l'ai vue pour la première fois, et peut-être ne la rencontrerai-je de ma vie. »

Hester, sans quitter le comptoir, s'était cependant rapprochée d'eux ; elle entendait ce dialogue, et le moment lui sembla venu d'y placer son mot.

« Cette enfant, dit-elle, ne saurait être tout à fait mauvaise, puisque sa première pensée était d'aller avertir sa mère. »

Sylvia jeta du côté d'Hester un vif regard de reconnaissance, qui passa malheureusement inaperçu, la jeune marchande s'étant mise à regarder par la fenêtre.

Molly Corney, arrivant presque aussitôt, entra comme une tempête dans le magasin.

« Écoutez, écoutez!.... disait-elle. Entendez-vous ces cris, du côté du quai?... La *press-gang* est tombée sur eux comme l'Ange exterminateur.... Écoutez, écoutez plutôt! »

Personne ne parlait plus, personne ne respirait plus, et on eût dit que tous les cœurs suspendaient leur battement pour mieux entendre. — La voix populaire s'élevait en effet, poussant des cris de rage et de désespoir, parmi lesquels la distance n'empêchait pas de distinguer çà et là quelques malédictions inarticulées. Le tumulte, le piétinement irrégulier, les clameurs se rapprochaient peu à peu.

« On les mène à la *Randyvow-house*, reprit Molly; et je voudrais que le roi George fût là, pour lui dire ma façon de penser! »

Elle grinçait des dents et serrait les poings en parlant ainsi.

« Voilà qui est terrible! dit Hester; leurs mères, leurs femmes les attendaient comme des étoiles tombées du ciel.

— Ne pouvons-nous rien pour eux? s'écria Sylvia. Jetons-nous dans la foule et portons-leur assistance! Il m'est impossible de voir tout cela et de rester les bras croisés. »

Pleurant à moitié, déjà elle se précipitait vers la porte; mais Philip la retint d'une main ferme.

« Non, Sylvia, vous n'irez pas!... Point d'étourderies, s'il vous plaît. C'est la loi qui s'exécute, et personne n'y peut rien; à plus forte raison les femmes et les petites filles. »

Cependant les premiers groupes commençaient à passer sous les fenêtres du magasin Foster. Ils se composaient principalement de gamins du port, êtres pour ainsi dire amphibies, qui, forcés de reculer devant l'élan de la foule, n'en cherchaient pas moins toutes les occasions de jeter une insulte, un blasphème à la face des agents de la *presse*. Ceux-ci, armés jusqu'aux dents, pâles de colère, se distinguaient sans peine des cinq ou six matelots à faces bronzées qu'ils venaient d'enlever à l'équipage du baleinier. La razzia eût peut-être été plus complète, mais, depuis la fin de la guerre d'Amérique, c'était le premier ordre de l'Amirauté que la population de Monkshaven eût vu ramener à exécution. Un de ces hommes adressait à ses concitoyens, d'une voix poussée à ses notes les plus aiguës, je ne sais quelle exhortation que bien peu de personnes entendaient, car elle était pour ainsi dire noyée dans les violentes imprécations, les apostrophes irritées des femmes qui se pressaient comme le Chœur antique autour du groupe fatal. Sur leurs visages convulsés et livides on pouvait lire les émotions les plus contradictoires : un mélange bizarre de tendresse et de fureur, l'ardent désir de serrer sur leurs poitrines ces chers êtres qu'une autorité cruelle leur enlevait, la soif non moins ardente d'une prompte délivrance et d'une vengeance complète.

Quelques hommes, çà et là, silencieux et sombres, n'eussent pas mieux demandé que de satisfaire à ce dernier vœu; mais ils n'étaient pas en très-grand nombre, et l'immense majorité de ceux qu'une révolte aurait trouvés prêts était précisément à bord des baleiniers encore absents.

Au moment où la multitude orageuse se massait sur la place du Marché, au moment où, dans ses rangs serrés, la *press-gang* se frayait de force un chemin vers l'odieux *Rendez-vous*, une femme accourut et la rejoignit.

Habitant au delà des faubourgs, elle n'avait appris que fort tard le retour du baleinier, et, à son arrivée sur le quai, une vingtaine de voix sympathiques s'étaient hâtées de lui annoncer que son mari venait d'être enlevé pour le service du gouvernement.

A l'issue du Marché que la *press-gang* venait de franchir, issue qui se trouvait encombrée par la foule, cette femme fut contrainte de s'arrêter ; un cri déchirant, — le premier qu'elle eût encore poussé, — sortit alors de sa poitrine.

« Jamie ! Jamie !... Vont-ils donc vous enlever à moi ?... »

Sylvia n'en entendit pas davantage et, avec un éclat de pleurs qu'elle ne put contenir, tomba sans connaissance dans les bras d'Hester et de Molly ; elles se hâtèrent de l'emporter dans l'arrière-magasin qui était en même temps le salon de Jeremy Foster ; — John, le frère aîné, habitait une maison à lui, sise à l'autre bord de la rivière.

Quand Sylvia revint à elle, ce fut pour se retrouver, la tête nue, les cheveux complétement trempés, sur le large sofa du vieux quaker. Elle se redressa et regarda les deux femmes empressées autour d'elle, sans pouvoir d'abord comprendre ce qu'elle voyait.

« Où suis-je ? disait-elle écartant les cheveux humides qui masquaient ses yeux.... Ah ! je sais, je sais maintenant !... Merci, merci !... C'est une grande sottise à moi ; mais que voulez-vous ?... Tout cela m'a paru si triste !... »

Et le souvenir de cette scène poignante l'aurait peut-être replongée dans un nouvel évanouissement, sans la charitable intervention d'Hester :

« Oui, ma pauvre enfant, bien triste, comme vous dites ; mais il n'y faut plus songer, puisque nous n'y pouvons rien et que cette pensée vous fait du mal....

Vous êtes, je crois, la cousine de Philip Hepburn, et votre famille habite la ferme de Haytersbank?

— Précisément,... c'est Sylvia Robson, » répondit Molly sans s'apercevoir qu'Hester voulait tout simplement faire diversion et détourner l'attention de Sylvia du sujet qui l'avait si péniblement émue. Puis elle allait commencer, avec les gémissements obligés, le récit de leur excursion à Monkshaven, lorsqu'une porte s'ouvrant derrière elle vint l'arrêter fort à propos. C'était Philip qui, par un geste muet, demandait à Hester s'il lui était permis d'entrer au salon.

Sylvia, détournant son visage du jour qui l'éclairait, se hâta de fermer les yeux. Son fidèle cousin approcha d'elle sur la pointe des pieds, et jeta un regard inquiet sur ceux de ses traits qu'elle n'avait pu lui dérober entièrement; puis passant la main sur ses cheveux, si légèrement qu'à peine pouvait-il croire les avoir touchés :

« Pauvre petite ! murmurait-il; combien je regrette qu'elle soit venue aujourd'hui !... Une si longue course, et par cette chaleur ! »

Mais Sylvia, déjà sur son séant, le repoussait presque. Grâce à l'excitation passagère de ses sens, elle venait d'entendre, avant qu'aucun des assistants s'y fût arrêté, le bruit d'un pas qui traversait la cour. Effectivement, au bout d'une minute, une porte vitrée s'ouvrit, et M. Jeremy parut, manifestant quelque surprise à l'aspect du groupe qu'il trouvait réuni dans son salon, ordinairement vide.

Philip se hâta de lui donner les explications nécessaires, et son patron, traversant la pièce sur la pointe du pied, — comme s'il craignait d'être importun, même chez lui, — fit signe au jeune homme de l'accompagner dans le magasin. Déjà au courant du tumulte survenu dans la ville, il venait enjoindre à son principal commis de veiller à ce que les apprentis, rigoureusement retenus à leur ouvrage, n'allassent pas se mêler à l'émeute. Voyant Philip hésiter :

« Explique-toi, mon garçon, ne garde rien sur le cœur : la mission que je te donne te contrarie-t-elle ?

— J'avais pensé à ramener chez elles ma cousine et cette autre jeune personne, car la ville est un peu en l'air et il commence à faire sombre.

— Soit, dit le bon vieillard ; je me chargerai d'arrêter Nicholas et Henri si par hasard ils voulaient s'abandonner aux instincts du vieil Adam, et puisque William Coulson n'est pas encore revenu d'York, je rangerai moi-même le magasin, je reconduirai moi-même Hester chez elle. »

Nicholas et Henri avaient déjà levé le pied, cela va sans dire, et, le magasin une fois rangé, Jeremy n'eut plus qu'à pratiquer, avec toutes les recherches de sa courtoisie surannée, les rites hospitaliers du temps. Tirant une clef de sa poche, il ouvrit un placard, creusé tout exprès assez haut et où se trouvait sa petite provision de gâteaux, de vins et de liqueurs, pour la mettre tout entière à la disposition des deux jeunes filles.

Sylvia refusa ce qu'on lui offrait. Molly, plus docile aux usages, accepta du vin et des gâteaux, ayant bien soin d'en laisser la moitié, selon les exigences de l'étiquette villageoise, et aussi parce que sa compagne la pressait obstinément de partir. Sylvia se flattait peut-être d'échapper à l'escorte de son cousin ; mais ce petit plan fut déjoué par le retour de Philip, qui rentra dans le salon, une joie grave peinte dans ses yeux, et portant sous son bras cette tiretaine rouge qui avait failli le brouiller avec Sylvia. Celle-ci boudait encore un peu, mécontente d'avoir été inutilement impolie. Cependant, et par manière d'expiation, elle mit dans ses adieux une certaine douceur qui la réconcilia complétement avec son hôte. Hester, en revanche, ne paraissait pas disposée à goûter les éloges enthousiastes que son patron accordait à cette charmante jeune fille. Ses refus malséants, son ingratitude envers Philip, révoltaient le sens droit et l'équité naturelle de la demoiselle de magasin. Peut-être aussi se trouvait-elle blessée dans un autre sentiment qu'elle ne s'avouait pas à elle-même. Toujours est-il qu'elle s'étonnait et pour ainsi dire s'alarmait quelque peu.

IV

PHILIP HEPBURN.

La ferme récemment prise à bail par le père de Sylvia était située sur une de ces hauteurs rocailleuses qui bordent immédiatement certaines portions des rivages anglais. Les établissements agricoles placés ainsi étaient, il y a soixante et dix ans, — et furent longtemps encore, — des exploitations mixtes, où la contrebande entrait pour sa bonne part. Elle fumait avec un zèle admirable des terres obtinément stériles, et sous l'abri mystérieux des rochers, maint et maint objet prohibé demeurait en entrepôt, jusqu'à ce que le fermier envoyât des gens de confiance chercher pour lui, dans de grands paniers d'osier, une provision de sables et de varechs plus ou moins authentiques, qui étaient censés devoir servir à l'engrais de ses champs. Tour à tour matelot, contrebandier, marchand de chevaux, fermier enfin, Robson était un de ces changeants aventuriers qui aident rarement à faire prospérer une famille, un de ces hommes qui sont à la fois aimés et censurés de tous leurs voisins. Il avait épousé tard, et sans beaucoup de prudence, une tante de Philip Hepburn par qui ce jeune homme avait été élevé jusqu'au moment où, se mariant ainsi, elle avait cessé de remplacer la défunte femme de son frère. C'était même Philip qui les avait déterminés, elle et son mari, à louer la ferme de Haytersbank, sise dans un de ces creux dont nous avons parlé plus haut, et mieux abritée qu'on n'aurait pu le croire tout d'abord contre les vents continuellement déchaînés qui, battant ses murailles basses, fauchaient à une certaine hauteur les arbres qu'on tâchait de faire pousser autour d'elle. Mistress Robson, — Bell Robson, comme on l'appelait plus familièrement, — née native du Cumberland, était une ménagère plus laborieuse et plus recherchée que la généralité des femmes de fermier sur cette côte Nord-Est : aussi n'approuvait-elle guère leurs façons d'agir, le témoignant du reste par sa physionomie plutôt que par ses paroles, car elle ne bavardait pas volontiers. Il va sans dire que cette supériorité, à laquelle l'intérieur de son ménage devait un aspect particulièrement comfortable, ne l'avait pas rendue très-populaire parmi ses voisines.

Ce soir-là, le fermier et la fermière étaient déconcertés par l'absence prolongée de leur fille. Le premier ne faisait qu'entrer et sortir de la maison, toujours plus désappointé, toujours plus impatient; sa femme, calme et taciturne, comme à l'ordinaire, ne manifestait son anxiété que par des réponses plus courtes que d'habitude et en tricotant avec un surcroît de zèle.

« Bientôt sept heures, disait le mari.... J'ai grande envie d'aller jusqu'à Monkshaven chercher moi-même cette enfant.

— Non, Daniel, répondait sa femme; tu souffrais des jambes la semaine passée, et pareille course n'est pas ton fait.... Si tu veux, j'éveillerai Kester pour l'envoyer à ta place.

— Pas du tout, Kester n'ira pas.... Il a une espèce

de faible pour notre fillette, et je voudrais lui faire comprendre qu'elle n'est pas pour lui.

— Je ne pense pas qu'il se soit jamais avisé de songer à elle.... Il l'aime comme une enfant qu'on a élevée dès le berceau.... Du reste je puis bien, si tu veux prendre garde au lait, mettre mon capuchon et aller au-devant d'elle jusqu'au bout de la prairie. »

Mais, avant que mistress Robson eût déposé son tricot, on entendit dans l'éloignement un bruit de voix qui se rapprochait de plus en plus, et Daniel monta derechef à son poste d'observation.

« Voilà qui va bien, dit-il au retour.... Nul besoin de te déranger. Et je gagerais que j'ai reconnu la voix de Philip Hepburn.... Je te disais bien, tantôt, qu'il nous la ramènerait. »

La prédiction dont le fermier se targuait, c'était sa femme qui l'avait faite, et il l'avait déclarée hautement improbable. Mais elle ne voulut pas le relever pour si peu, et d'ailleurs ils étaient tout au plaisir de revoir leur petite Sylvia.

Elle revenait, les joues animées par la marche et aussi par le vent d'octobre qui vers le soir commençait à se faire vif; sur son front un léger nuage, qui ne résista pas aux regards affectueux de ses chers parents. Philip, marchant derrière elle, avait aussi l'air fort animé, mais sa physionomie n'exprimait aucune satisfaction. Il reçut de son oncle un accueil cordial et tandis que, laissant le lait aux femmes, ils dégustaient ensemble un verre de grog, leur entretien roula sur les nouvelles que Philip rapportait de Monkshaven, l'arrivée des baleiniers, les exploits de la *press-gang* et le reste. Robson ne prenait pas les choses aussi froidement que Philip, et pendant qu'il exhalait maint et maint propos révolutionnaire, son poing robuste, qui retombait à chaque instant sur la table de bois blanc, y faisait vibrer les verres et les faïences. Quant à ses raisonnements politiques, ils pouvaient se résumer ainsi : Le gouvernement n'avait recours à la *presse* que pour combattre les Français sur mer avec des équipages égaux en nombre à ceux de l'ennemi. Par là même il témoignait une méfiance injuste à la valeur nationale, et il ne faisait pas, loyalement, la part de l'ennemi. Étant admis qu'un matelot anglais en vaut quatre du continent, n'y avait-il pas une injustice évidente à vouloir combattre ceux-ci sur un pied d'égalité numérique?... « Autant vaudrait, pour un homme robuste, s'attaquer à une femme comme Sylvie ou au petit Billy Crofton qui n'a pas encore de culottes.... Fumez-vous, Philip ? »

Philip ne fumait pas, mais il argumentait volontiers, et défendit de son mieux le gouvernement : — Avant de faire des avantages aux Français, il fallait être sûr de les battre ; et puisqu'on avait besoin d'hommes pour compléter les équipages, il fallait se les procurer de manière ou d'autre. Les bourgeois payaient leurs taxes, les soldats de milice payaient de leur personne ; les matelots ne payant pas de taxes et ne voulant pas payer de leur personne, il fallait bien les y contraindre. En somme, et malgré la *press-gang*, on devait se féliciter de vivre sous le roi George et sous le régime de la Constitution britannique.... Sur quoi Daniel retira sa pipe de sa bouche, et protesta qu'il n'avait articulé la moindre parole ni contre le roi George, ni contre la Constitution. Et le débat allait s'échauffant, grâce à la très-impolitique obstination de Philip, tandis que Sylvia et sa mère, légèrement ennuyées, reprenaient le cours de leurs occupations domestiques, après une conversation à voix basse, dont le manteau neuf avait fait les frais.

Une femme qui joue de la harpe, — c'est du moins l'avis général, — croit rehausser par cet exercice les avantages d'une taille gracieuse ; mais, sous ce rapport, le rouet à filer vaut la harpe, et je ne l'ai vu remarquer nulle part. Sylvia, ce soir-là, aurait fourni aux plus incrédules la preuve de ce que j'avance. Le ruban bleu qu'elle avait jugé à propos de nouer autour de ses cheveux avant de mettre son chapeau pour aller au marché, laissait maintenant, relâché peu à peu, errer au hasard leurs boucles touffues. Son petit pied, posé sur la planche du rouet, était encore enfermé, — non sans quelque regret, — dans un beau soulier bouclé ; car ni elle ni Molly n'avaient voulu revenir pieds nus en compagnie de Philip. Son bras rond, légèrement hâlé, sa main effilée et un peu rouge, suivant exactement la mesure du tour de roue, attiraient le chanvre avec un mouvement agile et preste. De tout ceci, Philip ne perdait pas un détail ; mais les traits de la jeune fille lui étaient dissimulés en partie, car elle détournait à moitié la tête pour se soustraire, avec une déplaisance craintive, aux regards avides dont elle savait que son cousin l'enveloppait volontiers. Mais elle avait beau se détourner ; le craquement de la chaise où il était assis, — et qu'il faisait cheminer à grand'peine sur les dalles du foyer, n'osant guère se lever pour changer de place, — avertissait la jeune fille de la petite manœuvre à laquelle il se livrait pour la regarder autant que possible, sans tourner absolument le dos au père ni à la mère de sa bien-aimée. Contenant son impatience, elle attendait, silencieuse, l'occasion de le contredire ou de le désobliger en quelque chose ; et cette occasion se présenta naturellement lorsque son père lui demanda des nouvelles de l'emplette qu'elle avait dû faire.

« Je voulais, dit Philip, que Sylvia prît l'étoffe grise.
— J'ai pris la rouge, qui est beaucoup plus gaie et qui e fait voir de beaucoup plus loin.... N'est-ce pas, père. us aimez à me voir du bout de la prairie?... »

Ici la mère intervint. Il ne lui convenait pas qu'on cajolât trop ouvertement son mari; mais celui-ci avait déjà le cœur gagné.

« Laissez, disait-il, laissez cette bonne fillette faire à sa guise.... A moins que Philip que voici,—le grand champion des lois et de la *presse* des matelots,—ne trouve quelque ordonnance qui nous défende de complaire à notre unique enfant.... Car nous n'en avons pas d'autre, bonne mère; et tu n'y penses pas assez. »

Bell y pensait souvent, plus souvent peut-être que son mari, car elle se rappelait chaque jour—et chaque jour plusieurs fois,—ce petit être qui était né, qui était mort pendant une des longues absences de son père. Mais répondre n'était pas dans ses habitudes.

Sylvia lisait dans le cœur de sa mère plus facilement que l'honnête Daniel; aussi s'empressa-t-elle de rompre la conversation :

« Philip? reprit la folle enfant, il n'a fait que nous prêcher la loi tout le long de la route.... Je ne disais rien, quant à moi, et j'ai laissé Molly se défendre comme elle pouvait; si j'avais voulu, cependant, j'aurais eu de bons contes à faire, sur les soies et les dentelles de France dont certaines gens ont un assortiment si complet. »

Le visage de Philip s'empourpra. Non, certes, à cause de cette allusion à la contrebande dont il était un des agents les plus actifs; mais il était piqué de voir sa petite cousine découvrir si vite combien ses pratiques étaient peu d'accord avec ses maximes; et plus piqué encore de constater le plaisir qu'elle prenait à mettre en lumière cette flagrante inconséquence. Il s'inquiétait aussi quelque peu du parti que son oncle allait pouvoir tirer contre lui, dans leur discussion, de cette illégalité habituelle, si peu d'accord avec l'ensemble de ses idées conservatrices. Mais Daniel avait bu trop de grog pour raisonner si juste, et sa langue allait s'épaississant toujours de manière à inquiéter sa femme et sa fille, non sur les propos étranges qu'il commençait à tenir, mais sur les fâcheuses conséquences que pourrait avoir un excès de boisson dans l'état maladif où il se trouvait depuis quelque temps. La jeune fille mit simplement son rouet de côté, pour indiquer que l'heure du sommeil était venue; sa mère, — usant d'un droit depuis longtemps conquis, — enleva le verre et le flacon d'eau-de-vie dont on abusait, selon elle. Une protestation énergique fut la conséquence de ce coup d'état; mais Philip avait déjà pris son chapeau pour se retirer, et les imprécations du vieux fermier, à moitié furibondes, à moitié plaisantes, n'arrêtèrent pas un moment son départ. Ainsi abandonné par son unique allié, le vieux Robson dut se soumettre. Quant à Philip, il ne songeait guère, en s'éloignant, qu'à se rendre un compte exact de la poignée de main que Sylvia lui avait octroyée en signe d'adieux.

V

HISTOIRES DE PRESSE.

Le lendemain et les jours suivants, le temps s'était mis à la pluie; les rhumatismes du vieux Robson s'en trouvaient fort aggravés, et le digne fermier, retenu dans sa demeure, s'y ennuyait à cœur joie. Sa femme, réduite comme Mme de Maintenon, — et sans autant de ressources que celle-ci, — à divertir de son mieux un homme qui n'était plus amusable, recourut dans sa détresse aux conseils de Sylvia : « Si du moins, lui disait-elle, Philip Hepburn pouvait revenir.... » Mais Sylvia repoussait comme absurde l'idée que Philip pût servir de passe-temps à quelqu'un. Et quand, là-dessus, elle vit sa mère toute prête à se fâcher : « J'ai un autre remède, lui dit-elle, et bien plus certain.... » Après quoi, jetant sur sa tête son tablier bleu, elle courut vers la grange où Kester, le garçon de ferme, examinait les toisons qu'on allait préparer pour la filature. L'apparition du joli minois de Sylvia que ce capuchon improvisé semblait embellir encore, fit épanouir un large sourire sur l'épais visage du fidèle serviteur, — épris peut-être de sa jeune maîtresse, — mais si secrètement que lui-même ne s'en doutait pas.

Elle avait, disait-elle, un message à lui confier; message qui demandait beaucoup de ménagements et de diplomatie. Il ne s'agissait de rien moins que de déterminer maître Bullfinch, le tailleur, à venir, sans faire semblant de rien, s'enquérir des réparations qu'exigeaient les vêtements du fermier. On s'arrangerait pour qu'il trouvât bonne quantité d'ouvrage; cet ouvrage le retiendrait à la ferme; et Robson aurait ainsi, pour toute la durée du mauvais temps, un interlocuteur assuré, dont le bavardage n'était pas sujet à s'épuiser facilement. Kester entra joyeusement dans le complot, enthousiasmé de quelques incitations caressantes qui, dans la bouche de Sylvia, équivalaient aux ordres les plus péremptoires. Mais, comme la diplomatie n'était guère son fait, il la remplaça par un beau *shilling* dont il fit généreusement le sacrifice muet, et qui eut sur Bullfinch une influence au moins égale à celle des insinuations les mieux ménagées.

Dès le lendemain, comme par hasard, le tailleur apparaissait au seuil de la ferme de Haytersbank, et comme par hasard aussi, Bell et Sylvia découvraient une foule d'accrocs à fermer, de boutons à remettre, qui nécessitaient son installation régulière dans leur petit établissement. Une fois l'ouvrage en bon ordre, les fers au feu et la fille de la maison appelée à lui prêter aide et secours, le tailleur entra de plain-pied dans ses commérages habituels. L'émeute de Monkshaven en fit d'abord tous les frais, mais elle avait été suivie d'un incident assez grave que les gens de la ferme ignoraient encore, et que le lecteur apprendra dans les mêmes termes où il leur fut conté :

« Oui, disait le tailleur, il a fait des siennes, le Vaisseau du roi [1].... Et qui s'en serait douté ?... Il était depuis longtemps si tranquille, le lieutenant soldait si bien tous ses achats.... Mais vous avez su, n'est-il pas vrai, comment il est allé prendre, à bord de la *Résolution*, les quatre plus beaux marins à qui j'aie jamais taillé une paire de culottes ?... Cela se passait jeudi dernier, et tout Monkshaven était en l'air.... Vous auriez dit un nid de guêpes volant de çà de là et bourdonnant à qui mieux mieux, sans compter que beaucoup avaient leur aiguillon tout prêt et ne demandaient qu'à se venger.... Il fallait entendre les femmes pleurer et sangloter dans les rues.... Il fallait voir, pendant toute la journée du vendredi, celles qui restaient sous la pluie tout le long des quais, s'écarquillant les yeux à regarder du côté de la pointe Saint-Abb !... C'était là qu'on avait signalé, le jeudi, l'arrivée de la *Good-Fortune*.... On l'attendit en vain toute la journée.... La marée de l'après-midi passa, et de ce malheureux bâtiment on n'avait pas vu la moindre ficelle.... Se tenait-il hors de vue, crainte du *tender* ?... Avait-il décidément pris le large ?... C'était ce que demandaient les pauvres femmes en rentrant chez elles mouillées jusqu'aux os, sans regarder personne, sans parler à personne, et tâchant de se donner courage pour la nuit d'angoisses qu'elles allaient passer. Le samedi

---

1. *Tender.* — C'était le nom spécial des chaloupes armées pour le service de la *presse*.

matin, — vous vous rappelez l'orage qu'il faisait, cette pluie, ce vent terrible, — on se remit au guet dès l'aurore, et cette fois la *Good-Fortune* franchit la barre.... Mais on avait déjà de ses nouvelles par la chaloupe de la douane. La croisière avait été bonne; nos gens rapportaient quantité d'huile et de gras. Malgré cela ils avaient à mi-mât leur pavillon trempé de pluie, en signe de chagrin et de détresse.... C'est qu'il y avait à bord un homme tué, un homme qui le matin même s'était levé frais et dispos. Il y en avait un autre, dont la vie ne tenait plus qu'à un fil; et enfin l'équipage en avait vu partir sept, qui auraient dû se trouver là, mais que la *press-gang* avait enlevés.... Le *tender* à qui était due la capture du jeudi, avait fait passer un avis à la frégate dont on a tant parlé, celle qui stationne devant Hartlepool, et l'*Aurora*, comme on l'appelle, s'était hâtée de mettre à la voile dans la direction du nord.... La *Résolution* était, paraît-il, à neuf lieues au large de la pointe Saint-Abb, quand elle vit la frégate, et la reconnaissant à sa coupe pour un bâtiment de guerre, devina de quelle mission elle était chargée.... J'ai vu, vous dis-je, j'ai vu de mes yeux l'homme blessé; mais soyez tranquille, celui-là vivra.... Jamais on n'est mort avec un pareil désir de vengeance.... Il pâlissait, il rougissait à chaque instant, — ne pouvant parler, à cause de sa blessure qui est mauvaise, — pendant que le capitaine et le contre-maître nous racontaient, à moi et à quelques autres, comment l'*Aurora* leur avait envoyé des boulets, sans plus se gêner, pour les faire amener sur elle. Mais comme il savait avoir affaire à un vieux renard, et mal disposé, ce blessé dont je parle, — Kinraid, le *specksioneer* du navire, — fit descendre les hommes dans l'entre-pont et fermer strictement les écoutilles, pendant qu'il restait sur le pont, avec le capitaine et le vieux contre-maître, pour faire accueil à l'équipage de la chaloupe qu'il pouvait voir, se détachant des flancs de l'*Aurora*, nager vers eux avec ces grands coups d'aviron bien réguliers auxquels se reconnaît le marin de l'État....—

« Malédiction ! » s'écria ici Daniel, se parlant à lui-même, et entre ses dents.

Sylvia était debout, son fer à repasser dans les mains, passionnément attentive, et ne voulant ni donner le fer à Bullfinch pour ne pas interrompre le récit, ni le remettre au feu, de peur que ce mouvement ne fît songer le tailleur au travail qu'il venait d'oublier complétement, emporté lui-même par l'ardeur de sa narration.

« Ils arrivaient donc sur l'eau, à grands coups de rames, et tombèrent à bord comme des sauterelles, tous armés jusqu'aux dents. Le capitaine raconte qu'il avait vu Kinraid glisser sous quelque prélart son couteau de pêche et que, — tout en lui supposant d'assez funestes intentions, — il ne songea pas un moment à l'empêcher de dépecer quelques uns de ces drôles, pas plus que s'il se fût agi d'un cachalot. Nos gens à bord, l'un d'eux court au gouvernail, et le capitaine affirme qu'il aurait autant aimé voir quelqu'un embrasser sa femme devant lui : « — mais, ajoutait-il, le souvenir des gens de Monkshaven qui en ce moment même devaient être à nous attendre, et le couteau de pêche que je voyais reluire çà et là sous sa noire enveloppe de toile à goudron, me décidèrent à rester poli aussi longtemps que je le pourrais. » Ainsi fit-il, tout en voyant qu'on les dirigeait du côté de l'*Aurora* et que l'*Aurora* venait à eux. Or voilà le capitaine de l'État qui empoigne sa trompette pour les héler : — Tous vos hommes sur le pont! criait-il, impérieux et brutal. Du fond des écoutilles, cependant, on entendait les baleiniers jurer qu'ils ne se rendraient pas sans qu'il y eût du sang versé. Kinraid, d'ailleurs, avait pris son pistolet dont il examinait l'amorce avec le plus grand soin. Le voilà qui dit au capitaine de l'État : — Nous sommes pêcheurs du Groënland, protégés par le statut maritime.... Vous n'avez aucun droit sur nous. Mais l'autre lui répond, toujours criant : — Vos hommes sur le pont, et pas de réplique! S'ils ne veulent pas vous obéir et si votre autorité n'est plus reconnue à votre bord, je vous regarde comme en état de révolte.... Venez alors me trouver avec ceux qui voudront vous suivre.... et les autres apprendront de quel bois je me chauffe.... — Vous voyez d'ici la ruse? il feignait de croire que l'autre capitaine avait affaire à des mutins, et semblait lui venir charitablement en aide. Mais ce dernier ne voulait pas donner dans le panneau, et vous lui répond tout bonnement : — Mon navire est chargé d'huile, et si le bois dont vous vous chauffez y met le feu, vous en supporterez naturellement les conséquences!... — A-t-il ou non parlé aussi hardiment qu'il l'assure, je ne le garantis pas, mais s'il n'a pas dit tout ce qu'il avait sur le cœur, c'est prudence pure et afin de ramener sa cargaison saine et sauve.... Là-dessus les gens de l'*Aurora* qui étaient à bord de la *Good-Fortune* proposent à leur capitaine de faire feu par les écoutilles, et de forcer ainsi les hommes à monter : mais voilà le *specksioneer* qui prend la parole. — Il défendra, dit-il, les écoutilles; il a deux bons pistolets, et quelque chose avec. Pour sa vie, il n'y tient guère, n'étant pas encore marié. Tous ceux d'en bas le sont, et malheur aux deux premiers qui se risqueront près des écoutilles.... — En effet, il tire sur les deux plus avancés, que sa menace n'avait pas arrêtés, et juste au moment où il se penchait pour saisir le couteau de pêche, qui est une grande espèce de faucille....

— Apprenez-moi donc ce que c'est qu'un couteau de pêche! interrompit Daniel.... Comme si je n'étais pas allé au Groënland, moi aussi!

— …. Ils lui traversent le côté d'une balle, le couchent par terre tout étourdi, et l'écartent à coups de pied comme un cadavre; puis ils font feu par les écoutilles, tuent un matelot, en blessent deux, et le reste alors demande quartier, car enfin la vie a ses douceurs, même à bord d'un vaisseau du roi…. C'est ainsi que l'*Aurora* les a tous pris, les blessés comme les bien portants, laissant seulement Kinraid qu'on croyait mort et qui ne l'était pas, — Darley, qui l'était au contraire à merveille, — et le capitaine et le contre-maître, tous deux trop âgés pour faire grande besogne. Le premier des deux, affectionné à Kinraid comme s'il était son frère, bande soigneusement sa blessure, lui fait avaler deux ou trois gorgées de rhum, et une fois arrivé à Monkshaven, mande le premier docteur de la ville; car on dit qu'il n'y a pas, dans toutes les mers du Groënland, un harponneur comme celui-là. Quant à moi, je puis porter témoignage que c'est un beau jeune homme, tout blême et tout épuisé de sang que je l'aie vu. Pour ce qui est de Darley, il ne ressuscitera pas, je vous en réponds, et, dimanche venu, on verra passer dans les rues de Monkshaven un enterrement comme il n'y en a pas eu depuis longtemps…. A présent, jeune fille, passez-moi mon fer !… et ne perdons plus le temps à bavarder. »

— Ce n'est pas là perdre son temps, dit Daniel se remuant avec peine dans son fauteuil, comme pour constater une fois de plus l'infirmité qui l'y retenait…. Si j'étais jeune comme autrefois, et même si ces damnés rhumatismes ne me clouaient ici maintenant, les gens de la *press-gang* verraient bien ce que peuvent coûter pareilles infamies…. Mais, mon brave, c'est pire que pendant ma jeunesse, du temps de la guerre d'Amérique où pourtant les choses n'allaient pas trop bien.

— Et Kinraid ?… demanda Sylvia qui depuis quelques minutes, absorbée par l'intérêt puissant du récit, semblait avoir perdu la respiration. Ses joues étaient pourpres et ses yeux étincelaient.

— Oh! rassurez-vous, il n'en mourra pas.... Il y a de la vie dans ce gaillard-là.

— Ce doit être le cousin de Molly, » ajouta Sylvia se rappelant avec une rougeur nouvelle ce que miss Corney lui avait dit à propos de ce cousin.

Et à partir de ce moment, son petit cœur ne songea plus qu'à tirer de son amie tous les détails confidentiels dans lesquels entrent volontiers les jeunes filles qu'on fait jaser sur le compte de leur fiancé. Mais il ne faudrait pas croire qu'elle s'avouât ce désir secret, même dans l'intimité de sa conscience. Elle se bornait à souhaiter ardemment de revoir Molly « pour la consulter, se disait-elle, sur la coupe de son manteau neuf. »

VI

LES FUNÉRAILLES DU MATELOT.

Moss-Brow, la maison des Corney, était une habitation en désordre et mal tenue. Les flaques d'eau, les trous à fumier abondaient dans la cour. Aux fenêtres pendaient toujours quelques linges mal lavés. On y bavardait beaucoup, on y balayait peu. Du reste, si les enfants étaient nombreux, les moutons et les vaches n'étaient pas rares, et les Corney, en somme, passaient pour riches; mais ils l'étaient à leur manière, sans bien-être réel, sans menus soins d'élégance ou de propreté, compris par Bell Robson dans l'anathème qu'elle jetait de temps en temps aux ménages si mal tenus de ce pays imparfaitement civilisé.

Mistress Corney n'en reçut pas moins bien, et n'en

reçut peut-être que mieux notre jeune Sylvia, quand elle la vit arriver à l'improviste, sachant bien qu'elle n'allait pas volontiers chez le premier venu et, quoi qu'elle en dît, secrètement flattée de la préférence. Elle l'envoya immédiatement dans le jardin, où Molly faisait la récolte des pommes tombées au pied de quelques arbres rabougris et rongés de mousse, sur des gazons dont les longues herbes enchevêtrées la faisaient trébucher à chaque pas. Après quelques mots échangés sur les sujets qui lui tenaient le moins au cœur, Sylvia finit par aborder résolûment celui qu'elle tenait en réserve :

« Je venais aussi, dit-elle, pour savoir où vous en êtes.

— Où j'en suis ? demanda Molly, qui avait bien entendu parler, quelques jours auparavant, des aventures de la *Good-Fortune*, mais qui, à vrai dire, dans ce moment-là même, n'y songeait en aucune façon.

— Oui, reprit Sylvia, ce grand combat, vous savez, où votre cousin Kinraid s'est conduit avec tant de bravoure, tant de grandeur d'âme, et qui va peut-être lui coûter la vie ?...

— J'y suis, dit Molly, quelque peu surprise de voir cette petite fille s'exprimer avec tant de véhémence.... J'y suis, maintenant.... On m'a raconté tout cela, il y a bien des jours.... Mais Charley n'en est pas, Dieu merci, où vous le supposez.... Il va beaucoup mieux, et on doit l'amener ici, la semaine prochaine, pour le changer d'air.

— Quel bonheur ! s'écria Sylvia de toute son âme. Je croyais qu'il en mourrait, et qu'il ne me serait jamais donné de le voir.

— Oh ! vous le verrez, je vous le promets.... C'est-à-dire s'il se rétablit, car il a, dit-on, une mauvaise blessure.... Quatre marques bleues sur le côté, qui lui dureront toute la vie. Le docteur, de plus, craint une hémorrhagie intérieure, et prétend qu'il pourrait passer d'une heure à l'autre sans crier gare.

— Ne m'assuriez-vous pas qu'il allait mieux ? reprit Sylvia que ces détails avaient fait pâlir.

— Beaucoup mieux, sans aucun doute.... Mais la vie est bien chanceuse, surtout après des blessures d'arme à feu.

— Il s'est bien conduit, continua Sylvia d'un air pensif.

— On ne devait pas douter de lui.... Que de fois ne l'ai-je pas entendu parler de garder son honneur intact!... Et vous voyez s'il y a manqué, l'occasion venue.... »

Molly ne parlait pas sur un ton sentimental; mais cependant l'honneur de Kinraid semblait être le sien, et ceci confirma Sylvia dans l'idée qu'elle avait déjà d'un mutuel attachement entre sa compagne et Kinraid. D'après cela, elle eut quelque lieu d'être surprise lorsque Molly reprit, sans transition :

« Et votre manteau, dites-moi, sera-ce une cape ou une pelisse ?... C'est là, je crois, ce qui était en question.

— Oh ! je ne m'en occupe guère !... Parlons encore un peu de Kinraid.... Croyez-vous qu'il se rétablira ?...

— Miséricorde, comme cette enfant s'occupe de lui !... Je lui ferai savoir, ma chère, tout l'intérêt qu'il inspire aux jeunes personnes ! »

A partir de ce moment, Sylvia ne hasarda plus la moindre question sur le compte du cousin de son amie. Muette pendant un moment, elle reprit ensuite d'un ton un peu sec et avec une légère altération dans la voix :

« Je penche pour un capuchon.... Et vous-même, quel est votre avis ?

— Je vous dirai cela lundi prochain, quand j'aurai vu les élégantes de Monkshaven au grand enterrement qui doit avoir lieu dimanche.

— Ah! vous y allez? dit Sylvia.... Je voudrais bien être de la partie....

— Hé bien, demandez la permission à votre mère... C'est une chose à voir et dont on parlera dans bien des années.... Vous pourrez, d'ailleurs, si vous venez, prendre vous-même le modèle de votre manteau.... Ce sera, comme on dit, faire d'une pierre deux coups. »

Après être convenues de l'endroit où elles se rencontreraient le dimanche matin pour aller ensemble à Monkshaven, les jeunes filles se séparèrent et Sylvia s'en revint chez elle. Le vieux tailleur et son père bavardaient encore à qui mieux mieux, et sur un ton de plaisanterie joviale qui plut singulièrement à la jeune fille, heureuse de voir réussir si bien la combinaison que sa tendresse filiale lui avait inspirée. Dans sa joie, elle courut vers l'écurie où Kester donnait aux chevaux la provende du soir, et après avoir chaleureusement remercié son complice, elle lui offrit de lui tailler dans l'étoffe de son manteau neuf un beau devant de gilet. L'honnête garçon de ferme, au lieu de la remercier avec enthousiasme, prit le temps de réfléchir à ce qu'on lui proposait :

« Hé bien.... non, ma petite, lui dit-il résolûment, après un intervalle de silence; je ne pourrais pas te voir avec un manteau écourté.... J'aime que tu sois pimpante et bien mise.... C'est mon orgueil, ma fantaisie, et j'aurais la même peine, si tu portais une cape trop étroite, que si la queue de notre vieille Moll, ici présente, était rognée de trop près.... Je ne me regarde guère au miroir, et que m'importe un gilet de plus ou de moins?... Garde ton étoffe pour toi, et reste toujours la bonne fille que tu es ! »

Empoignant, à ces mots, un bouchon de paille, il se mit à frotter la vieille jument de la tête aux pieds, et à siffler en travaillant, comme pour notifier à Sylvia que la conversation était finie. Emportée par un premier élan de reconnaissance, la jeune fille ne fut pas fâchée, après tout, qu'il n'eût pas immédiatement accueilli son offre généreuse. La grande détermination qu'elle avait à prendre le dimanche suivant aurait pu s'en trouver fort gênée, et mieux valait chercher pour Kester une récompense qui n'entraînât pas avec elle de si grands sacrifices.

Dans l'après-midi de ce dimanche auquel Sylvia n'avait cessé de songer, l'église paroissiale de Monkshaven, — placée sur un grand plateau gazonné formant la cime des rochers au pied desquels venaient se rejoindre la rivière et la mer, — dominait à la fois, d'un côté, la petite ville où se pressait une population active, le port encombré de navires, la barre sur laquelle les flots venaient se briser, et, de l'autre, la mer tranquille, la mer sans limites, — symboles divers de la vie et de l'éternité. Depuis l'origine de Monkshaven, Saint-Nicholas avait toujours occupé la même position privilégiée, et son vaste cimetière, où se dressaient par centaines les pierres tumulaires, était comme le résumé sinistre des chroniques locales. Après le nom des maîtres de navires, des officiers, des matelots, qu'il était censé renfermer et qui avaient là leurs cénotaphes, on lisait à chaque instant des inscriptions comme celles-ci: « Supposé mort dans les mers du Groënland. — Naufragé dans la Baltique. — Noyé sur les côtes d'Islande. » Et ces mots produisaient une étrange sensation, celle d'un vent de mer qui sur ses ailes glacées eût ramené les pâles ombres de tous ces marins perdus au loin et regrettant la terre natale, la terre bénite où gisaient leurs pères.

On montait à ce cimetière par une sorte d'escalier à plusieurs étages, taillé dans le roc et sur lequel, longtemps avant que la cloche n'annonçât le service du soir, on put voir, ce jour-là, monter une foule empressée qui d'en haut faisait l'effet d'une fourmilière en pleine activité. Chacun des survenants portait en signe de deuil quelque objet noir, quelque vieux lambeau de crêpe rougi, quelque débris de ruban. Il n'était pas jusqu'aux petits enfants, sur les bras de leurs mères, qui n'étreignissent dans leurs doigts innocents la branche de romarin destinée à être jetée dans la fosse comme gage de souvenir. Ce jour-là, effectivement, avaient lieu les funérailles de Darley, le marin tombé sous les coups de la *press-gang*, et dans la petite cité maritime le deuil était universel. Les vaisseaux du port avaient leurs pavillons à mi-mât, et leurs équipages, distribués en bon ordre, remontaient lentement la principale rue ; tous les visages étaient sombres, toutes les attitudes solennelles. Sylvia, fortement impressionnée par ce douloureux tableau, ne répondait plus, déjà depuis quelques minutes, aux futiles propos de sa compagne, et même elle en éprouvait une sorte d'irritation secrète. Toutes deux se dirigeaient, mêlées à la foule silencieuse, vers la vieille église normande, et parvinrent à prendre place sur un des bancs massifs qu'à grand renfort de bras on avait pu ranger autour de la chaire.

Le vicaire de Monkshaven était un bon et paisible vieillard, haïssant par-dessus toutes choses le trouble et la discorde. Ses opinions théoriques, analogues à celles de tout le clergé de cette époque, le classaient parmi les *tories* les plus véhéments. Il était difficile de savoir ce qu'il détestait et craignait le plus, des révolutionnaires français ou des sectes dissidentes anglaises. Peut-être cependant avait-il pour celles-ci une haine plus intense, à cause de leur voisinage plus immédiat ; les Français d'ailleurs avaient leur papisme pour excuse, tandis que les Dissidents auraient pu faire partie de l'Église établie, sans l'énorme dépravation qui les en séparait.

Avec une portée d'esprit comme celle que supposent de telles idées, le docteur Wilson devait se trouver alors dans une situation très-difficile, et son sermon, écrit dans le courant de la semaine, lui avait sans doute coûté beaucoup de travail. Ce Darley dont on allait célébrer les funérailles avait justement pour père le jardinier du ministre, et toutes les sympathies du docteur Wilson étaient acquises au vieillard qu'on avait ainsi privé de son fils. Mais, en sa qualité de magistrat du district, il avait reçu du capitaine de *l'Aurora* une longue lettre justificative. « Darley, disait cette épître officielle, s'était mis en résistance ouverte contre les fidèles serviteurs de Sa Majesté. Que deviendraient l'esprit de subordination et de fidélité monarchique, les intérêts du service, et finalement les chances qu'on pouvait avoir de battre ces damnés Français, si une conduite comme celle de Darley pouvait recevoir le moindre encouragement? » — Le ministre se contenta donc de marmotter, à la hâte et d'un ton banal, sur l'instabilité de notre existence terrestre, un assez médiocre sermon, écouté par bonheur avec indulgence. La simplicité, la pureté de sa vie, connues de tous ses paroissiens depuis plus de quarante ans, le mettaient à l'abri de leurs censures. Aussi, à peu d'exceptions près, se bornèrent-ils à oublier aussi promptement que le ministre lui-même cette homélie de pure forme, à laquelle personne n'attachait la moindre importance. Mais quand le ministre, dépouillant sa robe et revêtant son surplis, vint se placer sur le seuil du temple pour attendre l'arrivée du mort, la scène prit un caractère imposant. Bien que le soleil ne fût pas encore couché, la lune montait, lente et pâle, parmi les brouillards argentés qui dérobaient aux yeux les marécages lointains. Sur le long escalier sinueux serpentait à loisir le noir cortége, s'arrêtant çà et là quand le pesant fardeau lassait les porteurs, et se formant en groupes muets sur chaque palier. Le bourdon de l'église, cependant, continuait son tintement grave et mélancolique, auquel ne se mêlait aucun autre bruit, si ce n'est parfois, venus du fond des marécages, le mugissement plaintif de quelques bœufs ou les gloussements bavards d'une troupe d'oies.

La tête basse, — et avec un mouvement d'épaules qui dénonçait leurs pénibles efforts, — les hommes chargés du cercueil avançaient toujours, divisant la foule, et derrière eux venait le pauvre vieux jardinier, dont un manteau de deuil dissimulait la mise rustique. Il soutenait, bien faible appui, les pas chancelants de sa femme, qui lui avait fait promettre d'aller la chercher après le service pour la conduire aux funérailles de leur premier-né. Lui-même, d'ailleurs, livré aux douloureuses perplexités de son âme tourmentée, avait besoin de quelqu'un pour exorciser en lui l'esprit de désespoir et de vengeance qui aigrissait encore sa peine et le privait de toutes les consolations de la foi. Mieux que personne autre, la compagne de toute sa vie, la mère de l'enfant immolé, pouvait lui faire comprendre la valeur de ces paroles qu'il répétait machinalement : « Dieu l'a voulu, Dieu l'a voulu ; sa sainte volonté soit faite ! »

Le cortége, une fois entré dans l'église, en obstrua si bien toutes les issues, que Sylvia et Molly ne purent y entrer. Elles restèrent ainsi forcément dans le voisinage de la fosse béante qui attendait le corps promis à la terre. Tout à coup elles virent les personnes groupées autour d'elles diriger à la fois leurs regards vers l'extrémité du sentier auquel aboutissait l'escalier dont nous avons parlé. Là venait d'apparaître, comme sorti du sol, une espèce de fantôme qui se traînait péniblement, soutenu de chaque côté par deux matelots, et leur indiquant du doigt la fosse ouverte.

« C'est le *specksioneer*, le harponneur qui a voulu le sauver.... C'est celui qu'on avait cru mort, se disaient les assistants à voix basse.

— C'est Charley Kinraid, vrai comme je suis là ! » dit Molly, s'empressant de courir au-devant de son cousin.

Mais, à mesure qu'il approchait, elle vit que l'effort de la marche l'absorbait tout entier. Les matelots, cédant à ses instantes prières, l'avaient monté jusque-là pour qu'il pût adresser un suprême adieu à son camarade. Ils le placèrent près de la fosse, le dos appuyé contre une pierre, et dans ce moment-là même la foule des fidèles sortait de l'église, le ministre en tête, pour achever la triste cérémonie.

Sylvia était si absorbée par le caractère imposant de cette scène, qu'elle n'eut pas tout d'abord une seule pensée pour le visage pâle et hagard qui venait de se placer en face d'elle ; bien moins encore prit-elle garde à son cousin Philip, qui, l'ayant alors aperçue pour la première fois au sein de la foule, vint aussitôt se placer à côté d'elle, compagnon et protecteur prédestiné.

A mesure que les prières continuaient, les sanglots, d'abord comprimés, s'élevèrent de tous côtés autour des deux jeunes filles ; ils prirent peu à peu les proportions d'une clameur plaintive, à laquelle chacun s'associait. La figure de Sylvia ruisselait de pleurs, et la douleur qu'elle manifestait ainsi attira bientôt l'attention de ses voisins. Le *specksioneer*, entre autres, ne put s'empêcher de remarquer ce charmant visage où la fleur de jeunesse était épanouie sous une abondante rosée, et qu'il crut d'abord, tant il y voyait de tristesse, celui de quelque parente ; — mais s'apercevant ensuite que les vêtements de la jeune fille ne portaient aucun signe de deuil, il en augura qu'elle devait être la « promise » du défunt.

Le service pourtant s'achevait, et quand on eut entendu le bruit sinistre que font les premières pelletées de terre en retombant sur le cercueil, les rangs extérieurs de la foule commencèrent à s'éclaircir. Philip, s'adressant alors à Sylvia, lui demanda des nouvelles de ses parents ; mais, avant qu'elle n'eût pu lui répondre, Molly, saisissant la main de sa compagne, l'entraîna du côté de Charley Kinraid. Philip se vit contraint de les suivre. Le *specksioneer* s'apprêtait alors à regagner péniblement son logis. Il s'arrêta, voyant venir à lui sa cousine ; mais son regard ne demeura pas longtemps fixé sur elle, attiré qu'il était par le visage de Sylvia, où se peignait, à travers les larmes dont il était couvert, un sentiment de timide admiration pour le premier « héros » qu'il lui eût été donné de contempler.

« Ma foi, Charley, disait cependant Molly, vous m'avez tout de même bien étonnée quand je vous ai vu ici, avec une figure de revenant, adossé à ce tombeau.... Mon Dieu, que vous êtes maigre, que vous êtes pâle !

— Mais oui,... assez pâle, assez maigre comme cela, répondit-il avec lassitude.

— J'espère pourtant, monsieur, que vous êtes en voie de guérison, dit Sylvia d'une voix très-basse, empressée qu'elle était de lui parler, et toute surprise néanmoins de se trouver si téméraire.

— Merci, mon enfant.... Le plus mauvais est passé. »

Il poussait en même temps un profond soupir.

Philip reprit la parole :

« Il faudrait songer, disait-il, que nous avons tort de le retenir ici.... La nuit approche, et il est si fatigué ! »

En même temps il faisait mine de se retirer. Les deux matelots qui avaient escorté Kinraid insistèrent dans le même sens que Philip, et si vivement que Sylvia crut devoir se reprocher les paroles qu'elle lui avait adressées ; — ce scrupule appela sur ses joues un vif incarnat.

« Voyons, Charley, venez vous faire soigner à Moss-Brow ! » disait Molly, et Sylvia se demandait, tout en faisant sa petite révérence au jeune marin pour prendre congé de lui, comment on pouvait traiter si lestement un personnage de cet ordre. En somme pourtant c'était un cousin, peut-être même un fiancé, ce qui rendait naturellement le procédé moins énorme.

Philip Hepburn, pendant toutes ces réflexions, ne la quittait pas d'une semelle.

VII

TÊTE-A-TÊTE. — LE TESTAMENT.

Philip, en effet, se proposait d'accompagner les deux jeunes filles. Il passait ordinairement l'après-midi du dimanche à la ferme de Haytersbank, et Sylvia s'était bien doutée, dès leur rencontre dans le cimetière, qu'il voudrait lui servir d'escorte.

L'entretien de nos trois personnages fut bientôt ramené sur l'intéressant malade, dont Molly disait tout le bien possible, comme d'un harponneur tout à fait hors ligne et à qui ses patrons faisaient mille avantages exceptionnels.

« Encore sera-t-il bien avisé de ne pas trop fréquenter ces parages d'ici à quelque temps, remarqua Philip.

— Et pourquoi cela? demanda Molly toujours prête à défendre son cousin.

— A cause du procès qu'on veut lui faire pour avoir tiré sur l'équipage.

— En voilà, des mensonges, s'écria Molly.... Jamais il n'a tué que des baleines, je vous en réponds.... Ou bien, s'il l'a fait, c'est qu'il en avait le droit.... Vous êtes étranges, vous autres Quakers, vous croyez qu'on peut voir massacrer ses amis sans rien dire.... Car enfin ils ont bien tué Darley, n'est-ce pas?

— A la bonne heure, mais la loi était pour eux.... Ils ne faisaient qu'exécuter les ordres reçus.

— En attendant, le « vaisseau de roi » est parti comme honteux de ce qu'il avait fait, reprit Sylvia, et le pavillon de la *Randyvow-house* a été amené depuis deux ou trois jours.... D'ici à quelque temps, vous verrez qu'on ne *pressera* plus de nos côtés.

— C'est ce que dit mon père, continua Molly.... En débutant ainsi par capturer de pauvres jeunes gens, juste au retour de la pêche, la *press-gang* s'est mis à dos tout le pays.... On ne regarderait plus, maintenant, à faire des barricades dans les rues et à tuer ces gaillards-là comme des chiens, s'ils voulaient encore se servir de leurs fusils, ainsi qu'a fait l'équipage de l'*Aurora*.

— Se douterait-on, répliqua Philip, que vous venez de pleurer sur le tombeau d'un homme immolé dans un de ces combats que vous semblez appeler de tous vos vœux? N'avez-vous pas vu, tout à l'heure même, ce qui en résulte? Ces matelots de l'*Aurora* que Kinraid a mortellement frappés — si la chronique dit vrai — avaient peut-être aussi des parents qui attendaient leur retour.

— Je ne croirai jamais que ce soit là un meurtrier, dit Sylvia.... Il a l'air si doux! »

Mais Molly n'entendait pas que la cause de son cousin demeurât ainsi à moitié plaidée.

« J'ose dire, moi, qu'il les a tués roide.... Il n'est pas homme à laisser la besogne incomplète.... Maintenant, si vous voulez mon avis, je trouve qu'il a bien fait. »

Au moment où la discussion s'échauffait ainsi, un nouvel incident vint l'interrompre fort à propos.

« N'est-ce pas Hester, la demoiselle de votre magasin? demanda Sylvia baissant la voix et montrant une jeune femme qui venait d'apparaître tout à coup sur la route après avoir franchi l'échalier d'un mur de clôture.

— Précisément, dit Philip.... Et d'où venez-vous, Hester ? » demanda-t-il quand ils furent à portée de voix.

Hester rougit quelque peu et répondit ensuite avec son calme ordinaire :

« Je suis allée tenir compagnie à Betsy Darley.... Nous la savions forcée de garder le lit.... Il devait lui être pénible de rester seule pendant que le reste de la famille assistait à l'enterrement. »

Elle parut ensuite vouloir passer son chemin, mais Sylvia, qui portait le plus vif intérêt à la parenté du défunt, s'empressa de lui adresser coup sur coup plusieurs questions. Comme elle avait, pour la retenir un moment, posé sa main sur le bras d'Hester, celle-ci recula d'un pas, rougissant plus fort que jamais, et répondit ensuite avec une obligeante gravité à tout ce qui lui était demandé.

Pas plus que la généralité de ses contemporains, Sylvia ne possédait ce don d'analyse qui semble être le caractère distinctif de notre époque. Aussi ne songea-t-elle pas à comparer la conduite d'Hester avec la sienne. Cette comparaison, si elle l'eût faite, n'aurait pas tourné à son avantage. Tandis que la jeune quakeresse faisait œuvre d'abnégation et de charité, Sylvia n'avait été attirée à l'église que par une vaine curiosité, une arrière-pensée de coquetterie, un besoin malsain d'émotions fortes. Mais sans se rendre compte de tout ceci, — et sans qu'aucun retour d'amour-propre lui fît perdre le plaisir d'admirer ce qu'une autre avait fait de bien :

« Qu'elle est bonne! s'écria Sylvia quand Hester les eut quittés, et après un silence de quelques minutes.

— Vous avez raison, reprit Philip avec chaleur, et nul ne le sait mieux que votre serviteur, puisque nous habitons sous le même toit.

— Elle a pour mère, n'est-il pas vrai, une vieille quakeresse? demanda Molly.

— Alice Rose est de la secte des Amis, répliqua Philip. C'est là sans doute ce que vous voulez dire.... et je ne connais pas de plus braves gens.

— Peut-être vaudrais-je mieux, si j'étais des leurs, reprit Sylvia qui, dans sa disposition d'esprit actuelle, ne pouvait approuver le ton railleur de sa compagne.

— Telle que tu es, tu n'es pas encore trop méchante, » dit Philip avec tendresse ; — du moins avec autant de tendresse qu'il osa s'en permettre, car il savait par expérience qu'il ne gagnerait rien à inquiéter la timidité de la jeune fille.

Pendant un moment, elle ne répondit plus ni à lui ni à Molly. Leurs propos, à l'un et à l'autre, n'étaient plus d'accord avec ses pensées.

« On prétend que William Coulson fait les yeux doux à Hester Rose, reprit Molly toujours au courant des commérages de Monkshaven.

— Oui, répondit Philip, je crois bien qu'il a du goût pour elle ; mais il est si paisible que je n'oserais le garantir.... Ce mariage, du reste, ne déplairait pas à nos patrons. »

Tout en jasant ainsi, les trois voyageurs arrivaient à une barrière sur laquelle, bien avant que ses deux compagnes l'eussent aperçue, Philip Hepburn, depuis quelques minutes déjà, n'avait pas cessé d'avoir l'œil. C'était celle du petit chemin qui conduisait à Moss-Brow; le cousin et la cousine devaient, continuant vers Haytersbank, se séparer là de Molly, et le tête-à-tête où ils resteraient alors était une de ces précieuses occasions auxquelles Philip rêvait quinze jours d'avance. Aujourd'hui surtout il la croyait bonne, Sylvia lui paraissant plus sérieuse, plus attendrie que de coutume. Mais comment aurait-il deviné, l'innocent, les préoccupations confuses et contradictoires auxquelles s'abandonnait ce jeune cœur? Tantôt des résolutions de sagesse, et le dessein bien arrêté de se familiariser avec la pensée de la mort jusqu'à ce que « la tombe lui devint aussi peu redoutable que son lit; » — puis un souhait concernant Philip : c'était, hélas! qu'il ne l'eût pas accompagnée ; — puis une idée qui la faisait frissonner : le harponneur avait-il bien réellement tué quelqu'un? — Sous l'impression de ce doute fascinateur, elle ne pouvait s'empêcher d'évoquer dans son imagination le souvenir de cette grande taille affaissée, de cette hâve et mélancolique figure ; — à ceci succédait un mouvement de haine, un désir de vengeance dont la *press-gang* était l'objet, et si véhément, si passionné, qu'il emportait avec lui toutes les bonnes résolutions antérieures. Ainsi tourbillonnaient tour à tour, dans le cerveau de Sylvia, ces idées, ces questions, ces rêves, et ce fut l'un d'eux qui lui fit rompre le silence :

« Y a-t-il loin, d'ici aux mers du Groënland? demanda-t-elle.

— Je l'ignore, répondit Philip quelque peu étonné.... Voulez-vous que je m'en informe?

— Ce n'est pas la peine. Mon père le sait.... Il y est allé bien des fois.

— A propos, Sylvia, reprit Philip, ma tante désire que je vous donne cet hiver des leçons d'écriture et d'arithmétique.... Je pourrais, si vous le voulez, commencer par venir deux fois la semaine.... A partir de novembre, le magasin ne ferme plus bien tard. »

Mais Sylvia n'aimait beaucoup ni l'instruction en elle-même, ni celui qui s'offrait pour la lui donner; aussi répondit-elle assez froidement que « les leçons feraient brûler trop de chandelle, et que sa mère n'aimait pas cela. »

— Oh, repartit le zélé professeur, ne vous tourmentez

pas pour si peu de chose, j'apporterai avec moi celle que je brûlerais si je restais à la maison. »

Cette excuse ne pouvant servir, Sylvia se creusa la cervelle pour en trouver une autre.

« Écrire me donne de telles crampes, reprit-elle, que vingt-quatre heures se passent ensuite avant que je sois en état de coudre.... Et mon père a bien besoin des chemises que je lui fais en ce moment.

— Nous étudierons les cartes, recommença Philip ; je vous montrerai sur la mappemonde une foule de pays.

— Les mers arctiques y sont-elles ? » demanda Sylvia dont l'intérêt parut se ranimer tout à coup.

Mais lorsque Philip, insistant toujours, lui parla de faire alterner la lecture et l'écriture avec ses études géographiques, la jeune fille reprit toute son indifférence première :

« Vous perdriez vos peines avec moi, reprit-elle ; je n'ai pas la moindre disposition pour l'étude.... Mais Molly a une sœur cadette, et celle-là vous ferait bien de l'honneur ; elle est toujours à fourrager parmi les livres. »

Pour peu que Philip eût été diplomate, il n'aurait pas manqué de bien accueillir cette insinuation peu flatteuse ; où trouver un meilleur moyen d'en faire repentir Sylvia ?... Mais sa mortification était trop sincère pour admettre de pareils calculs.

« C'est pour *vous*, non pour la fille du voisin, que ma tante a demandé mes leçons, reprit-il avec un accent de reproche.

— En ce cas, il faudra bien se soumettre, » répondit Sylvia, moins gracieuse que jamais.

L'instant d'après, cependant, elle eut regret de cette désobligeante saillie, et se prit à songer que si elle venait à mourir dans la nuit sans s'être réconciliée avec son prochain, les conséquences pourraient être fâcheuses.

Cette idée de mort soudaine hantait son jeune cerveau depuis qu'elle avait assisté aux funérailles. Alors, choisissant d'instinct la meilleure et la plus prompte voie de raccommodement, elle glissa sa main dans celle de Philip qui, toujours un peu boudeur, marchait à côté d'elle. La peur la prit, néanmoins, lorsque cette main une fois donnée se trouva captive, et si étroitement close que pour la retirer il eût fallu faire ce que dans son for intérieur elle appelait « un embarras. » Ce fut donc la main dans la main, lentement, en silence, qu'ils arrivèrent à la porte de Haytersbank. Bell Robson, assise auprès de la fenêtre, la Bible ouverte sur ses genoux, les voyait approcher ainsi, et une vague satisfaction vint éclairer comme un rayon de lune son visage noyé dans les ténèbres.

« C'est là ma prière du jour et de la nuit, » se disait-elle intérieurement. Toutefois, lorsque pour égayer leur bienvenue elle eut allumé la chandelle, on n'aurait pas retrouvé sur son visage austère le moindre vestige de la joie qu'elle venait d'éprouver.

Le même soir, dans une petite maison de Monkshaven, un trio pareil à certains égards, différent à beaucoup d'autres, se trouvait également réuni. C'étaient une mère avec sa fille unique et le jeune homme qui, adorant en secret cette dernière, voyait Alice Rose presque favorable à ses vœux, bien qu'il n'eût pas su gagner le cœur d'Hester.

Au retour de la course qu'elle avait faite dans l'après-midi, celle-ci s'arrêta une ou deux minutes sur un petit perron dont la propreté scrupuleuse attestait les soins minutieux prodigués à toute la maison. Au moment où elle ouvrit la porte, un frais parfum lui vint au visage ; c'était celui d'une feuille de géranium que le jeune quaker William Coulson écrasait entre son doigt et son pouce, tout en prêtant une oreille attentive aux paroles qu'allait prononcer la vieille Alice. Celle-ci, en effet, l'avait choisi pour lui dicter l'expression de ses volontés dernières. De temps en temps, par-dessus ses lunettes, elle lui jetait un regard empreint d'une certaine bienveillance maligne et accompagné d'allusions de plus en plus transparentes.

« Je lègue tous mes meubles à Hester Rose, lui avait-elle dit quelques instants auparavant; mais puisque tu aimes tant les *puddings* et la pâtisserie, tu auras, pour ta part, le rouleau et la planche à pâte.... Donne-les à ta femme quand je serai partie, et puisse-t-elle s'en servir de manière à te satisfaire, ce qui, par parenthèse, n'est pas toujours si aisé.

— Je ne compte pas me marier, disait William.

— Tu te marieras, répondit Alice; tu n'es pas médiocrement soucieux de ton bien-être, et ta femme seule pourra te soigner comme tu l'entends.

— Je sais bien de qui je voudrais recevoir les soins, soupira William.... mais je sais aussi que je ne lui plais guère. »

Alice, avec un de ces regards dont nous avons parlé, prit alors, comme on dit, la balle au bond :

« C'est à notre Hester que tu penses, » lui dit-elle sans plus de façons.

Il avait d'abord légèrement tressailli ; mais, levant les yeux sur elle, il se sentit encouragé à continuer.

« Hester ne me porte aucun intérêt, reprit-il avec abattement.

— Patience, mon enfant, cela viendra, répondit Alice avec bonté. Ce n'est pas tous les jours qu'une jeune fille sait ce qui se passe en elle.... Du reste, ce serait là un mariage selon mes vœux. Et comme le Seigneur s'est toujours montré bon pour moi, j'aime à penser qu'il saura lever tous les obstacles.... Mais toi, ne persiste pas à t'occuper autant d'elle.... Je me figure parfois que tu la fatigues par tes regards et tes attentions.... Montre un cœur plus viril.... Feins d'avoir bien autre chose à penser, et sois sûr qu'en ne te voyant plus rôder sans cesse autour d'elle, l'enfant s'occupera de toi plus volontiers.... Attention, cependant; il me semble reconnaître son pas !... Cache ces papiers, cache-les vite !... Je ne veux pas l'attrister en lui laissant voir de quoi je m'occupe.... Nous reprendrons la chose au premier dimanche, et, d'ici là, peut-être aurai-je trouvé ce qu'il pourrait convenir de laisser au cousin John et au cousin Jeremy. »

Hester, nous l'avons dit, s'était arrêtée une minute ou deux avant de lever le loquet de la porte. Lorsqu'elle entra, tout vestige d'écriture avait disparu. Will Coulson, seulement, était rouge comme un coquelicot, et aspirait à longs traits la feuille de géranium qu'il tenait broyée entre ses doigts.

L'air animé, l'apparence de sérénité qu'Hester avait voulu se donner au moment de sa rentrée, disparurent bientôt avec la faible rougeur que la marche avait appelée sur ses joues, et le perspicace regard de sa vieille mère ne fut pas longtemps à démêler ces indices presque imperceptibles du souci qui la rongeait. Aussi se hâta-t-elle, pour distraire sa fille, de l'accabler de questions. Le thé vint ensuite, avec les mille petits soins qu'il exige. Il fut servi pour quatre personnes, et lorsque, — la tête inclinée pendant une minute ou deux, — ils eurent prononcé au dedans d'eux-mêmes la prière d'action de grâces que les autres chrétiens font à voix haute, Alice hasarda une observation sans portée apparente, mais qui lui était dictée, néanmoins, par sa vive sympathie pour le chagrin auquel sa fille semblait en proie.

« Philip aurait dû rentrer pour l'heure du thé.... Je suppose qu'il n'est pas en ville, » disait-elle avec une irritation soigneusement contenue.

William leva immédiatement les yeux du côté d'Hester, tandis qu'Alice, au contraire, détournait la tête ; mais la jeune fille répondit avec un grand calme :

« Il est allé chez sa tante, à Haytersbank.... Je l'ai rencontré sur la route, avec sa cousine et Molly Corney.

— On le voit fréquemment de ce côté, remarqua William.

— Rien de plus naturel, répondit Hester.... Ils sont venus du Cumberland, lui et sa tante. Or, dans un pays étranger, il semble qu'on se tienne de plus près encore.

— Je l'ai aperçu, dit William, à l'enterrement de ce Darley.

— Moi aussi, dit Alice, et je l'ai remarqué avec peine parmi les gens groupés autour du marin qui s'est, dit-on, rendu coupable de tant de meurtres.

— Cela n'est pas prouvé, répondit Hester toujours charitable, et ce Kinraid, d'ailleurs, avait été provoqué, blessé même, et grièvement.

— Serait-il par hasard de Newcastle ? demanda William Coulson avec une avide et soudaine curiosité.

— Je l'ignore, répondit Hester. Betsy Darley ne parle de lui que comme d'un harponneur audacieux entre tous ceux de la côte.... Mais il a dû résider à Newcastle, car c'est là, m'a-t-elle dit, que son pauvre frère s'était lié avec lui.

— Et tu le connais ? reprit Alice s'adressant à William.

— Si c'est Charley Kinraid, répliqua-t-il, je ne le connais que trop.... Il a fréquenté pendant plus de deux ans ma pauvre défunte sœur, puis il la planta là pour une autre, et son abandon brisa le cœur de la pauvre fille.

— Je ne pense pas, dit Alice, qu'il recommence de longtemps ce jeu-là.... Il a reçu du Seigneur un avertissement sévère.... Peut-être même n'en reviendra-t-il pas. Sa mine, du moins, semblait l'annoncer.

— En ce cas, il retrouvera ma sœur, dit William avec solennité; le Seigneur lui fera comprendre, j'espère, qu'il l'a tuée par sa trahison, tout comme les deux matelots dont on l'accuse aujourd'hui d'avoir versé le sang; et, s'il y a dans l'autre monde des grincements de dents à l'usage des meurtriers, je compte qu'il en aura sa bonne part.... C'est un méchant, cet homme-là !

— Betsy assure pourtant, reprit Hester, que son frère n'eut jamais un meilleur ami.... Elle a reçu de lui la promesse que sa première sortie serait pour l'aller voir. »

Mais William, secouant la tête, répéta simplement ses dernières paroles :

« Je vous dis, moi, que c'est un méchant. »

VIII

ATTRACTION ET RÉPULSION.

La fin de l'automne ramène pour nos ménagères tout un ordre de travaux réguliers. Avant que les pluies de novembre n'aient endommagé les routes, il faut rapporter à la ferme la tourbe précédemment extraite et séchée, — emmagasiner la fougère brune qui servira de litière aux bestiaux, — faute de navets et de fourrages divers tuer les vaches qui n'ont pas vêlé, — saler la viande qu'elles donnent, — porter le grain au meunier, nettoyer la maison du haut en bas, garnir le bûcher, en fin de compte, à la seconde gelée (pas avant surtout), mettre à mort les pourceaux, préparer les jambons, fabriquer les saucisses, etc.

Bell Robson, pour l'honneur du Cumberland, son pays natal, mettait un grand amour-propre à ce que ces dernières opérations fussent mieux réussies chez elle que dans aucune des fermes environnantes; elle voulait aussi bien établir sa supériorité à cet égard, et peut-être était-ce là son motif déterminant, lorsque, sous prétexte de charité pour un pauvre malade, elle chargea son mari et sa fille, un beau soir, de porter à Moss-Brow, — où Kinraid achevait sa convalescence, — quelques œufs frais et quelques-unes de ces merveilleuses saucisses dont elle croyait avoir le monopole.

Il y eut, ce soir-là, maille à partir entre Sylvia et sa mère. Cette dernière ne comprenait pas pourquoi la jeune fille avait choisi, voulant envelopper les provisions qu'elle emportait, le linge le plus fin et le mieux ouvré, ni pourquoi elle prenait, au lieu d'un châle de tartan, son beau manteau rouge encore tout neuf. Qu'aurait-elle dit si elle l'eût vue glisser dans le panier, d'une main furtive, deux ou trois pâquerettes de la Saint-Michel, et l'unique bouton du rosier de Chine qui, se trouvant adossé au mur de la cheminée, avait pu jusqu'alors résister aux premiers froids? Grâce à l'appui paternel, Sylvia parvint néanmoins à faire adopter toutes ses petites combinaisons, et partit pour Moss-Brow, à la clarté des étoiles, le cœur joyeux, le pied leste, pouvant à peine régler son allure sur celle du vieux Robson.

Ils furent reçus avec force excuses par mistress Corney, dont le mari se trouvait absent, et qui, pour dédommager son hôte, se hâta de lui présenter Charley Kinraid, avec lequel la conversation s'engagea tout aussitôt. Daans ma effet, se sentait attiré vers cet ennemi déclaré de la *press-gang*. Il se rappelait le temps où lui-même, enrôlé de force pour les guerres d'Amérique, n'avait pu échapper au service odieux que par une mutilation dont il se vantait comme de la plus belle action du monde, oubliant qu'elle l'avait réduit à quitter la mer pour la terre, et le métier de pêcheur pour celui de fermier, ce qui constituait à ses yeux une véritable dégradation. En somme, cependant, il était resté « marin de cœur, » ainsi qu'il le dit au *specksioneer*, en l'invitant expressément à visiter Haytersbank, la première fois qu'il serait de loisir.

Sylvia, que Molly avait attirée dans un coin et qui semblait tout entière aux confidences de sa compagne, n'avait pas perdu un mot de la conversation des deux hommes ; — dans ce moment elle lui prêta une attention toute spéciale.

« Je vous suis fort obligé, répondit Kinraid, et j'irais bien volontiers passer une soirée avec vous, mais dès que je serai en état de marcher, il faudra que j'aille voir mes parents qui habitent Cullercoats, près de Newcastle.

— C'est bon, c'est bon, dit Daniel qui se levait alors pour prendre congé ; si tu viens, tu seras le bien reçu.... Mais je n'ai pas de garçon pour te tenir tête.... Un brin de fille, et c'est tout.... Approche, Sylvia, qu'on te montre à ce jeune cadet ! »

Plus rouge qu'aucune rose ne le fut jamais, Sylvia répondit à cet appel, et Kinraid, en ce moment, reconnut la jolie jeune fille qu'il avait vue pleurer de si bon cœur sur la fosse de Darley. Il s'était levé, avec la galanterie naturelle aux marins, tandis qu'elle s'approchait timidement et se tenait debout auprès de son père, n'osant regarder franchement et bien en face ce visage qu'elle venait d'épier à la dérobée. Kinraid était encore obligé de s'appuyer d'une main au buffet pour se mainteni sur ses jambes, mais elle put constater un mieux sen sible dans son état ; il lui sembla rajeuni, rasséréné. Son visage était expressif ; on voyait, malgré sa pâleur, que ses longs voyages avaient bronzé son teint ; ses yeux et ses cheveux étaient noirs, — les premiers, un peu caves, étaient vifs et pénétrants; les seconds frisaient d'eux-mêmes en boucles serrées; le sourire amical qu'il adressait à la belle enfant, faisait briller deux rangées de dents parfaitement blanches, et plus il lui souriait, plus elle rougissait en baissant la tête.

« Je profiterai certainement de votre invitation, reprit le jeune marin; une petite course me fera du bien, j'en suis sûr, si la gelée continue.

— A merveille, mon cadet ! » dit Robson dont la cordiale poignée de main autorisait Kinraid à prendre, lui aussi, la main de Sylvia.

Molly Corney, accompagnant ses hôtes à quelques pas de la maison, retint un instant Sylvia pour lui dire à l'oreille :

« N'est-ce pas qu'il est beau garçon ?... Je suis contente que vous l'ayez vu, car il part la semaine prochaine.

— Mais n'a-t-il pas dit qu'il viendrait nous voir ? demanda Sylvia, presque effrayée.

— Certes, et je ne le lui laisserai pas oublier, soyez tranquille.... Je voudrais vous faire faire plus ample connaissance.... Il parle si bien !... Je tâcherai de vous l'envoyer. »

Sans qu'elle se rendit bien compte de ce sentiment, Sylvia ne savait aucun gré à Molly de ses promesses réitérées. Elles semblaient lui ôter d'avance tout le plaisir que lui avait fait espérer la visite de Kinraid. Aussi rentra-t-elle passablement triste auprès de sa mère.

Bell les attendait sur le seuil de la porte.

« Vous voilà donc rentrés, s'écria-t-elle; et Philip, ce pauvre Philip, qui vous a si longtemps attendus !... Il venait pour te donner ta leçon d'arithmétique.

— Quelle contrariété ! dit Sylvia, par déférence pour sa mère plutôt que pour exprimer un véritable regret.

— Il a promis de revenir demain, et il faudra faire

attention aux jours qu'il indique : il vient de trop loin pour qu'on lui laisse perdre ainsi sa peine.

— Quelle contrariété ! » aurait volontiers répété Sylvia ; mais elle se contenta de penser que si Kinraid venait le lendemain, la présence de Philip serait au moins inopportune. Elle n'aurait pas voulu, d'ailleurs, que le *specksioneer* fût témoin de toutes les bévues qu'elle commettrait sans doute pendant sa première leçon.

Mais elle s'effrayait en vain. Le lendemain soir Hepburn arriva fidèlement, et Kinraid ne parut pas. Le jeune commis tira de sa poche, avec les livres qu'il apportait, quelques chandelles enveloppées de papier.

« A quoi bon ceci ? » demanda Bell d'un ton presque offensé.

Philip lui raconta, souriant, les scrupules manifestés par Sylvia sur la consommation de suif qu'entraîneraient les leçons du soir. La jeune fille, qui lut dans les yeux de sa mère un très-vif mécontentement, se montra fort docile écolière ce soir-là, mais ce ne fut pas sans garder secrètement rancune à son cousin de cette soumission bien involontaire. Celui-ci, qui s'en aperçut, redoublait d'attention et de soins. Mais son élève, à la longue, donna des signes non équivoques de lassitude et d'ennui : « A quoi bon, disait-elle, écrire sans cesse, tout le long d'une page, le même mot en gros caractères.... *Abednego, Abednego, Abednego*.... Comme cela est amusant !... Et encore si on savait à quoi cela peut servir ?... » Sa mère, alors, lui lança un regard sévère et, sous prétexte de chercher quelque chose dans un tiroir, se rapprochant du buffet sur lequel sa fille écrivait :

« Sylvia, lui dit-elle à voix basse, je tiens à te voir instruite ; ma mère et ma grand'mère l'étaient.... De ce que notre famille a déchu, ce n'est pas une raison pour que tu restes ignorante. »

Philip, qui leur tournait le dos, entendit fort bien ces

paroles, mais fut assez discret pour n'en pas faire semblant. Sa récompense ne se fit pas attendre. Sylvia, l'instant d'après, était devant lui, son alphabet à la main, toute disposée à épeler. Elle se trahit néanmoins, — à la fin de la leçon que Philip avait abrégée par ménagement pour elle, — en manifestant une joie immodérée. Elle sautait autour de sa mère, l'embrassait coup sur coup, et finit par dire à Philip avec l'accent du défi :

« Sois tranquille, si jamais je t'écris, à toi, tu n'as que faire d'ouvrir ma lettre. Je vais te dire d'avance ce que tu trouverais dedans : *Abednego, Abednego, Abednego.* »

Philip eut beaucoup plus de succès auprès de Daniel Robson à qui, sur sa demande expresse, il lut tout haut le dernier numéro du journal hebdomadaire publié dans la ville d'York. Ce n'est pas que Daniel Robson n'eût été en état de le déchiffrer lui-même ; mais, en pareil cas, l'attention qu'il concentrait sur les mots était naturellement perdue pour les choses. Aussi comprenait-il beaucoup mieux ce qui lui était lu, que ce qu'il lisait en personne.

Sylvia et sa mère, assidues à leur couture, écoutaient sans trop d'intérêt les tirades à grand orchestre sur les victoires de Nelson et les guerres du Nord. Les moindres nouvelles d'York, le récit d'un vol de pommes commis dans un jardin de Scarborough les auraient bien autrement captivées. Philip, d'ailleurs, il faut en convenir, lisait sur un ton de fausset, avec une emphase pédante qui semblait ôter aux mots leur sens naturel, prenant un certain plaisir à ne passer aucune citation latine et à faire ronfler comme un tonnerre les vocables de plusieurs syllabes, jusqu'à ce qu'enfin, regardant à la dérobée du côté de Sylvia pour juger de l'effet qu'il produisait sur elle, il s'aperçut qu'elle avait rejeté sa tête en arrière, laissé s'entr'ouvrir ses jolies lèvres roses et solidement clos ses paupières : — pour tout dire, elle dormait à poings fermés.

« Ma foi, dit le fermier Robson qui venait justement de constater le fait, j'ai failli en faire autant.... La maman va se fâcher, maintenant, si je vous avertis que vous avez droit à un baiser; mais quand j'étais jeune, je n'aurais manqué pour rien au monde d'embrasser toute jolie fille que je trouvais endormie sur mon chemin. »

Philip, soudain pris de peur, regarda sa tante. L'attitude de celle-ci n'avait rien de très-encourageant, et, feignant de n'avoir pas entendu ce que disait son mari, elle congédiait le jeune homme en lui offrant la poignée de main du départ. Au bruit de leurs chaises qui traînaient sur la dalle, Sylvia, réveillée en sursaut, manifesta une confusion que les rires bruyants de son pèr augmentaient encore.

« Voilà ce que c'est, fillette, que de s'endormir à côté d'un jeune homme.... Philip, ici présent, est devenu ton créancier.... Tu lui dois une paire de gants.[1] »

Sylvia prenait déjà feu. Elle se tourna vers sa mère pour savoir ce qu'il fallait penser.

« Tranquillise-toi, petite, lui dit celle-ci, ton père veut s'amuser à tes dépens, et Philip sait trop bien comme on se conduit....

— Tant mieux pour lui, interrompit Sylvia dont les joues brûlaient encore; s'il s'était donné la moindre licence, de ma vie entière il n'aurait eu un mot de moi!... »

Et on eût dit, à son accent, que la faute avait été commise, que le pardon ne viendrait jamais.

Ainsi finit, assez tristement pour Philip, une soirée dont il avait pu beaucoup mieux augurer.

---

1. Allusion à une coutume populaire de ce temps-là, que le texte même explique suffisamment.

IX

LE SPECKSIONEER.

Daniel Robson, quelques jours après, partit de bonne heure pour aller, dans un district assez éloigné, faire emplette d'un cheval. Le soir, Sylvia et sa mère l'attendaient au coin du feu, et comme dans leurs longs tête-à-tête elles échangeaient rarement une parole, le cliquetis de leurs aiguilles à tricoter répondait seul à la plainte lointaine des flots que leur apportaient les échos du défilé de Haytersbank. Vers huit heures, l'oreille subtile de la jeune fille reconnut le pas pesant de son père sur le sentier rocailleux. Elle reconnut de plus, au son de sa voix, qu'il était accompagné de quelqu'un.

Curieuse de savoir qui ce pouvait être, et naturellement aux aguets de tout incident qui venait rompre la monotonie de son existence habituelle, Sylvia courut ouvrir la porte. Mais un seul regard jeté au dehors parut l'avoir subitement intimidée, car elle se tint à l'abri du battant qu'elle venait de tirer, lorsque son père et Kinraid entrèrent ensemble.

Daniel Robson, — en revenant de Monkshaven, où il était allé conduire au maréchal ferrant sa jument achetée le matin, — avait rencontré le harponneur qui cherchait justement à découvrir le chemin de la ferme, et auquel il s'empressa d'offrir une hospitalité légèrement tumultueuse.

Pour Sylvia, l'entrée de ces deux hommes fut un vrai coup de théâtre. Après cette interminable soirée monotone et terne, la maison s'illuminait tout à coup, la solitude se peuplait, l'âtre obscurci jetait de nouveaux rayons et une chaleur nouvelle. Tandis qu'attentive à prévenir tous les besoins de son père, elle portait çà et là ses pas agiles, glissant tour à tour des clartés du foyer dans les ténèbres de quelque pièce voisine, Kinraid la suivait des yeux avec attention. Le bonnet de toile à haute forme dont elle était coiffée selon la mode du temps, et qu'un large ruban bleu fixait solidement à sa tête, couronnait sans la cacher sa chevelure brune aux reflets d'or. Une longue boucle pendait de chaque côté de son cou, — de son menton, veux-je dire, car son cou disparaissait tout entier sous un mouchoir à petits dessins que force épingles maintenaient croisé sur sa poitrine ; elles le fixaient à sa robe de drap brun, que la petite coquette se félicitait maintenant d'avoir gardée pour travailler à côté de sa mère.

Avant qu'elle eût pu se rasseoir, Kinraid et son père, en face de leurs verres déjà pleins, échangeaient leurs observations sur le mérite relatif de diverses compositions alcooliques. Ceci les conduisit à parler de la contrebande qui était, nous l'avons dit, pour les habitants de ce district, une industrie à peu près légitime. De là mille récits sur les moyens d'échapper aux agents de l'excise, les relais nocturnes toujours disposés pour le service de la marchandise prohibée, les stratagèmes féminins employés pour déjouer la surveillance la plus stricte. On avait remarqué en effet que les femmes, lorsqu'elles se mêlaient de ce métier hasardeux, y portaient plus de ressources, — autant vaut dire de ruse, d'impudence, d'énergie, — qu'aucun des contrebandiers les plus renommés. Sylvia et sa mère écoutaient ces détails sans le moindre scrupule. Il n'était pas dans les idées du temps de blâmer la fraude en pareille matière, et les abus fiscaux, ceux-là surtout qui portaient sur des objets de première nécessité, avaient faussé la rectitude morale et le bon sens du peuple dans des proportions inimaginables. En général, du reste, on pourrait, sans recherche paradoxale, mesurer la sincérité populaire au plus ou moins de taxes qui pèsent sur une nation : le parallèle, dans tous les cas, serait curieux.

Robson, qui avait navigué jadis dans les mers du Groënland, et Kinraid, qui passait maintenant pour le meilleur harponneur de la côte, devaient en venir tout naturellement à échanger le récit de leurs aventures. Ils ne s'en firent faute ; et Sylvia, l'oreille au guet, le cœur ému, resta sous le charme de ces légendes où le jeune homme dont elle s'était tant de fois préoccupée jouait naturellement le principal rôle. Sa pensée le suivait sur ces frêles embarcations que les glaces flottantes menaçaient à chaque instant d'engloutir, parmi ces animaux fabuleux avec lesquels il engageait une lutte insensée, au milieu de tous ces périls, enfin, d'où il sortait par des prodiges d'énergie et de sang-froid. Parfois, quand le récit prenait une couleur merveilleuse et quasi-mythologique, son ouvrage lui échappait des mains, et la jeune fille, immobile sur son siège, semblait littéralement fascinée. Daniel Robson, en pareil cas, ne manquait jamais de renchérir sur tout ce que son interlocuteur avait dit de moins vraisemblable, et de temps en temps, comme pour authentiquer ses plus incroyables fantaisies, il en appelait aux souvenirs de sa femme. Jadis, — quand ils étaient jeunes tous deux, et lorsqu'il cherchait à lui plaire, — il l'avait évidemment bercée de ces fabuleux récits, et dans un élan de franchise avinée, Daniel le laissa clairement entendre à Kinraid qui, du reste, se gardait bien de montrer la moindre incrédulité.

« C'est comme cela, lui disait-il en clignant de l'œil, c'est comme cela qu'on gagne le cœur des femmes. »

Le harponneur, à ces mots, regarda immédiatement Sylvia. Nulle préméditation dans ce regard, et cependant il la fit rougir si bien que, pour ne pas la déconcerter davantage, le jeune homme détourna aussitôt la tête ; mais il se remit à la contempler de plus belle aussitôt qu'il la vit plus tranquille. Bell Robson ne laissa pas s'éterniser la situation : « Il était tard, disait-elle, son mari était fatigué ; d'ailleurs, ils avaient assez bu ; on s'en apercevait de reste à leurs histoires qu'elle n'aurait pas dû écouter si complaisamment.... » Somme toute, à moins de prendre son hôte par les épaules pour le jeter à la porte, elle n'aurait pu lui témoigner plus clairement son désir de lui voir quitter la ferme. Le secret de cette inhospitalité, si contraire à ses mœurs, était une crainte soudaine qui venait de s'emparer d'elle au sujet du penchant que Sylvia et Kinraid pouvaient éprouver l'un pour l'autre. De fait, — circonstance assez suspecte, — le harponneur qui, au début de sa visite, avait annoncé son départ pour Newcastle comme devant avoir lieu sous un ou deux jours, venait tout à l'heure, acceptant une invitation de Daniel Robson, de lui promettre une seconde soirée, et cela le plus tôt possible.

Le vieux fermier en était à ce degré d'ivresse qui se traduit ordinairement par les dispositions les plus affectueuses, pour ne pas dire les plus tendres ; il accablait Kinraid des assurances les plus amicales, des invitations les plus pressantes, et Dieu sait où l'eût entraîné ce débordement de cordialité, si Bell n'y eût mis un terme en fermant vivement la porte de la cour dont elle poussa les verrous avant que le *specksioneer* eût quitté l'ombre de leur toit.

Sylvia, toute la nuit, rêva d'aurores boréales, de glaces flottantes, de chaloupes entraînées par des baleines et, quand le jour revint, ramenée aux réalités quotidiennes, elle continua sous une autre forme à s'occuper de Kinraid. Quittait-il le pays, bien réellement et à jamais ? Fallait-il comprendre ainsi les projets de départ qu'il avait annoncés ? Était-il ou n'était-il pas le fiancé de Molly Corney ? Lorsqu'une série de raisonnements lui avait fait adopter peu à peu telle ou telle conclusion, elle changeait tout à coup d'avis et envisageait les choses sous un autre aspect. Elle finit par se dire que ses incertitudes devaient nécessairement rester les mêmes, tant qu'elle n'aurait pas vu Molly ; et à partir de ce moment, par un grand effort sur elle-même, elle résolut de ne plus penser à Kinraid, mais seulement aux merveilles qu'il lui avait racontées. Leur souvenir serait sa consolation pendant ces soirées qu'elle passait à filer en silence auprès du foyer, et plus tard, l'été venu, quand elle emporterait son tricot dans ce creux de rocher dont elle avait fait son asile favori depuis que ses parents étaient établis à Haytersbank. Elle allait souvent y respirer la fraîcheur des brises marines, et trouvait une sorte de volupté oisive à contempler de là les vaisseaux lointains, à suivre du regard leur marche rapide sur les flots paisibles, sans s'inquiéter d'ailleurs ni de leurs destins passés, ni des longs voyages qu'ils avaient encore à faire.

X

UNE ÉDUCATION.

Philip Hepburn, quand il revint, trouva Sylvia moins disposée que jamais à transcrire le beau nom « d'Abednégo. » En revanche, quand elle voulut lui raconter les exploits de Kinraid, il ne lui prêta qu'une attention assez dédaigneuse, et la jeune écolière, mécontente de son maître, en serait venue à quelque révolte ouverte s'il n'avait prononcé fort à propos le mot de « géographie. »

— Pour cela, dit-elle, à la bonne heure.... Il y a quantité d'endroits dont je voudrais entendre parler.... Le Groënland, par exemple, est-ce une des Quatre parties du Monde ?

— Non, répondit-il, se laissant aller à sourire.

— C'est pourtant le seul pays pour lequel je voulusse apprendre la géographie.... Excepté York, cependant ; York m'intéresse à cause des courses.... Et Londres aussi, parce que le roi Georges y réside. »

Profitant de ces dispositions à moitié favorables, et armé d'un morceau de bois charbonné, Philip se mit à crayonner, sur le bois blanc d'une armoire, l'esquisse grossière d'une mappemonde, et Sylvia suivait son travail d'un regard curieux, se détournant de temps à autre vers lui pour lui adresser quelque naïve question. Heureux de se sentir si près d'elle et de la voir s'intéresser à ce qu'il lui disait, Philip s'animait en ses démonstrations, lorsque au milieu de ses efforts pour lui expliquer d'où provenait la longueur des jours polaires, il sentit que l'attention de la jeune fille lui échappait complétement. Ce fut là une rapide intuition, dont il n'eut pas longtemps à chercher la cause. La porte s'ouvrit, et Kinraid entra. Hepburn alors ne douta pas qu'elle ne l'eût entendu venir et qu'elle n'eût reconnu son allure.

A sa grande surprise, — et tandis qu'il s'apprêtait à manifester une froideur étudiée, — il vit Sylvia faire un accueil glacial au nouveau venu. Bien qu'il lui eût tendu la main en entrant, elle n'y mit pas la sienne, ainsi qu'elle l'avait fait pour Philip une heure auparavant. A peine articula-t-elle quelques paroles d'accueil, et tout aussitôt elle se remit à contempler la mappemonde esquissée à grands traits, comme pour repasser dans sa mémoire la leçon qu'elle venait de recevoir.

Le maître de la maison, lui, se montrait beaucoup plus cordial, et Philip eut à s'étonner des façons familières que l'hôte étranger prenait déjà dans la maison. On apporta des pipes, mais Philip ne fumait pas. Il se tint à l'écart, près de Sylvia et de mistress Robson qui, toutes deux, affectaient de rester étrangères à l'entretien de Robson et du *specksioneer*. La jeune fille, néanmoins, interrompait de temps en temps sa couture, et Philip pouvait s'assurer ainsi qu'elle avait l'oreille à la conversation :

« Je suppose, lui dit-il penché vers elle, que la leçon de géographie doit être ajournée jusqu'après le départ de ce camarade ? »

Les deux derniers mots de cette phrase malencontreuse firent monter le rouge au visage de Sylvia, mais elle se contenta de répondre, affectant le désintéressement le plus complet :

« Voilà bien assez de géographie pour un soir.... Je ne vous en suis pas moins très-reconnaissante, vous savez ? »

Philip abrita sa rancune dans un silence contraint. Il prenait un secret plaisir au bruit toujours croissant que faisait sa tante en préparant le souper, comme si elle eût voulu empêcher que les paroles du marin n'arrivassent aux oreilles de Sylvia. Celle-ci devina bientôt le malicieux sentiment de son cousin, et autant pour lui ravir cette petite victoire que pour l'empêcher de renouer avec elle un entretien particulier, elle se mit à fredonner tout en travaillant; puis, saisie tout à coup du désir de venir en aide à sa mère, elle se déroba fort adroitement de son siége, passa devant Hepburn, et vint s'agenouiller devant le feu, presque aux pieds de son père et de Kinraid, pour faire griller quelques tranches de pain. A partir de ce moment, le tapage dont Hepburn se félicitait naguère tourna directement contre lui. Le malheureux n'entendait pas un seul mot des propos badins échangés entre Sylvia et le *specksioneer* qui faisait mine de lui enlever la fourchette à rôties.

Bientôt, sous prétexte d'aider sa tante, Philip la suivit dans la laiterie. Il voulait savoir d'où venait ce marin, et si la maîtresse de la maison partageait l'engouement du vieux Daniel. Bell Robson le rassura de son mieux et s'efforça de calmer l'irritation naissante que lui causait la faveur de leur nouvel ami. Mais elle n'y réussit qu'à moitié ; Philip passa le reste de la soirée dans un malaise évident. Malgré tout, il ne pouvait se résoudre à partir ; il voulait revendiquer, en restant plus tard que Kinraid, les droits d'une intimité plus ancienne. Il eut enfin la joie de le voir prendre congé, mais non sans s'être penché à l'oreille de la jeune fille et lui avoir adressé quelques paroles dont Philip ne put deviner le sens ; de son côté, saisie tout à coup d'un beau zèle, Sylvia ne quitta pas des yeux l'ouvrage qu'elle avait repris et ne répondit que par un geste de tête.

A peine fut-il parti, — non sans être revenu à deux ou trois reprises, sous de futiles prétextes, comme pour jeter encore du côté de Sylvia quelques regards furtifs, — elle plia son ouvrage, se déclarant trop fatiguée pour veiller une minute de plus. La patience de Hepburn était à bout. Voyant qu'elle cherchait à l'éviter, il prit la première raison venue pour la forcer de lui adresser la parole ; mais il choisit mal et ne s'aperçut point qu'il allait jeter mille obstacles dans tous leurs rapports ultérieurs.

« Je crois m'apercevoir, Sylvia, lui dit-il, que vous n'avez pas beaucoup de goût pour la géographie.

— Pas ce soir, répondit-elle affectant d'étouffer un bâillement, et néanmoins intimidée par le mécontentement qui se peignait sur les traits du jeune homme.

— Ni ce soir, ni aucun autre, reprit-il avec une colère croissante ; et sous toutes ses formes, d'ailleurs, l'instruction vous ennuie ... Veuillez donc me rendre les livres que j'avais apportés pour nos leçons.... Ils sont là, sur cette planchette, à côté de la Bible. »

Sylvia les alla prendre d'un air indifférent et ennuyé, mais elle vit sur la physionomie offensée de son cousin, une expression de regret et de tristesse qui alla jusqu'à son cœur.

« Voyons, lui dit-elle, ne vous fâchez pas! Plutôt que de vous chagriner, j'aime mieux travailler, essayer encore.... Seulement j'ai si peu de moyens.... Je dois vous donner tant de peine ! »

Hepburn avait grande envie de la prendre au mot; son orgueil toutefois et son entêtement l'empêchèrent de lui répondre. Sans prononcer une parole, sans jeter un regard sur ce doux visage suppliant, il se mit à plier méthodiquement ses livres dans un morceau de papier. Bien qu'il fît semblant de ne pas s'en apercevoir, il savait à merveille qu'elle était debout à côté de lui. Dès qu'il eut fini, cependant, il s'éloigna sans autres adieux qu'un bonsoir banal adressé aux gens de la maison.

Les yeux de Sylvia s'étaient remplis de larmes, bien qu'au fond du cœur elle se sentît soulagée. Elle venait en effet de voir dédaigner, repousser une proposition loyalement faite.

Quelques jours après, au retour du marché de Monkshaven, son père lui apprit, entr'autres nouvelles, qu'il avait rencontré Kinraid partant pour retourner à Cullercoats. Le galant marin l'avait chargé de ses excuses pour mistress Robson et leur fille, auxquelles, si le temps l'eût permis, il serait venu faire ses adieux; mais Robson se garda bien de conserver en sa mémoire et de transmettre exactement un message de pure politesse, adressé à des femmes sans conséquence. Sylvia eut donc à se tourmenter, pendant un ou deux jours, de la négligence témoignée par son héros à des personnes qui l'avaient traité en ami, bien qu'il fût pour elles une simple connaissance. Bientôt, cependant, un si légitime ressentiment l'aidant à combattre de vagues regrets, elle reprit sans trop songer à lui le cours de ses occupations habituelles. Ou plutôt elle y songeait encore, mais comme à une rencontre passagère, à un personnage entrevu pendant quelques jours et qui sans dire un mot s'était perdu dans la foule, — perdu à jamais, selon toute probabilité. A moins qu'il n'épousât Molly Corney!... Elle serait alors nécessairement une des filles d'honneur, et aurait ainsi la chance de le retrouver, le jour des noces. Au fond de toutes ces réflexions, il y avait pour Sylvia une sorte de chagrin humilié qui la fit se repentir de l'indifférence qu'elle avait témoignée à son cousin Philip, indifférence désapprouvée par sa mère et dès lors empreinte d'une indocilité coupable. Sylvia fut ainsi conduite à redemander les leçons qui l'avaient tant contrariée au début, et peu à peu, en se faisant prier, Philip, qui au fond ne désirait rien tant que cela, redevint le professeur de sa cousine.

Elle était à cet âge où il se fait chez les jeunes filles des changements rapides et généralement favorables. Pendant l'hiver qui suivit les incidents dont nous avons parlé, sa taille se développa, ses yeux prirent une couleur plus foncée, l'expression de sa physionomie devint tout autre, et cet épanouissement de sa beauté lui donnait, vis-à-vis des personnes qui la voyaient pour la première fois, je ne sais quel charme de timidité coquette.

Par rapport à Philip elle se montrait en général assez docile; mais elle avait ses jours de caprice, où elle témoignait le plus grand dédain pour l'instruction supérieure de son pédagogue. Il n'en était pas moins exact aux leçons, et ni le vent d'est, ni les tourbillons de neige, ni les boues du dégel ne l'empêchèrent un seul jour d'arriver à l'heure dite. Il aimait tant, en effet, à se trouver près d'elle, assis un peu en arrière et le bras sur le dos de la chaise qu'elle occupait, tandis que, se penchant sur la grande carte déployée, elle y cherchait des yeux tous les pays auxquels sa pensée accordait quelque intérêt et,— sinon le Northumberland où Kinraid résidait alors,— du moins ces sombres mers du Nord dont il lui avait fait tant de récits merveilleux.

Aux approches du printemps, elle aperçut un jour Molly Corney qui venait du côté de la ferme. Les deux amies ne s'étaient pas vues depuis plusieurs semaines, Molly étant allée voir ses parents du Nord. Arrivée à quelques pas de la porte sur laquelle Sylvia se tenait, le sourire sur les lèvres, Molly ne put retenir un cri d'admiration.

« Eh! grand Dieu, Sylvia, est-ce bien toi?... Comme te voilà jolie!

— Tâchez donc de faire trêve à ces billevesées! dit Bell Robson qui, laissant là ses fers à repasser, venait au-devant de sa jeune voisine; mais son sourire d'orgueil maternel démentait quelque peu la sévérité de cette rebuffade, et Molly ne s'en effraya guère.

—Bah! bah! reprit-elle, pourquoi ne pas le lui dire?... A défaut de moi, les hommes s'en chargeront.

— Veux-tu bien te taire?... dit à son tour Sylvia tout effarouchée, et presque offensée de cette effronterie enthousiaste.

— Ils s'en chargeront, te dis-je, continua Molly, et vous, mistress Robson, vous ne la garderez pas longtemps.... Il est toujours bon, n'est-ce pas, de voir partir ses filles?... Du moins ma mère le dit-elle ainsi.

— Ta mère en a plusieurs, et je n'ai que celle-là, » repartit mistress Robson avec une sévérité mélancolique.

Les bavardages de Molly, effectivement, ne lui plaisaient guère. Mais, cette fois, elle ne les eût pas facilement arrêtés.

« Pas moins, recommença-t-elle, que le mariage de l'une de nous sera un grand débarras pour ma mère.

— Et de qui s'agit-il ? demanda Sylvia, non sans quelque empressement ; car elle entrevoyait sous ces paroles couvertes une allusion à quelque noce.

— De qui s'agirait-il, sinon de moi ? répondit Molly rougissant un peu et riant beaucoup.... Je n'ai pas roulé pour rien, cette année.... J'ai rencontré sur mon chemin un seigneur et maître.... quelqu'un du moins qui prétend le devenir.

— Charley Kinraid ? dit Sylvia qui se prit à sourire en songeant qu'il lui était loisible de révéler le secret de Molly Corney, — ce secret qu'elle avait gardé jusqu'alors comme un dépôt sacré.

— Ne parlons pas de Charley Kinraid !... répliqua Molly avec un geste de tête passablement dédaigneux. Beaux maris en vérité, les gens qui passent en mer la moitié de l'année.... Mon seigneur, à moi, est un fin boutiquier de Newcastle, et je te souhaite autant de chance que j'en ai, ma bonne Sylvia.... »

Puis se tournant vers Bell Robson, plus capable que ne l'était sa fille d'apprécier les avantages solides d'une pareille union :

« *Mister* Brunton, reprit-elle, approche de la quarantaine, mais il se fait au moins deux cents livres, bon an mal an.... Il est encore très-bien pour son âge, et par-dessus le marché on lui reconnaît un excellent caractère.... Il a déjà été marié, ceci est certain.... Mais ses enfants sont tous morts, à l'exception d'un seul que je me promets de soigner à merveille. »

Mistress Robson lui fit gravement les compliments requis par la circonstance ; mais Sylvia, désappointée, se taisait. Il y avait trop à rabattre du roman qu'elle avait bâti et dont le *specksioneer* était le héros. Molly riait d'un rire gauche, comprenant mieux la pensée de son amie que celle-ci ne pouvait se le figurer.

« Allons, allons, Sylvia n'est pas contente.... Pour toi, néanmoins, cela vaut mieux, ma fillette.... Si j'avais épousé Charley, il ne serait plus disponible, et je lui ai entendu annoncer, plus d'une fois, que tu deviendrais la plus jolie fille du pays.... »

Molly, dans l'ivresse de son bonheur s'émancipait bien autrement qu'elle ne l'avait jamais fait, au moins par-devant mistress Robson à qui déplut souverainement ce laisser aller de langage :

« Sylvia, lui dit-elle très-sérieusement et en termes assez brefs, Sylvia ne songe pas au mariage.... Elle ne se déplaît pas encore auprès de ses parents,... Tous ces bavardages me conviennent peu.... Restons-en là, je vous prie. »

Puis, lorsque Molly, — légèrement décontenancée, malgré toute son assurance, — eut pris congé de ses deux voisines, mistress Robson ne manqua pas cette occasion de railler amèrement sa mauvaise tenue, son bavardage inepte et sa vanité sotte, recommandant à sa fille de ne pas trop « se mêler » avec une pareille commère.

« Molly cependant n'a pas mauvais cœur, répondit Sylvia toute pensive.... J'avais cru, seulement, qu'elle était engagée à Charley Kinraid.

— Ces filles-là s'engagent au premier homme venu, pourvu qu'il les épouse et les mette dans l'aisance, » répliqua Bell avec un profond mépris.

XI

LES VISIONS DE L'AVENIR.

Avant la fin de mai, Molly Corney, bien et dûment mariée, quitta les environs pour aller habiter Newcastle. Encore que Charley Kinraid ne fût pas le garçon d'honneur, Sylvia n'en accompagna pas moins l'épousée au pied de l'autel. Mais leur amitié, dans les derniers temps, avait beaucoup souffert. L'égoïsme de Molly, ses appels incessants à la sympathie des autres, alors qu'elle n'en éprouvait aucune pour qui que se fût, répugnaient profondément à Sylvia, et mistress Robson, plus malveillante qu'on ne l'avait jamais vue, ne manquait pas une occasion de mettre en relief les inconvenances de conduite et les propos messéants de cette évaporée, — qui joignait peut-être à tous ses autres torts celui de s'être mariée plutôt, et plus avantageusement, que ses connaissances ne l'avaient prévu.

Jamais Philip n'avait trouvé sa cousine aussi charmante que pendant l'été qui suivit. Et ce n'était pas un caprice de son imagination. Chaque jour semblait ajouter une grâce, un rayon de plus à cette beauté rustique dont l'éblouissante fraîcheur attirait déjà tous les regards. Moins que d'autres, ceux de la pâle Hester y pouvaient rester indifférents, et, dans les rares occasions où elle rencontrait Sylvia, elle était forcée de s'avouer, — avec une candeur mêlée de tristesse, — que l'admiration, l'amour de Philip pour sa cousine étaient les sentiments les plus naturels du monde.

Ces trésors, qu'elle lui enviait, Sylvia n'en faisait qu'une très-médiocre estime ; les empressements de Philip, surtout en public, lui déplaisaient positivement. Elle le respectait comme l'ami de sa mère et le traitait assez bien, aussi longtemps qu'il gardait vis-à-vis d'elle la réserve dont il était coutumier. Mais quand il n'était pas là, elle n'y pensait jamais.

Hester, au contraire, qui avait assisté aux débuts laborieux de ce patient jeune homme, et dont les yeux toujours baissés, mais clairvoyants, l'avaient suivi avec intérêt dans ses luttes précoces contre la mauvaise fortune, appréciait plus haut ce dévouement qu'elle savait profond, cette droiture qui ne s'était jamais démentie, cet esprit de sacrifice et de prudence qui avait fait de Philip, bien jeune encore, l'unique soutien de sa mère, tant que sa mère avait vécu. Méthodique elle-même, elle appréciait l'ordre parfait qui présidait à la conduite de son compagnon de travail, ainsi que la persistance énergique dont il avait fait preuve dans ses efforts pour acquérir l'instruction qui lui manquait; et ce pédantisme qui ennuyait la légère Sylvia, n'était aux yeux d'Hester que le généreux désir de faire participer les autres aux bénéfices d'un pénible travail. S'il n'eût été distrait par d'autres pensées, Hepburn aurait pu remarquer, quand il prenait la parole, une légère nuance de rose sur les joues décolorées de l'austère demoiselle, et dans ses yeux à demi voilés un éclat qu'ils n'avaient pas ordinairement. Elle ne songeait, cependant, ni qu'elle pût l'aimer, ni qu'il dût la payer de retour. Vanité des vanités, passion purement mondaine, l'amour ne devait avoir place, ni dans les paroles, ni dans les pensées d'une chrétienne. Deux ou trois fois, néanmoins, avant l'arrivée des Robson, l'idée lui était venue que cette communauté de vie calme et régulière qui existait entre elle et Philip, pourrait, dans un délai plus ou moins long, plus ou moins indéfini, les unir pour jamais l'un à l'autre; et, à cette époque, les humbles prévenances par lesquelles William Coulson essayait d'appeler sur lui l'attention d'Hester paraissaient lui être un sujet de déplaisance. Mais depuis que les parents de Philip s'étaient établis à Haytersbank, depuis que Philip lui-même y multipliait ses visites, les vagues espérances qu'Hester avait peut-être nourries à son insu semblaient s'amortir peu à peu. Plus d'une fois il lui était arrivé, regardant sur la place, d'y contempler la jeune fermière sous son chapeau de paille orné de fleurs des champs, et de constater avec une jalouse admiration les hommages plus ou moins directs qu'on lui rendait de tous côtés, en même temps que l'impatience boudeuse avec laquelle ceux de Philip Hepburn étaient par elle accueillis. Plus d'une fois aussi, après s'être complue à ce spectacle qui la navrait, Hester était revenue se placer devant le pauvre miroir où les clientes du magasin venaient par-ci par-là essayer l'effet d'un ruban ou d'une dentelle. Et ce qu'elle y voyait alors n'était pas de nature à lui faciliter de trop flatteuses espérances. La comparaison, le contraste n'avaient pas de quoi la rassurer.

Bell Robson, de son côté, commençait à s'alarmer des succès de sa fille. Le beurre et les œufs de Haytersbank avaient pris tout à coup sur le marché de Monkshaven une vogue extrordinaire, vogue qui diminuait un peu quand la mère de Sylvia était seule chargée de la vente. De plus nombreux chalands se pressaient aussi autour des toisons suspendues dans les greniers de la ferme, et les jeunes bouchers n'attendaient pas pour venir passer en revue moutons et veaux qu'on leur eût notifié l'intention de vendre; bref, les prétextes ne manquaient jamais pour venir lorgner à loisir celle qu'on appelait déjà la « Beauté du pays. » Grave sujet d'inquiétudes pour une mère toujours au guet, et qui eût préféré une indifférence complète à des attentions si marquées. Selon elle, on s'occupait trop de sa fille ; et, de fait, les opinions les plus contradictoires circulaient de tous côtés au sujet de Sylvia. Pour les uns, elle était aussi brillante que « la première rose de juin; » pour les autres, elle avait l'humeur maussade et dédaigneuse; ceux-ci la déclaraient un « véritable rayon de soleil; » ceux-là, une « fine mouche » experte en coups de langue. Suivant la personne qui parlait, elle était boudeuse ou prévenante, taciturne ou remplie d'esprit, égoïste ou aimante, et en somme elle avait cela de particulier, qu'elle était louée ou blâmée avec une sorte d'excès par tous ceux qui parlaient d'elle. L'oubli seul et l'indifférence lui semblaient étrangers. Moins réfléchi que sa femme, le vieux Robson jouissait tout à son aise de la réputation de leur fille et des attentions qu'elle lui valait. Nature éminemment cordiale et hospitalière, il faisait à tous venants beau jeu, et volontiers prenait sa fille avec lui, en promenant autour de la ferme ses acheteurs, devenus de plus en plus nombreux. Bell Robson, en pareil cas, sans n'oser contredire ouvertement la volonté de son mari, redoublait de surveillance et, cachée derrière un volet, elle voyait de loin Daniel parler avec feu, gesticulant de son lourd bâton, tandis que Sylvia détournait la tête et parfois se baissait pour cueillir quelques fleurs, se dérobant ainsi à de trop indiscrets regards.

Telles furent à peu près les circonstances dans lesquelles elle reçut, un beau dimanche de novembre, la visite de Philip Hepburn. Il arrivait plus tôt qu'à son ordinaire, et sa pâleur, sa gravité, semblaient annoncer une communication de quelque importance. Effectivement, aux premiers mots prononcés par lui, sa tante dressa l'oreille. Il venait lui rapporter des propos tenus sur le compte de Sylvia, et que motivaient son apparition dans une salle de danse ouverte pendant la dernière foire dans une des auberges de Monkshaven. Son père l'y avait conduite sans songer à mal, et la maîtresse de l'auberge n'avait pas manqué d'attirer la jeune fille dans la salle de bal, où lui avait été fait un accueil trop familièrement enthousiaste. Cet incident et les propos qui s'en étaient suivis,—bien que Sylvia ne fût pas restée plus d'un quart d'heure parmi les danseurs, dont le libre langage l'avait sur-le-champ effarouchée,—devaient produire et produisirent en effet sur la fermière une impression des plus vives. Apprendre qu'on « jasait » sur le compte de sa fille était pour elle un vrai crève-cœur, sans parler des autres inconvénients plus ou moins graves que pouvaient avoir les démarches inconséquentes du vieux Robson. Toutefois il ne fallait pas songer à réprimander le maître du logis ou à lui tracer une autre ligne de conduite, les coqs de ce temps-là ne souffrant guère que les poules chantassent devant eux. Mais lorsque, l'heure du départ venue, Philip reprit la route de Monkshaven, elle l'accompagna jusqu'au delà de la porte, et après lui avoir souhaité le bonsoir d'un ton plus ému qu'à l'ordinaire :

« Mon garçon, ajouta-t-elle, je t'ai dû mainte et mainte consolation, et me suis habituée à te considérer comme un fils. Je te charge donc de veiller sur notre fillette : elle n'a pas de frère, pour la guider en bien des circonstances où les conseils d'un frère sont indispensables.... Mais si tu veux avoir l'œil sur elle, sur ses accointances et ses hantises, cela me donnera beaucoup de repos. »

Le cœur de Philip battait fort vite, mais sa voix était aussi calme que jamais quand il répondit à sa tante :

« Il faudrait, je crois, disait-il, la tenir un peu à l'écart des gens de Monkshaven.... On pense d'autant mieux d'une jeune fille, qu'elle est plus avare de se montrer.... Je verrai qui elle fréquente, et prendrai soin de l'avertir s'il y avait quelque chose à dire de ce côté. »

Ce soir-là, Philip franchit les deux milles qui le séparaient de sa demeure avec une joie que chacun de ses pas semblait devoir faire déborder. Peu accoutumé à se bercer de chimères, il croyait avoir toute raison de penser qu'avec beaucoup de patience et d'empire sur lui-même, il finirait par gagner l'amour de Sylvia. Un an plus tôt, il s'était attiré sa méfiance et presque sa haine par les témoignages trop fréquents de la tendresse qu'il lui portait. Ses empressements avaient alarmé une timidité enfantine; il l'avait ennuyée, fatiguée, en essayant de l'associer à ses études. Maintenant, éclairé par ses bévues, et les rectifiant avec une sagacité qui n'est pas vulgaire, il marchait à son but par une voie plus sûre. Depuis bien des mois, il ne lui était échappé ni un mot ni un regret compromettant; Sylvia ne devait plus se croire pour lui qu'une « petite cousine », envers laquelle il se montrait tout simplement attentif et dont il se constituerait au besoin le protecteur. La conséquence de cette tactique avait été de l'apprivoiser à lui, lentement et par degrés, comme quelque biche sauvage, tandis qu'impassible et calme, il feignait de ne pas apercevoir les timides avances qu'elle hasardait pour reconquérir son amitié. C'était, en général, à l'issue de chaque leçon que ces avances prenaient un caractère plus déterminé. Sylvia semblait craindre de lui avoir déplu jadis, et chercher à tranquilliser sa conscience en faisant la paix avec lui; pour le moment ils étaient dans les termes d'une bonne amitié; — rien de plus, ni rien de moins. En son absence, elle ne souffrait pas que ses jeunes compagnes raillassent la roideur un peu gourmée de ce brave cousin; elle allait même jusqu'à prétendre, sans beaucoup de vérité, qu'elle n'avait jamais remarqué en lui la moindre bizarrerie. Si elle avait quelque conseil à demander pour les menues difficultés de sa vie quotidienne, c'était invariablement à lui qu'elle s'adressait; et si, en les lui donnant, il employait plus de paroles qu'il n'eût fallu, — ou des paroles plus difficiles à comprendre, — elle s'abstenait soigneusement de manifester la moindre fatigue ou le moindre ennui. Mais le mari de ses rêves différait de Philip à tous égards, et jamais leurs deux images ne se confondaient dans son esprit. Pour Philip, au contraire, elle était la seule femme de ce bas monde, et il employait toute sa force d'esprit à s'abstenir des réflexions qui lui auraient démontré qu'elle n'était pas faite pour lui, qu'elle ne devait jamais lui appartenir, et qu'il perdait son temps, sa vie, à la placer ainsi, chimérique idole, dans le plus intime sanctuaire de son cœur. Élevé dans les austères doctrines des Quakers, il entendait bien s'interdire cet esprit de personnalité dont ils se méfient avant tout. Mais la prière passionnée qui s'élevait à chaque instant de son âme : « Donnez-moi Sylvia si vous voulez que je vive ! » qu'avait-elle de commun avec la renonciation prescrite par les dogmes de sa secte ? Il n'en fallait pas moins reconnaître chez lui un de ces amours constants et rares dont l'essence est un dévouement absolu. Les espérances que lui faisaient concevoir ses progrès dans l'affection de Sylvia n'étaient mêlées d'aucun calcul sordide. Il comptait bien, au contraire, en l'épousant, la placer dans une situation très-supérieure à celle où il la prenait. Les frères Foster, en effet, songeaient à se retirer des affaires, et leur intention était de se défaire de leur magasin en faveur de leurs deux commis principaux, Philip Hepburn et William Coulson. Rien de tout cela n'avait été dit expressément, mais, depuis plusieurs mois, quelques paroles saisies au vol, une suite de démarches tendant toutes au même but, ne permettaient pas aux deux jeunes gens d'ignorer le projet lentement conçu par leurs patrons. Coulson, à ce sujet, en savait tout aussi long qu'Hepburn ; toutefois les traditions de contrôle sévère qui régnaient alors parmi les membres de la secte des Amis les empêchaient d'échanger la moindre parole sur ce sujet délicat. Bien moins encore eussent-ils essayé de presser la réalisation du plan qui devait les enrichir. Ils voyaient donc, animés d'un espoir silencieux, se succéder les signes précurseurs de leur prospérité future, les Foster s'effacer de plus en plus dans le maniement de leur commerce de détail, — limiter chaque jour davantage leur action personnelle aux affaires d'escompte qu'ils voulaient continuer quelque temps encore, — nouer des rapports de plus en plus directs entre leurs commis et les manufacturiers chez lesquels s'alimentait leur magasin. Nul doute à concevoir sur le résultat final de cette marche si bien liée, et Philip anticipait déjà sur le temps où, principal associé de la première boutique de Monkshaven, il aurait Sylvia pour femme, et où celle-ci, portant à coup sûr des robes de soie, aurait peut-être un cabriolet à sa disposition. Dans toutes ces visions de splendide avenir, ce qui flattait le plus Philip était l'ample satisfaction donnée aux désirs de Sylvia, l'accroissement de son bien-être, le rang nouveau qu'elle prendrait dans la hiérarchie sociale. Lui-même se résignait à vivre comme aujourd'hui, travailleur acharné, dans les quatre murs d'une humble boutique.

XII

LA FÊTE DU NOUVEL AN

Tandis que Philip employait toute les forces de son caractère calme à se contenir, — à prendre patience jusqu'au moment où, ses patrons et lui ayant tout réglé, il pourrait faire connaître ses projets soit à Sylvia, soit aux parents de sa bien-aimée, — il ne négligeait rien pour se recommander auprès de celle-ci. Bell Robson étant tombée malade, il profita de ses priviléges de neveu pour lui donner des soins empressés qui valurent un accueil presque patient à quelques tendres propos dont il continuait à fatiguer, de temps en temps, les oreilles de la jeune fille. Quand sa tante fut à peu près rétablie, une occasion se présenta dont il ne put s'empêcher d'attendre merveille, et sur laquelle il éleva tout un édifice de secrètes espérances. Nanny Corney, une des sœurs de Molly, venait d'être à son tour demandée en mariage, et ses parents avaient décidé qu'on ferait d'une pierre deux coups, en fêtant les fiançailles le soir même du nouvel an. Sylvia fut invitée, comme de raison, et sa mère, encore convalescente, ne pouvant l'accompagner à cette joyeuse solennité, chargea Philip de l'y conduire, tandis que son mari resterait auprès d'elle. Le sérieux jeune homme, — déjà presque engagé vis-à-vis d'Hester Rose et de sa mère, qu'il devait escorter à la veillée annuelle des Méthodistes, — n'en accepta pas moins la proposition de sa tante, et ceux qui le connaissaient le mieux eussent été fort divertis de le voir, à partir de ce moment, s'occuper de sa toilette avec un zèle tout à fait inusité. Il répétait d'avance, dans son imagination, le rôle de rustique galanterie qu'il allait être appelé à jouer, et dans lequel il débuta par le choix d'un beau ruban, sur lequel étaient brodées les fleurs de l'églantier, — fleurs garnies de ronces, emblème de la douceur piquante qui lui semblait caractériser sa bien-aimée. Il s'était bien promis d'offrir lui-même le ruban à Sylvia, mais il fut encore déçu dans cette espérance, car il la trouva sortie le jour où il l'apportait, et, dans ces derniers temps de l'année, trop d'affaires le rappelaient au magasin pour qu'il lui fût permis d'attendre son retour. Ce premier cadeau, préparé avec tant de soins, n'arriva donc pas directement à son adresse et passa par les mains de Bell Robson, ce qui n'était pas entré dans les prévisions de son neveu.

Sylvia partit de bonne heure pour Moss-Brow. Outre qu'elle avait promis de revenir également de bonne heure, elle voulait, en ménagère bien apprise, aider aux préparatifs du souper, déjà dressé dans le grand salon carrelé qui servait en même temps comme chambre à coucher d'apparat. On y voyait effectivement un immense lit à baldaquin dont les rideaux et le couvre-pied, suivant la mode du temps, — de ce temps où les indiennes et les *palempours*, tissus d'un grand prix, alternaient en petites tranches hexagones avec des plaques de calicot rouge et noir, — étaient faits de cette étoffe composite. Ce fut sur ce lit que Sylvia, guidée par son ancienne amie Molly Brunton, alla déposer tout d'abord son manteau et son chapeau. Et à je ne sais quel propos de l'indiscrète Molly, elle répondit (penchée sur le couvre-pied de façon à ce qu'on ne vît pas si elle rougissait ou non) par une observation sur l'heureux choix des étoffes qui composaient cette espèce d'arlequinade :

« Mon Dieu, disait-elle, je n'avais jamais remarqué ce beau dessin.... On croirait voir les yeux d'une queue de paon.

— Tu as vu tout cela vingt fois pour une, ma chère petite.... Mais n'as-tu pas été surprise de trouver ici Charley Kinraid?... Nous l'avons rencontré à Shields, tout à fait sans nous y attendre, et quand il a su que nous venions ici fêter le nouvel an, force nous a bien été de l'amener.... »

Sylvia ne répondit rien, et Molly prenant vis-à-vis d'elle l'attitude d'une dame de la ville, se mit à lui enseigner ainsi qu'à Bessy Corney, une de ses cadettes, les recherches culinaires dont on usait à Newcastle.

« Mettez ce brin de houx dans la gueule de ce cochon de lait.... C'est ainsi que nous faisons là-bas; mais à

Monkshaven on n'est pas si avancé.... Mariez-vous à la ville, Sylvia, et dans une grande ville, croyez-m'en !... Je me sens ici comme enterrée, au sortir de cette grande rue où je vois passer tant de voitures.... J'ai bien envie, savez-vous ? de vous emmener toutes deux, mes fillettes, pour vous montrer comment va le monde.... »

Le haut patronage de Molly ne plaisant que médiocrement à Sylvia :

« Je ne tiens pas, répliqua-t-elle, à tout le tapage dont vous parlez. Il empêche de s'entendre quand on veut causer ; ma mère, d'ailleurs, ne saurait se passer de moi.

— Comment fera-t-elle quand tu te marieras ? reprit Molly, raillant toujours.

— Je ne me marie pas encore, répliqua Sylvia, et je tâcherais, si cela se faisait, de ne pas m'éloigner de ma mère.... »

Bessy, voyant l'air contrarié de Sylvia, essaya de rompre les chiens :

« Tu as là un joli ruban, lui dit-elle ; j'en voudrais un du même dessin.... En restait-il, là où tu l'as acheté ?

— Je l'ignore, répondit Sylvia. Il vient de chez les Foster, et vous pouvez vous en informer.

— Combien coûte-t-il ? dit Bessy, qui en avait pris un bout pour l'examiner de plus près.

— Je ne sais, répliqua Sylvia ; on me l'a donné.

— Oui-da, ma petite, et qui donc ? demanda Molly dont aucune délicatesse ne gênait la curiosité toujours en éveil.

— Mon cousin Philip, le commis de chez Foster, répondit innocemment Sylvia, sans se douter de la prise qu'elle offrait aux impitoyables taquineries de son ancienne compagne.

— Ah, vraiment ? reprit cette dernière, nous avons donc un cousin Philip ?.... Et celui-là, n'est-il pas vrai, n'habite pas très-loin de chez notre mère ?... C'est bon, c'est bon... Nul besoin d'être sorcier pour savoir de quoi il retourne.... Nous le verrons ici ce soir, n'est-ce pas, Bessy?

— Vous me feriez plaisir, Molly, de ne pas tenir des propos pareils, dit Sylvia décontenancée.... Philip et moi, nous avons de l'amitié l'un pour l'autre, mais ce n'est nullement comme vous semblez le croire, et d'ailleurs....

— Comme je semble le croire? interrompit Molly sur ce même ton qui déplaisait tant à Sylvia, et répétant comme pour s'en moquer les paroles dont cette dernière s'était servie. Où prenez-vous que je crois quelque chose? Il me semble que je n'ai pas parlé de mariage.... Vous n'avez donc pas besoin de tant rougir, à propos de votre cousin Philip.... Après cela, qui se sent morveux.... vous savez le reste. Et je suis charmée que ce jeune homme vienne ce soir.... Quand on a fini pour soi-même, il est fort amusant de regarder les autres; et votre figure, Sylvia, m'a révélé un secret dont j'avais entrevu quelque chose, même avant mes noces. »

Secrètement déterminée à ne pas dire à Philip un mot de plus qu'il ne le faudrait absolument, — et s'étonnant d'avoir jamais pu accorder une affection quelconque à Molly, — Sylvia se réfugia derrière le grand fauteuil où trônait le fermier Corney, dans son costume de tous les jours et fumant paisiblement sa pipe. L'hospitalité silencieuse du brave homme consistait à se tenir parfaitement tranquille, et à faire un signe de tête amical chaque fois qu'un nouveau venu se présentait devant lui. Puis, replaçant sa pipe un instant détachée de ses lèvres : « Ces cadets-là, pensait-il, préfèrent les fillettes au tabac; — le temps viendra les rendre plus sages; — donnez-leur le loisir de se raviser. »

Nonobstant la rigueur de ses principes, ce philosophe énorme, — il pesait près de deux cents, — témoignait quelque faveur à Sylvia, et sans savoir au juste pourquoi elle venait ainsi chercher refuge auprès de lui dès le début de la soirée, il lui fit l'honneur de l'interpeller directement à deux reprises différentes. Leur dialogue, au reste, ne fut pas long :

« Papa fume, n'est-il pas vrai ? dit le vieillard.

— Oui, répondit Sylvia.

— C'est bien, fillette : passez-moi la boîte à tabac. »

Pas une parole de plus ne fut échangée pendant un gros quart d'heure.

Mais Sylvia, si bien abritée qu'elle fût, se sentait sous le regard d'une paire d'yeux qui la contemplaient avec une admiration enthousiaste. Dans quelque direction qu'elle portât les siens, elle voyait avant toute chose ces deux prunelles ardentes. Une autre paire d'yeux, — ceux-ci n'étaient ni si beaux ni si brillants, — profondément cachés sous leurs orbites, sérieux, tristes, même un peu sombres, guettaient ses moindres mouvements ; mais de ceci elle n'avait pas conscience. Philip, dont elle avait refusé la main qu'il était venu lui présenter aussitôt entré, lui gardait encore quelque rancune de cette rebuffade dont le motif lui échappait et, debout auprès d'une jeune personne à qui mistress Corney l'avait spécialement recommandé, cherchait en vain quelques lieux communs pour ne pas laisser tomber la conversation qu'il avait avec elle. Il regrettait déjà, dans le désarroi de son esprit, de ne pas être allé se mêler à ces jeunes fermiers avec lesquels il n'avait rien de commun, et qui groupés autour de la porte, paralysés par leur timidité rustique, gardant un silence de mort, attendaient pour se mettre à l'aise l'arrivée de quelques liqueurs plus encourageantes que le thé.

Au coup de huit heures, cependant, le fermier Corney quitta son siége pour s'aller mettre au lit, comme si de rien n'était. Il avait été convenu, avec sa femme, qu'elle lui monterait deux livres pesant de bon bœuf à l'étuvée, plus un grand verre de son *grog* le plus roide. Au moment où il se leva, Sylvia, que son départ démasquait en quelque sorte, — et dont les longues paupières ornées de cils noirs s'étaient un instant soulevées — reçut encore une fois cet ardent regard qu'elle avait déjà évité si fréquemment; il la fit se rejeter dans l'ombre comme s'il l'eût prise à l'improviste, et dans ce brusque mouvement elle renversa sur sa robe le contenu de la tasse de thé qu'elle tenait à la main. Volontiers eût-elle pleuré de se sentir si gauche, et de voir, à ce qu'il lui semblait, toutes choses tourner à son désavantage. On allait la prendre pour une petite sauvagesse; on allait croire, qu'elle n'entendait rien au savoir-vivre; et tandis que, rouge et confuse, elle ne savait que devenir, elle entrevit, à travers les larmes qui obstruaient ses yeux, Kinraid agenouillé devant elle, et qui à l'aide d'un superbe foulard étanchait le liquide brûlant dont sa robe était couverte. Elle entendit en même temps sa voix s'élever au sein du sympathique bourdonnement qui de tous côtés arrivait à son oreille :

« Vous avez là, disait-il, une poignée d'armoire bien mal placée.... cette après-midi, tout précisément, je m'y suis heurté le coude. »

Cette excuse indirecte, si adroitement jetée, éloignait les reproches que Sylvia croyait avoir encourus par sa gaucherie, et l'heureux accident qui devait les lui valoir avait amené Kinraid à côté d'elle, — ce qui valait mieux, en somme, que d'être en face de lui et de recevoir en plein visage ses œillades passionnées. D'ailleurs, bien qu'un peu embarrassée au début de leur tête-à-tête, elle trouvait fort agréable qu'il lui adressât la parole.

« Savez-vous bien, lui disait-il d'un ton plus significatif que ses paroles elles-mêmes, savez-vous bien que tout d'abord je ne vous ai pas reconnue?

« — Pour moi, je n'ai pas hésité un instant, répondit-elle d'une voix douce; rougissant ensuite, elle se mit à jouer avec les cordons de son tablier et à se demander si l'aveu de cette reconnaissance si prompte, de ce souvenir si net, n'avait pas quelque chose d'inconvenant.

— Vous êtes devenue.... Au fait, ai-je bien le droit de vous dire ce que vous êtes devenue?... En tout cas, je ne vous oublierai plus. »

Les cordons du tablier jouèrent de plus belle et la tête de la jeune fille s'inclina plus bas encore, bien que le coin de ses lèvres, légèrement relevé, dessinât un timide sourire de satisfaction. Tous ces symptômes paraissaient du goût de Philip, qui la regardait plus avidement que jamais.

« Votre père va bien, je pense? demanda Charley.

— Oui, » répondit Sylvia, cherchant ensuite ce qu'elle pourrait ajouter, car de si brèves réponses devaient, pensait-elle, donner une pauvre idée de son esprit. Mais du moment qu'elle semblait si joyeuse de le revoir et de le sentir auprès d'elle, le jeune homme, charmé de sa beauté, de sa modestie, la tenait quitte de plus amples discours.

« J'irai voir ce brave et digne homme.... J'irai aussi voir votre mère, » ajouta-t-il avec plus de lenteur, car il se rappelait que ses visites de l'an passé n'avaient pas été accueillies par Bell Robson, — il s'en fallait beaucoup, — aussi bien que par son mari. Peut-être cela tenait-il aux excès de boisson que Daniel se permettait dans le cours de leurs entretiens maritimes. Aussi se promit-il, cette année, de prendre plus de soins pour intéresser à lui la mère de Sylvia.

Le thé fini, celle-ci profita de ce que les filles de la maison se hâtaient de débarrasser la table, pour rompre une conversation qui la charmait sans doute, mais qui lui causait en même temps une espèce de gêne. Lorsqu'elle revint de la laiterie où elle était allée rapporter la crème encore intacte, les « garçons » rougeauds, — c'est-à-dire les célibataires de dix-huit à trente-cinq ans, — et les « fillettes » d'un âge quelconque s'amusaient d'un jeu rustique auquel les femmes semblaient s'intéresser plus que les hommes, ceux-ci généralement intimidés et craignant les railleries l'un de l'autre. Mistress Corney, qui savait comment on les encourage, fit signe d'apporter un grand pot à bière l'orgueil secret de son cœur. Ce chef-d'œuvre de faïence représentait un gros homme en culottes courtes de drap blanc et coiffé d'un chapeau à trois cornes; d'une main il soutenait la pipe placée entre ses lèvres au large sourire; l'autre, appuyée sur sa hanche, formait la poignée du vase. L'arrivée de « Joby » — c'était le nom du *gentleman* en terre cuite, — fut saluée d'une acclamation générale. Une grande cuvette de porcelaine remplie de grog fit en même temps son apparition, et le joyeux mari de Molly, suppléant à l'absence de son beau-père, eut soin que l'un et l'autre vase fussent vidés en peu d'instants. Une gaieté familière régna dès lors dans l'assemblée.

Kinraid était trop bien trempé pour avoir rien à craindre des rasades les plus nombreuses. Philip, au contraire, avait la tête un peu faible, et s'abstenait soigneusement de trop boire. Ces deux personnages demeurèrent donc à peu près dans les mêmes conditions qu'au début de la soirée. Sylvia était reconnue de tous points « la belle de la réunion » et traitée en conséquence. Pendant le Colin-Maillard, c'était elle, invariablement, qu'on tâchait de saisir. Dans tous les jeux où il y avait une mission à remplir, c'était elle qui en était chargée, chacun aimant à voir sa jolie taille et ses prestes allures. Peu à peu, le plaisir que tout ceci lui causait surmonta sa timidité naturelle et la mit à l'aise avec tous, si ce n'est avec Charley. Aux compliments que d'autres lui adressaient, elle ne répondait que par des mouvements de tête un peu dédaigneux, ou par quelque phrase piquante qu'elle leur lançait à la volée; mais quand il venait tout bas lui faire entendre un propos flatteur, elle le laissait patiemment achever, savourant le miel de ses douces paroles. Et plus elle cédait à cette fascination, plus elle tâchait de se dérober aux regards de Philip. Il n'avait, lui, ni compliments ni flatteries; — il la surveillait d'un œil mécontent où se peignaient l'impatience et l'ennui. Ce n'était pas là, et à beaucoup près, la belle soirée qu'il s'était promise.

Pour la cérémonie des gages touchés, Molly Brunton s'était agenouillée, le visage enfoui dans le giron de sa mère. Celle-ci prenait les gages un par un et, les tenant en l'air, prononçait la formule accoutumée. Après quoi on fixait les conditions de rachat : il fallait, ou s'agenouiller devant la plus belle, ou saluer la plus fine langue, ou embrasser ce qu'on aimait le mieux, etc. Quand vint le joli ruban neuf dont Philip avait fait présent à Sylvia, ce pauvre garçon, déjà fort mal à l'aise, aurait bien voulu l'arracher des mains de mistress Corney. Mais la formule impitoyable reprit de plus belle : —

« Un beau gage,... un très-beau gage !... On ne demande pas d'où il vient.... Pour le ravoir, que faudra-t-il faire ?

— Il faudra souffler la chandelle et embrasser le chandelier. »

A la minute même, Kinraid se saisit de l'unique chandelier qui fût à portée de la main, tous les autres ayant été placés à des hauteurs inaccessibles. Sylvia vint souffler la lumière; mais à peine était-elle éteinte que le jeune homme, fidèle aux traditions du jeu, prit la chandelle entre ses doigts et, devenant ainsi porte-flambeau, acquit au baiser prescrit des droits qu'on ne pouvait contester. Tout le monde se mit à rire, en voyant la surprise qui se peignait sur le visage de Sylvia lorsqu'elle comprit en quoi consistait sa « pénitence »; — tout le monde excepté Philip, qui étouffait presque.

« Je suis le chandelier, dit Kinraid avec un accent moins triomphal que s'il se fût agi de toute autre, parmi les fillettes présentes.

— Et le chandelier, il faut l'embrasser, s'écrièrent à l'envi les Corney, sans quoi votre ruban ne vous sera pas rendu.

— Or on sait qu'elle y tient, ajouta Molly Brunton avec malice.

— Je n'embrasserai ni le chandelier ni lui, dit Sylvia d'un ton bas et résolu, en se détournant couverte de confusion.

— En ce cas, votre ruban est perdu, s'écrièrent d'une seule voix tous les assistants.

— Peu m'importe le ruban, dit-elle, jetant à ses persécuteurs un regard d'autant plus assuré que maintenant elle tournait le dos à Kinraid.... Et je ne jouerai plus à de pareils jeux, » ajouta-t-elle, indignée, au moment où elle se rasseyait dans le coin qu'elle avait quitté naguère, à l'écart des groupes joyeux.

Ces mots ranimèrent Philip qui brûlait de s'approcher d'elle pour lui dire à quel point il approuvait sa conduite. Pauvre Philip! Sylvia, aussi modeste que la plus modeste, n'était cependant pas prude; elle avait été élevée en toute simplicité, n'était point faite aux mièvreries de la ville, et avec tout autre jeune homme, — si ce n'est peut-être Philip lui-même, — elle n'aurait pas plus hésité à faire semblant de poser ses lèvres sur la main ou la joue du « chandelier » provisoire, que ne le faisaient, en pareille occasion et à pareille époque, les personnes d'un rang élevé. Kinraid, quoique mortifié par la publicité du refus, en savait plus long à cet égard que notre inexpérimenté Philip; il n'entendait pas être frustré de son baiser et guettait une occasion favorable, continuant à jouer comme si la conduite de Sylvia ne l'avait pas affecté le moins du monde, et comme s'il ne s'apercevait pas que la jeune fille eût quitté la partie. A mesure qu'elle voyait d'autres « pénitentes » se soumettre, comme chose allant de soi, aux conditions qu'on leur imposait, elle commençait à se blâmer de sa propre hésitation, et à se reprocher le sentiment intime qui au premier moment lui avait rendu impossible de faire ce qui lui était prescrit. Son isolement au milieu de la fête appelait des larmes dans ses yeux, et la cause de cet isolement la faisait rougir : — « Heureusement, pensait-elle, on ne s'aperçoit de rien » et là-dessus, se glissant derrière les groupes en mouvement, elle passa dans la chambre où le souper était servi, afin de baigner ses yeux et d'avaler une gorgée d'eau. Pendant une minute ou deux, on chercha vainement Charley Kinraid dans le cercle qu'il animait de ses saillies; et ensuite on le vit revenir avec un air de satisfaction très-suffisamment intelligible pour ceux qui avaient suivi de l'œil sa petite manœuvre. Philip seul n'y prit pas garde. Étourdi, ébloui par le bruit et l'agitation dont il était entouré, il ne s'aperçut de l'absence de Sylvia qu'en la voyant revenir, au bout d'un quart d'heure à peu près, plus que jamais charmante et le teint animé, baissant un peu les yeux et portant sur ses cheveux remis en ordre, au lieu du ruban qu'elle était censée avoir perdu, un beau nœud de couleur brune. Elle semblait désirer qu'on ne prît pas garde à son retour, se dérobait à pas muets derrière les danseuses sautillantes, et contrastait si bien avec elles par sa fraîcheur tranquille et le bon ordre de ses ajustements, que Kinraid et Philip ne pouvaient la quitter des yeux. Mais le premier avait au cœur un triomphe secret qui lui permettait de se laisser absorber

en apparence par les jeux auxquels il était mêlé, tandis que Philip se séparait de la foule pour aller retrouver la jeune fille, debout en silence auprès de mistress Corney qui, les bras croisés, riait à gorge déployée de toutes les folies dont elle était témoin. Sylvia tressaillit quelque peu lorsque Philip lui adressa la parole, et après un premier regard jeté sur lui, évita soigneusement de lever les yeux de son côté ; ses réponses étaient laconiques, mais leur accent avait une douceur inaccoutumée :
« Quand je veux m'en retourner? disait-elle.... mais.... je ne sais pas.... La soirée commence à peine.

— Il ne faudrait pourtant pas oublier votre mère, Sylvia ; votre mère qui veillera jusqu'à ce que vous soyez de retour.... »

A ces mots éclatèrent, bruyantes et bavardes, les récriminations de mistress Corney, qui ne comprenait pas, eût-on dix mères malades, qu'on se retirât, un trente et un décembre, avant minuit.... et surtout sans avoir soupé.

Pendant qu'elle grommelait encore — et avant que Sylvia eût pu prendre un parti quelconque, — un nouveau tumulte se fit, qui vint séparer le petit groupe. Sylvia se trouva, comme par miracle, assise à dix pas de Philip, et celui-ci, peu à peu rencogné contre le vieux coucou de famille, ne pouvait plus bouger sans une grave indiscrétion. Ce fut en ce ce moment qu'il surprit une conversation destinée à de tout autres oreilles que les siennes. Molly Brunton, assise devant lui, causait à voix très-basse avec une de ses sœurs, et ni l'une ni l'autre ne portaient plus au jeu la moindre attention. Celle de Philip se trouva tout à coup éveillée par les paroles suivantes :

« Je parie ce que vous voudrez, qu'il l'a embrassée quand il s'est échappé dans le salon.

— Elle est trop timide pour le lui avoir permis, répliqua Bessy Corney.

— Et comment l'empêcher, je vous prie ?... Voyez d'ailleurs (et ici les deux têtes se tournèrent dans la direction de Sylvia), voyez ses airs demeurés et discrets !... Je vous réponds que Charley n'est pas homme à perdre son gage... Vous voyez cependant qu'il ne le réclame plus, et qu'elle a cessé d'avoir peur de lui. »

Il y avait quelque chose dans la physionomie de Sylvia, — quelque chose aussi dans celle de Charley Kinraid — où Philip reconnut immédiatement que Molly disait vrai. Il ne cessa de les guetter pendant tout le temps qui s'écoula jusqu'au souper. Sur un pied de familiarité inaccoutumée, on eût dit pourtant qu'ils s'intimidaient l'un l'autre, et cet état de choses apparemment si contradictoire embarrassait et torturait Philip. Que murmurait donc Charley à l'oreille de Sylvia chaque fois qu'ils passaient l'un près de l'autre ? Pourquoi semblaient-ils se séparer à regret ? Pourquoi la jeune fille avait-elle cet air à la fois heureux et rêveur ? Pourquoi tressaillait-elle à chaque appel du jeu, comme si une voix importune l'arrachait à quelque pensée chérie ? Pourquoi les yeux de Kinraid la cherchaient-ils sans cesse, tandis qu'elle détournait les siens ou les baissait en rougissant ? Plus Philip regardait tout cela, plus sa physionomie devenait sombre. Ce fut son tour de tressaillir lorsque mistress Corney vint l'engager à passer dans la salle du souper avec quelques personnes d'âge mûr, qui comme lui ne se mêlaient point à la danse. Il se rendit pourtant à l'invitation, motivée sur ce qu'il n'y avait pas place pour tout le monde à la fois, et alla s'asseoir sans le moindre appétit à cette grande table chargée de victuailles, devant laquelle bon gré mal gré, pour faire honneur à ses hôtes, il fallait se gorger ou mourir.

A peine échappé à ce supplice, et quand il voulut repasser dans la salle de danse, une nouvelle irrruption de convives le retint derrière le siége qu'il venait de quitter. Là, victime de la chance qui le poursuivait encore, il put voir et il vit en effet, à travers le mouvement des têtes confuses et des bras allongés, assis à côté l'un de l'autre, écoutant et parlant plus qu'ils ne mangeaient, les deux jeunes gens qui, sans le savoir, lui faisaient endurer un si cruel tourment. Sylvia était comme enivrée de bonheur lorsque, levant tout à coup les yeux, elle vit la figure de Philip sur laquelle se peignait un extrême déplaisir :

« Il est temps que je parte, dit-elle alors; Philip me fait les gros yeux.

— Philip? répéta Kinraid avec un soudain froncement de sourcils.

— C'est mon cousin, répondit-elle, devinant par instinct l'idée qui venait de poindre en lui, et voulant écarter d'elle un soupçon que la circonstance rendait si déplacé. Ma mère l'a prié de me ramener chez nous, et il n'est pas homme à prolonger la veillée.

— Quel besoin de vous retirer avec lui?... Je vous escorterai volontiers.

— C'est que ma mère est encore un peu malade, dit Sylvia dont la conscience n'était pas sans quelque trouble, et je lui ai promis de ne pas revenir trop tard.

— Est-ce que vous tenez toujours votre parole? lui demanda-t-il, donnant à sa question un accent tout particulier.

— Toujours.... Du moins, je l'espère, répondit-elle en rougissant.

— Si donc je vous demandais de ne pas m'oublier, et si vous veniez à me le promettre, je pourrais faire fond sur cette assurance?

— Ce n'est pas moi qui vous avais oublié, » dit Sylvia si bas qu'il ne put l'entendre.

Il voulut lui faire répéter ces paroles inarticulées à demi, mais elle refusa obstinément, et il en fut réduit à des conjectures qui n'avaient après tout rien de fort désobligeant pour lui.

« Je serai des vôtres jusque chez vous, dit-il au moment où Sylvia se levait enfin, avertie par un nouveau regard de Philip.

— Non, répondit-elle.... cela ne se peut. »

Elle comprenait, effectivement, que ce tiers, ajouté à leur tête-à-tête, ne ferait qu'accroître le mécontentement de son cousin et augmenter la peine qu'il allait falloir prendre pour l'apaiser.

« Pourquoi non? reprit Charley avec une certaine brusquerie.

— Oh! je ne sais.... Mais, je vous en prie, n'insistez pas. »

Pendant ce dialogue, elle avait mis son manteau, son capuchon, et suivie de Charley, s'acheminait vers le dehors, au bruit de mille remontrances indignées. Philip, chapeau en main, se tenait sur le seuil de la porte qui séparait la cuisine et le salon, tout entier à ce que faisait Sylvia, et raillé, sans s'en apercevoir, par ceux qui le voyaient absorbé au point d'oublier toutes les règles de la politesse la plus élémentaire.

« Vous voilà prête, à la fin? dit-il lorsque sa cousine arriva près de lui.

— Oui, répondit-elle du ton le plus conciliant.... Est-ce que je vous ai fait beaucoup attendre?... J'ai à peine fini de souper.

— Si votre souper s'est tant prolongé, la gourmandise n'y est pour rien.... Est-ce que ce cadet-là vient avec nous? ajouta-t-il brusquement lorsqu'il vit Kinraid chercher à tâtons sa casquette parmi les vêtements d'homme entassés dans l'arrière-cuisine.

— Non, répondit Sylvia qu'effrayait la mine et l'accent de Philip.... Je lui ai dit que je ne le voulais pas. »

Mais en ce moment critique la porte extérieure fut poussée par Daniel Robson lui-même, couvert de neige de la tête aux pieds, les joues animées par le froid, et qui pouvait passer, rose et gaillard, pour une assez belle personnification de l'Hiver. Il frappa sur le seuil ses pieds humides, et, laissant pénétrer dans la tiède atmosphère de la cuisine un large courant d'air glacial, apostropha la compagnie après un bruyant éclat de rire qui lui servit d'exorde :

« Je vous apporte, disait-il, une nouvelle année un peu froide.... Si vous ne voulez pas rester engloutis sous la neige, vous ferez bien de partir au plus vite !... Ah! te voilà, Charley !... Qui diable aurait pensé te retrouver en ces quartiers?... Et maintenant, Mistress, vous allez permettre que j'emmène ma fille, car sa mère la demande au plus vite.... Merci, je n'ai le temps de rien prendre; — tout au plus celui d'avaler quelque chose de chaud.... Philip, mon garçon, vous ne serez pas fâché, par une nuit comme celle-ci, de n'avoir pas à faire la course de Haytersbank.... Voilà ce que j'appelle un grog réussi, ajouta-t-il après s'être administré un plein verre de ce puissant cordial qu'on appelle *half-and-half*.... Kinraid, si je ne t'ai pas vu d'ici à quelques jours, nous aurons des mots ensemble....

— Eh mais, mon maître, dit Kinraid avec une aisance que Philip ne put s'empêcher de lui envier.... je suis tout prêt à partir ce soir même pour Haytersbank. »

La proposition fut déclinée en riant, comme elle avait été faite, et Sylvia partit sous l'escorte de son père, fort heureuse qu'il fût venu si à propos la tirer de l'embarras où l'aurait mise le conflit probable des deux jeunes gens.

Après le départ de Robson, la soirée n'avait plus d'attrait ni pour Philip ni pour Charley. Mais le premier, amplement pourvu d'initiative, venait de résoudre en quelques minutes qu'il épouserait Sylvia et nulle autre. Accoutumé à plaire aux femmes, et ne pouvant se tromper sur les premiers symptômes du goût qu'il leur inspirait, il ne voyait pas qu'il lui fût si difficile de gagner le cœur de celle-ci. Content du passé, rempli pour l'avenir d'agréables espérances, il lui fut très-facile d'adresser désormais ses hommages à la plus jolie des danseuses présentes, et de communiquer sa gaieté à cette réunion dont il était l'âme.

Quant à Philip, malgré les instances que mistress Corney crut devoir lui adresser pour le retenir, il sentait sa tristesse déplacée au milieu de tant de joies, et prit bientôt congé de son obligeante hôtesse qui, au fond, ne le regrettait guère. Une fois sur la route de Monkshaven qu'il distinguait péniblement sous la neige à l'aide de quelques points de repère, aveuglé par les frimas, la bise de mer lui soufflant au visage, les oreilles remplies du bruit des flots lointains, trouvant plus de clartés dans les reflets du sol blanchi que dans le ciel nuageux étendu sur sa tête, il allait droit devant lui, s'abandonnant pour sa conduite à cet instinct animal qui semble fait pour suppléer à l'âme humaine lorsque celle-ci, en proie à des souffrances aiguës, abdique sa mission conservatrice.... Tout à coup le carillon de Monkshaven salua la bienvenue du Nouvel An, 1796. Ce son joyeux semblait une raillerie jetée à Philip. Quand il entra dans la Grand'-Rue, il vit s'éteindre tour à tour les lumières soigneusement conservées jusqu'à cette heure solennelle. L'attente venait de finir avec l'année qui expirait, la réalité commençait avec l'année qui venait de naître.

Philip, en arrivant devant la maison qu'il occupait avec Alice Rose. vit les fenêtres encore éclairées, et un son de voix joyeuses arriva jusqu'à lui. Quand il ouvrit la porte, Alice, la fille d'Alice et William Coulson étaient debout et semblaient l'avoir attendu. Le manteau d'Hester séchait sur une chaise devant le feu ; elle avait encore son capuchon, car elle rentrait à peine avec Coulson de la veillée Méthodiste.

L'essor communiqué par cette solennité à ses sentiments religieux, avait laissé des traces et dans sa pensée et sur son visage. Son regard, ordinairement plein d'ombres, épanchait une sorte de lueur spirituelle ; une rougeur imperceptible animait ses joues habituellement si pâles. Toute préoccupation égoïste était, en elle, comme noyée sous le flot abondant de la bienveillance universelle qu'elle accordait aux créatures de Dieu. Sous l'influence de cette charité sans bornes, et oubliant sa réserve accoutumée, elle vint au-devant de Philip pour lui offrir ses vœux de Nouvel An ; — vœux déjà échangés entre elle et les deux autres compagnons de sa vie. Pour toute réponse, il prit sa main dans une chaleureuse étreinte. Au moment où elle la retirait, la rougeur de son visage devint plus marquée. Alice Rose murmura quelques mots sur l'heure avancée et sur la fatigue qu'elle éprouvait ; après quoi elle remonta, suivie de sa fille, dans la chambre qu'elles occupaient sur la rue, tandis que Philip et Coulson regagnaient celle où ils logeaient ensemble dans le fond de la maison.

XIII

PERPLEXITÉS.

Entre Philip et Coulson régnait une sorte d'affection sans intimité. S'ils ne se disputaient jamais, jamais non plus ils n'échangeaient une confidence, se respectant peut-être d'autant plus qu'ils se voyaient plus contenus et plus sobres d'épanchements. Au fond du cœur de Coulson existait un sentiment secret qui aurait pu nuire à Philip, même chez un ami bien autrement disposé à l'indulgence. Mais ce dernier n'en pouvait rien savoir, et ne fut pas autrement étonné du silence qui se fit entre eux lorsqu'ils furent seuls.

Coulson, cependant, crut devoir faire profiter son compagnon du sermon prononcé à la veillée et que ce dernier avait sacrifié à de vains plaisirs. Mais Philip, sans trop l'écouter, se coucha tout habillé sur son lit, s'arrangeant pour qu'on le crût livré au sommeil. Il ne dormait pas, néanmoins, et repassait dans sa tête tous les événements de la nuit. Ils l'affectaient plus favorablement, revus ainsi dans une sorte de fièvre et de demi-sommeil, qu'au moment même où ils s'étaient succédé ; et lorsque l'aube revint éclairer leur petite fenêtre, l'espoir, sinon la joie, était rentré dans son cœur. Aussi, bien que l'heure ordinaire du lever fût évidemment dépassée, il n'éveilla pas son compagnon qui dormait encore, et, ses souliers à la main, quitta sans bruit la chambre commune.

Alice non plus n'était pas levée, bien que d'ordinaire elle fût la première sur pieds; mais aussi, disons-le à sa décharge, minuit sonnant ne la trouvait jamais hors de son lit. Philip éprouva un plaisir charitable à la suppléer dans les premiers soins du ménage, et ce fut au retour de la pompe, — où après avoir allumé le feu, il était allé remplir la chaudière, — qu'il trouva ses deux hôtesses établies dans leur cuisine. A la vue du jeune homme qui rentrait ainsi, les pieds couverts de neige, Alice n'éprouva qu'un sentiment d'impatience, suite nécessaire des reproches qu'elle s'adressait à elle-même depuis un quart d'heure.

« Voyez un peu, disait-elle, si c'est la peine de nettoyer les carreaux pour les voir mouiller et salir ainsi.... Et pourquoi les hommes se mêlent-ils de ce qui ne les regarde pas? »

Philip fut surpris et contrarié. Mais quand la vieille femme, après lui avoir arraché la chaudière des mains, parut la trouver trop lourde pour la suspendre elle seule à la crémaillère, il n'en vint pas moins lui prêter secours. Elle le regarda fixement, mais sans pouvoir se résoudre à le remercier par une seule parole, et, rebuté par elle, Philip alla s'asseoir dans un coin de la pièce pour y ruminer tout à son aise la visite qu'il comptait faire le soir même à la ferme de Haytersbank.

Avec plus de vanité, le jeune commis aurait pu facilement deviner de quoi il s'agissait, mais il attribua tout simplement les rigueurs de mistress Rose à ce qu'il n'avait pas accompagné miss Hester à la veillée, et quelques incidents de la même journée vinrent le confirmer dans cette manière de voir. Le plus significatif fut celui-ci. Les deux commis revenaient à tour de rôle, de deux jours l'un, dîner avec Hester et sa mère. Celui qui pendant le repas était condamné à rester au magasin, mangeait seul le dîner qu'on lui gardait chaud à la bouche du four. Philip, que cette alternative régulière condamnait à dîner seul ce jour-là, ne fut pas médiocrement surpris de trouver Alice Rose installée près de la table où il devait s'asseoir. Je n'oserais dire qu'il en fût charmé, car il réfléchissait depuis le matin et sentait le besoin de réfléchir encore au plan de conduite qu'il devait suivre vis-à-vis de Sylvia. Renoncer à elle lui était impossible, tant qu'il ne la verrait pas engagée ailleurs. Il ne pouvait pas non plus se donner l'humeur joyeuse et le cœur léger des autres jeunes gens ; son caractère n'avait pas été jeté dans ce moule. Les chagrins précoces de son orphelinat solitaire l'avaient mûri, mais en même temps l'avaient éteint. Malgré tout il ne désespérait pas, comptant sur la force et la durée peu commune de ses affections, et se disant qu'à la longue son entêtement devait triompher de tous les obstacles. Mais, il le sentait, le chemin suivi jusque-là l'éloignait évidemment de son but. Son intelligence, son savoir acquis, avec lesquels il avait cru pouvoir s'imposer à l'admiration de Sylvia, ce rôle de pédagogue qu'il prenait vis-à-vis d'elle, n'avaient rien qui pût la séduire. Au lieu de la censurer, il fallait désormais lui témoigner toute sorte d'indulgence et de tendresse, l'attirer à lui plutôt que la dominer; — et peut-être encore avait-il beaucoup tardé à changer de système.

Telles étaient ses pensées, ses préoccupations, lorsque Alice Rose, assise en face de lui en vertu de motifs dont elle-même n'avait pas tout à fait conscience, commença l'âpre sermon qu'elle lui tenait en réserve.

« Tu n'as pas si bon appétit qu'à l'ordinaire, lui dit-elle. Au sortir des festins on ne goûte pas la chère de tous les jours. »

Philip sentit le rouge lui monter au front : il n'était pas d'humeur à supporter patiemment les récriminations qu'il voyait venir, et cependant il avait pour Alice le double respect qu'on doit aux femmes et aux vieillards. Il eût bien voulu l'envoyer promener, mais il se contenta de lui répondre que le « festin » pour lui s'était borné à une tranche de bœuf froid. Elle continuait cependant sans l'écouter :

« Après les plaisirs du monde, la voie céleste semble plus dure.... Tu avais autrefois le zèle de la maison de Dieu, et je me sentais de l'estime pour toi; mais depuis peu tu changes; ta chute arrive à grands pas, et je me vois forcée de te dire ce que j'ai sur le cœur.

— Mère, interrompit Philip avec impatience (Coulson et lui donnaient parfois ce nom à la vieille Alice), je ne me crois pas si près de choir, et dans tous les cas je n'ai pas le temps de vous écouter.... Nous sommes au jour de l'An, vous savez? et il y a foule dans le magasin. »

Mais Alice tenait toujours la main levée. Il fallait que sa harangue longtemps méditée trouvât finalement son issue.

« Le magasin par ci, le magasin par là!... La chair et le démon vous tiennent, mon pauvre ami, et les chemins de la grâce me semblent vous être à jamais fermés.... Veillez et priez! dit le Nouvel An. Vous, au contraire, vous répondez : — Non! Je courrai après les fêtes et les marchés; je laisserai venir et s'en aller les saisons sans me préoccuper de Celui vers lequel me pousse chacune d'elles.... Il fut un temps, Philip, où jamais ces folles joies ne t'auraient empêché d'assister à la Veillée religieuse, ni séparé de la société des Saints.

— Je vous dis, répondit brusquement Philip, je vous dis et je vous répète que je n'ai pas goûté la moindre joie, folle ou non. » — Puis il sortit, prêt à éclater.

Alice se laissa tomber sur le siége le plus voisin, et prenant sa tête dans ses mains ridées :

« Il est enlacé, il est pris au piége, disait-elle. Lui, après qui je soupirais et que je regardais comme un des Elus, lui qui.... Seigneur Dieu! et dire que je n'étais pas la seule à soupirer ainsi, dire que mon enfant unique.... Épargne-la, Seigneur, épargne-la! Ne livre pas non plus à Satan l'âme de ce malheureux que j'ai connu tout petit.... » Philip revint, à ce moment, pour s'excuser des vives paroles qui lui étaient échappées; mais Alice ne le vit et ne l'entendit que lorsque, arrivé près d'elle, il lui toucha légèrement le bras pour attirer son attention.

« O mon enfant! lui dit-elle, en réponse à ses témoignages de repentir, Satan a soif de vous posséder pour vous passer au crible de sa colère.... Prenez garde, prenez garde ! et ne poursuivez pas celles qui n'ont aucun souci des choses saintes... Pourquoi, par exemple, aller ce soir à Haytersbank? »

Philip se sentit rougir, suspendu entre la volonté de ne pas céder et l'influence qu'exerçaient sur lui les instances passionnées de cette femme austère.

« Non, disait-il essayant de se dérober à son étreinte maternelle.... Ma tante est malade.... Ils sont du même sang que moi, et braves gens après tout, quoique ne pensant pas sur tous les points ce que vous pensez vous-même.

— Ce que je pense n'est donc plus ce que tu penses? s'écria-t-elle avec un retour de sévérité. Ce sont là Philip, des paroles de Satan.... Mais si je ne puis rien contre lui, je parlerai du moins contre ces femmes, et nous verrons qui d'elles ou moi tirera le plus fort, elles pour t'entraîner vers l'enfer, moi pour te détourner de la pente fatale.

— On n'est pas sur cette pente, répliqua Philip, parce qu'on va rendre visite à des parents malades. » Puis, — avec un geste qui de sa part pouvait sembler une caresse, — il la quitta pour retourner au magasin.

Mais, une fois là, ses projets trouvèrent un contradicteur plus éloquent ou du moins plus péremptoire que la vieille Alice. A peine avait-il repris sa place derrière le comptoir que Coulson, s'inclinant de son côté, lui dit tout bas :

« Jeremy Foster est venu nous prier de souper avec lui ce soir.... Il dit que John et lui ont quelques affaire à traiter avec nous. »

Un regard de Coulson apprit en même temps à Philip que les affaires en question devaient se rapporter — il le pensait du moins — à cette association pressentie par les deux commis, et au sujet de laquelle il existait entre eux, sans qu'ils s'en fussent jamais parlé, une espèce de mystérieux accord.

« Et qu'as-tu répondu? demanda Philip dont l'obstination se refusait, même alors, à changer les projets qu'il avait formés.

— Que pouvais-je répondre, à ton sens? J'ai dit que nous acceptions.... Il y a quelque chose sous jeu.... Quelque chose qui, pensait-il, ne nous ferait pas de peine.... Je l'ai bien déchiffré sur son visage.... Est-ce que, par hasard, tu refuserais l'invitation?

— Pas précisément.... Je verrai, » répondit Philip, songeant aux conséquences graves du parti qu'il pourrait prendre à cet égard.

Et au même moment, il fallut s'occuper des acheteurs qui entraient en foule. Parmi ceux qui entouraient Hester, Philip reconnut Charley Kinraid, qui était entré donnant le bras à Molly Brunton et suivi de toutes les *misses* Corney. L'oreille tendue de leur côté pendant qu'il servait d'autres clients, Hepburn démêla bien vite, dans leurs bruyants discours, ce qui le concernait en particulier. Il apprit aussi que Kinraid, venu pour passer seulement un jour de congé auprès de ses parents, retournait dès le lendemain à Shields, où le rappelait l'armement du navire sur lequel il devait s'embarquer. Les propos légers qui s'échangeaient à ce sujet semblaient attester la plus complète indifférence, soit chez le jeune marin, soit chez ses cousines. Celles-ci, en vertu de quelques promesses qu'il leur avait faites, ne songeaient qu'à obtenir de lui les bagatelles dont elles avaient envie; et quant à lui, sans trop se préoccuper de la dépense, il tâchait de faire échoir les plus beaux lots aux fillettes les plus jeunes et les mieux tournées. Hepburn ne pouvait s'empêcher de lui envier cette aisance, cette courtoisie souriante qui caractérisent la galanterie des marins; mais lorsque, sur le point de

sortir et reconnaissant en lui le convive de la veille, Charley Kinraid vint lui offrir une poignée de main, il ne put l'accepter sans un mouvement d'hésitation bien marquée, ce qui provoqua de la part du jeune marin un coup d'œil scrutateur dont Philip se trouva légèrement embarrassé. Aussi fut-il ravi de se voir interpellé dans ce moment même par Molly Brunton, qui lui demandait pourquoi il était parti de si bonne heure.
— La fête s'était prolongée, lui dit-elle, pendant quatre heures encore, et son cousin Charley avait fini par danser une *hornpipe* au milieu des assiettes éparpillées à terre.

Philip savait à peine que lui répondre, tant il se sentait le cœur allégé par l'idée de ce *pas-seul*. Maintenant il aurait bien volontiers tendu la main à Kinraid, car il lui semblait parfaitement impossible qu'aimant Sylvia comme il l'aimait lui-même, on pût se supporter pendant quatre mortelles heures dans une société qu'elle venait de quitter; bien moins encore danser une gigue quelconque, soit de gaieté de cœur, soit même par pure complaisance. Il sentait que les regrets donnés à l'absente auraient appesanti ses jambes aussi bien que son humeur; — et il avait la naïveté de croire que tous les hommes lui ressemblaient.

XIV

AFFAIRES DE COMMERCE.

Plus Philip se sentait rassuré à l'égard de Sylvia, moins il éprouvait le besoin de la revoir dès le soir même, et d'ailleurs son ambition de négociant ne lui permettait guère de se refuser à l'appel de ses patrons.

Aussi, dès que les volets du magasin furent en place, les deux commis partirent ensemble pour se rendre chez Jeremy Foster. A peine s'arrêtèrent-ils un moment sur le pont pour humer la brise marine chargée de molécules salées, et dans laquelle, après les fatigues du jour, ils se retrempaient avec joie. Ils gravirent ensuite respectueusement ces hauteurs aristocratiques où les rues cessaient d'être profanées par le voisinage d'établissements mercantiles, et où la maison de Jeremy Foster brillait entre cinq ou six autres, toutes pareilles d'ailleurs, par l'immaculée propreté de ses portes vernies, de ses cuivres passés à l'eau seconde, de ses marches de pierre savonnées et cirées chaque matin.

Devant ce seuil imposant, les deux jeunes gens restaient interdits et timides comme une jeune fille qui va mettre le pied dans son premier bal. Ni l'un ni l'autre n'osait frapper. Philip, enfin, honteux de lui-même, hasarda un coup timide, et comme on les attendait, les deux battants s'ouvrirent à l'instant même. Aussi resplendissante de propreté que la maison elle-même, une suivante d'âge canonique accueillit par un doux sourire de bienvenue ces visages familiers.

« Laissez-moi vous essuyer un peu, William, dit-elle, joignant l'action à la parole.... Vous vous êtes appuyé, j'en suis sûre, contre un mur nouvellement blanchi.... Et vous, Philip, continua-t-elle, passant la revue de ce dernier avec une liberté toute maternelle, vous ferez bien de frotter un peu vos souliers sur cette natte.... Notre maître n'y manque jamais. »

Dans le salon carré régnait le même ordre, strict et précis. Pas un grain de poussière sur un meuble quelconque ; et tous étaient rangés en lignes parallèles, ou tout au moins formaient avec les autres un angle droit rigoureusement exact. Jusqu'à John et Jeremy, qui avaient pris place aux deux côtés de la cheminée, avec une symétrie irréprochable, et dont les deux honnêtes sourires se correspondaient parfaitement.

Si admirable que soit cette régularité, on ne voit pas qu'elle mette les gens à l'aise, et ce fut seulement après le souper, lorsque Jeremy demanda les pipes, et lorsque trois des convives, sur quatre, se furent mis à fumer, que la conversation devint un peu moins difficile.

De politique on ne parla guère : c'était, à cette époque, un sujet délicat. La nation tout entière était sous le coup des terreurs qu'inspiraient la France d'abord, puis tous ceux qui professaient une sympathie quelconque pour les idées révolutionnaires. Un bill tyrannique contre les réunions séditieuses avait passé l'année d'avant, et on ne savait trop quelle portée le gouvernement comptait lui donner. L'impartialité des tribunaux n'existait plus, les magistrats prenant leur part des alarmes qui agitaient la multitude et subordonnant leur équité à l'intérêt de leur parti. On trouvait bien encore, çà et là, quelque téméraire qui prônait la réforme du parlement comme un premier pas vers un système loyal de représentation populaire : mais ces pionniers de 1830 étaient généralement mal vus. La grande masse du peuple se glorifiait d'appartenir au parti *tory*, et d'abominer la France avec laquelle il lui tardait d'en venir aux mains, car elle avait à peine idée de la naissante renommée que se faisait, précisément alors, un jeune capitaine corse, destiné à être pour l'Angleterre, peu d'années après, le même objet de terreur que Marlborough avait été jadis pour les Français en bas âge.

A Monkshaven, ces opinions avaient une prédominance excessive ; et le déchaînement des passions y engendrait une méfiance réciproque qui rendait fort difficile tout entretien sur les affaires publiques. On se bornait en général à des questions inoffensives dans le genre de celles-ci :
— « Un Anglais peut-il tenir tête à plus de quatre Fran-

çais en même temps ? — Quel châtiment méritent les membres de la *Corresponding Society* (correspondant avec le Directoire Français)? — Faut-il les pendre, ou les écarteler, ou les brûler? — L'enfant que la princesse de Galles va mettre au jour sera-t-il un garçon ou une fille? Dans ce dernier cas, vaudra-t-il mieux l'appeler Charlotte, ou sera-t-il plus conforme aux traditions monarchiques de lui donner le nom d'Élisabeth? »

Les Foster, s'ils y eussent été portés, auraient pu sans crainte aborder ces sujets, voire d'autres plus compromettants encore. Mais, peu faits à ces hardiesses, ils se bornèrent à commenter le haut prix des subsistances, le pain à un *shilling* trois *pence*, suivant la taxe de Londres; le froment à cent vingt *shillings* sur tous les marchés du Nord; — puis la conversation s'éteignit dans un silence solennel. John regardait Jeremy comme pour l'inviter à rompre la glace. Jeremy était chez lui, Jeremy avait été marié. Mais Jeremy lui riposta par un coup d'œil identique. John, effectivement, bien qu'il eût gardé le célibat, n'en était moins l'aîné des deux frères. Cependant la grosse horloge de l'église venait de sonner neuf heures, il se faisait tard, Jeremy prit la parole :

« Avec des prix si élevés, le pain si cher, les taxes si lourdes, le moment n'est pas propice pour se lancer dans les affaires; mais nous nous faisons vieux, John et moi, et nous n'avons pas d'enfants pour nous succéder; aussi aimerions-nous à restreindre un peu nos occupations mondaines. Nous nous déferions volontiers du magasin pour nous vouer aux affaires de banque qui ne donnent pas grand tracas.... Mais il y a d'abord les marchandises et la clientèle, dont il faut songer à se défaire. »

Silence de mort. Cette ouverture n'avait rien de favorable aux espérances des deux jeunes gens, parfaitement dépourvus de capitaux et qui avaient compté succéder à leurs patrons par la marche naturelle d'une association progressive. Le langage qu'on leur tenait avait été combiné d'avance par les deux frères, pour faire bien apprécier à Hepburn et à Coulson l'immense, l'exceptionnelle responsabilité de la situation à laquelle ils allaient être appelés par les Foster. Il fallait que l'importance de leurs paroles fût en rapport avec l'importance de la proposition. Aussi s'étaient-ils distribué les rôles ; l'un des frères devait suggérer, l'autre fournir des objections. Les deux jeunes gens se tenaient aussi sur la réserve. Ce qu'on allait leur dire aujourd'hui, depuis longtemps ils l'attendaient avec impatience ; il n'en fallait pas moins écouter ce long préambule sans avoir l'air d'imaginer à quoi il pouvait conduire. Ainsi se passaient alors les choses. Sont-elles donc aujourd'hui si différentes ? Mais revenons. John Foster répondit à son frère :

« Les marchandises et la clientèle !... Cela coûterait gros.... Et encore faut-il tenir compte des aménagements fixes.... Philip, mon ami, pourrais-tu me dire la somme exacte que représentent les marchandises actuellement emmagasinées ? »

On était alors au lendemain de l'inventaire : Philip savait la chose sur le bout des doigts.

« Mille neuf cent quarante et une livres, treize *shillings*, et deux *pence*. »

Coulson le regarda, un peu décontenancé, sans pouvoir réprimer un soupir. Les chiffres ainsi articulés tout au long avaient quelque chose de formidable. Mais Philip, qui lisait mieux sur la physionomie des deux frères, ne se sentait pas tout à fait aussi épouvanté.

« Et les aménagements ? demanda John Foster.

— Ils ont été évalués, à la mort de notre père, quatre cent trente-cinq livres, trois *shillings*, et six *pence*. Il y a eu depuis lors des additions, mais comme il faut tenir compte de la moins-value, nous nous en tiendrons à ce chiffre.

— «....Combien cela fait-il, avec les marchandises?

— Deux mille trois cent soixante et seize livres seize *shillings* et huit *pence*, dit Philip.

— Bon!... Et la clientèle, demanda l'impitoyable John, à combien doit-elle être évaluée?

— Cela dépend, frère, de la personne qui se présenterait pour acheter le reste.... On pourrait se montrer plus coulant s'il s'agissait de gens connus et à qui on souhaiterait quelque bien.... Si, par exemple, Philip et William se déclaraient prêts à prendre l'affaire, je ne pense pas que ni toi ni moi, voulussions les traiter à l'égal de.... Millers. »

(Millers était le propriétaire d'un petit magasin de la Ville-Neuve, qui depuis peu de temps essayait contre les Foster une concurrence impossible.)

« Je ne demande pas mieux que Philip et William viennent après nous, dit John.... Mais il ne s'agit pas de cela, » continua-t-il, bien convaincu, néanmoins, qu'il ne s'agissait pas d'autre chose.

Personne ensuite n'ouvrit la bouche. Ce fut Jeremy qui reprit.

« Il ne s'agit pas de cela, dis-tu? »

Et il regarda les deux jeunes gens. Coulson secoua la tête. Philip dit, avec plus de courage :

« J'ai cinquante-trois livres, sept *shillings*, et quatre *pence* placés chez vous, *master* John,... et c'est tout ce que je me connais au monde.

— Voilà qui est dommage, » reprit John; et le silence régna de nouveau.

Neuf heures et demie vinrent à sonner. Il était grand temps de commencer à finir.

« Peut-être, frère, trouveraient-ils des amis pour leur avancer l'argent?... A raison de leurs bons et loyaux services, on ne leur montrerait pas trop d'exigence. »

Ce fut encore Philip qui répondit le premier :

« Je ne sais personne qui voulût me faire l'avance d'un *penny*; je n'ai que bien peu de parents, et ils n'ont que tout juste ce qu'il leur faut. »

Coulson dit à son tour :

« Mon père et ma mère ont neuf enfants.

— Laissons cela, laissons cela! dit John, fléchissant un peu vite, car il était las de représenter la prudence égoïste.... Il me semble, frère, que nous avons assez de biens, ici-bas, pour en disposer selon qu'il nous convient. »

Jeremy fut un peu scandalisé de voir s'évanouir si vite la fiction convenue entre les deux frères, et il aspira plusieurs bouffées de tabac avant de répondre :

« Deux mille livres, et plus, constituent une forte somme pour la hasarder ainsi sous la responsabilité morale et matérielle de deux blancs-becs dont l'aîné n'a pas tout à fait vingt-trois ans.... Il me semble que nous devrions y regarder à deux fois.

— Allons donc, John, répliqua Jeremy, pas plus tard qu'hier, je t'ai entendu dire que tu préférerais Philip et William aux cinquante premiers venus que je pourrais te nommer.... Et maintenant tu leur objectes leur jeunesse?...

— A la bonne heure.... la moitié du risque te regarde, et, à cet égard, tu es libre d'agir à ta guise.... Mais, quant à moi, je voudrais, pour la moitié qui me concerne, avoir quelques garanties.... Car, tu as beau dire, vois-tu, le risque est grand.... Voyons, mes amis, pouvez-vous nous fournir quelques sûretés?... Avez-vous quelque perspective de fortune?... Quelque succession à espérer?.... Quelque nue propriété dont un autre aurait l'usufruit? »

Non; — ni l'un ni l'autre n'avaient rien de semblable. Jeremy reprit alors :

« Il faudra donc, John, que je fasse comme toi, et que

je me contente, en fait de sûretés, de celles que m'offre leur caractère.... Après tout, enfants, c'en est une.... C'est même la meilleure, et sans laquelle je n'aurais pas traité avec vous.... Non, certes, m'eussiez-vous payé comptant cinq mille livres sterling pour la clientèle, les marchandises et les aménagements à demeure.... Nous tenons, avant tout, à ce que ce magasin de John Foster et fils, qui existe depuis plus de quatre-vingts ans, conserve la renommée de probité qu'il s'est faite à Monkshaven. »

Nos quatre personnages echangèrent tour à tour une cordiale poignée de main, comme si cette partie du cérémonial était indispensable à la constitution de la société nouvelle. Ils semblaient aussi joyeux les uns que les autres.

« En somme, reprit Jeremy, vous nous remerciez sans savoir de quoi ; mais nous n'entendons pas que vous achetiez chat en poche, et, plus prévoyants que vous, nous avons tout couché sur le papier. »

Il mit à ces mots ses lunettes de corne, et, dépliant un papier qu'il venait de prendre sur la cheminée, commença sa lecture à voix haute, non sans regarder de temps en temps par-dessus ses verres, pour épier sur la physionomie des deux jeunes gens' l'effet des perspectives qu'il ouvrait devant eux. Habitué à lire la Bible, et à ne lire que cela, il débitait les différents *item* de son inventaire avec la même onction nazillarde que s'il se fût agi d'un psaume de David ou d'une lamentation de Jérémie.

« Produit brut, en moyenne, des trois dernières années : cent-vingt-sept livres, trois *shillings*, sept *pence* et un sixième par semaine. Bénéfices, par approximation : trente-quatre pour cent. Profits nets de l'entreprise, quitte de tous frais, excepté du loyer, — car la maison nous appartient : — mille deux cent deux livres par an. »

C'était infiniment plus qu'Hepburn ou Coulson ne se l'étaient figuré. Aussi, nonobstant leurs efforts pour rester simplement immobiles et attentifs, leur physionomie prit-elle l'expression d'une surprise voisine de la consternation.

« Tout cela fait beaucoup d'argent, jeunes cadets.... Dieu vous accorde d'en bien user! dit Jeremy posant un instant son papier.

— *Amen!* ajouta John en secouant la tête pour donner plus d'accent à cette simple parole.

— Voici maintenant ce que nous proposons, continua Jeremy, consultant encore une fois son manuscrit : nous estimerons les marchandises et l'agencement fixe deux mille cent cinquante livres.... Libre à vous de faire faire une évaluation plus régulière, ou de consulter les livres et les factures, ou, ce qui vaudrait mieux, d'employer l'une et l'autre voie de renseignement, les contrôlant l'une par l'autre ; mais, d'ici là, et pour asseoir les bases du marché, supposons la somme établie comme dessus ; elle constitue un capital que nous laissons entre vos mains à cinq pour cent l'an, ce qui fait cent sept livres, dix *shillings* par an..., du moins pour la première année ; car cet article se trouvera réduit plus tard par le remboursement de notre capital, à raison de vingt pour cent par an ; ce qui, dans le cours de cinq années, le fait rentrer tout entier en nos mains.... Nous comptons le loyer, tant du magasin que des cours attenantes, du droit d'entrepôt, etc., sur le pied de soixante-cinq livres par an.... Ce sera donc six cent douze livres dix shillings que vous devrez payer aux frères Foster, John et Jeremy, sur les bénéfices de votre première année, ce qui vous laissera, calculant sur la moyenne ordinaire, cinq cent quatre-vingt-neuf livres dix *shillings* à partager entre vous deux. »

Ce plan, avec tous ses détails, avait été mûrement

combiné par les deux frères. Ils craignaient que Hepburn et Coulson ne se laissassent éblouir par le chiffre des bénéfices, et avaient organisé l'échelle mobile des remboursements de manière à réduire le revenu de la première année dans des proportions considérables selon eux, mais qui le laissaient encore énorme aux yeux des deux jeunes gens, dont le plus riche ne s'était jamais vu à la tête de plus de cinquante livres.

Tous deux restaient muets, à la grande surprise de leurs patrons. Tout à coup Philippe se leva, n'estimant pas qu'il pût témoigner convenablement sa gratitude s'il continuait à se prélasser sur sa chaise, et William suivit son exemple à l'instant même. Hepburn débuta par une phrase modelée sur les remercîments imprimés dans tous les journaux d'York quand ils rendaient compte de *toasts* portés aux membres des Communes et de la réponse formulée par ceux-ci.... Mais bientôt l'élan de sa reconnaissance lui fournit des paroles moins compassées, et ce fut d'une voix émue qu'il prit, pour son camarade et pour lui, l'engagement solennel de mériter à l'avenir, mieux encore que par le passé, les bontés qu'on leur témoignait.

« Je voudrais, ajouta-t-il, que ma mère eût vécu jusqu'à cette journée...

— C'est bon, c'est bon, Philip! dit John Foster, pour qui ce mouvement de cœur ne fut pas perdu, mais provisoirement parlons affaires. Sachez donc (nous allions oublier ceci, frère Jeremy), sachez que nous ne voulons pas livrer tout ceci à la curiosité des badauds de Monkshaven, jusqu'à ce que tous nos arrangements soient définitivement pris, les inventaires vérifiés par vous, les actes dressés par le jurisconsulte choisi pour cela.... Il nous faut donc votre parole que tout ceci restera parfaitement secret. »

Coulson promit sans se faire prier; Philip, au contraire,

eut un moment d'hésitation. Il pensait à Sylvia vivante, presque autant qu'à cette défunte mère dont les dernières paroles l'avaient recommandé au Père de ceux qui n'ont plus d'amis ; et maintenant qu'un si bref délai le séparait de la réalisation de tous ses vœux, ce Philip si paisible, si maître de lui, éprouvait une impatience presque fiévreuse.... Ce sentiment pourtant n'eut que la durée de l'éclair, et il s'engagea au secret qui lui était demandé. Après quelques autres arrangements pris d'une manière sommaire, Hepburn et Coulson firent leurs adieux à leurs patrons, et ils étaient déjà dans le couloir où la vieille Marthe les scandalisait en les aidant à passer leurs surtouts, comme s'il se fût agi de son propre maître, lorsqu'on les rappela inopinément dans le salon.

John Foster fourrageait dans ses papiers par un geste qui trahissait une certaine agitation nerveuse. Ce fut Jeremy qui prit la parole.

« Nous n'avons pas jugé nécessaire, dit-il, de vous recommander Hester Rose.... Si elle eût été un jeune homme, nous lui aurions assuré le tiers des avantages que nous vous faisons. En tant que femme, nous ne voulons pas la jeter dans les embarras d'une société commerciale.... Il nous paraît mieux de lui assurer un salaire fixe jusqu'à l'époque de son mariage. »

En parlant ainsi, le vieux quaker examinait avec une certaine curiosité la physionomie de ses jeunes interlocuteurs. William Coulson semblait mal à son aise et prêt à pleurer ; mais il n'articula pas un mot, laissant comme d'ordinaire à Philip le soin d'exprimer leurs sentiments communs.

« Quand bien même nous n'aurions pas pris soin d'Hester pour son compte personnel, dit ce dernier, elle nous eût été recommandée, messieurs, par cela seul qu'elle a été à votre service.... Vous fixerez vous-mêmes le chiffre de sa rétribution, et je crois pouvoir dire que cette rétribution s'accroîtra dans la même proportion que nos revenus....N'est-il pas vrai, Coulson?... (*Assentiment formel, bien que mal articulé*).... Car nous la regardons tous les deux comme une sœur, et Alice en quelque sorte comme notre mère... J'ai eu occasion de le lui dire aujourd'hui même.

FIN DE LA PREMIÈRE PARTIE.

DEUXIÈME PARTIE.

I

UNE QUESTION DIFFICILE.

Bien convaincu, désormais, que l'admiration de Kinraid pour Sylvia n'était que l'hommage d'un galant marin à une jolie fille, et que, dans tous les cas, ce rival plus ou moins redoutable partait dès le lendemain pour les mers du Groënland, d'où, selon toutes probabilités, il ne reviendrait qu'au bout d'un an, Philip s'endormit, ce soir-là, plus confiant dans son étoile et plus assuré de l'avenir qu'il ne l'avait été depuis longtemps. S'il avait su ce qui était advenu à Sylvia dans le cours de la même journée, ses dispositions d'esprit, à coup sûr, auraient été bien différentes.

Au sortir du magasin des Foster, Charley Kinraid accompagna ses cousines jusqu'à l'endroit où se détachait de la route le petit sentier conduisant à la ferme de Haytersbank. Là, coupant court brusquement à ses joyeuses saillies, il manifesta l'intention d'aller voir le fermier Robson. Bessy Corney parut désappointée, mais sa sœur, Molly Brunton, salua d'un grand éclat de rire la déclaration du jeune marin.

« Tâchons d'être vrai, lui disait-elle : si Daniel Robson n'avait pas une jolie fille, ta visite serait pour un autre.

— Ma foi, non, reprit Charley un peu contrarié. Quand j'ai dit une chose, je m'y tiens, et je lui ai promis hier soir d'aller lui serrer la main.... De plus j'aime ce brave homme.

— A la bonne heure.... Et quand faut-il vous attendre?... Notre mère voudra le savoir.

— Vers huit heures?... Peut-être plus tôt.

— Il en est cinq tout au plus! La visite sera longue.... pour mistress Robson, surtout, qui est encore un peu malade.... Qu'en dis-tu, Bess ?

— Rien du tout.... Charley est libre.... Qu'il reste jusqu'à huit heures, si cela lui plaît; personne ne s'en tourmentera....

— C'est bon, c'est bon!... je ne sais pas encore ce que je ferai; mais ne vous attardez pas par ici, car il commence à se faire tard, et l'éclat des étoiles annonce une rude gelée. »

La erme était close, autant qu'elle pouvait l'être ; mais il n'y avait ni volets aux fenêtres, ni rideaux derrière les vitres, la curiosité des passants n'étant guère à redouter. La porte de la maison était verrouillée, mais un peu plus loin celle des étables était ouverte, et sur le sol neigeux laissait tomber un quadrangle lumineux de forme oblongue. Kinraid, jetant un regard aux fenêtres de la maison, vit, aux clartés de l'âtre, mistress Robson endormie auprès du feu. Une voix de femme se faisait entendre quelques pas plus loin ; guidé par cette voix, il arriva au seuil de l'étable.

Kester, assis sur un trépied de bois, cherchait à se concilier une vache rebelle qui refusait de laisser ravir les trésors parfumés de ses mamelles traînantes. Sylvia, l'épaule appuyée contre le montant de la fenêtre sur lequel était placée une lanterne de corne, faisait semblant de tricoter un bas de laine grise, mais, en réalité, se raillait de ces efforts qu'elle voyait inutiles, et avait assez à faire de se garantir soit des ruades que le capricieux animal distribuait par-ci par-là, soit des mouvements erratiques par lesquels il fouettait l'air de sa queue. Une légère vapeur, émanée du bétail, flottait dans l'air attiédi. De faibles lueurs atténuaient à peine l'obscurité dans laquelle étaient pour ainsi dire noyées les poutres noires du plafond et les mobiles cloisons qui marquaient chaque stalle.

Au moment où Charley mit le pied sur le seuil, Sylvia prise à l'improviste au milieu d'une conversation presque badine, tressaillit légèrement et laissa tomber son peloton de laine. Kester, plus que jamais, parut se préoccuper des caprices de Black-Nell [1]; mais ses yeux et ses oreilles étaient aux aguets.

« J'allais entrer chez vous, dit Charley, quand j'ai aperçu votre mère endormie.... Je suis venu jusqu'ici, car je ne me souciais pas de l'éveiller.... Votre père est-il chez lui ?

— Non, dit Sylvia baissant un peu la tête, et se repentant amèrement de son intempestive gaieté.... Il ne reviendra que vers sept heures. »

Il n'était que cinq heures et demie, et, dans son irritation momentanée, Sylvia croyait de bonne foi qu'elle serait charmée de voir Kinraid battre en retraite. Au fond, c'eût été pour elle un grand désappointement. Kinraid, du reste, n'avait aucun projet de ce genre. I voyait fort bien, expérimenté en pareille matière, que son arrivée imprévue avait agité Sylvia, et, — aussi bien pour la mettre à l'aise vis-à-vis de lui que pour se con-

---

1. Hélène la Noire, petit surnom d'amitié qui peut passer ici, vu la circonstance, pour une appellation générique.

cilier le bon vouloir de Kester, — ce fut à ce dernier qu'il s'adressa.

« C'est une belle laitière que vous trayez là, mon maître, lui dit-il, comme s'il prenait un vif intérêt à cette délicate opération.

— Belle si vous voulez, mais je l'aimerais mieux un peu moins mauvaise.... Hier encore, elle a failli renverser le seau d'un coup de pied. »

On n'entendit plus, pendant un moment, après cette réponse succincte, que le bruit espacé des jets écumants qui frappaient le bois sonore.

Sylvia tricotait plus assidûment que jamais, se dépitant en elle-même de n'avoir ni une robe plus neuve, ni des rubans plus frais sur la tête, et ne se doutant pas du charme répandu autour d'elle dans cette vague pénombre où sa brillante chevelure jetait des reflets dorés, et où son minois mutin, qui semblait vouloir se dérober sous son bonnet de linon, empruntait une grâce indicible à ce mouvement de pudeur coquette. Kinraid voulait lui parler, il voulait surtout l'entendre, mais ne savait par où commencer. Kester, qui jugea convenable de revenir sur les exploits d'Hélène la Noire, lui fournit la question qu'il cherchait.

« Venez-vous souvent voir traire les vaches? demanda Kinraid.

— Très-souvent, répondit Sylvia, tentée de sourire. J'aide Kester quand il y a presse, et il pourra vous dire que Black-Nell ne me résiste pas comme à lui.

— Je voudrais vous voir aux prises avec elle, recommença Charley qui sentait la glace à peu près rompue.

— C'est facile, dit Kester; vous n'avez qu'à revenir demain soir.

— Demain soir, reprit le jeune marin, je serai sur la route de Shields.

— Demain! répéta Sylvie, levant involontairement les

yeux sur lui et se hâtant de les baisser ensuite, car elle s'aperçut qu'il étudiait sur sa physionomie l'effet des paroles qu'il venait de prononcer.

— Il faut, continua-t-il, que je retourne sur le baleinier à bord duquel je dois faire campagne,... On l'arrange sur un nouveau plan, et comme je suis de ceux qui ont réclamé ces améliorations, je suis tenu d'aller y donner un coup d'œil.... Peut-être me sera-t-il possible de venir faire une pointe par ici au mois de mars, avant que nous ne mettions à la voile.... Ce qu'il y a de sûr, c'est que j'essayerai. »

Ces derniers mots avaient un sens caché qui ne fut perdu pour personne. Kester lui-même, averti par l'accent tout particulier qui leur avait été donné, se mit à réfléchir aux visites passées de Kinraid et à l'accueil qu'il avait reçu de son maître. Mais c'était un homme du Nord, et il ne laissa rien percer de ses réflexions intérieures; seulement, comme Kinraid lui plaisait de prime abord infiniment plus que Philip, — et comme il voyait Sylvia, maintenant rassurée, se complaire aux propos moitié tendres, moitié badins, qu'elle échangeait avec le nouveau venu, — il se fit volontiers le complice du rendez-vous que le hasard leur avait ménagé, en prolongeant de son mieux les apprêts qui le retenaient à l'étable. Le moment vint, cependant, où la lanterne menaçait de s'éteindre, et où les seaux de lait allaient se trouver en grand péril ; voyant alors qu'il attendrait vainement le signal de la retraite, Kester le donna lui-même en se levant de son trépied rustique. Sylvia, ramenée aussitôt de la région des rêves où son imagination planait délicieusement, retira du tablier qui les protégeait ses beaux bras rougis par le froid, et passant sur ses épaules le joug de bois qui supportait les seaux remplis d'un lait écumant, elle se préparait à les emporter. Charley se précipita pour l'aider, mais elle le repoussa doucement.

« Vous n'y entendez rien, lui disait-elle, et vous allez tout renverser.... Tenez, continua-t-elle lui prenant la main, c'est par là qu'il faut les soulever.... Une autre fois vous saurez comment vous y prendre. »

Kinraid la suivit jusque dans la laiterie, cédant à une attraction irrésistible :

« Je n'ai pas bien bonne mémoire, reprit-il lorsque Kester, resté dans l'arrière-cuisine, ne fut plus censé l'entendre.... Ne pourriez-vous me donner une autre leçon ?

— C'est assez d'une, répondit-elle riant à demi, mais sans céder aux tendres efforts par lesquels il essayait de lui faire lâcher prise.... Au surplus, je sais de reste que vous avez la mémoire courte.

— Pourquoi? qu'ai-je fait? Comment le savez-vous?

— Hier soir, commença-t-elle,... et sans rien ajouter elle détourna la tête, feignant de s'absorber dans les menus soins de la laiterie.

— Hé bien, reprit-il devinant à moitié ce qu'elle voulait dire, et fort empressé de voir se vérifier une conjecture si flatteuse.... Hier soir.... Après ?

— Oh! vous devinez bien, dit-elle, comme impatiente de se voir harceler ainsi.

— Non, dites-le-moi! reprit-il, s'obstinant.

— Eh bien, dit-elle, puisque vous le voulez, vous avez fait preuve d'une mémoire un peu courte, en ne me reconnaissant pas après les cinq visites que nous avions reçues de vous l'hiver dernier.... Maintenant, je suppose que vous voyez bien des choses, dans vos voyages sur mer et sur terre ; il n'est pas surprenant que vous ne vous les rappeliez pas toutes. »

Elle aurait voulu continuer à parler; mais, pour le moment, aucune idée ne s'offrit à elle, car, au milieu de sa dernière phrase, elle s'était aperçue tout à coup qu'en dénombrant si exactement les visites qu'il avait faites à Haytersbank, elle lui avait donné lieu d'interpréter ses paroles dans un sens éminemment flatteur pour les prétentions qu'il pouvait avoir. Aussi aurait-elle voulu, en prolongeant le discours, le rendre un peu moins personnel. Ceci, pourtant, n'eût pas fait le compte du jeune homme, et, avec une voix qui lui alla au cœur, nonobstant le dépit qu'elle éprouvait en ce moment :

« Pensez-vous, Sylvia, lui dit-il, pensez-vous que ceci puisse arriver encore ? »

Elle ne trouvait plus un mot à dire, et se sentait prise d'un tremblement intérieur. Comme pour la forcer à répondre, il répéta la question. Réduite à parler, elle feignit de n'avoir pas compris.

« Je ne sais ce que vous voulez dire.... Qu'est-ce qui n'arrivera plus ?... Laisssez-moi sortir, je meurs de froid ! »

Un air glacial entrait, en effet, par la fenêtre simplement garnie de barreaux, et le lait commençait à geler. S'il se fût agi de ses cousines ou de mainte autre jeune fille, Kinraid n'eût vraiment pas été embarrassé de leur trouver un remède contre le froid. Mais, au moment de passer son bras autour de la taille de Sylvia, il s'arrêta malgré lui. Dans sa physionomie et son attitude il y avait tant de timide sauvagerie, et sa parfaite ignorance du sens qu'auraient eu ses paroles sur les lèvres de toute autre était si manifeste, qu'un respect involontaire paralysait l'entreprenant jeune homme. Aussi se borna-t-il à lui dire :

« Je vous laisserai retourner près du feu, dès que vous m'aurez dit si vous pensez qu'il me soit encore possible de vous oublier ? »

Elle le regarda d'un air de défi, et ses lèvres rouges se collèrent l'une à l'autre. Il était heureux de la voir si résolue à ne pas lui répondre ; ne montrait-elle pas ainsi qu'elle comprenait enfin toute la portée de sa question. Les yeux chastes de la jeune fille restaient fixés sur les siens, et il n'y avait dans l'expression de ces derniers ni de quoi l'effrayer, ni de quoi la faire fléchir. On eût dit deux enfants se provoquant l'un l'autre, et bien décidés à ne pas céder. Elle finit par desserrer les lèvres, et avec un mouvement de tête triomphant, ses bras ensevelis derechef dans son tablier à carreaux :

« Il faudra bien, lui dit-elle, que vous retourniez chez vous.

— Pas d'ici à deux heures, et vous serez complétement gelée avant ce moment-là.... Répondez-moi donc, sans plus de résistance. »

Avait-il parlé plus haut qu'il ne voulait? ou le long silence qui avait précédé ces derniers mots leur donnait-il un retentissement particulier? Quoi qu'il en soit, on entendit Bell Robson appeler Sylvia. Celle-ci s'élança pour obéir — et, à ce qu'imagina Kinraid, non sans quelque ressentiment — elle était charmée de lui échapper ainsi. Il entendit à travers la porte ce que se disaient la mère et la fille, mais sans attacher d'abord aucun sens à leur conversation, tant il avait peine à détacher ses idées du charmant tableau qu'il avait eu pendant quelques instants sous les yeux.

« Qui donc était là, Sylvia? disait la fermière à moitié soulevée sur son siége?... C'est une voix d'homme que j'ai entendue!

— Ce n'est que.... c'est précisément Charley Kinraid;... le père l'a invité hier soir, » dit Sylvia qui se savait écoutée du jeune homme et soupçonnait sa mère de ne pas le tenir en grande estime.... A ce moment Kinraid entra, quelque peu gêné peut-être par l'embarras de sa situation, mais s'excusant de si bonne grâce et avec une physionomie si franche, que Sylvia, sans trop savoir à quel sujet, se sentit fière de lui. Bell Robson, cependant, s'était levée, comme résolue à ne pas se rasseoir tant qu'il serait là, et on ne pouvait guère songer à la laisser longtemps debout, malade comme elle venait de l'être.

« Sylvia aurait dû vous dire, monsieur, que le maître de la maison n'est pas chez lui, et qu'il doit rentrer assez tard.... Il sera certainement fâché d'avoir manqué votre visite. »

C'était là un congé en bonne forme; il ne restait plus qu'à s'en aller. Pour tout dédommagement, Kinraid pouvait lire sur le visage rosé de la gentille Sylvia un trouble, un regret, sur lesquels il n'y avait pas davantage à se méprendre. Sa vie de marin, qui l'avait souvent mis face à face avec des événements inattendus, lui avait donné quelque chose de ce sang-froid que nous considérons comme un attribut essentiellement aristocratique, et ce fut avec un calme presque désobligeant pour Sylvia, — car elle y voyait un symptôme d'indifférence, — qu'il souhaita le bonsoir à sa mère, et que, retenant la main de la jeune fille un instant à peine au delà du strict nécessaire, il se contenta de lui dire :

« Je reviendrai certainement avant mon départ.... Peut-être alors répondrez-vous à ma question. »

Il avait parlé très-bas, et la fermière, en ce moment-là même, se réinstallait dans son fauteuil, sans quoi Sylvia aurait eu à répéter tout haut ces embarrassantes paroles. Mais, grâce à un si heureux concours de circonstances, elle put apporter son rouet près du feu pour filer tout à son aise, et mener paisiblement ses rêves en attendant que sa mère prît la parole.

Bell Robson, droite sur son fauteuil et les yeux fixés sur le feu, ruminait à part elle sur le plus ou moins d'à-propos que pourraient avoir certaines remontrances et certains exemples frappants, susceptibles de faire réfléchir sa fille aux conséquences du penchant qui semblait l'entraîner vers Kinraid; mais une sorte de pudeur maternelle la retint, et, — pour ce soir-là du moins, — la mère et la fille, préoccupées de la même pensée, n'échangèrent pas une seule parole.

II

LA PROMESSE.

Du premier de l'an aux derniers jours de février, le froid continua, dur au pauvre monde, mais bien venu des fermiers, car il empêchait les blés d'automne de percer trop tôt la terre et, consolidant les routes, facilitait le transport des engrais. En revanche il ne convenait pas aux santés délicates, et Bell Robson dont l'état ne s'aggravait pas, voyait néanmoins s'ajourner sa guérison. Sylvia, — bien qu'elle eût le secours d'une pauvre veuve du voisinage pour toutes les journées où un travail exceptionnel lui était imposé, — se trouvait en face d'occupations très-nombreuses ; mais si ses mains avaient fort à faire, son imagination demeurait libre, et dans son existence toujours calme, toujours monotone, rien ne l'empêchait de concentrer toutes ses pensées sur Charley Kinraid, ses façons d'agir, ses paroles, l'expression de ses traits, le droit qu'elle pouvait avoir de l'interpréter au gré de ses vœux, la durée probable du sentiment qu'elle lui avait inspiré, — en supposant que cette interprétation ne fût pas chimérique.

Philip ne se doutait guère de tout ceci. Ses chiffres, ses vérifications l'occupaient tout entier. Les Foster, d'ailleurs, voulant présenter leurs successeurs aux divers négociants avec lesquels ces derniers allaient se trouver en rapport, emmenaient avec eux dans leurs fréquentes tournées l'un ou l'autre des deux jeunes commis. De temps en temps il voyait Sylvia qu'il trouvait invariablement douce, invariablement paisible, plus silencieuse peut-être qu'elle ne l'était l'année précédente, et ne prêtant pas la même attention à tout ce qui se passait autour d'elle ;— un peu plus maigre aussi, un peu plus pâle ; — mais tout changement lui était favorable aux yeux de Philip, pourvu qu'elle continuât à l'accueillir avec une certaine bonne grâce. Il la supposait inquiète de l'état de sa mère, ou du surcroît de besogne qui en résultait pour elle, et — sans qu'elle s'en aperçût, occupée qu'elle était de toute autre chose, — il lui témoignait plus de respect, plus de déférence que jamais, déférence et respect empreints d'une secrète tendresse. De son côté, Sylvia l'avait en meilleur gré que jamais, précisément parce qu'il lui épargnait ces assiduités passionnées qui naguère la tourmentaient si fort, bien qu'elle n'en comprît pas tout à fait le sens et la portée.

Ainsi allaient les choses lorsque l'hiver cessa de sévir. C'était le moment qu'attendait avec impatience la pauvre malade, à qui le médecin avait conseillé un changement d'air. Son mari devait l'emmener pour une quinzaine à quarante *milles* dans l'intérieur des terres, chez un de leurs anciens voisins ; et pendant leur absence, la veuve dont il a été question, dûment installée chez eux, tiendrait compagnie à Sylvia. Ce dernier arrangement était nécessaire pour que la jeune fille ne demeurât pas seule une grande partie du jour, même après le retour de son père qui, sa femme une fois établie chez leurs amis, comptait bien rentrer sans délai ; car, à ce moment de l'année, le travail des champs réclame les soins les plus assidus.

Une grande activité régnait aussi dans le port de Monkshaven. Les baleiniers achevaient leurs préparatifs de départ. Ils avaient devant eux ce qu'ils appellent « un temps clos, » c'est-à-dire une saison qui rend difficile aux navires de franchir la barrière de glace étendue entre eux et les *whaling-grounds*; encore fallait-il y arriver avant le mois de juin, sous peine de voir à peu près avorter la campagne. Aussi les forgerons battaient-ils le fer à grand bruit, transformant en harpons les fers les mieux éprouvés par l'usage; les quais fourmillaient de marins à l'allure importante, dont on se disputait les services non-seulement pour la pêche, mais pour la marine militaire. La guerre en consommait beaucoup, et on prévoyait que plus d'un capitaine, hors d'état de compléter son équipage à Monkshaven, aurait à pousser jusqu'aux îles Shetland. L'approvisionnement des navires, celui des matelots, donnaient au mouvement commercial une activité extraordinaire, et on travaillait à force chez les Foster.

Un soir que, la boutique close, Hester et les deux futurs associés, passant la revue des marchandises, vérifiaient les articles du livre-journal pour s'assurer que les ventes y étaient régulièrement portées :

« A propos, Hester, demanda Coulson tout à coup, où est le paquet des « madras supérieurs? » On m'en demandait un, aujourd'hui, et je n'ai pu mettre la main dessus.

— J'ai vendu le dernier, ce matin même, à l'individu que vous appelez le *specksioneer*.... ce marin qui s'est battu avec la *press-gang*, le jour où fut tué le pauvre Darley.... Il a pris aussi trois mètres de ce ruban rose avec des croix noires et jaunes, que Philip n'a jamais pu souffrir.... Du reste, Philip lui-même a inscrit l'article.

— Est-il donc de retour? demanda ce dernier.... Je ne l'ai pas aperçu.... Pourquoi revient-il ici, où personne ne le désire?...

— J'aurais bien voulu le voir, reprit Coulson.... Il aurait eu de moi une parole et un regard dont il se serait souvenu longtemps.

— A propos de quoi ? » s'écria Philip surpris de l'accent tout particulier que William donnait à cette espèce de menace, et en même temps satisfait de le voir entrer si bien dans les répugnances qui lui inspirait Kinraid.

Le visage de Coulson était pâle de colère; mais, pendant une minute ou deux, il sembla hésiter s'il répondrait ou non.

« A propos de quoi? répéta-t-il enfin..... Vous allez le savoir. Pendant plus de deux ans, ce monsieur a fait la cour à ma sœur, la meilleure fille et la plus jolie, à mon gré, qui ait jamais mangé le pain du bon Dieu.... Mon drôle, ensuite, rencontre une autre personne qui lui plaît davantage.... »

William, ici, faillit étouffer dans l'effort qu'il faisait pour contenir l'expression de sa violente colère, puis il continua, un peu remis :

« Avec celle-ci, m'a-t-on dit, il a joué le même jeu.

— Et ta sœur? demanda Philip avec une avide curiosité.

— Ma sœur est morte au bout de six mois, dit William.... Elle est morte en lui pardonnant, et je devrais lui pardonner aussi, mais cela est au-dessus de mes forces.... Tenez, ne parlons plus de lui, car son nom seul réveille en moi le vieil Adam et me ferait sortir de mon caractère. »

Philip, par égard pour son camarade, ne lui posa plus aucune question, bien qu'il eût encore voulu connaître maint et maint détail de cette romanesque aventure. Coulson et lui achevèrent leur travail de la journée, d'un air sombre et sans échanger une seule parole. Indépendamment de l'intérêt personnel que l'un ou l'autre, ou tous deux, avaient eu ou pouvaient avoir encore dans les triomphes du séduisant marin, le genre de fautes qu'on lui reprochait n'étaient pas de celles que trouvaient pardonnables ces deux graves et tranquilles jeunes gens.

Quels que pussent être leurs autres défauts, ils avaient le cœur sincère et fidèle, et ce n'est pas d'hier que les péchés les moins excusables à nos yeux sont ceux auxquels nous ne nous sentons pas entraînés. Si l'heure avancée l'eût permis, Philip aurait été tenté de partir immédiatement pour aller auprès de Sylvia suppléer à l'absence de Bell Robson, ou tout au moins la mettre sur ses gardes par quelque salutaire avis. Mais il était déjà trop tard, et pareille démarche, s'il l'eût faite, aurait complétement avorté. Kinraid, en effet, ses emplettes une fois terminées, était immédiatement parti pour Haytersbank. Il n'était venu passer qu'une soirée à Monkshaven, — et cela dans le seul but de revoir Sylvia une fois encore avant d'aller prendre possession de son emploi sur l'*Urania*, navire baleinier qui devait quitter le port de North-Shields dans la matinée du mardi, c'est-à-dire le lendemain même.

Sylvia était assise, tournant le dos à la fenêtre afin de mettre à profit, pour son travail de couture, les dernières lueurs du jour. Dans l'arrière-cuisine, Dolly Reid, — la veuve chargée d'assister Sylvia pendant l'absence de sa mère, — chantait une lugubre complainte fort bien assortie à sa triste condition, tout en nettoyant la batterie de cuisine. Le bruit qui se faisait ainsi empêcha sans doute la jeune fille d'entendre les pas d'un marcheur agile qui descendait lestement la colline ; toujours est-il que son apparition subite la fit tressaillir, et peut-être parce qu'elle pensait à lui. Elle le craignait, elle avait peur d'elle-même, elle voulait lui dérober ses plus secrètes pensées, et c'est pour cela sans doute qu'elle lui fit d'abord un si froid accueil. Tandis qu'il était là, — debout devant elle avec un air de doute et d'hésitation qui aurait certainement plu à Sylvia, si elle eût eu le sang-froid nécessaire pour s'en rendre compte, — elle n'avançait pas à sa rencontre et, rougissant jusqu'à la racine des cheveux, pouvait à peine se soutenir sur ses jambes, prise d'un tremblement involontaire. Grâce à l'obscurité crépusculaire, Kinraid ne voyait rien de tout cela. Les paroles de la jeune fille n'exprimèrent aucune de ses sensations, ne firent allusion à aucun des souvenirs qui venaient en foule assiéger sa pensée.

« Je ne m'attendais pas à vous voir, lui dit-elle simplement.... Je vous croyais parti.

— Ne vous avais-je pas annoncé que je reviendrais? » répondit-il toujours debout, le chapeau à la main, attendant qu'elle lui demandât de s'asseoir.

Elle oubliait pourtant, dans sa timidité, cette politesse de rigueur, et concentrait en apparence toute son attention sur l'ouvrage qu'elle tenait à la main. Cette immobilité, ce silence ne pouvaient cependant se prolonger. Elle se sentait sous un regard attentif au moindre de ses gestes, et son trouble, sa confusion s'en augmentaient d'autant. Lui-même s'étonnait d'être ainsi reçu, et ne savait trop comment interpréter un changement pareil, auquel ne le préparaient guère les souvenirs de leur dernière entrevue. Fort heureusement pour lui, en étendant la main sur la table pour prendre une paire de ciseaux, elle accrocha le bord de son panier à ouvrage qui roula par terre avec tout ce qu'il renfermait. Elle se baissa pour ramasser les pelotons épars; il fit de même tout naturellement; et quand ils se relevèrent il avait dans sa main la main de la jeune fille qui, se détournant à demi, semblait prête à fondre en larmes.

« Pourquoi m'en voulez-vous? disait-il d'un ton suppliant.... M'aviez-vous réellement oublié?... Je croyais pourtant que nous nous étions promis de garder bon souvenir l'un de l'autre.... »

Pas de réponse; il continua :

« Je n'ai cessé de penser à vous, Sylvia Robson, et je ne suis revenu à Monkshaven que pour vous revoir une fois avant de m'en aller dans ces mers lointaines.... Il n'y a pas deux heures que je suis débarqué.... Je n'ai pris le temps de voir aucun de mes amis, aucun de mes parents.... Et maintenant que me voici, on dirait que vous avez peur de me parler.

— Je ne sais vraiment que vous dire, » répondit-elle d'une voix qu'on entendait à peine.

Puis, faisant effort pour l'entretenir de choses indifférentes, elle ajouta, non sans avoir dégagé sa main :

« Ma mère est en visite du côté de Middleham.... Mon père est au labourage avec Kester.... Il ne sera pas longtemps à rentrer. »

Charley, pendant une minute ou deux, n'ouvrit pas la bouche. Il reprit ensuite :

« Vous ne pensez pas, j'imagine, que j'aie fait tout ce chemin pour voir votre père ou votre mère. Je les respecte tous les deux infiniment, mais ce n'est pas pour leurs beaux yeux que je me suis mis dans le cas de revenir à Shields sur mes jambes, et je n'ai pas d'autre moyen de m'y trouver mercredi soir, à heure fixe, ainsi que je m'y suis engagé.... Si vous ne me comprenez pas, Sylvia, est-ce faute de le pouvoir ou faute de le vouloir ? »

En la questionnant ainsi, le jeune marin n'avait fait aucun effort pour lui reprendre la main. Elle continuait à garder le silence, mais, en dépit d'elle-même, sa respiration oppressée et pénible trahissait une vive émotion.

« Cela étant, reprit-il, je ferai aussi bien de retourner d'où je viens.... Mais ce n'est pas ce que je croyais.... Je comptais m'embarquer avec une bonne espérance dans le cœur, certain de laisser derrière moi quelqu'un qui m'aimerait bien.... qui m'aimerait moitié autant que je l'aime.... Et cela me suffirait.... Mais si j'ai affaire à une personne sans cœur et qui méprise l'honnête affection d'un marin, autant vaut que je m'en aille. »

Il fit, à ces mots, quelques pas vers la porte. Un indice quelconque l'avait sans doute averti, sans quoi, il n'aurait jamais essayé de mâter ainsi l'orgueil de la jeune fille; il n'aurait jamais osé la réduire à la nécessité de parler la première. Mais à peine s'éloignait-il que, se tournant vivement de son côté, Sylvia prononça quelques mots dont le bruit seul, et non le sens, arriva jusqu'à ses oreilles.

« J'ignorais, disait-elle, que vous eussiez fait attention à moi.... Jamais, que je sache, vous ne m'en avez parlé. »

L'instant d'après il était à côté d'elle, et, après une courte résistance, entourait de son bras la frêle taille de la jeune fille :

« Vous ne saviez pas que je vous aimais, Sylvia?... Répétez-le si vous le pouvez en me regardant bien en face !... Dès l'hiver dernier j'avais prévu que vous deviendriez la plus belle fille du pays; cette année, en vous regardant tapie derrière mon oncle, abritée contre tous les regards, je me suis juré que vous seriez ma femme ou que je ne me marierais jamais.... Vous n'avez pas été longtemps à le deviner.... Pourquoi, sans cela, tant de timidité, tant de réserve?... Et maintenant vous avez le front.... Non, non, ce n'est pas ce que je voulais dire.... Allons, enfant, qu'avez-vous?... »

Car elle pleurait, et, quand il la força de tourner vers lui son visage humide et pourpre, elle le cacha tout à coup dans la poitrine sur laquelle il l'étreignait. Il se mit alors à la bercer dans ses bras avec de douces paroles, comme une mère qui console son enfant affligé. Puis ils s'assirent sur le même banc, côte à côte, et, quand elle fut un peu remise, leur entretien recommença. Il s'informa de sa mère, — nullement fâché, au fond du cœur, que Bell Robson se trouvât absente. Effectivement, il avait bien projeté, si cela était absolument nécessaire, de faire connaître ses intentions aux parents de Sylvia; mais, par différents motifs, il ne lui déplaisait pas que les circonstances lui eussent permis de rencontrer seule cette dernière et d'obtenir qu'elle lui promît de l'épouser, sans avoir pour le moment à en instruire le père et la mère de sa fiancée.

« Je n'ai pas beaucoup ménagé mon argent, disait-il, et présentement je n'ai pas un *penny* devant moi; vos parents doivent désirer mieux pour vous, ma charmante; mais, au retour de ce voyage, je réclamerai ma part dans *l'Urania*, et peut-être alors serai-je contre-maître en même temps que harponneur; ceci me vaudrait de soixante-dix à quatre-vingt-dix livres par voyage, sans compter une demi-guinée pour chaque baleine que j'aurai blessée, et six *shillings* sur chaque gallon d'huile. Si je ne change pas de patrons, je suis sûr en outre, avec le temps, de commander un navire, car j'ai toutes les connaissances nécessaires pour cela; en ce cas, pendant chaque voyage, vous demeurerez avec vos parents, ou bien dans quelque *cottage* que je louerai pour vous auprès de leur ferme. Mais je voudrais avoir quelques avances, et j'en serai là, s'il plaît à Dieu, quand nous reviendrons à l'automne prochain.... Maintenant que j'ai votre parole, je m'en irai bien heureux courir les mers.... Vous ne vous en dédirez pas, j'en suis sûr; et j'ai bien besoin de penser ainsi, car d'ici là je n'aurai guère chance de vous écrire pour vous rappeler que je vous aime et vous prier de ne pas m'oublier....

— Ce serait bien inutile, » murmura Sylvia.

Elle était trop étourdie de son bonheur pour faire grande attention aux calculs de fortune qu'il venait de lui détailler ainsi, mais son cœur était attentif à la moindre parole d'amour.

« Qu'en sait-on? dit-il pour obtenir d'elle un aveu plus explicite encore.... Bien des gens viendront rôder autour de vous.... Votre mère ne m'aime pas outre mesure.... Et vous avez un grand diable de cousin qui me fait la mine.... Ou je me trompe fort, ou lui-même a quelque idée de vous plaire.

— Allons donc! répliqua Sylvia d'un ton légèrement dédaigneux; il ne pense qu'à ses affaires et à son magasin.... Devenir riche est son unique souci.

— A la bonne heure! Mais, une fois riche, il viendra peut-être demander la main de ma Sylvia.... S'il en est ainsi, que répondra-t-elle?

— Jamais il ne s'avisera d'une pareille sottise, dit-elle avec un peu d'impatience; il sait trop bien ce qu'il aurait pour sa peine.... »

Puis, — comme ennuyée de traiter un sujet auquel elle n'accordait aucune importance, — elle lui adressa mille questions coup sur coup, et il lui répondait à la façon des amoureux, c'est-à-dire avec beaucoup plus de tendres manifestations que d'éclaircissements bien positifs.

Dolly Reid entra et sortit aussitôt sur la pointe des pieds, sans qu'ils l'eussent aperçue. Mais Sylvia, l'oreille au guet, reconnut la voix de son père qui rentrait en compagnie de Kester, et aussitôt, prise de peur, elle remonta chez elle en courant, sans s'inquiéter des excuses que Kinraid aurait à trouver pour expliquer tant bien que mal sa présence dans la cuisine déserte.

Il n'eut pas besoin de longues justifications, et le cordial accueil du vieillard, aussitôt que celui-ci l'eut reconnu dans l'obscurité, modifia immédiatement l'idée qu'il avait eue de cacher ce qui venait de se passer entre lui et Sylvia.

« J'ai quelque chose à vous annoncer, » lui dit-il d'une voix hésitante et si peu d'accord avec ses manières habituelles, que Daniel lui prêta immédiatement grande attention.

Peut-être, en somme, le vieillard ne fut-il pas pris à court par la communication qui suivit, et dans tous les cas elle ne fut point mal venue. Il aimait Kinraid, non-seulement pour ce qu'il savait du jeune marin, mais à cause de son métier même, qui de tout temps lui avait été sympathique. Aussi l'écouta-t-il sans l'interrompre, avec des mouvements de tête et des gestes approbatifs; puis, quand tout fut dit, il mit sa main calleuse dans celle de Kinraid, comme s'il se fût agi d'un marché conclu. Au fond, — certaine grimace ironique l'attestait assez, — le vieillard n'était pas fâché d'avoir ainsi réglé le sort de leur fille unique pendant que sa femme n'était pas là.

« Je ne suis pas bien sûr, disait-il, que ceci convienne à la femme de céans, sans trop savoir néanmoins ce qu'elle y pourrait objecter.... Quoi qu'il en soit, je suis le maître ici, et je me figure qu'elle s'en doute.... Mais peut-être vaudra-t-il mieux pour le repos de tous (bien qu'elle n'aime pas à gronder, je lui rends cette justice), garder entre nous ce petit secret jusqu'à l'époque de ton retour.... La petite fille de là-haut ne demandera pas mieux, j'en réponds.... Mais peut-être la voudrais-tu voir.... Les vieux comme moi ne sont pas d'aussi bonne compagnie qu'une fillette ainsi tournée.... »

Riant alors de cette saillie qu'il croyait très-heureuse, Daniel, du bas des degrés, appela sa fille plusieurs fois de suite. D'abord il n'obtint aucune réponse; puis les verrous furent tirés, et Sylvia, sans se montrer, déclara qu'elle ne pouvait descendre, qu'elle ne descendrait pas de la soirée.

Ceci fit beaucoup rire son père, et d'autant mieux qu'il lisait un désappointement plus complet sur la figure de Charley.

« Entends-tu? disait-il, entends-tu comme elle se barricade?... Nous ne la verrons pas, tu peux y compter.... C'est une fille unique, et partant un peu gâtée.... Je t'offre, en revanche, une pipe bien garnie et un verre de grog.... Selon moi, cela vaut, pour passer le temps, toutes les demoiselles du Yorkshire.

III

AVERTISSEMENTS INUTILES.

Le lendemain du jour où Sylvia s'était promise à Kinraid, les Foster parurent dès le matin fort inquiets de leur correspondance. La poste, à cette époque, n'arrivait que trois fois par semaine à Monkshaven, et le facteur était tout simplement une vieille femme boiteuse, qui, ce matin-là, semblait se traîner plus lentement qu'à l'ordinaire, au grand désespoir des deux frères et, par contre-coup, de leurs fidèles commis, de leurs successeurs désignés.

Les lettres arrivées, l'une d'elles parut être l'objet d'une attention toute spéciale. John et Jeremy regardèrent l'adresse tour à tour, puis se regardèrent l'un l'autre et, l'emportant avec eux sans avoir brisé le cachet, se retirèrent dans leur *sanctum sanctorum* pour la lire tout à leur aise.

Coulson et Philip comprirent tous les deux qu'il se passait quelque chose d'extraordinaire et n'accordèrent plus qu'une attention très-limitée aux affaires du magasin. Heureusement les chalands n'étaient pas nombreux ce jour-là, et Philip n'avait rien à faire lorsque John Foster ouvrit la porte du salon, où il l'appela par un geste empreint de quelque hésitation. Quand il les vit tous les trois enfermés ensemble, Coulson ne put se défendre d'un léger dépit. Mais il en revint bientôt à ses habitudes de résignation, qui étaient chez lui, en même temps qu'une disposition de tempérament, une conséquence de son éducation religieuse.

Des explications données à Philip par ses deux patrons, il résultait que depuis peu de temps ils avaient reçu coup sur coup plusieurs lettres anonymes, par lesquelles on les prévenait assez clairement, quoique en termes ambigus, de l'insolvabilité d'un fabricant de soie de Spitalfields, avec lequel ils étaient en relations suivies depuis un certain nombre d'années, et à qui, tout récemment encore, ils avaient consenti d'assez fortes avances. Ainsi prévenus, ils avaient sollicité leur mystérieux correspondant de leur faire connaître son nom, et, par la lettre arrivée le matin, toute satisfaction venait de leur être donnée à cet égard. Ce nom leur était inconnu; mais certaines allusions prouvaient surabondamment que le signataire de la lettre était fort au courant des transactions pécuniaires survenues entre eux et le fabricant en question. Tout cela ne laissait pas de les intriguer fort; aussi venaient-ils de décider qu'ils enverraient Hepburn à Londres, avec mission de prendre secrètement les informations les plus complètes sur la situation commerciale de ce même homme qu'ils s'enorgueillissaient, un mois plus tôt, de compter parmi leurs débiteurs.

Pendant ces révélations, Philip ne parut s'émouvoir en aucune façon; il était purement et simplement très-attentif, et concentrait toute son intelligence sur le point qu'il s'agissait pour lui de bien comprendre; plus tard il donnerait carrière à ses sentiments. Quand il dut s'expliquer, il le fit en très-peu de mots, et ses paroles, allant droit au but, satisfirent complétement ses patrons. Lui-même était ravi de cette mission qui réclamait l'exercice énergique de toutes ses facultés, et à laquelle néanmoins elles devaient suffire. Il fut donc convenu que, dès le lendemain, il partirait pour Hartlepool, d'où arriverait facilement à Newcastle, soit par voie de terre, soit par voie de mer ; là, il ne pouvait manquer de trouver des bâtiments caboteurs sur le point de partir pour Londres. A leurs recommandations, à leurs avis, les deux quakers ne manquèrent pas de joindre un viatique considérable, libéralement extrait de leur coffre-fort, et qui, dans toute hypothèse, devait suffire aux dépenses les plus larges. Philip ne s'était jamais vu à la tête de tant d'argent, et il eût hésité à s'en charger, — malgré ce qu'on lui disait des prix monstrueux de la capitale, — s'il ne s'était promis de tenir un compte exact de ses dépenses et de rapporter fidèlement le reliquat qu'elles auraient laissé en ses mains.

Une fois revenu derrière le comptoir, la silencieuse jalousie de Coulson lui laissa tout le loisir de ruminer ce qui venait de se passer. Dans les réflexions qu'il fit à ce sujet, tout n'était pas, il s'en faut bien, joie et triomphe. La pensée de quitter Sylvia pour plusieurs jours, — peut-être pour une quinzaine, peut-être pour un mois, — n'avait rien qui dût lui sourire. Mais, d'un autre côté, il attachait un grand prix à la confiance qu'on venait de lui témoigner, et la trouvait d'autant plus flatteuse qu'elle était plus exclusive.

Ce ne fut que le soir, chez Alice Rose, au moment du thé, qu'il annonça son voyage. S'il n'en avait pas parlé plus tôt à Coulson, c'était dans la crainte d'augmenter encore le mécontentement dont celui-ci ne lui avait pas ménagé les témoignages indirects, mécontentement dont l'expression devait se trouver contenue par la présence d'Alice Rose et de sa fille.

« Tu vas à Londres ! » s'écria la première.

La seconde ne dit rien.

« Il y a des gens qui ont du bonheur, ajouta Coulson.

— Du bonheur !... répéta la vieille Alice en se retournant vivement de son côté ; je n'aurais pas voulu, mon garçon, que ce mot sortît de ta bouche. Ce que les hommes appellent du bonheur est bien souvent l'œuvre du démon, tandis que ceci vient manifestement du Seigneur.... Et que sais-tu si ce n'est pas une épreuve pour Philip?... Que sais-tu des tentations qui l'attendent là-bas?... Mais, à propos, Philip, tu n'as pas ta chemise à jabot.... Elle est encore à tremper.... Es-tu donc si pressé que tu ne puisses l'attendre?

— Nos patrons veulent que je parte demain matin, répondit Philip.

— En ce cas, reprit Alice, j'aime mieux veiller cette nuit que de te laisser t'en aller au dépourvu.... Mais, mon enfant, prends bien garde aux tentations de Londres!... Il y a là des piéges à prendre les hommes et des trébuchets à prendre leur argent, dont tu ne saurais, jeune comme tu l'es, te méfier assez : — et je ne sais pas trop, par parenthèse, pourquoi les Foster n'ont pas choisi pour ambassadeur un homme tant soit peu plus mûr.

— Ils se sont pris tout à coup d'une grande confiance pour Philip, ajouta Coulson ;... on l'appelle, on lui parle en particulier, tandis qu'Hester et moi nous prenons toute la peine.

— Philip sait bien,... » dit Hester ; et là-dessus la voix lui manqua de manière ou d'autre, si bien qu'elle n'acheva pas la phrase commencée.

Philip ne prit pas garde à cette interruption significative. Il lui tardait d'expliquer à Coulson que, dans la préférence dont celui-ci se formalisait nettement, il ne voyait pas, lui Philip, de quoi se féliciter outre mesure.

« Je donnerais beaucoup, finit-il par lui dire, pour que tu partisses à ma place.

— Tout cela est bel et bien, répondit Coulson apaisé à demi, mais ne voulant pas le laisser voir.... En attendant, la chance une fois déclarée pour toi, tu t'es bien gardé d'en manifester le moindre regret avant qu'il ne fût trop tard pour rien changer aux résolutions arrêtées.

— Non, William, dit Philip en se levant, et je regarde comme un mauvais coup de cloche pour l'avenir que nous soyons à nous chamailler ainsi, comme deux petites filles, à propos de ce que tu regardes comme une occasion de plaisir pour moi.... Je ne t'ai dit que la vérité, je n'ai rien fait pour te nuire ; et, comme j'ai à prendre congé des gens de Haytersbank, je ne resterai pas plus longtemps exposé à tes injustes interprétations. »

Il prit alors son bonnet, et partit sans faire attention aux clameurs aigües d'Alice, qui le poursuivait de questions relatives à la chemise à jabot et aux vêtements qu'il comptait emporter. Coulson demeura immobile sur son siége, en butte aux remords, pénétré de confusion, et finit à la longue par jeter un regard furtif du côté d'Hester. Celle-ci jouait avec sa cuillère à thé, mais il put voir qu'elle étouffait ses larmes, et ne sut pas s'empêcher de la contraindre à parler par une question tout à fait hors de propos :

« Qu'ai-je donc à faire, Hester ? » lui demanda-t-il.

Elle leva sur lui ses yeux ordinairement si sereins et si doux, mais dans lesquels, en ce moment, des éclairs d'indignation se faisaient jour à travers les larmes.

« Tu me le demandes ? répondit-elle ; je n'aurais jamais cru cela de toi, Coulson.... Je ne te supposais pas capable d'envier, de soupçonner Philip, qui ne t'a jamais rendu un mauvais service, jamais n'a mal parlé, ni mal pensé sur ton compte.... Et encore, encore, dans cette soirée qui peut être la dernière, le laisser ainsi quitter la maison sous le coup de tes reproches et de ta jalousie !... »

Elle se précipita là-dessus hors de la chambre. Alice était montée pour faire la malle de Philip. Coulson demeura seul, dans une situation d'esprit semblable à celle d'un enfant pris en faute, mais encore plus décontenancé par les paroles d'Hester que par les remords de sa propre conscience.

Philip, cependant, gravissait d'un pas rapide les hauteurs derrière lesquelles était Haytersbank. Les événements de la journée, les paroles de Coulson l'avaient singulièrement animé, ce qui ne laissait pas dans son équilibre ordinaire le bon jugement dont la nature l'avait pourvu. Sa ferme résolution de ne parler de ses sentiments à Sylvia que lorsqu'il pourrait se présenter à ses parents comme le successeur des Foster, fut mise de côté pendant cette marche impétueuse. Au moment de s'éloigner, et pour un temps indéfini, comment lui laisser ignorer à quel point il l'aimait? Tout au plus se promit-il, par un dernier reste de prudence, d'attendre, pour mettre à ses pieds les trésors de son dévouement, que l'annonce du voyage qu'il allait faire eût paru produire sur elle au moins une légère impression d'affectueux regret.... Dans ce cas, il cesserait de se contraindre et, sans lui demander aucun retour, essaierait de lui peindre la passion profonde qu'elle avait éveillée en lui. Son cœur battait, son imagination anticipait sur ce qui allait se passer entre eux, lorsqu'il prit à travers champs le petit sentier qui devait le conduire à la ferme. Suivant le même sentier et, venant dès lors à sa rencontre, il aperçut bientôt Daniel Robson en conversation réglée avec Charley Kinraid. Ce dernier était donc venu à la ferme? Il avait vu Sylvia, Sylvia sans sa mère? Le souvenir de la pauvre Annie Coulson, jadis trompée par cet homme, traversa comme un éclair la pensée de Philip. Un sort pareil serait-il donc réservé à Sylvia?... Cette simple question mettait Philip hors de lui : les deux hommes, cependant, s'étaient arrêtés, causant toujours; ils l'avaient déjà vu, sans quoi, par un mouvement instinctif, il aurait cherché à les éviter en se glissant derrière quelque muraille ; et cela malgré le projet bien arrêté qu'il avait, en venant à Haytersbank, de causer longuement avec son oncle.

Kinraid le prit à court par un cordial salut dont Philip aurait bien voulu se défendre. Le *specksioneer* se sentait rempli de bienveillance pour l'univers en général, et plus particulièrement pour les amis de Sylvia; convaincu maintenant de l'amour qu'elle lui portait, il n'éprouvait plus, à l'égard de Philip, aucune espèce de jalousie, et le calme triomphant qui se peignait sur sa belle figure bronzée contrastait d'une manière frappante avec la froide réserve dont restait empreinte la longue figure blême de son pauvre rival. Il se passa quelques minutes avant que ce dernier pût se résoudre à faire connaître devant un tiers, qu'il s'obstinait à traiter comme un étranger, ses projets pour le lendemain. Daniel parut surpris de parler à un homme en passe de partir pour Londres dans un aussi bref délai.

« Il n'est pas possible, disait-il, que tu n'aies pas prémédité ceci depuis plus de douze heures.

— Cela est, cependant, répondit Philip : hier soir, je n'en savais pas le premier mot, et s'il faut tout vous dire, j'aimerais autant rester où je suis.

— Vous changerez d'idée là-dessus, dit Kinraid avec un air de supériorité que Philip ne trouva pas de son goût.

— Je ne crois pas, répliqua-t-il sèchement.... Mais du reste, ajouta-t-il cédant à un mouvement de curiosité, je vous savais, vous, dans ces parages.... Devez-vous y rester longtemps ? »

Dans l'accent de Philip, sinon dans ses paroles, il y avait une sorte de brusquerie qui força Kinraid à le regarder en face avec surprise et à lui répondre, tout aussi laconiquement :

« Je pars demain matin ; après-demain, je serai en route pour les mers du Nord. »

Sur ces mots, il se détourna et se mit à siffler comme un homme qui n'a nulle envie de prolonger la conversation. Philip, d'ailleurs, n'avait rien de plus à lui dire et se crut pleinement informé de tout ce qu'il désirait savoir.

« Je voudrais faire mes adieux à Sylvia ; est-elle chez vous ? demanda-t-il au père de sa cousine.

— Je ne pense pas que tu l'y trouves.... Elle devait sortir pour aller chercher des œufs à Yesterbarrow.... Maintenant, elle n'a peut-être pas encore levé le pied ; vas-y voir toi-même. »

Daniel Robson ne se trompait pas en supposant que Sylvia n'était pas encore partie pour Yesterbarrow. Elle avait, en effet, annoncé cette intention pour dissimuler le regret qu'elle éprouvait à voir s'en aller ensemble son père et son fiancé ; mais, dès qu'ils se furent éloignés, elle demeura sur la hauteur d'où elle les avait suivis de l'œil, assise et rêvant au bonheur d'être aimée par l'homme dont elle avait fait son héros. Aucun pressentiment sinistre ne troublait sa joie. Puisqu'il l'aimait, tout irait bien, et les lèvres de la jeune fille, brûlantes encore du baiser qu'il leur avait donné, s'entr'ouvraient pour sourire à l'avenir, lorsqu'un pas bien connu, — mais dont le bruit à ce moment lui sembla tout à fait importun, — vint la réveiller en sursaut.

« Vous voilà, Philip ?... Quel vent vous a poussé par ici ?

— On vous dirait fâchée de me voir, Sylvia, dit Philip avec l'accent du reproche. Mais elle était bien décidée à tourner la chose en plaisanterie.

— Depuis plus de huit jours, répondit-elle, j'attends le ruban bleu que vous m'aviez promis de m'apporter.

— Je l'ai oublié, Sylvia, dit Philip avec un regret

sincère.... Si vous saviez tout le travail que j'ai eu, » continua-t-il implorant le pardon de sa faute.

Sylvia, qui ne s'inquiétait au fond ni de ses remords, ni du ruban réclamé par elle, se sentit troublée en le voyant si sérieux. Mais il ne s'en doutait pas. Tout entier à son repentir dont elle n'avait que faire, il multipliait d'inutiles excuses qu'elle comprenait à peine. La nouvelle du voyage à Londres lui arracha seule une exclamation de surprise :

« A Londres? répéta-t-elle.... Mais vous n'aviez jamais songé, que je sache, à vous établir là !... »

Il n'y avait, dans cette exclamation naïve, qu'un peu d'étonnement et une certaine curiosité. L'instinct de Philip le lui disait bien, mais il écartait par toutes sortes de sophismes cette désagréable conviction.

« Je ne vais pas m'établir là, dit-il; je vais y passer quelque temps.... Je serai de retour dans un mois, si je ne me trompe.

— Mais ce n'est rien, alors, que votre voyage? s'écria-t-elle avec une certaine pétulance.... Ceux qui partent pour le Groënland sont certains d'y rester six mois et plus. » Ici elle soupira.

Un jour soudain se fit dans la pensée de Philip, et quand il reprit la parole sa voix avait changé d'accent.

« Je viens de rencontrer, avec votre père, ce grand vaurien qu'on appelle Kinraid.... Vous l'avez donc vu, Sylvia? »

Elle se baissa pour ramasser quelque épingle tombée de son fichu; puis se relevant, les joues fort animées.

« Oui, certes, et après? » Ceci fut dit avec un regard de défi, bien qu'elle tremblât, au fond du cœur, et sans trop savoir pourquoi.

« Comment, après? En l'absence de votre mère?... Mais, Sylvia, dans aucune circonstance et à aucun titre, cet homme n'est fait pour hanter une fille comme vous.

— Mon père et moi, nous recevons qui bon nous semble sans avoir besoin de votre congé, » dit Sylvia qui rangeait en toute hâte le contenu de sa boîte à ouvrage. Philip vit alors, — trop agité pour bien comprendre ce que cela signifiait, — que parmi les menus objets entassés pêle-mêle dans le petit coffret de bois qu'elle allait refermer, se trouvait la moitié d'une pièce d'argent coupée en deux[1].

« Sais-tu, Sylvia, si cela plairait à ta mère ?... Cet homme a trompé d'autres jeunes filles ; il te trompera comme elles, si tu permets qu'il te fréquente.... Il est cause de la mort d'Annie Coulson, la sœur de William.... Depuis elle, il en a trahi d'autres encore....

— Je ne crois pas un mot de tout ceci, s'écria Sylvia, debout et la colère au front.

— Je ne pense pas avoir menti de ma vie, répliqua Philip, doublement ému de l'attitude qu'elle avait prise vis-à-vis de lui et de l'attachement qu'elle témoignait pour son rival.... Ce que je vous dis là, je le tiens de Willie Coulson.... Il me l'a solennellement affirmé....

— Comment vous permettez-vous de venir ici, me harceler de ces contes calomnieux ? » interrompit Sylvia dont l'irritation croissait toujours.

Philip, se commandant un calme forcé, continuait ses explications.

« C'est votre mère, Sylvia, qui m'a prié de veiller sur vous comme un frère, de vous protéger, de vous avertir au besoin....

— Ma mère ne vous a jamais prié de m'espionner, ni de me faire des reproches sur les visites que je puis recevoir avec l'approbation de mon père.... Pour ce qui concerne Annie Coulson, je vous répète que je n'en crois

---

1. C'était autrefois, c'est encore aujourd'hui, dans certaines classes de la société, le premier présent d'un fiancé à sa promise.

pas le premier mot.... Ce n'est pas à moi, d'ailleurs, qu'il faut venir faire ces histoires.... Allez les lui répéter en face, vous verrez ce qu'il vous dira !

— Sylvia ! Sylvia ! » s'écria le pauvre Philip au moment où sa cousine passait devant lui, d'un pas hâté par la colère, pour se réfugier dans sa petite chambre dont il l'entendit pousser les verrous de bois.... Puis il demeura immobile de désespoir, la tête enfouie dans ses mains. Le crépuscule s'éteignit, la nuit vint, les tisons se consumèrent sans qu'il eût bougé. Dolly Reid, son ouvrage fini, était retournée chez elle. Philip et Sylvia se trouvaient seuls dans la maison. N'importe ; malgré tout ce qu'il avait à faire encore avant son départ, il ne pouvait prendre sur lui de se lever. A la fin, cependant, il dressa son corps roidi sur ses jambes chancelantes. Pour la première fois de sa vie, il gravit le petit escalier de bois, jusqu'à l'étroit palier qu'obstruait le coffre aux gâteaux d'avoine. Après une minute de pénible hésitation, il heurta légèrement la porte de la chambre où la jeune fille s'était retirée.

« Je m'en vais, Sylvia.... Un adieu, de grâce ! » — Pas de réponse. Aucun bruit. « Sylvia !... Sylvia !... Je serai longtemps absent. Qui sait si je reviendrai jamais...»
— Ici s'offrit à lui l'amère pensée que sa mort ne causerait aucun chagrin. — « Vous pouvez bien me dire adieu... » — Pas de réponse. Il attendait patiemment ; peut-être, accablée de fatigue, s'était-elle endormie. Et pourtant, une fois encore : « Adieu, répéta-t-il, adieu, Sylvia, et que la bénédiction de Dieu soit sur vous !... Je suis fâché de vous avoir fait de la peine. »

Pas plus de réponse que par le passé.

Le cœur gros, le gosier serré, il descendit pesamment l'escalier, chercha son bonnet dans l'obscurité, puis sortit de la maison....

« Au moins est-elle avertie, » pensait-il. Juste en ce

moment s'ouvrit la petite fenêtre de Sylvia, et il l'entendit lui dire : — « Adieu, Philip ! »

Puis, à peine ces mots prononcés, la fenêtre se referma. Philip se rendait bien compte qu'il ne servait à rien de rester là, et que les préparatifs de son départ étaient urgents. Il n'en demeurait pas moins à la même place, comme retenu par quelque charme. Deux simples mots prononcés par la jeune fille avaient suffi pour ranimer en lui l'espérance, pour imposer silence aux reproches.

« Elle est si jeune, se disait-il.... Et j'ai froissé son orgueil en lui parlant trop vite d'Annie Coulson.... Peut-être aussi ai-je eu tort de lui signaler les craintes de sa mère.... Enfin le voilà parti pour six mois, et je reviendrai le plus tôt possible.... D'ici là, il l'aura probablement oubliée.... Je vivrais quatre-vingts ans, moi, que mon souvenir lui serait fidèle.... Dieu la veuille bénir pour m'avoir dit cet : « Adieu, Philip ! » Et il répétait tout haut ces paroles, imitant de son mieux le doux accent qu'elles avaient eu : « Adieu, Philip ! »

IV

UN REFLUX SUR LE FLEUVE AMOUR.

Philip, le lendemain matin, aspirant avec bonheur la brise de mer, longeait les quais d'un bon pas, son havresac sur l'épaule, en route vers Hartlepool où il devait prendre la diligence pour Newcastle. Le ciel étincelait; les vagues empanachées d'écume venaient mourir sur le sable, presque à ses pieds. A sa gauche, les rochers s'élevaient par étages çà et là coupés par quelques-uns de ces profonds défilés qu'on appelle *gullies*. Le murmure m notone des flots endormait pour ainsi dire sa tristesse, et le brillant aspect de tout ce qui s'offrait à ses yeux semblait teindre d'espérance les songes auxquels il s'abandonnait tout éveillé. Les mouettes venaient raser la cime des vagues et, s'enlevant ensuite avec lenteur à l'approche de Philip, faisaient resplendir au soleil la blanche doublure de leur plumage. L'ensemble du tableau était paisible et consolant; notre voyageur, avançant d'un pas alerte, sentait s'alléger le fardeau qui, pendant les sombres heures de la nuit passée, n'avait cessé de peser sur son cœur.

Parmi ces espèces de couloirs pratiqués dans la chaîne des rochers, il reconnut sans peine le *gully* qui conduisait à Haytersbank, et voyant à l'entrée, dans un endroit abrité du vent, quelques primevères déjà écloses, il eut l'idée d'en cueillir un bouquet qu'il porterait en courant jusques à la ferme, et qui serait peut-être bien venu de Sylvia comme offrande propitiatoire. — Mais au moment où il regardait sa montre et venait de s'assurer que l'exécution d'un pareil projet retarderait au delà du possible son arrivée dans Hartlepool, — un homme, lancé sur la pente du *gully* et emporté malgré lui par la rapidité de la descente, déboucha tout à coup à une centaine de mètres en avant de Philip. Sans s'arrêter, sans regarder autour de lui, ce personnage se mit à marcher dans la même direction que notre voyageur. A son allure, au mouvement particulier de ses épaules, à mille indices enfin, Hepburn reconnut Kinraid. Il ne pouvait s'y tromper.

Or le *gully* de Haytersbank conduisait à la ferme et ne conduisait que là. Pour descendre au rivage par cette étroite issue, il fallait d'abord gagner la maison des Robson et longer ses murs jusqu'au petit sentier qui descendait à la côte. Philip, à cette réflexion, ralentit le pas et se rapprocha du rocher dont le relief masquait sa marche. Kinraid peu après, continuant d'avancer à découvert sur la grève, se tourna pour jeter un long regard passionné du côté d'où il venait. Quand il fit halte, Hepburn s'arrêta de même. Avec une ardeur égale, le premier contemplait sur la hauteur quelque objet lointain, le second tenait les yeux arrêtés sur son rival. Nul besoin de se demander vers qui se portaient les yeux et les pensées de ce dernier. Il venait d'ôter son chapeau et le brandissait en l'air, frappant un de ses bords avec une intention marquée. Quand il reprit sa route, Hepburn poussa un long soupir et se rapprochant des rochers toujours davantage, se perdant même à dessein parmi leurs blocs épars, arrêté çà et là par des broussailles, çà et là par des flaques d'eau, il avançait péniblement à la suite de Kinraid, comme fasciné par lui et ne pouvant se résoudre à le perdre de vue.

Ils approchèrent bientôt l'un et l'autre d'une crique située à quelque huit *miles* de Monkshaven. Formée par un petit cours d'eau qu'alimentaient des marécages lointains, elle était, au printemps, c'est-à-dire à la fonte des neiges, plus large et plus profonde qu'en d'autres saisons. Hepburn savait fort bien qu'ils auraient à remonter ce ruisseau, pendant à peu près un quart de mille, pour gagner une étroite passerelle pratiquée sur le sentier qu'il étaient obligés de suivre. Sur ce sentier, aux méandres nombreux, il était à peu près sûr d'être aperçu, et il résolut, quoique en retard, de s'asseoir pendant quelques minutes pour laisser à Kinraid le loisir de prendre les devants. Une fois installé sur un des derniers rochers qui, dominant de sept ou huit pieds le ruisseau dont le *specksioneer* longeait les bords, constituait un poste d'observation parfaitement abrité, il jeta les yeux d'abord du côté de la passerelle, puis immédiatement au-dessous de lui. — Grand Dieu, mur-

mura-t-il ensuite, je reconnais là votre providence....
C'est elle, c'est elle, je ne puis m'y tromper ! » Puis,
à l'endroit même où il s'était tenu debout, il se coucha contre terre, se couvrant le visage de ses mains.
Il voulait en effet rester sourd et aveugle à tout ce qui
allait se passer, à tout ce que lui révélaient d'avance
certains indices auxquels ne pouvait se tromper, à cette
époque, un habitant de Monkshaven.

Kinraid, avant de tourner du côté du pont, s'était
lancé à travers sables. Maintenant il se rapprochait des
rochers en sifflant l'air d'une chanson de matelot. Cette
joyeuse attitude, cette musique insouciante, si hors
de saison au moment où il venait de quitter Sylvia,
endurcirent encore le cœur de Philip.

A peine le *specksioneer* avait-il tourné le coin du
rocher que plusieurs hommes, embusqués sur ce point,
tombèrent vivement sur lui. Ils étaient quatre, détachés
de l'équipage d'un vaisseau de guerre, et s'efforçaient
de le garrotter.

« C'est au nom du roi, » criaient-ils avec un rire
brutal.

Leur barque se trouvait amarrée à une douzaine de
mètres plus haut; ils étaient sans doute venus chercher
de l'eau, envoyés par la chaloupe d'une frégate en croisière devant Hartlepool. Cette chaloupe, ancrée un peu
au delà du cap de rochers qu'ils avaient en face d'eux
attendait évidemment leur retour.

Ils savaient que maint et maint pêcheur venait tendre
ses filets tout le long de la crique ; mais ils n'avaient
jamais compté sur une proie comme ce vigoureux et
agile marin, et l'énergie de leurs efforts fut proportionnée à l'importance de la capture qu'ils venaient de
faire.

Bien que pris à l'improviste et attaqué par tant de gens
à la fois, Kinraid ne perdit pas la tête. Il se dégagea

tout d'abord par une violente secousse, criant à voix haute:

« Arrière, mes maîtres! je suis un baleinier, protégé par les statuts.... Mes papiers sont en règle.... Je suis engagé comme harponneur à bord de l'*Urania*, capitaine Craggs, port de North-Shields. »

En vertu de la dix-septième section de l'acte vingt-six du règne de George III, la *press-gang* n'avait aucun droit légal de s'emparer d'un baleinier, à moins que celui-ci n'eût manqué de rejoindre son navire avant le dix mars postérieur à la date de son acte d'enrôlement. Mais à quoi pouvaient servir les papiers que Kinraid se hâta de tirer de sa poitrine? A quoi servaient les lois elles-mêmes, dans ce temps où il était si difficile d'approcher des hommes assez puissants pour les faire prévaloir, et alors que l'invasion française faisait régner une panique générale?

« Au diable votre privilége, s'écria le chef de la *press-gang*.... Passez au service de Sa Majesté; cela vaut mieux que de pêcher des baleines.

— C'est là votre avis? dit le *specksioneer* avec un mouvement dont se rendit parfaitement compte le sagace marin qu'il avait en face de lui.

— En sommes-nous, mon garçon, à ces petites rubriques?... Droit sur lui, Jack!... et gare le coutelas! »

La minute d'après, le coutelas de Kinraid lui fut enlevé de force, et la lutte corps à corps qui s'engageait désormais ne pouvait, en définitive, avoir qu'une issue. Notre baleinier, cependant, faisait pour se délivrer des efforts inouis. Sans perdre son souffle en vaines paroles, il combattait, au dire de ses ennemis eux-mêmes, comme un « vrai démon. »

Hepburn entendait de grands efforts de respiration, des coups violents, le bruit du sable sur lequel on se traîne, les malédictions étouffées de gens qui avaient cru plus facilement venir à bout de leur entreprise ; il entendit aussi le cri soudain de quelqu'un qui venait d'être blessé. Ce n'était point Kinraid : en un pareil moment, la plus vive douleur l'aurait trouvé silencieux. Suivit une autre lutte, furieuse et mêlée de blasphèmes; puis il se fit un silence étrange. Hepburn sentait le cœur lui manquer. Avait-on tué son rival? Pareil malheur le rendrait responsable de ce trépas. Sans avoir jamais souhaité que les choses en vinssent là, il s'était tenu à l'écart, et peut-être n'était-il plus temps d'intervenir. Ce doute lui devint insupportable; il jeta un regard furtif par-dessus le rocher derrière lequel il s'était tapi, et vit alors que les quatre matelots étaient venus à bout de Kinraid ;— trop épuisés pour parler, ils lui liaient les mains et les pieds pour le porter ensuite dans leur barque.

Kinraid était retombé dans une immobilité complète ; il se laissait pousser, traîner sans résistance, comme un corps inerte. L'animation du combat avait fait place, sur son visage, à une pâleur livide; ses lèvres étaient fortement serrées l'une contre l'autre, comme s'il lui fallait plus d'efforts pour se maintenir ainsi à l'état passif, roide comme un bloc de bois dans leurs mains hostiles, que pour lutter naguère et combattre de tout son pouvoir. Ses yeux seuls témoignaient qu'il n'avait pas perdu connaissance. Ils étaient aux aguets, expressifs comme ceux d'un chat sauvage qu'on tient en arrêt, et semblaient chercher de tous côtés quelque moyen d'évasion qui jusque-là ne s'était pas offert, qui probablement ne devait pas s'offrir, mais dont il ne voulait pas désespérer encore.

Sans remuer la tête et du fond de la barque où on l'avait jeté, il voyait, il suivait avidement tout ce qui se passait autour de lui. A ses côtés était le matelot qu'un de ses coups avait blessé. Cet homme, la tête dans ses mains, poussait de temps en temps une plainte et chaque fois, en revanche, allongeait un coup de pied au malheureux *specksioneer*, si bien qu'à la fin ses camarades eux-mêmes interrompirent les malédictions dont leur prisonnier était l'objet, pour lui faire honte de sa lâche conduite. Kinraid, quant à lui, ne disait rien et ne cherchait même pas à se mettre hors d'atteinte. Il n'écoutait pas, il n'entendait pas les insolentes paroles auxquelles il était en butte. Son âme se heurtait à toutes les issues de la situation qui lui était faite, récapitulant, dans ces courts instants de crise, ce qui avait été, ce qui aurait pu être, ce qui était. Mais sous le coup de ces pensées poignantes, il guettait machinalement les chances qui pouvaient lui rester, et au moment où, détournant un peu la tête, il cherchait au loin, du regard, ces ombrages de Haytersbank sous lesquels était Sylvia, il aperçut le visage de Hepburn, blême d'émotion plus que de crainte, et qui derrière le rocher où il était resté haletant, contemplait avec une sorte de curiosité passionnée cette scène tragique.

« Ici, mon garçon ! » cria le *specksioneer* dès qu'il eut aperçu Philip; et en même temps il soulevait, il tordait son corps avec tant de vigueur, que les matelots quittèrent le travail auquel ils se livraient pour mettre la barque à flot, et vinrent le coucher encore une fois par terre comme s'ils se méfiaient de la force du cordage qui liait ses membres. Mais le captif ne songeait nullement à se délivrer ainsi ; son seul but était de faire approcher Hepburn et de le charger d'un message pour Sylvia : « Par ici, par ici ! » répéta-t-il, et cette fois d'une voix si faible, si épuisée, que les matelots eux-mêmes se sentirent touchés de compassion.

« Avance à l'ordre, Tom le Curieux !... n'aies donc pas peur, crièrent-ils à l'envi.

— Je n'ai pas peur, dit Philip ; je ne suis pas marin, et la *presse* ne me regarde pas.... Cet homme-là non

plus, à vrai dire.... Vous n'avez aucun droit sur lui....
Je sais, je puis attester que c'est un harponneur du
Groënland, placé sous la protection des statuts.

— Nous faisons le même cas de vous et de vos attestations.... Dépêchez-vous, brave homme, et venez prendre les commissions de ce *gentleman* qui appartient désormais, ne vous en déplaise, au service de Sa Majesté.... »

Philip s'approchait lentement, ne sachant encore quelle ligne de conduite adopter, ni quel langage tenir vis-à-vis de cet homme qu'il craignait, qu'il haïssait, et qu'il ne pouvait cependant s'empêcher d'admirer.

Sa démarche lente et compassée portait au comble l'irritation de Kinraid.

« Avancez, avancez, criaient les matelots, ou nous allons vous chercher !... La vie de bord vous aurait bientôt guéri de ces manières d'écrevisse.

— Prenez-le donc et laissez-moi! dit Kinraid, avec une ironie amère.... Je sais ma leçon, et depuis longtemps; vous voyez, en revanche, qu'il a besoin d'apprendre la sienne. »

Le chef de la *press-gang* ne repoussa pas tout d'abord cette insinuation de son prisonnier. Rien de plus facile que de mettre la main sur Philip et de l'emmener, lui aussi. La besogne n'en serait que légèrement compliquée; mais la mine bourgeoise et la longue taille voûtée du jeune marchand, quand il les examina de plus près, ne lui parurent pas valoir les embarras d'une seconde aventure. Sans cela le pauvre garçon n'eût pas été mieux protégé par son titre « d'homme de terre » que Kinraid par l'inutile exhibition des papiers qui l'exonéraient du service maritime.

Philip, arrivé près des marins, fut vivement poussé du côté de la barque. Dans sa course forcée, il trébucha. Ses yeux se portèrent sur l'obstacle inattendu qui avait arrêté ses pieds, et il vit que c'était le chapeau de Kinraid, tombé à terre pendant la lutte. Dans la doublure un ruban était fixé; un morceau de ce même ruban que Philip avait choisi naguère, avec une si tendre espérance, pour l'offrir à Sylvia le soir du Nouvel An. Il reconnut à merveille les moindres détails de cette broderie délicate qui représentait, on s'en souvient peut-être, des fleurs d'églantier; et alors un véritable spasme de haine vint contracter son cœur. Tout à l'heure il s'était senti quelque pitié pour ce rival que l'on enlevait ainsi sous ses yeux; maintenant il abhorrait Kinraid.

« Que me voulez-vous? » lui demanda-t-il enfin d'une voix sombre, et encore eût-il volontiers attendu que Kinraid parlât le premier; mais il ne pouvait plus supporter les airs railleurs, les clignements d'yeux, les grossières plaisanteries que les matelots échangeaient déjà et dont « l'amoureuse » de leur prisonnier faisait tous les frais.

« Dites à Sylvia, commença Kinraid....

— Un joli nom, s'écria un des marins; mais le prisonnier continua sans prendre garde à l'interruption.

— Racontez à Sylvia ce que vous venez de voir.... et comment je suis enlevé par cette *presse* damnée.

— Soyons poli, mon camarade !... miss Sylvia, j'en suis sûr, n'a aucun goût pour un si grossier langage.... Dites-lui, mon bon ami, en lui offrant mes respects.... les respects de Jack Carter, par parenthèse.... que les *gentlemen* servant Sa Majesté à bord de *l'Alceste*, vont traîner ce joli garçon sur le chemin de la gloire, qui n'est pas celui des baleines.... »

Un des marins se mit à rire de cette plaisanterie grossière; un autre pria Carter de tenir en bride sa stupidité naturelle. Philip l'aurait anéanti, s'il avait pu. Kinraid l'entendait à peine. Il allait s'affaiblissant toujours.

« Dites à Sylvia, continua-t-il se soulevant par un nouvel effort, tout ce dont vous avez été le témoin.... Dites-lui qu'elle me reverra.... Priez-la de ne pas oublier le serment que nous avons échangé ce matin.... Elle est aussi bien ma femme que si nous fussions allés devant le prêtre.... Je reviendrai l'épouser d'ici à peu. »

Philip articula indistinctement quelques paroles que personne ne put entendre. Il frémissait à la pensée d'avoir été choisi, entre tous, pour porter à Sylvia un message comme celui de Kinraid.

« Finissez vos bavardages, et détalez au plus vite ! » s'écria l'homme blessé par Kinraid, et qui depuis un moment gardait un silence hargneux.

Philip fit mine de s'éloigner; Kinraid, se soulevant encore une fois et forçant sa voix pour qu'elle arrivât jusqu'à lui :

« Hepburn! Hepburn!... Dites bien à la pauvre enfant.... » Ce qu'il voulait ajouter se perdit dans le bruit des rames, la plainte du vent qui s'engouffrait à l'entrée de l'étroit défilé, mais surtout dans le bourdonnement produit aux oreilles de Philip par l'impétueux afflux du sang qui lui montait au cerveau. — Avait-il ou non promis de se charger du message ? — C'est tout au plus s'il se souvenait d'avoir balbutié quelques paroles à cet effet; mais il était à peu près sûr que Kinraid ne les avait pas entendues.—Maintenant, se demandait-il, une promesse qui n'a pas été reçue, peut-elle compter comme promesse donnée ?

Tel était le point qu'il débattait avec lui-même, étendu sur le fin gazon des rochers qui dominaient la mer. Il voyait de là les flots se moirer au soleil du printemps, jetant par endroits de vifs éclairs, et sur ces flots la barque agile qui avançait en longs élans réguliers vers le *tender* ancré à quelque distance. Tant qu'elle n'eut pas atteint sa destination, Hepburn resta sous le coup d'une frayeur secrète. Ses yeux contractés distinguaient bien les quatre hommes penchés sur leurs rames et un cinquième assis près du gouvernail. Mais il savait qu'au fond de la barque un autre gisait pieds et poings liés, et son imagination le lui représentait brisant les cordes dans lesquelles il était pris, se débarrassant par quelque élan impétueux de ses gardiens étonnés, et revenant à la nage, triomphant et libre.

Après tout, ce n'était pas sa faute si la barque emportait ainsi son rival exilé. Ce n'était pas sa faute, et pourtant il était dévoré de remords. Car il se rappelait les ardentes prières dont il avait fatigué le Ciel, une heure avant, tandis que parmi les rochers il marchait derrière Kinraid, et il pouvait regarder l'enlèvement de ce malheureux comme la réalisation des vœux impies qu'il avait formés alors.

Quoi qu'il pût penser à cet égard, l'événement était consommé. La barque était arrivée au *tender*, le captif hissé à bord, le canot lui-même avait repris sa place ordinaire, et le navire, ouvrant ses grandes voiles, s'éloignait sur la mer étincelante. Philip s'aperçut seulement alors qu'il était fort en retard. Il détira ses membres roidis, raffermit son havresac et, de son pas le plus rapide, s'achemina vers Hartlepol.

V

UNE MISSION IMPORTANTE.

Ce fut dans une petite auberge ouverte sur les quais de Newcastle, que Philip put prendre à loisir son premier repas. Il était entouré de marins bavards et grossiers, lesquels n'eussent pas demandé mieux que de lier conversation avec ce voyageur étranger. Mais, — autant pour élever une barrière entre eux et lui que pour obéir à un entraînement presque irrésistible, — il se fit apporter papier, plume et encre, puis sur la première feuille, traça lentement ces mots :

« Mon très-cher oncle, »

Après quoi il s'arrêta indécis, les yeux fixés sur la page blanche, et se demandant s'il parlerait de Kinraid. Mais dans ce cas, jusqu'où iraient ses révélations? La pensée lui vint aussi d'écrire directement à Sylvia elle-même et de lui dire.... de lui dire quoi?... Le message de son amant aurait sans doute pour elle tout le poids de l'or, tandis qu'aux yeux de Philip, les derniers mots prononcés par le *specksioneer* n'avaient d'autre valeur et d'autre consistance que celle de la poussière dont le vent se joue; — vains propos comme ceux dont on se sert pour amuser l'imagination des femmelettes étourdies. Philip, naturellement, ne faisait aucun fonds sur la constance de son rival. D'un autre côté, s'il adressait sa lettre à Robson, mentionnerait-il, purement et simplement, la capture de Kinraid par les agents de la *press-gang?* Il le fallait, peut-être, puisqu'il était le dernier avec qui on eût pu voir le jeune marin. Cependant, il sentait que la moindre parole à ce sujet devait être décisive, et il hésitait encore, lorsque le nom du *specksioneer*, prononcé dans les groupes voisins, attira tout à coup son attention. On y parlait avec un grand laisser-aller des qualités exceptionnelles de Kinraid, qui lui assuraient un rang distingué parmi ses compagnons de pêche; mais, sur un ton plus libre encore, on jasait de ses talents d'enjôleur et de ses succès auprès de mainte et mainte fillette dont les noms émaillaient cette causerie de cabaret. Hepburn, dans le secret de son cœur, ajouta deux noms à la liste : celui d'Annie Coulson et celui de Sylvia. Plus pâle que jamais en face de cette pensée désolante, il demeura comme perdu dans une amère contemplation jusqu'au moment où les maîtres du logis le tirèrent de sa rêverie — le reste de leurs hôtes ayant peu à peu levé le camp — pour lui demander s'il ne comptait pas, lui aussi, se retirer dans sa chambre. On l'avertit en outre que sa lettre, si elle était à destination du Sud, devait être jetée à la poste le lendemain de bonne heure. Philip, réveillé comme en sursaut, se hâta d'achever sa missive qu'il laissa tout exprès décachetée, se réservant d'y ajouter par *post-scriptum*, suivant les conseils de la nuit, la nouvelle qui lui semblait si difficile à donner. Mais il s'endormit tard, après force délibérations contradictoires; un sommeil de plomb l'envahit tout entier, et lorsqu'il en sortit, à une heure plus avancée que de coutume, il lui restait à peine le temps d'expédier son épître. Il se hâta de la clore et de la jeter à la poste avant de courir s'embarquer sur le bâtiment caboteur où on le mandait avec instance. Au total, il trouvait une sorte de soulagement dans cette pensée que le hasard s'était chargé de trancher la question et de faire taire ses scrupules.

La traversée de Newcastle à Londres ne demanda pas moins de huit jours, grâce aux précautions minutieuses qu'on prenait, à bord du *smack*, contre les entreprises de l'enrôlement maritime. Une fois arrivé, l'agent des Foster s'absorba naturellement dans les détails compliqués de l'enquête qu'il s'était chargé de mener à bien. Elle avait de quoi l'occuper à l'exclusion de toute autre affaire, mais le soir, si fatigué qu'il fût de ses courses quotidiennes, ses souvenirs, ses regrets, mêlés, hélas, à bien peu d'espérances! revenaient assiéger son âme et troubler son sommeil.

Dans l'impatience fébrile où le plongeait son ignorance absolue de ce qui se passait à Haytersbank, il ne put s'empêcher d'écrire encore à *master* Robson, et pour créer un prétexte à sa seconde lettre, il eut soin d'y joindre le prospectus *illustré* d'une charrue nouvelle qu'il avait tout simplement découpé dans un vieux journal;

mais au fond il voulait uniquement transmettre à sa bonne tante « et à Sylvia » le témoignage des inaltérables sentiments qu'il leur gardait, sentiments sur lesquels l'absence n'avait aucune prise. Peut-être Robson répondrait-il. Du moins son neveu voulut-il s'en flatter, bien qu'il sût, mieux qu'un autre, à quel point l'honnête fermier était hors d'état de tracer sur le papier autre chose que des hiéroglyphes à peu près indéchiffrables. Mais c'était bien là ce qu'on appelle « espérer contre toute espérance, » et la poste n'apporta rien. La correspondance commerciale des Foster résumait, en termes aussi brefs que possible, les nouvelles de Monkshaven, et pas une fois il n'y fut question de la famille Robson. Philip songea bien à prier Coulson de se rendre à Haytersbank pour le renseigner sur ce qui s'y passait, mais le mécontentement que son collègue avait témoigné en le voyant choisi par leurs patrons pour une mission de haute confiance, ne permettait guère de lui demander un pareil service.

Malheureux de ce côté, Philip voyait réussir, au contraire, les transactions auxquelles il s'employait pour le compte de la maison. Son extérieur sérieux, sa gravité précoce, son exactitude scrupuleuse lui gagnaient le cœur de tous les négociants auxquels il avait affaire : mais au milieu de ses succès l'espoir chaque jour déçu de cette lettre qui n'arrivait pas, jouant le même rôle que la présence de Mardochée assis au seuil du palais d'Aman, mêlait une secrète amertume à tous ses triomphes, et le rendit presque indifférent aux témoignages de satisfaction qu'il reçut de ses patrons. Leur épitre, cependant, concise mais expressive, lui faisait pressentir que — pour prix de son zèle, et à raison de l'aptitude qu'il venait de montrer — il allait jouir de toute leur confiance, et devait se considérer comme leur associé, en attendant qu'il devînt leur successeur.

Ce n'était point à ceci qu'il songeait, — sur le pont du bâtiment caboteur qui allait le débarquer à North-Shields, — en regardant le prieuré de Monkshaven dont les antiques bâtiments dessinaient vaguement leur profil gris parmi les brumes d'un lointain horizon. Un voisin des Robson, qu'il rencontra presque aussitôt après avoir pris terre, n'aurait pas mieux demandé que de lui offrir, en sus des poignées de main qu'il lui prodiguait, une séance à la taverne. C'était là pour notre voyageur, altéré de nouvelles, une belle occasion que, néanmoins, il laissa perdre. Il éprouvait une insurmontable répugnance à parler de Sylvia, et même des parents de Sylvia, soit en pleine rue, soit au cabaret. Il s'abstint donc de toute question et n'en savait pas plus long en rentrant à Monkshaven qu'au moment de sa dernière entrevue avec les habitants de Haytersbank. On pourrait croire qu'après la longue séance où il rendit un compte détaillé de sa mission à ses deux patrons dont la curiosité ne semblait jamais rassasiée, il n'eut rien de plus pressé que de courir à la ferme. Mais non : soit répugnance à s'y montrer dans ses poudreux vêtements de voyage qu'il n'avait pas pris le temps de changer avant de se rendre au magasin, soit qu'il préférât remettre au lendemain une visite que l'heure avancée devait forcément abréger ce jour-là, il aima mieux rentrer dans son domicile où il allait retrouver Hester et Coulson, sans parler de la bonne mère Alice. Les deux premiers l'avaient entrevu déjà ; mais la dernière l'attendait avec impatience, et salua son retour d'une exclamation joyeuse. Peut-être n'avait-elle pas espéré qu'il rentrerait de si bonne heure. Malgré sa lassitude, il lui fallut raconter à ses trois commensaux les merveilles de son voyage dans la capitale, ce qu'il fit en laissant de côté, comme l'exigeait la discrétion professionnelle, tout ce qui était relatif aux affaires de ses patrons. Coulson, qui n'en était pas à regretter un mouvement d'animosité irréfléchie, lui portait une attention sympathique. La mère d'Hester, Hester elle-même, — secrètement flattées de ce qu'il était venu vers elles au lieu de courir chez les Robson, — s'imaginaient déjà voir renaître les jours heureux où Philip ne connaissait pas encore le chemin de Haytersbank.

VI

AIMÉ, PERDU.

Une gracieuse soirée de mai. Partout l'aspect, les bruits, le parfum du printemps. La fraîcheur des brises semble atténuée par les pourpres rayonnements du soleil à son déclin. Avant de se laisser tomber à côté de leur mère, les agneaux fatigués marient leurs bêlements plaintifs aux gazouillements du linot et de l'alouette.... Partout le repos, si ce n'est dans le cœur de Philip. Il marche, et d'un bon pas, mais comme dans un rêve. Il n'a qu'à se féliciter, et une mystérieuse angoisse le poursuit malgré tout, sans qu'il ose ni se l'avouer, ni surtout s'en rendre compte.

Il est cependant porteur d'une grande nouvelle. Ce jour-là même lui a été officiellement notifiée l'intention de ses patrons qui les appellent, lui et Coulson, à prendre la suite de leur commerce. L'heure est donc venue qu'il envisageait de loin comme celle où il lui serait permis de prétendre ouvertement à la main de Sylvia : mais ce moment, qui devait être décisif, est bien loin de tenir toutes ses promesses. Entre Sylvia et lui se dressent autant et plus d'obstacles que jamais. Cependant la disparition de Kinraid a levé le plus insurmontable de tous. L'amour de ce volage séducteur ne tiendra pas contre une absence prolongée. Pourquoi Sylvia ne l'oublierait-elle point, elle aussi? A ce prix, son bonheur est assuré. Pour cela, mieux vaut qu'elle n'entende jamais parler de lui, ni en bien ni en mal. A force de patience et de soins, à force de cultiver cet amour rebelle, Philip ne peut-il pas avoir raison d'une ombre vaine, d'un souvenir graduellement effacé?

Le nom de Sylvia est sur ses lèvres; Sylvia elle-même est devant ses yeux. Il l'aperçoit, à l'extrémité du sentier montant qui traverse dans toute sa longueur le jardin en pente, — trop loin pour qu'il puisse lui envoyer une parole amie, — mais assez près pour qu'il ne perde aucun détail de sa physionomie ou de son attitude. Elle est debout, immobile, à la crête d'un mur de soutènement, de la main abritant ses yeux, ses yeux fixés vers la mer. Immobile, ai-je dit? une statue de pierre ne le serait pas davantage, et Philip sent son cœur se serrer. Il donnerait beaucoup pour qu'elle bougeât, pour qu'elle cessât de regarder la mer, du haut de ce jardin qu'ils avaient tant de fois cultivé ensemble, dans les premiers temps de l'établissement à Haytersbank, alors qu'elle était encore une jolie enfant et rien de plus.

Descendant à grands pas le sentier rapide, il trouva sur le seuil de l'habitation sa tante occupée à tricoter. Dans le bercail voisin, il entendait son oncle causer à haute voix avec Kester. Pourquoi Sylvia se tenait-elle ainsi loin des siens, dans cette immobilité si peu naturelle?

Mistress Robson, enchantée de revoir son neveu, voulait immédiatement signaler son arrivée au reste de la famille. Philip la contraignit vivement à se rasseoir. Il avait, disait-il, tant de choses à lui raconter; — il avait, en réalité, tant de questions à lui faire. Bientôt la conversation arriva d'elle-même au sujet qui l'intéressait plus particulièrement.

« Te rappelles-tu, lui dit sa tante, ce cousin des Corney, ce piqueur de baleines qu'on appelait Charley Kinraid? »

S'il se le rappelait, grands dieux!... Comment l'eût-il oublié?

« Le pauvre diable n'est plus de ce monde, reprit sa tante avec une sorte de componction.

— Mort? vous dites qu'il est mort?... Comment le savez-vous?... je ne comprends pas, » s'écria Philip étrangement stupéfait.

En somme, pourquoi n'en serait-il pas ainsi?... Peut-être Kinraid, essayant de s'échapper, avait-il reçu quelque mauvais coup.... peut-être s'était-il noyé.... sans cela, comment le bruit de sa mort se serait-il répandu? On devait le supposer en route pour le Groënland, et dès lors sa disparition du pays s'expliquait naturellement. Pourquoi le croire mort? Que voulait dire ceci?... Et Philip était consterné, car, dans ses plus violents accès de haine, jamais il n'avait osé souhaiter le trépas de son rival.

« Garde-toi, reprit sa tante, garde-toi d'en parler à Sylvia!... Je ne sais comment cela se fait, mais cet accident, selon moi fort heureux pour elle, l'a très-péniblement affectée. Il leur avait tourné la tête, à elle et à Bessy Corney, ce bel enjôleur.... Mais c'était là pure fantaisie de jeunes filles, et il n'y a certes pas de quoi se formaliser. N'importe, autant vaut qu'il ne soit plus des nôtres, ce qui est dur à penser d'un pauvre noyé.

— Noyé? reprit Philip; encore une fois, qu'en savez-vous? »

Au fond, il espérait qu'on allait lui parler d'un cadavre encore reconnaissable et rejeté sur la côte par les flots complaisants, de circonstances enfin qui trancheraient tous les doutes et fixeraient définitivement les situations. Kinraid avait fort bien pu, en se débattant, tomber à l'eau tout garrotté, ce qui expliquait à merveille une submersion immédiate.

« Ah! répondit mistress Robson avec quelque embarras, c'est tout au plus si j'aime à le dire.... Mais le fait est que cette petite sotte lui avait donné ou laissé prendre un bout de ruban, chez les Corney, dans cette soirée du 1ᵉʳ janvier. Notre étourneau s'en était paré, en le fixant à son chapeau, si bien qu'à la marée basse, quand on cherchait de tous côtés, par ordre de son capitaine, ce malheureux *specksioneer*.... Chut! fit-elle s'interrompant tout à coup.... Ainsi donc, mon garçon, tu as vu le roi Georges et la reine Charlotte? »

A cette question improvisée Philip ne prit seulement pas garde, car Sylvia venait d'entrer et captivait toute son attention par les changements qu'attestaient chez elle son allure paisible et lente, ses traits atténués, sa pâleur, ses yeux agrandis par un chagrin silencieux et sans larmes. Elle s'approcha négligemment de son cousin, qu'elle accueillit avec l'indifférence familière de l'hospitalité quotidienne. Il semblait qu'il l'eut quittée la veille, et Philip eut à s'étonner, se rappelant si bien l'espèce d'altercation qu'ils avaient eue lors de leur dernière entrevue, au sujet de ce même Kinraid, — de n'en retrouver aucun vestige ni dans ses paroles, ni dans l'expression de sa physionomie. La douleur avait effacé, détruit tous ces futiles souvenirs.

« Ton cousin nous arrive avec force nouvelles de Londres, lui dit aussitôt sa mère avec une gaieté de commande. Va vite chercher ton père!... il sera bien aise de l'entendre jaser. »

Et comme Sylvia se dirigeait, silencieuse et docile, du côté du bercail, Bell Robson, se penchant vers Philip, dont la figure attestait pour le moins autant de remords que de sympathie, — ajouta quelques mots destinés, sans qu'elle le sût, à retenir un aveu complet que le malheureux allait laisser échapper : — Cela vaut mieux, cela vaut mieux ainsi, mon garçon, lui disait-elle à voix presque basse.... Il se serait joué d'elle comme des autres. Taisons-nous, taisons-nous !... Le temps viendra où elle verra la chose comme nous la voyons nous-mêmes. »

Survint Daniel, plus affectueux et plus bavard que amais. A l'encontre de sa femme, il regrettait secrètement la disparition de Kinraid, qu'il avait tout d'abord attribuée à la *press-gang*, malgré toutes les circonstances contraires à la probabilité de cette hypothèse. Plus tard, après la découverte de ce ruban retrouvé sur la grève, dans le chapeau de Kinraid; — chapeau à l'intérieur duquel le nom du *specksioneer* était écrit en gros caractères, —il en était venu à penser que le malheureux avait péri, mais sans doute dans quelque rixe avec les agents de la *presse* maritime. Ceci étant, le mieux était de ne pas insister sur un malheur sans remède et sans réparation possibles ; le mieux était surtout de ne pas laisser savoir jusqu'à quel point Sylvia s'était engagée vis-à-vis du défunt, et de mettre à profit, pour le dissimuler, ce grand désespoir si hautement affiché par Bessy Corney. C'est pourquoi il n'avait rien dit à sa femme de ce qui s'était passé pendant qu'elle s'était absentée. A Sylvia elle-même, il ne parlait jamais de cette désastreuse affaire se contentant, çà et là, de lui donner en passant quelqu témoignage de rude et sympathique tendresse.

Ce soir là, par exemple, il voulut qu'elle restât avec lui et Philip, pendant que celui-ci racontait ses aventures, et répondait, avec une contrainte évidente, aux questions multipliées du vieux fermier. Assise sur un escabeau, et tenant à deux mains une main de son père, Sylvia s'efforçait d'écouter ; mais Philip voyait sans cesse, aux vagues regards qu'elle laissait errer sur les lueurs expirantes du foyer, combien ses pensées étaient loin de lui. La pitié qu'il éprouvait pour elle paralysait à chaque instant sa bonne volonté de narrateur; mais cette même pitié ne lui conseillait aucune des révélations qu'il eût pu faire. Pour rien au monde, maintenant, il ne lui eût transmis le message d'un amant trompeur. Les sentiments qu'elle lui faisait éprouver étaient ceux d'une mère qui ne veut point céder aux périlleux caprices, aux plaintes insensées d'un enfant mal inspiré.

Du reste, s'il ne parla point de son ancien rival, un sentiment de délicatesse innée l'empêcha également de mentionner l'heureuse issue de ses transactions commerciales. Dans cette maison où planaient de sombres souvenirs, les joies purement mondaines, les calculs mondains n'étaient pas à leur place. Il le comprit et se retira sans avoir rien laissé percer de l'incident notable qui lui frayait un chemin vers la fortune.

Cette nouvelle, qui défrayait les commérages de Monkshaven, n'en parvint pas moins, dès le premier jour de marché, aux oreilles du vieux Robson. Daniel était homme à juger chaque événement par ses résultats, et peut-être se repentait-il déjà d'avoir encouragé le penchant de sa fille pour un aventureux marin dont l'avenir n'était pas, à beaucoup près, aussi bien garanti que celui de certain autre prétendant. Ce qui semblerait du moins le prouver, c'est qu'il avait demandé à Sylvia de garder un secret absolu sur cet acte de complicité paternelle. En tout cas, il se montra fort empressé de lui raconter que le nom de Philip Hepburn et de son collègue Coulson brillaient maintenant, en gros caractères dorés, sur l'enseigne des Foster : « Et ceci, ajouta-t-il, n'est pas une simple question de gloriole.... Il leur en reviendra bien quelques centaines de livres chaque année....

— Les Foster, interrompit Bell, n'en empocheront pas moins le plus clair des profits....

— Sans doute, sans doute.... Ils continueront à fournir le capital de commandite.... C'est égal, l'affaire est encore excellente pour mon neveu.... Voyons, Sylvia, continua-t-il se tournant vers sa fille, ne te plairait-il pas, au prochain marché, d'aller choisir un beau ruban dans la boutique de ton cousin ? »

Le souvenir d'un autre ruban, — jadis noué à sa chevelure, et devenu plus tard un gage de constance, — traversa peut-être la pensée de Sylvia qui répondit tristement, en s'écartant de son père :

« Merci, je ne compte pas aller au marché.... Je n'ai pas besoin de rubans.... Merci tout de même, vous savez ? »

Puis elle sortit, laissant ses parents fort occupés, en apparence, de cette heureuse crise survenue dans les affaires de leur neveu. À peine eut-elle disparu qu'ils cessèrent tout à coup de parler. Par manière de consolation, et aussi pour excuser sa fille, Daniel fit observer ensuite qu'il était près de neuf heures, et que les jours allongeaient beaucoup depuis quelque temps. Sans répliquer un seul mot, Bell réunit ses laines éparses, et commença les préparatifs de la nuitée. Rompant tout à coup le silence :

« Il m'avait jadis semblé, dit tout à coup le fermier, que Philip avait quelques pensées à l'endroit de notre Sylvia. »

La réponse de Bell se fit attendre pendant une minute ou deux. Bien que son mari eut des informations plus complètes, elle lisait mieux que lui dans le cœur de leur enfant :

« Si c'est à les marier que tu songes, dit-elle enfin, sache bien qu'il se passera du temps avant que la pauvre fille accepte un autre homme pour *sweet-hearts*.

— Qui te parle de *sweet-hearts* ?... Vous êtes étonnantes, vous autres femmes, pour n'avoir que ce mot à la bouche.... J'ai dit simplement que Philip avait jadis des idées au sujet de notre fille, et j'imagine que ces idées ne lui ont point passé.... Je dis aussi qu'avant longtemps il pourra bien compter sur deux à trois cents livres par an de bénéfices nets.... Voilà tout ce que je dis.... Est-il, là-dedans, question de *sweet-hearts?* »

VII

UN REFUS.

Les Foster, que leur génie organisateur portait à se mêler volontiers des affaires d'autrui, avaient eu l'idée de transplanter le ménage des Rose dans la vieille maison attenante à leurs magasins. Alice y régnerait de concert avec la vieille servante qui, pour le présent, veillait au bien-être intérieur de Jeremiah. Philip et Coulson resteraient ses locataires, comme par le passé.

L'obstination d'Alice fit avorter ces beaux plans dont le principal tort, énorme à ses yeux, était de n'avoir pas eu son aveu préalable. Elle entrevoyait, disait-elle, le mariage plus ou moins prochain de l'un des deux jeunes gens, et la femme qu'il aurait choisie revendiquerait très-certainement la jouissance de la maison où on voulait le transplanter d'ores et déjà, sans égard à cette chance d'avenir. — Qui savait, d'ailleurs, ce que serait la nouvelle venue? Les jeunes gens font des choix si bizarres, si peu raisonnables? — L'absurdité des mariages en général, et du mariage des jeunes gens en particulier, était le thème favori des discours d'Alice. Elle n'en parlait guère sans une arrière-pensée hostile, une sorte d'amertume railleuse, bien convaincue, paraissait-il, que le choix d'une fiancée ou d'un mari devrait être exclusivement l'affaire des anciens de la famille.

« Je vais t'expliquer ceci, dit John Foster à Philip, le lendemain du jour où avaient été débattues les objections de leur vieille amie. Dans sa jeunesse, elle était fort agréable, et Jeremy ne songeait qu'à l'épouser; si bien que, n'ayant pu l'obtenir, il est resté célibataire pour le reste de ses jours. Hester, cependant, bien que fille de l'homme que mon frère s'est vu préférer, n'en aura pas moins, je le crois bien, tout ce qu'il doit laisser après lui.... Je crois même, à ce propos, que vous feriez bien, toi et Coulson, de tenter fortune auprès d'Hester.... J'en ai prévenu, ce matin, ton camarade, lui donnant ainsi quelque avance sur toi, parce qu'il est un peu mon parent.... Vous voilà maintenant avertis tous deux.... Revenons au mariage de la pauvre Alice ! elle était alors jeune et gaie, souriante à chacun, point maussade ni revêche.... si ce n'est pourtant lorsque Jeremy lui voulait faire un doigt de cour. Que veux-tu ? Elle s'était affolée d'un certain Jack Rose, matelot à bord d'un baleinier. Chacun eut beau dire et beau faire : il fallut, en fin de compte, qu'elle l'épousât.... Or c'était un mauvais sujet, un débauché qui courait après le premier cotillon venu, buvait sans cesse, et une fois gris, battait sa femme.... Le sourire et les fraîches couleurs de la pauvre Alice ne durèrent pas longtemps. Après un an de mariage, à l'époque où Hester vint au monde, elle avait déjà presque autant de cheveux blancs et presque autant de triste résignation que tu lui en vois aujourd'hui. Ils seraient tous morts de faim, le mari, la femme et l'enfant, si Jeremy ne leur fût venu en aide.... En se cachant, bien entendu, car Alice a toujours eu beaucoup d'orgueil.... Le nom de son bienfaiteur, en supposant qu'elle l'ait jamais deviné, a dû lui rendre le bienfait singulièrement amer.... Mais l'orgueil lui-même doit se taire quand l'amour maternel est en jeu.... »

Sur cette révélation des choses passées, Philip, malgré lui, devint songeur. Il y retrouvait une situation identique à la sienne. Sylvia, comme jadis Alice, avait pu opter entre deux prétendants. Comme Alice, elle avait choisi celui qui devait inévitablement la rendre malheureuse, si le hasard ne s'était interposé pour la séparer de lui.— Les choses humaines, se demandait-il, tournent-elles donc toujours dans le même cercle fatal?... Et quand nous ne serons plus là, une autre Sylvia, un autre Charley, un autre Philip joueront-ils les mêmes rôles que leurs devanciers?

En somme, plus il y songeait, plus il se félicitait d'avoir tu à sa cousine ce qui pouvait lui laisser une désastreuse espérance.

Les arrangements adoptés en définitive furent que Philip irait occuper la vieille maison, tandis que Coulson resterait auprès d'Alice. Dans le courant de l'été, ce dernier vint dire à son nouvel associé qu'il avait demandé la main d'Hester, et que la veille même, il avait été catégoriquement refusé :

« Je voudrais, ajouta Coulson, je voudrais, par votre entremise, savoir ce qu'elle peut objecter contre moi.... Elle ne devait pas ignorer mes sentiments, et sauf un peu de réserve, bien naturelle vu nos rapports quotidiens, elle ne m'avait en rien laissé deviner qu'ils lui fussent désagréables. Les convenances d'âge, ses relations déjà établies dans ma parenté, la déférence filiale que j'ai pour sa mère, tout semblait en ma faveur.... Dois-je donc penser qu'il y a quelque chose entre elle et vous ?

— Une fois pour toutes, répliqua aussitôt Philip, défaites-vous de cette idée ; ne voyez en moi que son frère ; en elle, ne voyez que ma sœur.... C'est la dernière fois que e vous le dis, elle ne pense pas plus à moi, sous certains rapports, que moi-même je ne pense à elle.

— Si vous étiez amoureux, reprit Coulson d'une voix plaintive....

— Si j'étais amoureux, interrompit sèchement son collègue, j'aurais peut-être de ces imaginations ridicules : mais je n'en rebattrais pas les oreilles d'un chacun. »

Toutefois, honteux de cette rebuffade à contre-temps, il se crut tenu, pour la faire oublier, de tenter la démarche sollicitée par son associé, avec lequel depuis quelques mois il vivait dans les meilleurs termes. Il lui répugnait, toutefois, d'interroger Hester elle-même sur les causes de son refus. Une sorte d'embarras vaguement raisonné, de gêne instinctive, l'arrêtaient malgré lui sur cette voie. Aussi chercha-t-il, et finit-il par trouver l'occasion d'entretenir Alice, un beau dimanche soir, seule à seul comme il le désirait.

Quand il entra, elle était assise près de la croisée, et lisait sa Bible. Elle l'accueillit avec cordialité, mais sans beaucoup de paroles, retira ses lunettes qu'elle remit dans leur étui de corne, et dont elle se fit ensuite un *sinet* en les glissant entre les pages du livre saint, puis elle attendit de pied ferme l'explication d'une visite qui, dans l'ordre de ses relations actuelles avec le jeune marchand, avait quelque droit de la surprendre. Sans être un diplomate de première force, Philip réussit, dès les premières questions de la bonne vieille, à mettre en scène son camarade Coulson. Mais ce nom lui fit froncer le sourcil :

« Laissons-là Coulson, lui dit-elle, et parlons de toi !... Ce garçon m'intéresse fort peu, je te l'avouerai sans détour....

— Pourquoi donc, bonne mère ?... Sans être des plus brillants, il a du fonds, c'est moi qui vous le dis ; et je parierais pour lui contre n'importe quel autre de nos jeunes commerçants.

« J'en sais un, moi, pour qui je parierais plus volontiers, » repartit Alice avec un sourire significatif.

Philip ne pouvait méconnaître la portée de cette allusion toute personnelle :

— Soit, dit-il ; admettons, sans fausse modestie, que sur certains points j'en sache plus long que mon camarade.... A quoi cela tient-il ?... à ce que j'ai reçu de bonne heure l'instruction qui lui manque, et....

— L'instruction ?... Où as-tu vu que l'instruction et les livres fissent faire son chemin à qui que ce soit ?... L'essentiel, mon enfant, c'est l'intelligence elle-même, la faculté maîtresse, la force native.... Quelque chose dont le nom n'existe pas, mais que les femmes savent bien discerner, je t'en réponds.

— Tiens, tiens, reprit vivement Philip.... C'est justement ce que je disais à Coulson.... Il lui a paru très-dur de n'être point accepté par Hester, et il est venu s'en plaindre à moi.

— Que lui as-tu dit ?... demanda aussitôt Alice fixant sur son jeune interlocuteur un regard profond, comme pour lire dans sa physionomie le vrai sens des paroles qu'il allait prononcer.

— Je lui ai dit, repartit l'autre, enchanté d'avoir mis ainsi sur le tapis l'affaire dont il s'était chargé, que je l'aiderais de tout mon possible.

— Vraiment ?... tu lui as dit cela ?... Eh bien ! nous ne manquons pas d'originaux, ici-bas, marmota la bonne vieille avec un ironique sourire.

— J'ai ajouté, continua Philip, que la fantaisie entrait pour les trois quarts, tout au moins, dans le plus ou moins de goût que les jeunes filles peuvent avoir pour tel ou tel de leurs adorateurs.... Maintenant, Hester ferait bien d'y regarder à deux fois, car il tient beaucoup à elle, et Dieu sait ce qui pourrait arriver si les choses en restaient là !

— Elles n'en resteront pas là, repartit Alice avec le sombre accent d'une sybille inspirée.

— Pourquoi donc ? » s'écria Philip, tout étonné. Mais il n'obtint aucune réponse. Alice était absorbée dans l'immense effort de plier son orgueil à certaines paroles qu'elle voulait pourtant prononcer.

— Voyons, bonne mère, un mot en faveur de ce pauvre garçon !...

— Pas une syllabe, au contraire. Les mariages doivent se faire sans qu'on s'en mêle.... Sais-je donc si ma fille n'en préfère pas un autre ?

— Allons donc !... Notre Hester n'est pas de celles qui donnent leur cœur sans qu'on le demande.... Et soit ici, soit au magasin, nous savons tous qu'elle n'a pu être courtisée par âme qui vive.... Donc....

— Restons-en là, mon enfant !... je ne trouve pas que le jour où nous sommes se prête à tous ces bavardages mondains, et je te prie de me les épargner.... Il me tarde, vois-tu, d'être dans un monde où on ne parlera plus ni de mariage ni d'amourettes ; car ici-bas c'est une éternelle cause de bavardages et de malentendus. »

Elle rouvrit à grand bruit sa Bible quand elle eut terminé cette espèce d'anathème, et pendant que ses mains, tremblantes de colère, ajustaient à grand'peine ses lunettes sur son nez, elle entendit Philip s'excuser humblement : « Si j'avais été libre, disait-il, de venir un autre jour....

— Très-bien, très-bien !... Ce qui est dit est dit, n'y pensons plus. Tu pourrais cependant t'épargner ces méchantes excuses.... Je gagerais bien que tu es allé à la ferme de Haytersbank, un des jours de cette semaine ? »

Philip ne put s'empêcher de rougir. Il en était effectivement à regarder ces visites sans cesse réitérées comme appartenant au train de ses occupations régulières. Aussi garda-t-il le silence.

Alice, qui continuait à l'examiner, ne pouvait se tromper sur le vrai sens de cette réponse muette.

« Tu vois que j'avais deviné, reprit-elle. Maintenant, si tu es encore tenté de te croire supérieur à Coulson, retiens bien les paroles que je t'adresse aujourd'hui, et qui sont signées Alice Rose. Coulson n'a pas le regard assez pénétrant pour voir à travers une planche ; mais tu es trop aveugle, toi, pour voir à travers une fenêtre ouverte. Quant à ta démarche en faveur de…. l'autre, sois certain qu'avant l'expiration de l'année il aura trouvé, n'importe où, ce qu'il lui faut, en place de cette Hester dont tu le crois si épris…. Maintenant, passe ton chemin, et laisse-moi méditer le saint livre !... Les dimanches ne sont pas institués pour qu'on les passe à bavarder en pure perte. »

La mission de Philip n'avait eu, on le voit, qu'un succès médiocre. Il s'en revint quelque peu confus, mais sans voir plus clair que devant, « à travers les fenêtres ouvertes. »

La prédiction d'Alice fut d'ailleurs réalisée avant le terme fixé. Coulson, ne se trouvant pas absolument à l'aise dans la même maison que la jeune personne dont il n'avait pu faire sa femme, tourna ses prétentions d'un autre côté, dès qu'il eut perdu l'espoir de ramener Hester à des sentiments plus favorables. Dans le nouvel attachement qu'on le vit former, la raison entrait pour une bonne part, et, moins aimant, il obtint meilleur retour. Avant que les premières neiges fussent tombées, Philip figura comme garçon d'honneur à la noce de son heureux associé.

VIII

L'OMBRE ÉPAISSIT.

Dans l'intervalle qui précéda le mariage de Coulson, maints et maints incidents se produisirent, en eux-mêmes fort insignifiants, mais qui comptaient pour beaucoup aux yeux de Philip. Selon que Sylvia le recevait avec un peu plus, un peu moins de cordialité, il passait de la joie au chagrin, radieux comme le soleil quand elle lui avait adressé quelques bonnes paroles, triste comme la lune quand elle ne s'était pas senti le courage d'ouvrir la bouche, ou si, le sachant là, elle ne se montrait point.

Pour ses parents, il était toujours le bien venu. L'abattement où ils voyaient leur chère petite Sylvia, l'affliction où son chagrin les plongeait, leur rendaient doublement précieuses les visites de Philip, et d'autant mieux qu'ils avaient à peu près rompu toute relation avec la famille Corney, offusqués par les regrets bruyants que miss Bessy affichait au sujet de « l'amoureux » dont elle semblait se croire veuve. Il y avait là comme une insulte à la douleur de leur fille, et, sans en faire un motif de brouille ouverte, ils avaient cru devoir suspendre provisoirement leurs rapports de bon voisinage; — ceci, comme on pense, à la grande satisfaction de Philip, facilement effarouché par tout ce qui venait se placer entre lui et sa bien-aimée. Il n'arrivait jamais les mains vides. Tantôt c'était la ballade en vogue, tantôt le roman dont les colporteurs activaient la circulation, ou bien encore quelque œuvre plus édifiante, la *Messiade* de Klopstock, par exemple, le *Sérieux appel* de Law, le *Pilgrim's Progress* de John Bunyan ; mais, surtout, les *Chagrins du jeune Werther*. Ce dernier ouvrage, alors à la mode dans toute l'Europe, n'obtint de Sylvia qu'une attention très distraite ; elle le parcourut négligemment, et c'est tout au plus si elle voulut bien sourire devant une vignette où Charlotte distribuait à ses enfants des tartines beurrées.... de la main gauche ! Après quoi elle plaça le précieux volume à côté du *Parfait maréchal*, et Philip le retrouva sur le même rayon, dans le même voisinage, posé à rebours comme il l'avait vu naguère, la première fois qu'il revint à Haytersbank.

Que de fois, pendant cette saison d'été, ne se remémora-t-il pas ces passages de la Genèse où lui était offert, dans la personne de Jacob, un si bel exemple de persévérance enfin victorieuse ! A la longue, cependant, voyant ses bouquets perdus, ses livres négligés, ses menus cadeaux acceptés comme à regret, il se demanda s'il ne fallait pas changer de tactique et recourir à d'autres moyens de plaire. Il était temps qu'il s'en avisât, car la jeune fille, lasse d'avoir à le remercier constamment, ennuyée des regards mélancoliques dont il la couvait sans cesse, allait se révolter pour tout de bon. L'irritation secrète qui se trahissait chez elle était saluée par ses parents comme un favorable symptôme. Ils retrouvaient leur enfant telle qu'ils l'avaient connue avant la disparition de ce misérable Kinraid, peu à peu devenu l'objet de leur antipathie. Tous deux, maintenant, le regardaient comme un homme sans consistance, un égoïste volage et trompeur, courant à la fois, ou l'une après l'autre, toutes les bonnes fortunes que le hasard lui pouvait offrir. Quelle différence, auprès de Philip ! Jamais celui-ci ne s'était occupé d'une autre que de Sylvia. N'était-il pas malheureux qu'il se montrât si timide, si malavisé dans ses prévenances, et que son amour affectât des allures si paternelles ? — « Au surplus, remarquait Daniel, il devient un peu moins emprunté ; il ne prêche plus à tout propos, ce qui me le rendait insupportable ; il laisse parler les autres et vide son verre modestement, comme il sied à un garçon de son âge…. D'ailleurs, les affaires du magasin marchent à merveille. »

On voit que Philip gagnait du terrain dans le cœur du père, et c'était en gagner dans celui de la fille. Sylvia, effectivement, ne se doutait guère que les idées du vieux Daniel au sujet de Kinraid eussent ainsi changé du tout au tout. Elle croyait au contraire qu'en lui témoignant, à elle, plus de tendresse, il rendait à la mémoire du défunt un hommage indirect, et Dieu sait si elle lui en était reconnaissante! Jamais elle ne l'avait tant chéri. Philip, dont l'amour avait développé le tact, avait fini par comprendre que, pour se faire bien venir de Bell et de Sylvia, le meilleur moyen était encore de plaire au vieil enfant dont ces deux femmes avaient fait une espèce d'idole. Beaucoup moins ébloui qu'elles sur le compte de Daniel, il travaillait maintenant, il travailla tout l'automne à faire sa conquête. Sylvia s'adoucissait et lui souriait chaque fois qu'il avait trouvé moyen d'égayer ce père adoré. Quant à sa tante, déjà toute gagnée à ses prétentions, il la voyait enchantée de constater chez son mari certaines dispositions plus favorables à leur neveu. Toutefois le progrès était lent, pénible, à peine appréciable, et Philip soupirait parfois en se rappelant les deux laps de sept ans qu'il fallut au patriarche pour triompher des résistances de Lia. D'ailleurs il avait parfois, la nuit, d'étranges visions. Kinraid lui apparaissait dans ses rêves, tantôt se débattant contre les flots, tantôt seul sur le pont d'un rapide navire, le front sévère, le geste menaçant, et arrivant ainsi droit sur Philip, qui s'éveillait en sursaut dans les transes du remords.

Ces cauchemars devinrent plus fréquents lorsqu'au mois de novembre, on vit refluer tout le long de la côte les stationnaires de North-Shields, chassés vers le sud par les événements dont ce dernier port venait d'être le théâtre. On y raconte encore aujourd'hui, sur la foi des habitants les plus avancés en âge, comment, un beau lundi soir, les matelots de la marine marchande, insurgés contre la *press-gang*, l'expulsèrent avec toute sorte d'outrages, et en forçant les marins de l'État à retourner leurs habits d'uniforme. Une populace nombreuse les accompagna jusqu'à Chirton-Bar, et après avoir salué leur départ de trois *hourras* triomphants, les avertit qu'on les mettrait en pièces s'ils s'avisaient jamais de reparaître à North-Shields. Quelques jours après, de nouveaux griefs mirent sur pied un corps de cinq cents matelots; armés de tous les sabres et pistolets qu'ils avaient pu réunir, ils parcoururent tumultueusement la ville, et cherchèrent à s'emparer d'un *tender* (l'*Éléanor*), en alléguant les traitements indignes qu'on y faisait subir aux enrôlés de fraîche date. L'énergie des officiers qui commandaient ce « vaisseau du roi, » fit complétement échouer l'entreprise, mais la bande armée se dirigea, dès le lendemain, vers Newcastle. Apprenant toutefois qu'ils y étaient attendus par des forces respectables, et que la milice était sur pied, ceux qui la composaient se dispersèrent jusqu'à nouvel ordre, non sans avoir porté la terreur dans les rangs de la population paisible, qui s'étonnait de voir tant de préparatifs militaires.

Quelques semaines plus tard, l'autorité prit sa revanche. Un régiment logé dans les casernes de Tynemouth vint occuper, à la faveur de la nuit, toutes les issues de North-Shields; les bâtiments de guerre à l'ancre dans le port débarquèrent leurs *press-gangs* qui parcoururent à loisir le cercle fatal d'où personne maintenant ne pouvait s'échapper; plus de deux cent cinquante malheureux — matelots, ouvriers, cultivateurs — furent enveloppés dans ce vaste coup de filet et conduits à bord des navires de l'État, qui prirent la mer tout aussitôt, pour ne pas exaspérer par leur présence les passions déjà surexcitées. On n'entendait de tous côtés que serments de vengeance. Si populaire qu'elle pût être, la guerre contre les Français n'avait pas réconcilié la population de ces districts avec les horreurs de l'enrôlement forcé. On cite encore un riche propriétaire dont tous les métayers, pris de peur, avaient fui à l'intérieur des terres, jusques à Tadcaster, et qui fut obligé, pour les faire rentrer sur ses domaines, de leur offrir sa garantie personnelle; encore demandèrent-ils à être installés dans les dépendances du château, où ils se sentaient mieux protégés contre la brutalité des recruteurs. Plus de marée; les pêcheurs n'osaient s'aventurer en mer, et les marchés étaient désormais abandonnés. Le prix des denrées montait d'une manière effrayante; la plupart des gens se sentaient appauvrir; quelques-uns furent irrévocablement ruinés. Mais l'intérêt du grand conflit engagé entre l'Angleterre et la France devait, paraît-il, passer avant tout le reste. La *presse* ne cessait pas de sévir, et plus d'un pauvre laboureur, enlevé, conduit à Londres, puis reconnu impropre au service maritime, fut rendu à la liberté sans qu'on prît le moindre souci de sa personne ou de l'indemnité à laquelle de pareils procédés lui donnaient un droit incontestable.

L'automne avait ramené les baleiniers. Mais au lieu des réjouissances habituelles qui célébraient leur retour, au lieu de cette activité commerciale que stimulait l'emploi prodigue de leurs parts de prise, on ne voyait de toutes parts que signes d'anxiété, réserve inhospitalière, méfiance isolante, animosité contenue. Personne chez les marchands d'habits, dont les magasins se vidaient généralement à cette époque; personne dans les cabarets envahis, personne dans les rues, où fourmillaient d'ordinaire les « jaquettes bleues; » personne même dans les ateliers de travail, c'est-à-dire dans les *melting-houses*. Au lieu de la foule active qui, les autres années, venait s'y livrer aux opérations complémentaires de la pêche, tout au plus voyait-on se glisser furtivement, le long des ruelles détournées, alléchés par un salaire exorbitant, quelques pauvres diables aux regards sinistres, à la démarche hésitante, toujours au guet, toujours prêts à fuir, comme si au lieu d'un travail légitime, ils étaient en quête de quelque coupable aubaine. La plupart emportaient leurs conteaux de bord, prêts à verser le sang pour défendre leur liberté menacée. Les publicains postaient de tous côtés des vedettes ; et autour des tables où l'irrésistible attrait de la boisson appelait encore leurs clients, on n'entendait, — à la place de refrains bachiques et d'incohérentes divagations, — que d'âpres menaces, serments de vengeance, imprécations déchaînées, appels directs à la révolte et au meurtre.

Trois navires, ancrés à quelques milles de Monkshaven, avaient leur bonne part de ces malédictions quotidiennes. La première fois que Philip entendit parler, dans son magasin, de ces trois monstres immobiles qu'on se montrait au fond de l'horizon brumeux, il sentit son cœur défaillir, et tout au plus osa-t-il s'informer de leurs noms. En effet, si l'un d'eux était *l'Alceste*, — si Kinraid trouvait moyen de passer parole à Sylvia, — s'il lui faisait savoir que, vivant encore, il lui restait fidèlement attaché, — si elle apprenait ensuite l'histoire de ce message supprimé par un rival jaloux et perfide, — outre qu'il perdrait tous ses droits à l'amour de la jeune fille, comment pourrait-elle l'estimer encore ? Devant cette crainte, tout sophisme s'évanouissait ; la peur qu'il éprouvait de se voir découvert ne laissait plus à Philip aucun doute sur sa culpabilité, — aucun sur la sincérité des paroles passionnées que Kinraid avait confiées à sa loyauté. Sans oublier les passagères galanteries du *specksioneer*, un instinct secret lui disait que Sylvia Robson avait inspiré à cet aventureux séducteur une passion sérieuse et vraie. Il ne lui restait plus, — pour endormir sa conscience révoltée, — qu'à se demander, de temps à autre, si cette passion eût été durable.

Les trois vaisseaux qui l'inquiétaient si fort étaient *la Mégère*, *le Bellérophon* et *le Hanovre*. Quand il eut obtenu ce renseignement, il s'avisa un peu tard que *l'Alceste* n'avait aucune raison de s'éterniser sur les côtes du Yorkshire. Selon toutes probabilités, elle était partie depuis longtemps pour aller reprendre sa place dans l'escadre. Et depuis lors, qu'était-il advenu d'elle ou de son équipage? Engagée en maint et maint combat, ne pouvait-on espérer?...

Aussi ses appréhensions se trouvèrent-elles calmées. Toutefois, il y avait des moments de panique où les méfaits de la *presse* occupaient tous les esprits, et fournissaient matière à toutes les conversations. Philip, alors, se reprenait à craindre. Sylvia pouvait, se ravisant tout à coup, éclairée d'une lumière subite, s'apercevoir que la disparition de Kinraid n'impliquait pas, de toute nécessité, qu'il eût péri. Toutefois, pareille conjecture devait lui sembler improbable. A l'époque où le *specksioneer* avait si brusquement quitté la scène du monde, aucun croiseur de la marine royale n'était en vue des côtes, aucun du moins n'avait été publiquement signalé. En d'autres temps, — et cet hiver, par exemple, — on n'eût pas manqué de mettre sur le compte de la *press-gang* l'enlèvement d'une proie aussi digne de convoitise. Mais le nom de *l'Alceste* n'avait pas été murmuré une seule fois à l'oreille de Philip. Il en était d'ailleurs venu à penser que les gens de la ferme, isolés comme ils l'étaient, ne s'inquiétaient guère des incidents dont on parlait tant à Monkshaven. En ceci, pourtant, il se trompait, car sa tante, un soir, profitant d'un tête-à-tête momentané, lui parla des inquiétudes qu'elle nourrissait secrètement au sujet de son mari.

« Depuis quelque temps, lui disait-elle, on recommence à causer de la *press-gang*, et cela le met hors de sens.... Il semblerait que les mains lui démangent de tuer un ou deux de ces misérables.... Je l'entends quelquefois, la nuit, se réveiller pour les maudire, et ses gestes convulsifs me font peur.... Hier soir encore, n'a-t-il pas été dire à Sylvia que Charley Kinraid avait probablement été enlevé de cette manière?... Il n'en fallait pas tant pour qu'elle recommençât à pleurer toutes les larmes de son corps. »

Philip alors prit involontairement la parole ; une force invisible semblait l'y pousser.

« Qui sait, disait-il, si cela n'est pas? »

A peine ces mots avaient-ils franchi ses lèvres qu'il eût voulu se couper la langue avec les dents. Et pourtant ce fut un baume pour sa conscience que d'avoir ainsi rendu à la vérité une sorte d'hommage indirect.

Sa tante d'ailleurs repoussa bien loin (il s'y attendait peut-être), la suggestion qu'il venait de hasarder.

« Non, non, dit-elle, ce n'était pas un homme à rester malgré lui quelque part.... Il se serait plutôt pendu ou noyé, mon mari en convient lui-même.

— Et qu'en dit Sylvia? demanda Philip d'une voix émue.

— Elle s'en tient aux premières paroles de son père, et ne suppose pas qu'un gaillard si résolu se soit laissé violenter ainsi.... C'est son indomptable courage qu'elle aimait en lui et, d'ailleurs, ne devant plus le revoir, elle préférerait, j'en suis sûre, qu'il fût noyé.

— A la bonne heure, » dit Philip, qui pour calmer les anxiétés de sa tante, lui promit, bien décidé à tenir parole, de ne jamais parler de la *press-gang*.

C'était une promesse difficile à tenir, car Daniel ne voulait pas entendre parler d'autre chose. Volontiers peut-être eût-il chassé cette idée dans laquelle il s'obstinait malgré lui, mais il en était littéralement possédé. Son âge le mettait à l'abri de toutes craintes personnelles ; il n'avait pas de fils que la *presse* lui pût enlever, et néanmoins ses anciennes terreurs de jeunesse lui revenaient en foule, mêlées d'une colère sénile. Devenu plus sobre depuis la maladie de sa femme, il se remit dès ce moment à fréquenter les cabarets de Monkshaven, où il allait recueillir avidement les mille rumeurs qui pouvaient flatter sa passion dominante. Elle allait croissant toujours à mesure que des libations trop fréquentes affaiblissaient sa raison et que la concentration de son intelligence l'amenait peu à peu à une espèce de monomanie. Ainsi pourrait s'expliquer physiologiquement ce qui fut ensuite attribué à une possession surnaturelle, — espèce de condamnation portée contre lui et qui allait le pousser à sa perte.

IX

REPRÉSAILLES.

Nous avons parlé du *Rendez-vous* (Randyvow était la prononciation la plus généralement adoptée), c'est-à-dire du cabaret où s'étaient installés, à Monkshaven, les chefs de la *press-gang*, et où leurs victimes étaient ordinairement conduites, en attendant qu'on pût procéder à leur embarquement définitif. Cette maison, de renom assez piètre, avait une grande cour donnant sur le quai le plus voisin de la pleine mer, cour encombrée d'herbes et ceinte d'une forte muraille en bonnes pierres. Le propriétaire, John Hobbs, était un pauvre diable besoigneux, jaloux, qui pour améliorer ses affaires ne devait reculer devant aucuns moyens, si désespérés, si honteux qu'ils pussent être. Toute sa famille, — composée de sa femme, de ses nièces et d'un homme à gages, nommé Simpson, — était aux ordres et à la discrétion de l'officier chargé de diriger les opérations de la *presse*. On le savait de reste dans la ville, et ni Hobbs ni Simpson n'étaient vus de très-bon œil, bien que leur misanthropie envieuse eût fait place, depuis qu'ils se sentaient sous le coup du mépris public, à une politesse, à des complaisances de mauvais aloi.

Leur situation, comme celle de leurs patrons, devenait chaque jour plus critique; il était facile de prévoir que Monkshaven serait, avant peu, le théâtre de quelque explosion. Pendant l'hiver, en effet, et jusqu'au mois de février, plusieurs enlèvements opérés çà et là, par longs intervalles, — tantôt au loin, sur la côte, tantôt au cœur même de la ville, — avaient déterminé des murmures, des imprécations restées, il est vrai, sans résultats, mais qui attestaient dans le peuple une irritation toujours croissante. Des officiers de marine venaient fréquemment à terre, menaient grand train, se montraient aussi courtois, aussi familiers que possible, mais sans réussir à calmer les appréhensions que leur présence faisaient naître. Leurs affaires, d'ailleurs, n'avançaient guère, et le moment de frapper un grand coup leur parut arrivé lorsqu'ils furent avisés qu'un certain nombre de marins du Groënland étaient rentrés à petit bruit dans la ville pour y renouveler leurs engagements annuels qui, une fois signés, leur assuraient la protection des lois contre les abus de l'*impressment*.

Une nuit donc, — c'était un samedi, le vingt-trois février, — par une rude gelée qui retenait la population entière, hommes et femmes, abritée autour de ses foyers, le son du tocsin qui signalait un incendie et appelait au secours, vint surprendre les habitants de Monkshaven au sein de leur bien-être domestique. Nulle erreur possible; chacun savait bien de quoi il s'agissait et comprenait l'étroite obligation qu'imposait aux bourgeois et artisans de la petite communauté l'absence de tout corps constitué pour prêter aide et secours en de pareils désastres. Les hommes sautant sur leurs chapeaux, les femmes s'emmitouflant de leur mieux, — les premiers excités par le sentiment du danger, les secondes attirées par la curiosité, le besoin d'émotions vives qui caractérise leur sexe, — coururent en foule vers les halles, situées à la rencontre de High-street et de Bridge-street. C'était là qu'était le beffroi. — Où est le feu ? » se demandaient, tout haletants, les passants au galop qui se rencontraient par les rues; et, comme personne ne semblait pouvoir répondre exactement à cette question, chacun s'acheminait du côté de la cloche qui livrait au vent du nord-est ses appels de plus en plus précipités.

Les ternes réverbères des rues voisines projetaient à peine quelques lueurs indécises sur la Place du marché où la foule agglomérée faisait entendre des murmures qui grossissaient de minute en minute. Parmi les groupes réunis près de la Maison de ville, commençait à régner une terreur vague et sans motifs apparents. Au-dessus d'eux, la grosse cloche toujours en branle tintait et tintait de plus belle, mais devant eux la porte solidement verrouillée ne s'ouvrait pas, et personne ne se montrait au balcon pour leur dire où il fallait se rendre, ni quel danger réclamait leurs secours. Un mystère les enveloppait, plus glacial que le vent de la nuit. Mais bientôt, aux confins extérieurs de la foule, une clameur s'éleva qui allait préciser leurs craintes et leur donner un objet mieux défini. « La *presse !* la *presse !* s'écria quelqu'un d'une voix perçante.... Ils tombent sur nous....

au secours! au secours! » Ainsi donc le tocsin était un piége, et pour y faire tomber ces malheureux, on avait abusé de leurs meilleurs sentiments. Ceci, compris à demi, doublait la surprise et l'horreur de cette scène étrange; aussi chacun s'efforçait-il de fuir par toutes les issues de la place, excepté celle où le combat était engagé; le cinglement des fouets, le choc assourdi des massues, le gémissement des blessés, le cri furieux de ceux qui continuaient la lutte, arrivaient de ce côté à travers les ténèbres et accéléraient la course des fuyards.

Un groupe de ceux-ci, tout essoufflés et n'en pouvant plus, se réfugia dans un cul-de-sac ténébreux, pour se donner le temps de reprendre haleine. On n'entendit là, pendant pendant plusieurs secondes, que le bruit des poitrines oppressées et de leurs avides aspirations. Aucun ne distinguait son voisin, et la trahison à laquelle leur bon vouloir les avait exposés les remplissait de mille soupçons. Le premier qui osa parler fut reconnu à sa voix.

« C'est donc toi, Daniel Robson? lui demanda tout bas l'homme auprès duquel il se trouvait.

— Certainement.... Et qui donc serait-ce?... Si je pouvais me changer, ce serait contre quelqu'un pesant un peu moins de cent quatre-vingt.... Je suis littéralement à bout!

— Quelle honte!... et au prochain incendie, qui donc bougera de chez soi?

— Laissez-moi vous dire, enfants, reprit Daniel encore obligé de parler à bâtons rompus.... Nous avons été bien lâches,... ce me semble,... de laisser emmener si facilement ces pauvres garçons.

— Je suis du même avis, » dit une autre voix.

Et Daniel continua :

« Nous étions au moins deux cents, et jamais la *gang* ne compte plus de douze hommes.

— Oui.... mais ils avaient des armes.... J'ai fort bien vu briller leurs coutelas sous les lanternes, objecta une voix qu'on n'avait pas encore entendue.

— Eh bien, après? répondit le dernier venu, debout à l'entrée du cul-de-sac,... j'avais dans ma poche mon tranche-lard de baleinier, et je leur en aurais caressé les côtes si je n'avais été comme étourdi par cette damnée cloche qui continuait au-dessus de nos têtes son bruit infernal.... On ne meurt jamais qu'une fois.... Et cependant aucun d'entre nous n'a compris ce que nous pouvions faire pour ces pauvres diables qui nous appelaient au secours.

— Ils doivent à présent les tenir au *Randyvow*, remarqua quelqu'un.

— D'ici à ce qu'il fasse jour, impossible de les conduire à bord; ils auraient la marée contre eux, » reprit l'avant-dernier orateur.

Et Daniel Robson, alors, se fit l'organe de la pensée qui germait au fond de tous les cerveaux.

« Il nous reste donc une chance.... Combien sommes-nous?... »

On se compta dans les ténèbres et à tâtons. Ils étaient sept.

« Sept? reprit Daniel.... Mais si chacun de nous s'en va de son côté soulever la ville, il y aura bientôt des centaines d'hommes autour du *Randyvow*, et il sera facile de délivrer ces pauvres diables.... A nous sept, donc!... Que chacun appelle ses amis!... Le rendez-vous est sur les degrés de l'église.... »

A peine Daniel eut-il fini de parler, que les plus voisins de l'entrée, acquiesçant aussitôt à son projet, se dérobèrent, en sens divers, par les ruelles les moins fréquentées et en longeant les portions les moins éclairées de ces voies étroites : la plupart se dirigèrent d'instinct vers ces lieux infimes où ils étaient certains de trouver les éléments les plus inflammables de la population de Monkshaven. Les misères, les terreurs de l'hiver passé avaient entassé là d'énergiques ressentiments, plus exaltés, plus féroces que Daniel lui-même ne le soupçonnait en donnant le signal qui les allait déchaîner. A ses yeux, la rebellion projetée n'était qu'une de ces aventures comme il en avait tant couru dans sa jeunesse; le vin qu'il avait bu égayait encore pour lui cette joyeuse fredaine, et, — tandis que ses jambes perclues de rhumatismes le traînaient péniblement çà et là dans toutes les directions où il pensait trouver quelque « gaillard de sa trempe, » — il s'applaudissait du calme profond où la ville semblait rentrée et de la sécurité trompeuse à laquelle devait s'abandonner la *press-gang* maintenant rentrée au Rendez-vous.

A neuf heures, — et Monkshaven était alors plus endormie, à neuf heures, que maintes villes ne le sont maintenant à minuit — la conspiration improvisée s'ourdissait sur les degrés de l'église, où les marins essaimaient comme des abeilles, se pressant autour de ceux qui débattaient le plan d'attaque. Les excitations ne leur manquaient pas ; et sans parler de ces femmes qui, passant d'un groupe à l'autre, imploraient la délivrance immédiate de leur frère, de leur mari, de celui qui gagnait leur pain, il y avait, dans cette ville obscure et silencieuse, une foule de cœurs battant à l'unisson de la révolte, une foule de gens qui secrètement en bénissaient les auteurs. Daniel s'était vu bientôt dépassé, dans la conception des projets d'attaque, par quelques-uns de ceux qui se pressaient autour de lui; mais lorsque, après force bruits de pas mêlés de très-peu de paroles, les assaillants se trouvèrent devant la grande auberge close du haut en bas, son aspect inhabité parut les surprendre. Ce fut encore à Daniel que l'initiative appartint.

« Parlons-leur doucement, dit-il; essayons de les amadouer.... Hobbs lâchera peut-être les prisonniers sans coup férir, si nous pouvons nous expliquer avec lui.... Hobbs, continua-t-il, élevant la voix, la maison est-elle fermée pour toute la nuit?... J'aurais grand besoin d'une chopine.... Je suis Daniel Robson, une vieille connaissance. »

Pas un mot de réponse; la maison resta silencieuse comme la tombe; mais les paroles de Daniel n'avaient pas été perdues. Dans la foule qui le suivait s'élevèrent mille exclamations menaçantes; personne ne songeait plus à déguiser sa voix; la rage longtemps contenue s'exprimait en affreux blasphèmes. Si les portes et les fenêtres, en prévision de quelque assaut pareil, n'avaient pas été récemment pourvues d'armatures en fer, elles auraient cédé sous l'effort irrésistible de la foule qui, bélier vivant, se précipitait contre elles, mais qui dut reculer avec rage à la suite de cet inutile élan. Pendant cette minute critique, pas un mouvement, pas un son ne révélait dans la maison assiégée la présence d'un individu quelconque.

« Par ici, par ici!... J'ai trouvé sur les derrières un passage moins bien fermé, » dit alors Daniel, qui laissant conduire l'assaut par des gens plus jeunes et plus robustes, s'était occupé d'examiner les côtés faibles de l'enceinte. Il fut presque renversé par ceux qui se jetèrent après lui dans l'étroit couloir sur lequel avaient ouverture les bâtiments accessoires de l'auberge. Le verrou de l'une des portes avait déjà été brisé par Daniel, et les assiégeants s'introduisirent ainsi dans une étable infecte, où une pauvre vache affamée se hissa gauchement sur ses jambes quand elle vit son domicile envahi par tant de gens à la fois. Daniel, toujours en avant, faillit tomber, étouffé sur place, avant d'avoir pu défoncer un mauvais volet de bois pourri, lequel fermait un jour de souffrance donnant sur la cour de la vieille auberge, où tombaient d'aplomb les rayons de la lune.

C'est à grand'peine si la brèche ainsi pratiquée pouvait donner passage à un homme; mais Daniel n'hésita pas à s'y jeter et, violemment poussé par derrière, il alla tomber pesamment sur les pavés de la cour. Un peu étourdi de sa chute, il n'eut que le temps de s'écarter à quatre pattes pour se dérober à l'avalanche humaine qui se précipitait à sa suite. Bientôt elle eut rempli la cour où les nouveaux arrivés poussèrent une triomphante clameur; la maison assiégée y répondit enfin, à leur grande satisfaction.

Plus de silence, plus de résistance inerte : une lutte acharnée, un combat à chaque instant plus vif et plus furieux, combat auquel Daniel assistait inactif, le dos appuyé contre un mur, contemplant avec une sorte de regret cette mêlée dont il avait donné le signal.

Il vit les pavés arrachés briser peu à peu les ais d'un guichet qu'on avait négligé de consolider; il vit les fenêtres s'ouvrir et les canons de fusil s'abaisser vers la foule; mais, à ce moment-là même, la porte cédait, les assiégeants se précipitaient à l'intérieur, et les balles arrivèrent presque sans effet dans la cour tout à fait vidée. Derrière les murailles, le tumulte s'assourdit; c'étaient comme les rugissements d'une bête fauve aplatie sur sa proie; le bruit allait, venait : il y eut un moment où on n'entendit plus rien, et Daniel se soulevait péniblement pour vérifier la cause de ce silence, lorsque, avec un redoublement de cris plus distincts et plus joyeux, les assiégeants rentrèrent dans la cour en même temps que les victimes arrachées à la *press-gang*. Daniel se démenait, criait, se réjouissait comme un chacun, distribuant à droite, à gauche, force poignées de main et prêtant à peine l'oreille à ceux qui lui racontaient la fuite du lieutenant et de ses hommes par une des fenêtres de la façade, — la chasse qu'on leur avait donnée, — le prompt retour des assaillants empressés de délivrer les prisonniers et de passer leur rage sur la maison dont ils s'étaient rendus maîtres.

De tous les étages, effectivement, et par toutes les fenêtres, les meubles tombaient dans la cour. Le bruit des vitres cassées, le craquement des charpentes et des menuiseries, les cris, les jurons, les rires de la foule portèrent à son comble l'excitation de Daniel et, ne songeant plus à ses meurtrissures, il s'élança pour prendre sa part de la bagarre. Le sentiment de sa victoire lui tournait la tête ; ses hourrahs saluaient chaque dévastation nouvelle ; il serrait la main des plus ardents à détruire, et, dans un moment où il s'était arrêté pour reprendre haleine :

« Si j'étais jeune comme autrefois, s'écria-t-il, je raserais de fond en comble ce maudit *Randyvow*, et sur ses ruines j'allumerais un feu de joie.... Comme cela, du moins, on aurait quelque raison de sonner le tocsin. »

Aussitôt dit, aussitôt fait. L'agitation populaire en était à ce point où tout conseil funeste trouve faveur ; vieilles chaises, tables rompues, tiroirs arrachés, coffres crevés furent promptement et adroitement entassés en pyramide, et un des meneurs, qui dès les premiers mots s'était mis en quête de charbons ardents, revint avec une pleine pelletée de cendres rouges qu'il venait de prendre dans un four encore allumé. La flamme ne tarda pas à monter vers le ciel, indécise d'abord et revenant sur elle-même comme pour entourer la base du léger édifice et s'emparer plus sûrement de sa proie, puis avec un éclat plus vif, un élan plus irrésistible, et les mutins, alors, poussant un farouche cri de joie, se mirent à rire, à chanter, à sauter autour du bûcher comme eussent pu faire des écoliers en goguettes. Parmi ces éclats de voix et les pétillements de l'incendie, les longs mugissements de la pauvre vache attachée dans l'étable arrivèrent jusqu'aux oreilles de Daniel, volontiers ouvertes à un pareil langage. Il se rendit en boitant de ce côté ; — l'animal, effarouché par les clartés, la chaleur des flammes, bondissait et tirait sur sa corde ; notre fermier émérite savait heureusement comment l'apaiser, et quelques minutes après, lui ayant passé une longe autour du cou, il l'attirait doucement dans l'espèce de couloir par où les assiégeants avaient pénétré dans la maison, lorsque Simpson, le domestique de l'auberge, sortant tout à coup de quelque cachette obscure, se trouva face à face avec lui.

Cet homme était blême de peur et de colère.

« Tiens, lui dit le fermier, prends ta bête, et mène-là un peu loin de ce tapage !... Elle était tout à l'heure à moitié folle.

— Ils brûlent jusqu'à ma dernière chemise, s'écria Simpson haletant.... Me voilà dans la misère jusqu'au cou !...

— Et c'est bien fait; il ne fallait pas te tourner contre les tiens, te faire le valet de ces bourreaux.... Si j'étais plus jeune, tu ne me verrais pas attelé après ta vache.... Je serais là-bas à danser comme eux.

— C'est toi qui les a lâchés sur nous.... Je t'ai entendu, je t'ai vu leur frayer le chemin.... Jamais ils n'auraient pensé à prendre la maison d'assaut, jamais à brûler nos meubles, si tu ne leur en avais donné l'idée. »

Simpson pleurait alors pour tout de bon ; mais Daniel, fier de la bonne œuvre qu'il croyait avoir inspirée, s'inquiétait à peine du dénûment auquel ce misérable allait être réduit.

« Oui, oui, disait-il ; c'est fort à propos qu'une tête avisée se trouve parmi ces babillards : sans moi, jamais ils n'auraient songé à détruire ce nid de guêpes.... Il faut de l'esprit naturel pour que ces idées-là vous arrivent si à propos…. Ce qui est sûr, c'est que les gens de la *presse* ne logeront plus ici…. Si seulement nous avions pu les bloquer…. Quant à Hobbs, j'aurais voulu lui dire deux mots.

— Son affaire est faite, reprit Simpson sur un ton plaintif ; lui comme moi, moi comme lui, nous sommes ruinés à plate couture.

— Allons donc !… Comme si tu n'avais pas ton frère, et comme si sa boucherie n'était pas la meilleure de la ville…. Quant à Hobbs, la leçon lui servira…. Il fera son métier plus loyalement…. Prends ta vache maintenant, car les doigts me font mal de la tenir…. Et ne te laisse voir que tout juste, car il y a par là-bas des têtes un peu montées qui te feraient volontiers un mauvais parti.

— Ah ! reprit l'autre, cela m'est bien égal, maintenant que j'ai tout perdu…. Quant à ce qui est de la *gang*, comme de toi d'ailleurs, et de Hobbs, et de cette racaille insensée, — je voudrais de bon cœur vous envoyer tous au fond de l'enfer.

— Voyons un peu, mon garçon, voyons, reprit Daniel que ce vœu charitable n'effarouchait pas autrement, je ne roule pas sur l'or, moi non plus…. Mais voici une demi-couronne et deux *pence*, que j'ai sur moi par grand hasard…. Cet argent t'aidera, cette nuit, à te procurer logement et nourriture pour toi et ta bête…. Tu auras même de quoi te donner un verre de « consolation, » ce que je ferais très-volontiers moi-même, si mes poches n'étaient complétement vides…. »

L'avidité empressée avec laquelle Simpson se jeta sur la monnaie qui lui était offerte, les humbles remercîments qui succédèrent sur ses lèvres aux malédictions dont il accablait l'univers, n'inspirèrent point à Robson le mépris qu'on pourrait croire. Il n'avait ni l'habitude, ni le loisir de la réflexion et, — devenu tout à coup le héros de l'insurrection populaire, choyé, caressé, par tous ceux qui se jetaient au-devant du cortége libérateur, — il demeura tout entier aux remercîments dont on l'accablait, jusqu'au moment où la fatigue, le malaise de ses membres endoloris, le besoin de se retrouver au milieu des siens et de recevoir les soins de sa femme, le déterminèrent à reprendre le chemin de Haytersbank. Parvenu sur les hauteurs où la ferme était située, il se tourna pour jeter un dernier regard dans la direction de Monkshaven. L'incendie était à peu près éteint; mais, sur l'emplacement du trop fameux *Randyvow*, on voyait encore quelques rouges reflets, quelques filets de fumée. Daniel, à cet aspect, ne put s'empêcher de sourire : « Voilà ce qu'on gagne, se disait-il, à sonner le tocsin quand il n'y a de feu nulle part. »

X

JOIE ÉPHÉMÈRE.

Pour Bell Robson et pour Sylvia, il n'y avait rien de très-inusité à voir le mari de l'une, le père de l'autre rentrer du marché à une heure avancée de la nuit, la tête quelque peu embarrassée, le pas quelque peu chancelant. Aussi l'attendaient-elles paisiblement, ce soir-là, Bell engourdie dans son fauteuil, Sylvia immobile au coin du feu, les yeux sur les tisons, la pensée au loin, dans ces vagues régions où elle cherchait l'image de son malheureux fiancé, sans la trouver toujours aussi nette, aussi lumineuse qu'elle l'eût voulu.

Après de longs rêves, un moment vint où la vieille fermière redressa la tête tout à coup, et où ce brusque mouvement tira Sylvia des préoccupations mélancoliques dans lesquelles elle était comme abîmée.

« Le père n'est pas rentré, dit Bell.

— Huit heures sont sonnées depuis longtemps, repartit Sylvia.

— Le vent n'a-t-il pas apporté de ce côté un bruit de cloches ?... »

C'était le tocsin de Monkshaven, qu'elle n'avait pas reconnu. Il y eut ensuite un long silence, mais toutes deux, cette fois, étaient bien éveillées.

« Si je prenais, dit Sylvia, la lanterne de l'étable pour aller au-devant de lui ?

— C'est cela, ma fille ; donne-moi de quoi me couvrir et je t'accompagnerai.

— Je ne le souffrirai pas, dit Sylvia.... Malade comme vous l'êtes, et par une nuit comme celle-ci, ce serait le comble de l'imprudence....

— Alors, fais lever Kester.

— A quoi bon ? Je n'ai pas peur de l'obscurité.

— De l'obscurité, non ; mais de ce que tu pourrais y rencontrer ?... »

Ces dernières paroles firent passer un frisson dans tout le corps de Sylvia. Elle se figura, sur une des barrières du champ qu'elle allait traverser, le pâle fantôme de Kinraid.... Mais cette imagination même n'était pas de nature à l'effrayer. Une douleur sincère et profonde avait détruit chez elle toutes les susceptibilités nerveuses de la jeune fille. Elle sortit donc seule, et rentra au bout de quelque temps sans avoir rien vu. La mère et la fille reprirent leur veillée, qui leur sembla cette fois se prolonger indéfiniment. Enfin un bruit de pas se fit entendre, et si familier qu'il fût à leurs oreilles, elles tressaillirent toutes deux.

« Je n'en peux plus, dit Robson se laissant lourdement aller sur le siége le plus voisin de la porte.

— Pauvre papa ! » s'écria la jeune fille agenouillée déjà pour dénouer les gros souliers de son père couverts d'une boue épaisse.

Bell s'était rapprochée, une chandelle à la main ; elle vit la figure de son mari noircie par la fumée, ses habits en désordre, arrachés, déchirés par endroits :

« Que t'a-t-on fait? lui dit-elle.

— Rien, répondit-il.... C'est moi qui me suis enfin donné le plaisir de châtier la *gang*.

— Toi ! s'écrièrent à la fois les deux femmes.... Auraient-ils voulu t'enlever?

— Pas si bêtes : mais tout de même ils ont eu leur compte ; et la première fois qu'ils seront tentés de recommencer, ils demanderont, c'est moi qui vous le dis, si Daniel Robson est dans les environs.... Quant au *Randyvow*, il en reste à peine les quatre murs.... Nous l'avons brûlé, moi et quelques autres, pour délivrer une douzaine de bons garçons qu'ils y avaient traînés par surprise.

— Tu ne prétends pas dire, demanda Bell fort émue, les gens de la *gang* ont été brûlés en même temps que la maison ?...

— Pas pour cette fois : ils se sont échappés comme des lapins. »

Puis il entra dans tous les détails de l'affaire, interrompu çà et là par les exclamations, les questions des deux femmes qui l'écoutaient avidement. Peu à peu néanmoins, dominé par la fatigue, il sentit sa voix s'éteindre et ses yeux se fermer. Sa femme et sa fille se mirent alors à le déshabiller sans bruit, et le portèrent entre les deux draps bien chauds qu'elles avaient cru devoir bassiner, dans des circonstances si exceptionnelles. Tout au plus, endormi comme il était, put-il sentir le baiser que Bell posa doucement sur sa joue flétrie.

« Dieu te bénisse, mon homme ! disait-elle tout bas.... Je t'ai toujours vu prendre parti pour les gens qu'on opprime. »

Kester, le lendemain, partagea l'admiration de ses deux maîtresses, et Daniel put se repaître à loisir des éloges enthousiastes que chacun lui décernait, dans le petit cercle de famille. Il se leva tard, encore un peu meurtri de sa chute sur les pavés, et rentra de bonne heure des champs où il était allé se promener avec Kester.

Ils trouvèrent Philip assis auprès de Sylvia. Depuis qu'il se gardait de tout empressement maladroit, elle l'écoutait avec plus de patience et parfois même avec un certain plaisir. Lui seul, de temps en temps, apportait quelque distraction dans cette monotone existence que lui faisaient des occupations régulières, désormais sans aucun intérêt pour elle. Elle était tombée par degrés sous la dépendance de ce dévouement timide, de ces attentions discrètes dont il l'entourait sans cesse ; et lui, de son côté, — lui que sa vivacité piquante avait séduit naguère, — il trouvait, en véritable amoureux, à sa langueur actuelle un charme bien plus puissant, à son silence une douceur suprême dont aucune parole n'aurait pu donner l'idée.

Daniel était rentré avec l'idée de se mettre au lit ; mais l'arrivée de Philip le fit changer de projet. Il voulait savoir ce qui se disait à Monkshaven au sujet des événements de la veille, et, dès le début de l'entretien, crut devoir l'informer du rôle important qu'il avait joué dans la délivrance des prisonniers. Sylvia, seule attentive à l'impression que ce récit produirait sur Philip, demeura fort étonnée de voir sur sa physionomie, au lieu de l'admiration qu'elle attendait, un étonnement douloureux, une gêne mal dissimulée. Il semblait avoir quelque chose à dire et chercher, tout en écoutant, sous quelle forme il pourrait le faire accueillir. Lorsque Daniel eut achevé son épopée, surpris et piqué de n'entendre ni les questions, ni les félicitations auxquelles il s'attendait :

« Mon neveu, reprit-il en se tournant vers Bell, mon

neveu est trop occupé des bénéfices qu'il a faits sur ses boîtes d'épingles, pour s'intéresser beaucoup aux femmes et aux enfants de ces pauvres diables que nous avons rendus à la liberté. »

Philip devint d'abord très-rouge, et ensuite plus pâle que d'habitude. Il fut quelque temps à pouvoir parler et dit enfin :

« Monkshaven, aujourd'hui, passait un mauvais dimanche. Ceux qu'on appelle « les mutins » voulaient couronner leurs exploits de la nuit en attaquant les matelots de l'État. La milice a dû prendre les armes pour les en empêcher, et quand je suis parti, on cherchait un juge de paix pour faire les trois lectures du *riot-act*; on assure que demain les boutiques ne s'ouvriront pas. »

L'affaire se présentait ainsi sous un jour plus sérieux qu'aucun des assistants ne l'avait pressenti. Une certaine préoccupation se peignait sur leurs physionomies, mais Daniel, reprenant courage :

« Je ne prétends pas, dit-il, qu'on n'ait été un peu loin hier au soir.... Encore faut-il reconnaître qu'il y avait provocation suffisante, et ce n'est pas le cas d'avoir si vite recours aux soldats, voire à ceux de la milice.... Voyez un peu, cependant, continua-t-il avec ironie, tout le bruit que peuvent faire sept pauvres diables réunis par hasard dans un cul-de-sac ! »

Philip, plus grave que jamais, persista courageusement, au risque de mécontenter ses amis.

« Je ne voulais pas vous en parler, disait-il; je ne me figurais pas que mon oncle fût mêlé à tout ceci, et je vous avoue que j'en suis vivement contrarié.

— Pourquoi ? demanda Sylvia d'une voix émue.

— Il n'y a pas là de quoi se repentir, ajouta Bell; je suis heureuse et fière de ce qu'il a fait.

— Laissez, laissez, dit Daniel chez qui la colère prenait le dessus.... Je n'aurais pas dû l'entretenir de tout ceci..... Rien là dedans qu'il puisse comprendre.... Parlons cotonnades et merceries. »

Philip ne prit seulement pas garde à ce vain sarcasme. Il semblait perdu dans ses réflexions :

« Je ne saurais pourtant, reprit-il, si désagréable que ce puisse être, vous taire ce que je sais.... Ce matin, à la chapelle, on ne parlait que de l'émeute d'hier et du sort réservé à ceux qui l'ont provoquée. On assurait qu'ils seraient jetés en prison et passeraient ensuite devant les tribunaux.... Vous jugez par là de l'effet qu'ont produit sur moi les paroles de mon oncle.... D'autant que les magistrats sont tous avec le gouvernement, et tous, à ce qu'on assure, altérés de vengeance. »

Un silence de mort suivit ces paroles. Les deux femmes se regardaient l'une l'autre avec des yeux hagards, ne paraissant pas comprendre comment une conduite si louable, selon elles, pouvait être envisagée par qui que ce fût au monde, comme digne d'une censure ou d'un châtiment quelconques. Daniel prit la parole avant qu'elles ne fussent revenues de leur étourdissement.

« Ce que j'ai fait, dit-il, je le referais encore et ne saurais m'en repentir; voilà ce qu'il faut que tu saches, et tu diras aux juges, si bon te semble, que je préfère mon rôle à celui qu'ils jouent, quand ils laissent enlever leurs concitoyens au sein même de la ville où ils sont chargés de maintenir l'ordre. »

Peut-être Philip eût-il dû retenir sa langue; mais il voulait, avant tout, que son oncle, averti des dangers qu'il allait courir, prît à cet égard les précautions nécessaires.

« Ce qui leur donne prise, continua-t-il, ce sont les dévastations commises au *Randyvow*. »

Daniel avait pris sa pipe sur le coin de la cheminée et la chargeait tranquillement, ou du moins avec un air tranquille. Au fond, cependant, il commençait à se sentir plus troublé qu'il ne voulait le laisser paraître. Les trois membres de la famille, la tête tournée de son côté, attendaient ce qu'il allait répondre.

« Le *Randyvow?...* dit-il enfin ; c'était un nid à rats que l'incendie a nettoyé.... Le bâtiment, d'ailleurs, n'appartenait à personne.... On m'a dit qu'il était à l'état de séquestre, et géré, à Londres, par les agents de la Chancellerie.... Vous voyez donc, mon camarade, que le dommage n'est pas bien sérieux. »

Philip ne répondit rien. Il ne se souciait pas d'affronter l'irritation toujours croissante de son oncle. S'il avait su, avant de quitter la ville, en quoi consistait la participation de Daniel Robson dans les événements survenus la veille au soir, il aurait pris des renseignements plus exacts sur les dangers qu'il lui signalait et à la réalité desquels il ne pouvait s'empêcher de croire. Maintenant il ne restait qu'à s'informer des rigueurs légales suspendues sur la tête des mutins, et à savoir jusqu'à quel point son oncle était compromis.

Celui-ci fumait avec une sorte de rage. Kester poussa un bruyant soupir et, se le reprochant tout aussitôt, siffla un petit air. Bell, toute entière à ses craintes nouvelles et voulant rétablir l'harmonie entre les personnes présentes :

« Il est clair, dit-elle, que la perte aura été grande pour John Hobbs.... Peut-être bien l'avait-il méritée, mais on tient toujours à ses meubles et....

— Je voudrais qu'on l'eût brûlé avec eux;... je le voudrais, grommela Daniel secouant les cendres de sa pipe.

— Ne te calomnie donc pas, reprit sa femme.... S'il t'avait appelé au secours, tu aurais couru, tout des premiers, pour éteindre le feu....

— Et je suis bien sûre, ajouta Sylvia, que si l'on fait une collecte pour rendre à Hobbs ce qu'il a perdu, le nom de mon père figurera sur la liste.

— Tu ne sais ce que tu dis, s'écria Daniel.... Une

autre fois, ma petite, retiens ta langue jusqu'à ce qu'on te demande ton avis ! »

Ces vivacités de langage lui étaient si peu habituelles vis-à-vis de sa fille, que les yeux de celle-ci se remplirent de larmes et qu'on vit frémir ses lèvres émues. Philip, à qui n'échappait aucun de ces symptômes, s'apitoyait intérieurement sur elle, et se hâta d'aborder un autre sujet, pour la délivrer d'une attention importune; mais Daniel n'était pas d'humeur causante, et la conversation continua comme elle put, alimentée tant bien que mal par Bell et par Kester qui venait charitablement au secours de sa maîtresse.

Sylvia, remontant à petit bruit dans sa chambre, se jeta sur son lit et se mit à sangloter. Assis au pied de l'escalier et l'oreille au guet, Philip ne perdait pas un seul de ses gémissements contenus. Que n'eût-il pas donné pour lui adresser quelques paroles de consolation ! Mais il fallut continuer à parler de choses et d'autres jusqu'au moment où Daniel, épuisé de fatigue, laissa échapper quelques mots qui valaient un congé formel. Sa femme aurait bien voulu causer en particulier avec Philip, mais le vieux fermier déjoua toutes ses tentatives à cet égard en persistant à reconduire lui-même jusqu'à la porte son malencontreux visiteur. A son tour, Kester reprit le chemin de l'étable où il couchait, et lorsque Daniel fut remonté dans sa chambre, Bell s'occupa d'éteindre le feu. Ce soin l'absorbait encore lorsqu'elle crut entendre, malgré le bruit qu'elle faisait elle-même, gratter légèrement aux vitres de la croisée. Dans la situation d'esprit où elle se trouvait, ce signal la fit tressaillir; mais en tournant la tête, elle vit appuyée contre le carreau la face du vieux Kester, et, se rassurant aussitôt, elle alla doucement ouvrir la porte. L'honnête valet de ferme était là, debout dans les ténèbres, et sa maîtresse crut entrevoir qu'il tenait à la main une espèce d'arme. Ce n'était, après tout, que sa fourche d'écurie.

« Maintenant que le maître est au lit, lui dit-il tout bas, je vous serais bien obligé de me laisser coucher dans la maison.... Soyez absolument certaine que pas un constable de Monkshaven n'y pénétrera tant que je monterai la garde. »

A ces mots, Bell se sentit prise d'un léger frisson.

« Non, Kester, lui dit-elle en lui posant légèrement la main sur l'épaule.... Il ne faut pas prendre peur comme cela.... Notre homme n'a rien fait de mal, et on ne saurait lui chercher chicane. »

Kester, toujours immobile, secouait la tête :

« Il ne faut pas trop s'y fier, reprit-il ; ces feux de joie offusquent beaucoup de monde.... Laissez-moi, maîtresse, laissez-moi dormir au coin de la cheminée !...

— Non, Kester.... commençait-elle, mais, changeant tout à coup d'avis : Dieu te bénisse, mon brave homme ! lui dit-elle.... Viens t'étendre sur le banc !... tu auras mon manteau pour te préserver du froid ;... notre aniel n'a déjà pas tant d'amis en ce monde, et il vaut mieux nous trouver ainsi réunis sous le même toit, sans murs ni verrous qui nous séparent. »

Kester coucha donc cette nuit dans la maison ; et personne ne s'en doutait, — à l'exception de Bell.

XI

LES MAUVAIS JOURS.

Le lendemain, par une sorte d'accord tacite, il ne fut fait aucune allusion aux incidents que nous avons racontés. Chacun, au fond, aurait désiré un supplément d'informations, et Bell Robson, plus libre de ses mouvements, eût envoyé Kester à la ville afin de savoir ce qui s'y passait. Mais Daniel ne le perdait pas de vue, et Sylvia ne quittait pas sa mère. N'osant se parler de leurs craintes, ils se serraient les uns contre les autres par un instinctif besoin d'aide mutuelle. Les gens de leur classe sont ainsi et se figurent volontiers, comme l'autruche, qu'en fermant les yeux au danger ils en conjurent la menace, et qu'en exprimant leurs craintes, au contraire, ils en précipitent la réalisation. Dans les circonstances où se trouvaient les Robson, ce fut là un véritable malheur, car en se consultant les uns les autres au sujet de leurs préoccupations, peut-être auraient-ils pris quelque parti salutaire. Au lieu de cela, ils parlèrent toute la matinée de sujets indifférents, et midi venu, se mirent à table comme si de rien n'était. Mais personne n'avait faim, les assiettes restaient pleines et la conversation allait son train, stimulée par les efforts d'un chacun, lorsque Sylvia, placée en face de la fenêtre, vit accourir Philip qui descendait précipitamment la colline. En butte depuis quelques heures aux pressentiments les plus sinistres, elle devina que ce retour soudain était de mauvais présage, et se levant toute pâle :

« Le voilà ! » dit-elle en le désignant du doigt.

Tous furent debout à l'instant même, et la minute d'après Philip arrivait tout essoufflé.

« Ils sont en route, s'écria-t-il,... le *warrant* est décerné.... Il faut partir.... J'espérais même, je l'avoue, que c'était chose déjà faite.

— Dieu nous vienne en aide ! » dit Bell, qui retomba sur son siége, comme frappée en pleine poitrine ; mais elle se releva aussitôt. »

Sylvia s'était déjà élancée pour aller chercher le chapeau de son père. Des trois personnages, il était encore le moins ému.

« Je n'ai pas peur, disait-il ; ce que j'ai fait, je le ferais encore, et je ne manquerai pas de le leur dire.... Nous voici dans un beau temps, où l'on prend les gens au piége comme des rats, et où on jette dans les cachots ceux qui tentent de les délivrer.

— Si on s'était borné là, continua Philip.... Mais il y a eu sédition, sédition compliquée d'incendie.

— Et je ne le regrette pas, répliqua l'obstiné vieillard ... Peut-être, cependant, si c'était à recommencer, n'irai-je pas aussi loin. »

Sylvia, sur ces entrefaites, lui apportait son chapeau ; Bell, toute tremblante, lui passait son surtout, et tenait toute prête, pour qu'il l'emportât, sa bourse de cuir où tintait quelque monnaie rassemblée à la hâte.

Il regardait ces préparatifs, portant ses yeux tour à tour sur sa femme et sur sa fille. Son teint, fortement coloré, s'altéra quelque peu.

« Je ne reculerais pas devant les verroux, et la prison ne me ferait pas peur, si ce n'était à cause d'elles, disait-il avec hésitation.

— Pour Dieu, reprit Philip, ne perdons pas de temps !... vous devriez être loin d'ici ?

— Où faut-il qu'il aille? demanda Bell, comme si c'était à Philipp de tout régler.

— Où il voudra, où il voudra, pourvu qu'il soit hors de chez lui.... A Ilverstone, par exemple.... J'irai l'y rejoindre pour combiner ce qu'il faudra faire ensuite.... Mais qu'il parte, à présent! qu'il parte sans délai ! »

Philip était si agité qu'il prit à peine garde au vif regard de muette reconnaissance que, dans ce moment, Sylvia tenait arrêté sur lui ; plus tard, seulement, il devait se le rappeler.

« Je voudrais qu'ils fussent tous pendus, » s'écria Kester en s'élançant vers la porte ; car il voyait, — et il était seul à le voir, — qu'il ne pouvait plus être question de s'échapper. Les *constables* étaient déjà au bout du champ qui jouxtait la maison, c'est-à-dire tout au plus à une cinquantaine de mètres.

« Cachez-le ! cachez-le ! » criait Bell, se tordant les mains dans sa frayeur. Comment fuir, en effet ? Daniel, appesanti par l'âge, gêné par ses rhumatismes, se ressentait en outre des meurtrissures qu'il avait reçues pendant la nuit fatale.

Philip, sans un mot de plus, fit monter Daniel devant lui. Comprenant bien ce que sa présence dans la ferme de Haytersbank avait de compromettant pour le vieillard, il ne manqua pas de s'enfermer avec lui dans la plus grande des deux chambres à coucher. A peine Daniel s'était-il insinué sous le lit, tandis que Philip s'enveloppait de son mieux dans les plis d'un épais rideau, ils entendirent le bruit d'une lutte qui leur signala l'entrée des constables. Des voix s'élevèrent ensuite; on traînait des chaises, on remuait des meubles, les portes battaient, les voix s'animaient; et le tout finit par un cri de femme, un cri perçant et douloureux, à l'accent duquel on ne pouvait se méprendre.

« Ce cri a tout gâté, » soupira Philip.

Effectivement, la porte s'ouvrit peu après; et sans les voir, et bien qu'ils demeurassent immobiles à regarder du seuil dans tous les coins de la chambre, Daniel et Philip comprirent que les constables étaient là. Le moment d'après, les pieds du jeune homme, que le rideau un peu trop court ne cachait pas tout à fait, les attirèrent de son côté; ils le saisirent avec violence, mais le lâchèrent aussitôt :

« Monsieur Hepburn ! » s'écria l'un d'eux, tout d'abord stupéfait. Mais ils ne furent pas longtemps à comprendre. Dans une petite ville comme Monkshaven, les relations d'un chacun sont connues de tous, et ces hommes eurent bientôt deviné pourquoi et comment Philip se trouvait à Haytersbank.

« L'autre ne doit pas être bien loin, reprit le second constable ; son assiette, en bas, était encore pleine.... A notre sortie de Monkshaven j'ai vu monsieur Hepburn qui prenait sur nous les devants. »

— Le voici, le voici, nous le tenons! » cria son camarade, tirant Daniel par les jambes ; et, malgré les ruades de ce dernier, il lui fallut bien se résigner à cette ignominieuse capture. Mais une fois pris, il se secoua, et, faisant face aux gens de police :

« Je voudrais, leur dit-il, ne m'être jamais caché.... Si je l'ai fait, c'est qu'il l'a voulu, ajouta-t-il désignant Philip par un mouvement assez dédaigneux.... Je suis bien sûr que vous avez un mandat en règle.... Quand nous posons les armes, les juges se mettent à écrire.... »

Mais, nonobstant ces bravades, le vieillard avait reçu le coup, et Philip ne manqua point de s'en apercevoir.

« Point de menottes, dit-il au constable, — et ces paroles furent accompagnées d'un petit présent. — Vous êtes bien sûr de le garder sans cela. »

Cette conversation à voix basse inquiéta Daniel.

« Laisse, mon garçon, laisse aller les choses, dit-il.... J'aime à voir ces deux gaillards robustes s'inquiéter ainsi d'un bon vieux de soixante-deux ans (vienne la Saint-Martin), et encore tout perclus de rhumatismes....»

Mais il voulut en vain soutenir ce ton de raillerie, quand il passa, prisonnier, devant sa femme et sa fille, appuyées l'une contre l'autre et se tenant les mains. Kester était dans un coin de la chambre, debout et la physionomie menaçante.

La beauté de Sylvia se montra sous un jour nouveau lorsqu'elle vit définitivement emmener son père ; — on eût dit une Furie enchaînée.

« Courage, ma bonne fille ! lui dit Daniel s'arrêtant

devant elle pour la prendre dans ses bras; je reviendrai bientôt; fais en sorte que je te trouve bien portante.... En attendant, veille sur ta mère, soigne-la bien !... Et si vous avez besoin de conseils, recourez toutes les deux à Philip !... »

Il était déjà sorti, et les femmes commençaient à éclater en sanglots, lorsqu'un des constables, bonnet en main, reparut sur le seuil.

« Il désire parler à sa fille, » dit cet homme avec un certain respect. Le prisonnier et les gardiens s'étaient arrêtés à une douzaine de pas de la maison. Sylvia courut se jeter dans les bras de son père.

« Sylvia, mon enfant, lui dit le vieillard, je t'ai parlé un peu bref dans la soirée d'hier, et tu m'as quitté le cœur gros.... Oublie tout cela, chère petite, et puisque nous nous séparons aujourd'hui, dis-moi que tu me pardonnes !...

— Oh! mon père, mon père, » répétait Sylvia sans pouvoir ajouter un mot de plus. Empressé d'abréger cette scène qui, se prolongeant, semblait embarrasser les constables, Philip prit sa cousine par la main et la reconduisit auprès de sa mère.

Peu à peu le silence se fit dans la maison. Les femmes avaient cessé de pleurer; Philip réfléchissait sur les meilleures mesures à prendre; Kester, d'abord irrité contre sa maîtresse, qui l'avait empêché de tomber à coups de fourche sur les constables, philosophait maintenant au fond de son écurie qui était, en toutes circonstances, son refuge préféré. Du reste, il ne croyait pas son maître absent pour plus de deux ou trois jours, et, dans leur ignorance heureuse, les autres, excepté Philip, se faisaient la même illusion. Quant à ce dernier, toutes réflexions faites, il venait d'arrêter son plan de campagne, et lissant avec la manche de son habit l'épaisse toison de son castor, il s'apprêtait à prendre congé. Mais avec sa prudence ordinaire, il se garda bien d'annoncer à quelles recherches il allait se livrer, et quels périls il entrevoyait. Il comptait bien revenir le jour même, mais il ne manifesta aucune intention de ce genre, et Sylvia ne put s'empêcher de pousser un cri de détresse quand elle le vit disparaître ainsi sans avoir rien fait ni rien dit qui fût de nature à l'éclairer.

Sa mère la consola de son mieux, et toutes deux, par cette après-midi de février où la pluie battait leurs carreaux, où le vent promenait ses plaintes le long des vastes marécages, demeurèrent l'une vis-à-vis de l'autre, dévorées d'anxiétés et d'angoisses.

Philip, néanmoins, entrait à Monkshaven, bénissant le mauvais temps qui dépeuplait les rues et le mettait à l'abri de toute rencontre gênante. La ville était littéralement en deuil. De même que l'opinion avait en grande partie sanctionné la révolte et ses excès, de même était-elle défavorable aux magistrats et aux rigoureuses mesures qu'ils avaient cru devoir prendre pour le maintien de la sécurité publique. Philip se trompait donc en cherchant à éviter les regards; il n'eût rencontré que bienveillantes sympathies et sincère désir de lui venir en aide. Mais la timidité qui le portait à se dérober de la sorte, ne l'empêcha pas de se conduire en véritable et loyal ami. Bien que ses services fussent réclamés au magasin, il ne put se faire à l'idée du moindre retard, et se rendit tout droit chez le meilleur *attorney* de Monkshaven, celui-là même qu'on avait appelé à conseil pour rédiger le nouvel acte de société entre les frères Foster et leurs jeunes successeurs. M. Donkin, — c'était le nom de l'*attorney*, — se trouvait ainsi en relations avec Philip, et avait pris de lui l'opinion la plus favorable; aussi le reçut-il sans retard.

« Daniel Robson? lui demanda-t-il quand le jeune homme, après d'assez longues hésitations, eut vaguement fait connaître l'objet de sa démarche.... Il me semble que je connais ce nom.... N'est-ce pas un de ces hommes compromis dans l'affaire de samedi soir ? »

En signe d'affirmative, Philip inclina tristement la tête. La physionomie de M. Donkin devint alors beaucoup plus sérieuse. Levant les yeux sur Philip :

« Vous êtes sans doute informé, lui dit-il, que je suis le *clerk* des magistrats?... Non?... Je dois, dans ce cas, vous en instruire. Si donc vous venez réclamer mes services ou mes conseils pour quelqu'un sous le coup de leurs poursuites présentes ou futures, sachez qu'il ne m'est pas permis de vous les donner. »

Philip faillit perdre contenance. A la longue, cependant, il se ravisa.

« Je suis devenu, dit-il, l'unique soutien de cette famille privée de son chef, et j'aurais grand besoin, pour savoir ce que j'ai à faire, qu'on me mît au courant du sort réservé à Daniel Robson.... Vous serait-il interdit, monsieur, de me donner ce renseignement?

— Daniel Robson comparaîtra demain matin devant les magistrats pour subir un dernier interrogatoire, suivi de confrontations.... De là il partira pour York-Castle, où il attendra l'ouverture des assises de printemps.

— York-Castle ! répéta Philip, complétement abasourdi.... Et vous dites qu'il partira?...

— Demain, à l'issue de la séance, selon toutes probabilités.... Son affaire ne me paraît pas trop bonne.... Serait-il par hasard de vos amis, monsieur Hepburn?

— C'est mon oncle, répondit le jeune homme embarrassé.... Mais, au nom de Dieu, que peut-on lui faire?

— Ce qu'on peut lui faire?... et M. Donkin souriait à demi de tant d'ignorance. On peut le faire pendre, si le juge se trouve ce jour-là de mauvaise humeur : il est, (au premier ou second degré, je ne sais pas trop), un des principaux fauteurs de la révolte.... La peine capitale lui est par conséquent applicable.... Je ne saurais m'y tromper, ayant moi-même rédigé le *warrant*.

— Mais, monsieur, reprit Philip de plus en plus terrifié, mon oncle croyait si bien faire....

— Eh quoi, bien faire en démolissant, en incendiant des maisons habitées, en détruisant, en brûlant leur mobilier?... Voilà, vous en conviendrez, des notions toutes particulières.

— D'accord; mais songez à l'irritation du peuple contre la *press-gang*, à ce que ces enlèvements ont d'illégal et d'odieux.... Et mon oncle, d'ailleurs, un si brave homme, si bien connu pour tel!... Je ne suis guère partisan de la violence et des émeutes.... mais je suis certain qu'il y a des excuses à faire valoir en sa faveur....

— Cherchez-lui donc un bon avocat, reprit M. Donkin, lui-même, au fond, s'intéressant aux mutins bien plus qu'il n'en voulait avoir l'air.... Prenez Edward Dawson!... Il n'est dans la profession que depuis deux ans.... C'est un intelligent garçon, rempli d'ardeur et de zèle.... Quand il aura suivi les interrogatoires, il saura parfaitement ce qui reste à faire, et vous n'aurez qu'à suivre de point en point ses conseils....

— Mais vous, monsieur? reprit Philip d'un ton suppliant....

— Moi? Je vais recueillir de mon mieux tous les faits à la charge de votre oncle.

— Mais, j'espère bien, monsieur, que vous ne serez pas trop dur pour lui? » Et Philip, à ces mots, poussait du côté de l'avocat, sur son bureau, six beaux shillings accompagnés de huit *pence*. L'homme de loi le força immédiatement de les reprendre.

« Vous n'y songez pas, disait-il.... Je n'ai rien fait pour vous, mon garçon.... et il ne saurait me convenir d'être payé, dans le même procès, par les deux parties....

Hepburn! Hepburn! cria-t-il ensuite rappelant Philip, qui descendait l'escalier quatre à quatre, s'il y a des gens qui veulent voir votre oncle avant son départ, prévenez-les qu'il ne faut pas perdre de temps! »

Philip courut d'abord chez l'avocat qui lui était recommandé. Ne le trouvant pas, il se rendit, toujours du même train, jusqu'à la principale auberge de la ville, où il commanda une carriole qu'il fallait, dit-il, envoyer dans le délai d'un quart d'heure à la porte de son magasin.

Coulson, quand il y entra, ne lui adressa pas une seule parole. Ses regards seuls reprochèrent à son associé une absence qui semblait inexplicable. Hester rangeait quelques marchandises, bien convaincue, à pareille heure et avec un si gros temps, qu'il n'y avait plus de chalands à espérer. Philip allant droit à elle, la regarda fixement sans la voir et la fit ainsi rougir sans qu'elle eût pleine conscience du trouble où il la jetait. Tous trois rompirent à la fois le silence.

« Vous êtes trempé, ce me semble, dit Hester sans lever les yeux sur Philip.

— Tu dois avoir recueilli bien des nouvelles, dit Coulson, après être resté dehors tout l'après midi? »

Et Philip, très-bas, à Hester :

« Veux-tu passer dans le salon?... J'ai quelque chose à te dire en particulier. »

Quand ils y furent seuls, il prit dans ses deux mains sa main tremblante, et l'enveloppant d'une étreinte nerveuse :

« Hester, lui dit-il, j'ai besoin de toi ; me refuseras-tu ton assistance ?

— Jamais, tu le sais bien, Philip, répondit la jeun fille avec une émotion comprimée.

— Je le sais, en effet, repartit Philip.... Voici ce dont il s'agit : mon oncle Daniel Robson....

— Ton oncle, interrompit Hester, est sous le coup d'un mandat.... Nous en sommes instruits depuis ce matin.

— Il est arrêté.... Il partira demain pour York-Castle.... Sa femme, sa fille, ont à le voir auparavant.... Veux-tu les aller chercher?... Une carriole sera ici dans dix minutes.... C'est un rude temps pour les faire voyager, mais je suis sûr qu'elles n'y prendront pas garde.... »

Dans la forme, ce n'était là qu'une simple requête; au fond c'était un ordre, et Philip savait d'avance qu'il serait obéi. Hester remarqua qu'il n'attendait même pas sa réponse; elle remarqua également que s'il s'inquiétait du mauvais temps, ce n'était pas pour elle, mais pour les personnes qu'elle allait chercher. Elle n'en répondit pas moins, avec douceur :

« Je serai prête quand il le faudra; je vais m'habiller.

— Tu es vraiment bonne, toi! » s'écria Philip lui pressant la main avec un élan de chaude reconnaissance.

Et il lui détailla tous les soins qu'elle aurait à prendre pour que Sylvia et sa mère fussent autant que possible à l'abri du froid....

« Mais, dit-elle l'interrompant tout à coup, si par hasard elles ne voulaient pas venir?... Elles ne me connaissent pas; peut-être ne croiront-elles pas à mes paroles....

— Il faut qu'elles te croient.... Il faut qu'elles viennent, tu m'entends bien?... Je te le dis en confidence, et tu ne le leur répéteras pas, il s'agit de choses très-graves.... Et si tu savais, Hester, comme *elle* aime son père! »

Tandis qu'il en appelait ainsi aux sentiments de sa jeune amie, ni son triste regard, ni ses lèvres frémissantes ne laissaient à celle-ci le moindre doute. Inutile de lui apprendre qui *elle* était. Plus inutile encore de s'expliquer sur le genre d'affection qui attachait Philip à Sylvia.

Aussi le visage d'Hester se contracta-t-il légèrement, et, pour ainsi dire, en dépit d'elle-même :

« Pourquoi donc, Philip, n'iriez-vous pas à ma place ? lui demanda-t-elle.

— Je ne puis, je ne puis, répliqua-t-il avec impatience.... Je donnerais tous les trésors du monde pour pouvoir l'aller chercher et consoler en personne.... Mais il y a tant de choses à faire, et pas un homme ici qui veuille m'aider.... Vous lui direz, reprit-il sur un ton plus doux et comme frappé d'une idée soudaine, vous lui direz combien j'aurais désiré me rendre auprès d'elle.... Si je ne le fais pas, c'est que je n'ai pu conférer encore avec l'avocat.... avec l'avocat, vous entendez ?... N'oubliez pas ce détail.... Pour rien au monde je ne voudrais qu'elle me crût en ce moment occupé de mes propres affaires.... Sois bénie du ciel, Hester !... car sans toi, je ne sais ce que j'aurais pu faire, » ajouta-t-il lorsqu'après l'arrivée de la carriole, Hester descendit pour y prendre place, succombant presque sous le poids des manteaux et des couvertures de laine qu'il l'avait suppliée d'emporter avec elle.

Tandis que le véhicule mal suspendu descendait la rue en cahotant, — et aussi longtemps que la jeune fille put voir, à travers le brouillard, la lumière qui émergeait de la porte du magasin, — elle constata que Philip, la tête nue sous la pluie, persistait à la suivre du regard. Mais elle savait bien ; elle ne savait que trop, qu'elle n'était pour rien dans cette préoccupation passionnée. Ce regard n'était pas pour elle ; il allait chercher, au fond des ténèbres qu'elle traversait, la personne dont Philip parlait si peu, celle qu'il évitait de nommer.

XII

UNE TRISTE VEILLÉE.

La petite carriole s'arrêta au bas du sentier escarpé qui menait à Haytersbank. La pluie continuait plus drue que jamais, et le cocher recommanda de faire hâte, « ne se souciant pas, disait-il, de risquer la vie de ses chevaux. » Hester monta jusqu'à la ferme d'un pas rapide. Au moment de frapper, elle se sentit intimidée, songeant aux personnes inconnues qu'elle allait voir et au délicat message dont elle s'était chargée. Le premier coup se perdit dans le tumulte des éléments. Au second, le murmure de voix féminines qu'elle avait entendu à l'intérieur de la maison cessa brusquement, et quelqu'un vint en courant ouvrir la porte.

C'était Sylvia. Hester ne manqua pas de la reconnaître, bien que le visage de la jeune fille fût resté dans l'ombre. Mais celle-ci ne pouvait démêler les traits d'Hester, ni sa taille, ni sa tournure, sous les nombreux vêtements dont elle était enveloppée. D'ailleurs, elle n'éprouvait à ce sujet ni le moindre souci, ni la moindre curiosité. D'une voix altérée par le chagrin et avec une brusquerie laconique :

« Passez votre chemin, dit-elle,... Ce n'est pas une maison où les étrangers puissent être admis.... Nous avons en ce moment trop d'affaires sur les bras.

Puis, sans laisser à Hester le temps de s'expliquer, elle lui jeta la porte au visage. Par bonheur, — tandis que la messagère de Philip cherchait en vain comment elle pourrait se faire ouvrir cette porte inexorable, — eun autre voix s'éleva, plus compatissante et plus douce ;

les verrous furent tirés une seconde fois; une main s'étendit, pareille à celle qui attira la colombe dans l'Arche et, suivant l'impulsion de cette main, Hester se trouva bientôt devant l'âtre au coin duquel était assise la pauvre Bell :

« Il ne faut pas, disait celle-ci, que le chagrin endurcisse nos cœurs.... Pardonnez-moi, madame (s'adressant à Hester); aujourd'hui même une grande affliction est tombée sur nous.... Nos pleurs, nos lamentations nous ont tout à fait changées.... Veuillez nous excuser et nous plaindre. »

Là dessus Bell cacha sa tête dans son tablier, comme pour épargner à l'étrangère la vue de ses yeux rougis et gonflés par les larmes. Sylvia, dont la première impatience n'était qu'à moitié calmée, et qui regardait encore avec un certain mécontentement la personne introduite en dépit d'elle, s'était agenouillée aux pieds de sa mère et la tenait fortement embrassée. Celle-ci, tout à coup, abaissant son tablier :

« Vous avez froid, vous êtes mouillée, reprit-elle.... Approchez du feu, séchez-vous !... Vous savez peut-être ce que c'est que d'avoir tant à penser.... Excusez-nous, je vous prie !

— Merci, merci de vos bontés ! » dit Hester que touchaient profondément les efforts de la vieille femme pour faire prévaloir sur les inspirations de sa douleur celles d'une généreuse hospitalité. Puis elle se nomma et fit sommairement connaître l'objet de sa mission. avant même qu'elle eut achevé de parler, Bell était sur pied, cherchant à la hâte tout ce qu'il lui fallait pour se mettre en route. Sylvia, moins confiante, s'était mise à questionner Hester.

« Dans quel but, demanda-t-elle, mon père doit-il faire le voyage d'York?... Pourquoi Philip nous a-t-il quittées?... Pourquoi n'est-il pas venu lui-même? »

Hester, en réponse à cette dernière question, donna fort exactement les explications qui lui avaient été dictées ; mais il lui semblait étrange qu'on se méfiât de Philip et qu'on hésitât si longtemps lorsqu'il conseillait de se hâter. Sa surprise, probablement, se trahit par quelques paroles, car Sylvia lui répondit avec une sorte de cri d'angoisse :

« Peut-être, disait-elle, peut-être vous fais-je des questions étranges ; peut-être me trouvez-vous mal apprise et m'accusez-vous d'impolitesse.... Mais vos réponses, sachez-le bien, ne m'importent guère.... Je n'ai d'autre souci que de revoir ici mon pauvre père.... A peine sais-je ce que je dis, et bien moins encore pourquoi je le dis.... La patience de ma mère me met hors de moi.... Mais voyons, dites !... quand il aura lui-même expliqué ce qu'il a fait, on nous le renverra, n'est-il pas vrai ? »

Elle avait pris tout à coup un ton suppliant, comme si la décision relative à son père dépendait d'Hester elle-même. Celle-ci, pour toute réponse, secoua la tête. Sylvia vint alors près d'elle, et lui prenant les mains qu'elle caressait presque :

« York-Castle, lui disait-elle.... on y envoie les voleurs et les bandits, mais un honnête homme tel que mon père.... »

Hester posa sa main sur l'épaule de Sylvia, par un mouvement affectueux et doux :

« Philip vous dira ce qui en est, répondit-elle, usant de ce nom comme d'une sorte de charme ; — et pour elle, en effet, il avait des vertus magiques. — Venez trouver Philip, » reprit-elle encore, insistant pour le départ.

Et Sylvia, qu'elle avait enfin persuadée, se mit à se préparer, en se disant à part elle :

« Allons voir mon père ; c'est lui qui me dira tout. »

Et elle ajouta au moment de se mettre en route, se tournant vers Hester :

« Tu es une bonne fille, en somme.... Auprès de ma mère tu vaudrais bien mieux que moi.... Je ne suis qu'un embarras, une charge, et depuis quelque temps, il semble que je ne puisse servir à rien, ni à personne. »

Ce n'était pas le moment de démontrer à Sylvia qu'elle se trompait. Hester se contenta donc de la suppléer auprès de Bell Robson, à qui elle prodigua tous les soins de la plus tendre fille. Sylvia ne fit que frissonner et pleurer tout le temps de la route. Elle ne parlait, elle ne s'inquiétait que de son père. Quand elles arrivèrent à la porte de Philip, cette porte s'ouvrit d'elle-même avant qu'elles ne fussent descendues. Quelqu'un, bien évidemment, les guettait de loin. Phœbé, l'ancienne domestique, une des dépendances de la maison où elle servait depuis plus de vingt ans, sortit dans la rue, tenant à la main un flambeau qu'elle protégeait de son mieux contre le vent, tandis que Philip aidait mistress Robson à descendre par le fond de la voiture. Hester, sur le devant, montée la dernière, devait être la première à sortir. Au moment où elle se levait, elle sentit sur son bras se poser la petite main de Sylvia.

« Croyez bien, lui disait celle-ci, que je vous suis reconnaissante.... Je vous prie de me pardonner la dureté de mon langage.... Mais, voyez-vous, ces craintes au sujet de mon père m'ont vraiment brisé le cœur. »

Ces mots furent prononcés avec un accent si plaintif, si imprégné de larmes, qu'Hester ne put s'empêcher d'être émue. Elle se pencha vers Sylvia, lui baisa la joue, et descendit ensuite, sans trouver aucune assistance, du côté que personne ne songeait à éclairer. Philip, pour qui elle venait d'accomplir cette rude mission, pensait à toute autre chose qu'à l'en remercier. En regardant derrière elle, au moment de tourner le coin de la

15

rue, elle le vit, s'apprêtant à recevoir dans ses bras Sylvia suspendue encore au bord de la roue; ils entrèrent ensuite dans cette maison éclairée, attiédie pour la recevoir; la carriole repartit lestement, jetant à droite et à gauche la clarté de ses deux lanternes; — et à travers les froides ténèbres, sous la pluie qui tombait à torrents, Hester s'en retourna chez elle, le cœur plus las, plus attristé qu'elle n'eût voulu se l'avouer à elle-même.

Malgré ses appréhensions pour le compte de Daniel Robson, malgré la chaleureuse sympathie qu'il accordait aux chagrins de Sylvia et de sa mère, Philip ne pouvait s'empêcher de pratiquer avec une joie secrète, à l'égard de sa bien-aimée, les rites hospitaliers. Au grand regret de Phœbé, il avait déployé ce jour-là un luxe qui ne lui était pas habituel. La cheminée flambait; deux longues bougies, ou plutôt deux cierges, brûlaient simultanément sur la table; mais ni l'une ni l'autre de ses deux hôtesses ne prenaient garde à tous ces apprêts. Bell Robson, malgré sa fatigue, voulait sans retard aller trouver Daniel, et on eut grande peine à lui faire comprendre qu'elle ne serait pas admise, à pareille heure, dans la geôle municipale. Comme elle insistait, malgré tout, pour qu'on fît passer à son mari l'écharpe de flanelle indispensable à ses rhumatismes, Philip, toujours complaisant, se chargea de la commission; et c'était là de sa part un grand sacrifice, dans ce moment où la présence de Sylvia chez lui, comblant les plus chers de ses vœux, donnait son prix à chaque minute. Quand il revint, il trouva Sylvia qui, victorieuse à grand'peine de quelques scrupules hospitaliers, s'était décidée à préparer le thé de sa mère. Ce fut là une grande joie, saluée comme un heureux présage par le maître de la maison. Mais la jeune fille était triste, agitée. Lorsqu'elle eut décidé Bell Robson à se mettre au lit, elle descendit auprès de son cousin à qui tout d'abord elle n'adressa pas la parole; pour lui, l'examinant à la dérobée, il voyait de grosses larmes couler le long de ses joues, sans qu'elle songeât le moins du monde à les étancher avec le coin de son tablier.

« Philip! lui dit-elle enfin le regardant tout à coup au visage, ne le délivreront-ils pas bientôt?... Et, mettant les choses au pis, que peuvent-ils bien lui faire? »

C'était là précisément la question qu'il redoutait le plus. Aussi ne se pressa-t-il pas d'y répondre.

« Parle donc, parle! reprit-elle avec impétuosité.... Je vois bien que tu sais à quoi t'en tenir. »

Il fallait s'exécuter, et sans délai. Ses réflexions ne lui fournissant rien de mieux :

« Il est, dit-il, accusé de félonie.

— De félonie? reprit-elle.... Il faut lui en vouloir beaucoup pour se servir de pareils mots en ce qui le concerne.... Je ne te comprends pas; véritablement, quand tu me parles de « félonie, » continua-t-elle presque offensée.

— C'est le mot dont se servent les avocats, dit tristement Philip.... Je ne l'ai pas inventé. »

Puis, pour détourner l'entretien, il feignit d'aller donner quelques ordres à Phœbé. Pendant sa courte absence, la jeune fille avait rassemblé ses idées. Elle revint à la charge.

« Supposons qu'ils l'envoient à York.... Supposons qu'il passe aux assises, quelle serait, dis-moi, sa pire chance? »

Sous le coup d'œil pénétrant qu'elle lui jetait en parlant ainsi, Philip ne savait que devenir.

« Ils peuvent, dit-il à regret, ils peuvent l'envoyer à Botany-Bay. »

Il savait, à part lui, qu'un dénoûment encore plus sinistre était à redouter, et toute sa crainte était de le laisser entrevoir. Mais ce qu'il venait de dire allait tellement au delà des appréhensions de la jeune fille, qu'elle ne put se rien figurer au delà. Devant cette seule idée, que son père se trouvait en passe d'être condamné à la déportation, elle demeura muette d'horreur, les yeux dilatés, les lèvres pâles, et regardant toujours Philip comme s'il l'eût fascinée, elle finit par se laisser tomber, en balbutiant quelques paroles inarticulées, sur un siége placé près d'elle.

S'agenouillant aussitôt à ses pieds, commençant vingt phrases qu'il n'achevait pas, baisant sa robe dans un élan passionné, sans qu'elle écoutât aucune de ses paroles, sans qu'elle prît garde à aucun de ses gestes :

« Sylvia ! disait-il, Sylvia ! — et encore fallait-il contenir sa voix pour ne pas éveiller la pauvre femme qui dormait en haut, — ne déchire pas ainsi, ne déchire pas mon cœur !... Écoute, Sylvia !... Je ferai tout ce qu'il est possible de faire.... Tout ce que j'ai pu mettre de côté.... Tout mon sang jusqu'à la dernière goutte.... Ma vie, s'il le faut, pour sauver la sienne....

— La sienne ? reprit-elle, laissant retomber ses mains dans lesquelles elle avait caché son visage, et cherchant à lire jusqu'au plus profond de son cœur.... Qui parle d'attenter à sa vie ?... Tu perds la tête, Philip, je le suppose du moins.... »

Elle eût bien voulu le supposer ; mais, en somme, la triste vérité se faisait jour, car elle ne pleurait plus, elle ne tremblait plus, elle ne respirait presque plus, immobile comme la pierre. Cette heure fatale lui dérobait sa jeunesse.

« Tu penses donc qu'ils peuvent nous le tuer ? » dit-elle après une longue pause, parlant à voix basse et avec une sorte de solennité.

Philip détourna son visage sans pouvoir articuler un seul mot. Le silence redevint profond et dura quelque temps encore, interrompu seulement çà et là par les mouvements que se donnait Phœbé.

« Il ne faut pas que ma mère le sache, reprit Sylvia du même ton que naguère.

— Mais, dit Philip, pourquoi tout d'abord prévoir le pire ?... La transportation est bien plus probable : et d'ailleurs, il peut être reconnu innocent.

— Non, dit Sylvia, comme si toute espérance lui était impossible, comme si elle lisait déjà la sentence fatale dans le livre de l'avenir.... Ils le tueront, c'est certain.... Oh ! mon père ! mon père !... »

Et pour étouffer ses cris qu'elle ne pouvait contenir, elle enfonçait son tablier dans sa bouche, serrant en même temps la main de Philip, — et d'une force telle que cette étreinte, à la longue, devint un véritable supplice. Pour une pareille agonie, il n'avait pas de consolations ; mais, sans pouvoir s'en empêcher — et par le mouvement irrésistible qui nous pousse vers un enfant blessé, — il se pencha vers elle, et d'un baiser tremblant effleura sa joue.... Elle ne le repoussa point ; — probablement elle ne s'était aperçue de rien.

Phœbé entrait au même moment. Philip, qui la vit, devina ce qu'allait penser la vieille femme ; mais il lui fallut rappeler Sylvia, plusieurs fois de suite, au sentiment de la situation présente. Sa mère, lui répétait-il, attendait la boisson fortifiante que Phœbé venait de préparer pour elle.

« Allons, dit Sylvia ; mais j'aimerais mieux affronter la présence d'un mort.... Si elle me questionne, Philip, que lui dirai-je ?

— Elle ne vous questionnera pas, répondit-il, si elle ne voit en vous rien qui l'étonne.... Dites-lui d'ailleurs, de s'adresser à moi ; je lui cacherai le plus longtemps possible ce qu'elle doit ignorer.... Je m'y prendrai mieux qu'avec toi, Sylvia, continua-t-il avec un triste sourire, dans lequel se peignait une espèce de remords.

— Ne te fais aucun reproche, reprit la jeune fille, voyant qu'il regrettait d'avoir trop parlé.... C'est moi-même qui me suis attiré cet aveu.... J'ai voulu la vérité à tout prix, sans savoir si j'aurais la force de la supporter.... Maintenant, Dieu me vienne en aide! continua-t-elle d'un ton plaintif.

— Dieu et moi, Sylvia, si vous me le permettez.... Je vous aime depuis bien des années.... Et il serait affreux pour moi de penser que cet amour ne peut en rien servir votre détresse.

— Cousin Philip, répondit-elle avec cet accent immuable que sa voix avait eue depuis la terrible révélation, et où se retrouvait la rigidité de ses traits devenus marbre, tu es pour moi un véritable consolateur.... Je ne saurais sans toi comment supporter la vie,... mais je ne puis me rattacher à aucune pensée comme celle dont tu parles.... Je n'ai que deux êtres devant les yeux : celui qui vit encore, et celui que la Mort m'a pris. »

XIII

JOURS TÉNÉBREUX.

Philip avait quelques fonds placés dans la banque des Foster; il épuisa chez eux son crédit, il alla même jusqu'à solliciter d'eux quelques avances, à leur grande surprise et à leur grande consternation; mais il fallait à tout prix organiser la défense de Daniel Robson, avant l'ouverture des assises d'York. Bell, de son côté, ramassant de droite et de gauche tout ce qu'elle pouvait emprunter, versait à mesure dans les mains de Philip, les menues sommes qu'elle se procurait ainsi, et se figurait l'avoir placé à la tête d'un trésor. Les économies de Kester avaient de même été remises à Philip, et ce, nonobstant les arrière-pensées de l'honnête valet de ferme qui n'aimait guère ce nouveau patron, n'avait aucune confiance en lui, et le soupçonnait presque d'employer à soutenir le crédit naissant de sa maison toutes ces sommes énormes, selon Kester, qu'il voyait « fondre dans ses mains. » Pauvre Philip! être l'objet de pareilles méfiances, au moment où il dépensait tout son avoir, et au delà, sans le dire à personne et en recommandant le secret à ses banquiers.

Nous venons de dire que Kester n'aimait pas Philip. Peut-être bien, à son insu, était-il jaloux de l'ascendant que le jeune cousin prenait peu à peu sur Sylvia : — sentiment bizarre en lui-même, plus bizarre encore par la manière dont il s'exprimait. Kester, effectivement, s'était pour ainsi dire constitué le gardien de la fidélité que Sylvia devait, selon lui, à son fiancé, défunt ou non. Un jour qu'il la lui rappelait en termes assez rudes, il provoqua chez la jeune fille une telle explosion de désespoir mêlé de rancune, qu'il se vit réduit à implorer humblement son pardon.

« Si tu n'étais pas Kester, lui dit-elle fléchissant enfin, je garderais un éternel souvenir de tes cruelles paroles.... Dans ce moment-ci, vois-tu, je te hais !... Mais après tout je ne saurais faire que tu ne sois pas le bon vieux Kester d'autrefois,... et comment alors te refuser mon pardon ? »

Tout en parlant ainsi, elle s'était rapprochée de lui ; Kester prit entre ses mains calleuses la petite tête de Sylvia et la baisa doucement au front. Elle le regarda, les yeux encore pleins de larmes, et lui dit avec un accent moins irrité :

« Ne me rappelle jamais ces choses, vois-tu bien !... Ne prononce jamais le nom de....

— Je me couperais plutôt la langue, » interrompit-il.

Et il tint parole.

Philip, dans toutes ces allées et venues qui le rappelaient fréquemment à la ferme, ne reparlait plus de son amour. Il avait l'attitude, le langage du frère le plus tendre, mais rien au delà ; — ses craintes toujours croissantes ne lui laissaient pas d'autre alternative.

Les prévisions de M. Donkin ne se trouvaient que trop vérifiées. Le gouvernement avait pris à cœur l'affaire du *Randyvow*, et semblait regarder comme absolument nécessaire que l'on fît enfin prévaloir une autorité trop souvent bravée. Ses agents inférieurs, charmés d'être soutenus, rivalisaient de zèle, afin qu'un exemple saisissant vînt terrifier les fauteurs de rébellion. A cet exposé menaçant, l'avocat chargé de défendre Daniel Robson ajoutait des détails qui venaient augmenter encore les craintes de Philip. Daniel s'obstinait à ne pas comprendre les périls de sa situation ; il semblait vouloir se perdre, de propos délibéré, par mille récriminations insensées contre les excès de la *press-gang*, et surtout contre l'odieux stratagème dont elle avait fait usage à Monkshaven, dans cette nuit fatale où s'étaient commis les désordres qu'on l'accusait d'avoir provoqués. Un pareil système de défense devait exaspérer les magistrats, et peut-être, — cela s'était vu, — faire interdire la parole au représentant de l'accusé.

Philip se gardait bien de communiquer ces navrants détails aux deux femmes dont il s'était constitué le protecteur. La santé de Bell allait s'affaiblissant tous les jours, et un voyage de vingt *miles*, comme celui d'York, était, lui disait-on, au-dessus de ses forces. Il ne fallait y songer pour elle que dans le cas le plus extrême, si son mari venait à être condamné. Sylvia et Philip, sur ce point, s'étaient mis tacitement d'accord, et le jeune homme, avant de quitter Monkshaven pour se rendre à l'ouverture des assises, prépara d'avance ce voyage suprême, en vue des circonstances qui pouvaient le rendre nécessaire.

On obtint par lui des nouvelles du prisonnier. Elles n'avaient rien de désespérant. Daniel, quoique un peu souffrant, ne perdait pas courage. Il poussait même ce courage jusqu'à la témérité, répétant volontiers à tout propos « qu'il ne se repentait de rien et se conduirait de même dans des circonstances analogues. » Les assises allaient s'ouvrir le douze mars, un dimanche, mais le sort de Robson ne se déciderait que le mardi suivant. A compter de la lettre qui renfermait ces détails, les deux femmes commencèrent à trouver le temps bien long et, le dimanche venu, elles allèrent ensemble offrir leurs prières à Celui dont la miséricorde infinie pouvait encore servir de bouclier au malheureux accusé. Après le service, — et comme elles s'en revenaient lentement l'une auprès de l'autre, sous la froide bise de mars, — Bell s'assit, épuisée de fatigue, sur le talus d'une haie. Sylvia, incapable de se taire plus longtemps et cédant à un irrésistible besoin d'expansion, lui fit part de tout ce qu'elles avaient à craindre. Sa mère l'écoutait avec moins de surprise, moins d'émotion qu'elle ne s'y était attendue. Levant tout à coup les bras vers le ciel et les laissant ensuite retomber sur ses genoux :

« Dieu nous mène,... dit la pauvre femme avec une certaine solennité. Il m'avait envoyé déjà le pressentiment de cet affreux malheur.... Je ne t'en ai pas ouvert la bouche, mon enfant....

— C'est comme moi, mère ; je ne voulais pas t'en parler, parce que.... Philip, d'ailleurs, a des espérances....

— Je le sais, reprit Bell, et, d'un autre côté, il me semble que si le Seigneur m'a délivrée de toute crainte, ce n'est pas pour abuser mon cœur.... Il ne voudra pas rompre cette union par lui cimentée.... Mes rêves m'ont dit que si Daniel venait à mourir, je ne serais pas condamnée à lui survivre longtemps.... Comment, lui parti, mènerais-je la maison ?...

— Mais moi, moi ? gémissait Sylvia, tu oublies que j'existe, ma pauvre mère.... Pense à ta fille, à son avenir!...

— Et me crois-tu donc capable de n'y pas songer, chère enfant?... Tu n'as donc pas deviné les soucis dont j'étais rongée l'hiver dernier, au sujet de ce Kinraid?... Maintenant, au contraire, que Philip et toi vous semblez d'accord.... »

Sylvia frissonna et ouvrait déjà la bouche pour répondre, mais elle n'articula pas une seule parole.

« Maintenant que je sais ton sort assuré, je suis prête à suivre Daniel, si Dieu nous l'enlève....

— Cela ne sera pas, s'écria Sylvia, tout à coup relevée. Cela ne sera pas, Philip en est convaincu. »

Bell ne répondit qu'en secouant la tête, et les deux femmes se remirent en marche, Sylvia découragée et en même temps presque irritée par l'abattement où elle voyait sa mère. Mais avant la nuit, Bell semblait avoir perdu de vue toutes ses tristes pensées. Cette formule : « Quand ton père sera ici, » se retrouvait invariablement au début ou à la fin de tous les propos qu'elle adressait à sa fille, et celle-ci lui aurait demandé la raison de ce brusque changement, si elle n'eût été avertie, par un secret instinct, qu'il tenait chez sa mère à un affaiblissement déjà notoire de ses facultés mentales.

Comment passa le lundi, Dieu le sait. Mais, dès le mardi matin, à la pointe du jour, Bell était en l'air, plus vive et plus joyeuse que jamais.

« C'est pour aujourd'hui, disait-elle.... Il faut, quand il reviendra, qu'il trouve tout en bon ordre.

— D'aucune façon, disait Sylvia qui n'avait pas encore quitté son lit, nous ne devons nous attendre à le voir revenir dès ce soir.

— Allons donc, petite!... Tu en es encore à savoir de quel pas revient un homme, quand sa femme et son enfant l'attendent.... Et d'ailleurs, tout ceci sera fait. »

Sylvia, de plus en plus étonnée, n'ajouta rien et se figura que sa mère s'efforçait, par ce surcroît de travail, d'éloigner certaines pensées sinistres. Il en fut de même pour le dîner, vers midi ; et Sylvia eut toutes les peines du monde à convaincre sa mère qu'il fallait attendre le retour de Kester, parti le matin pour les champs comme de coutume. Elle n'y parvint qu'en cédant à un caprice de Bell, qu'elle accompagna sur la hauteur pour tâcher d'apercevoir au loin le voyageur espéré.

Une fois à table, Bell repoussa son assiette, sous prétexte « qu'il était trop tard et qu'elle n'avait plus faim. » Kester allait répondre que la demie était à peine sonnée, mais Sylvia, par un simple coup d'œil, lui commanda le silence, et le brave homme se remit à manger, essuyant par ci, par là, du revers de la main, une larme dont ses yeux étaient obscurcis.

« Je ne m'éloignerai pas de la journée, » dit-il tout bas à Sylvia, quand il fut sur le point de sortir.

Bell Robson trouvait le temps long, et se plaignait que le soir n'arrivât point ; elle finit, malgré tout, par s'engourdir sur son fauteuil, et Sylvia prit toute sorte de précautions pour ne la pas éveiller. Ce sommeil, paisible comme celui d'un enfant, dura fort heureusement jusqu'au coucher du soleil, et il n'était pas encore dissipé lorsque Sylvia, qui venait de préparer le thé de sa mère, aperçut derrière les vitres la figure de Kester qui lui faisait signe de sortir. Elle se déroba sur la pointe des pieds par l'arrière-cuisine dont la porte était restée ouverte, et en courant faillit heurter Philip qui, ne l'attendant pas de ce côté, lui tournait le dos. Il fit brusquement volte-face, et un simple coup d'œil jeté sur son visage suffit pour enlever toute espérance à la jeune fille : « Philip ! » s'écria-t-elle simplement, puis elle s'évanouit à ses pieds, et le bruit de sa chute retentit sur les pavés de la cour.

Il voulut soulever son corps, mais, dans l'état de fatigue où une longue marche l'avait laissé, cette tâche se trouva au-dessus de ses forces.

Kester accourut. A eux deux, ils la portèrent dans la maison. Là, tandis que le valet de ferme allait puiser de l'eau pour la lui jeter au visage, et tandis que Philip, agenouillé, soutenait dans ses bras la tête et le buste de la malheureuse enfant, une ombre vint se placer entre lui et le jour. Il leva les yeux et vit sa tante ; sa tante aussi digne, aussi calme que jamais.

« Mon enfant !... dit-elle, s'asseyant à côté de Philip et lui enlevant doucement son précieux fardeau. Lève-toi, mon enfant, lève-toi !... Il faut partir, partir sans retard, maintenant qu'il a besoin de nous. Lève-toi !... Dieu nous donnera la force ! Les minutes valent des heures, lève-toi !... C'est plus tard que tu pleureras tout à loisir ! »

Sylvia ouvrit ses yeux voilés et reconnut la voix de sa mère. Les idées rentraient une à une dans son esprit. Elle se releva lentement et demeura debout, immobile, comme une personne étourdie par un coup violent et qui cherche à se raffermir sur ses jambes chancelantes. Puis, saisissant le bras de sa mère, elle dit d'une voix étrange et douce :

« Partons, si vous voulez !... Je suis prête. »

XIV

L'ÉPREUVE.

Un mois s'est écoulé ; le ciel est bleu, l'été vient, mais c'est à peine si la nature, dans ces pays du Nord, a déjà revêtu sa robe verte. Les eaux courent et bruissent ; dans l'air lumineux l'alouette chante ; les agneaux bêlent appelant leurs mères ; l'espérance et la joie éclatent de toutes parts.

Après un mois de deuil c'est la première fois que s'ouvre la ferme. Le feu s'est rallumé dans l'âtre longtemps vide ; Kester qui cherche à remettre partout un peu d'ordre et d'attrayante propreté, vient de garnir d'asphodèles cueillies dès l'aurore, un vase de terre posé sur le dressoir. Dolly Reid, qui range la cuisine, mêle de temps en temps un fragment de ballade aux bruits métalliques de sa vaisselle, mais elle s'arrête aussitôt, comprenant que ce n'est ni le lieu ni le moment des chansons profanes. Le maître de la maison est mort ; il a payé sa dette à la justice des hommes ; sa veuve et sa fille reviennent aujourd'hui même, et c'est pour elles que tous ces apprêts ont lieu.

Kester a beau faire ; il a beau rendre justice au dévouement, à l'abnégation de Philip, ses sentiments à l'égard d'Hepburn sont restés les mêmes ; il ne l'aime pas mieux, aujourd'hui, qu'il ne l'aimait avant ces tragiques événements. Jamais ils ne sont parvenus à s'entendre et, pour n'en citer qu'un exemple, le jeune négociant a blessé Kester en lui restituant trop tôt l'argent que ce dernier avait prêté avec tant de joie pour aider à la dépense de son maître. Un bon sentiment a dicté la conduite de Philip; il a supposé qu'un valet de ferme, assez irrégulièrement payé vu les circonstances, ne pourrait se passer longtemps de ses économies. Mais en cette circonstance comme en bien d'autres, il a manqué d'un certain tact, d'une certaine délicatesse, et n'a pas su se concilier le bon vouloir de l'honnête Kester. Y fût-il parvenu en s'y prenant autrement? Peut-être est-il permis d'en douter.

Quoi qu'il en soit, le serviteur des Robson ne put voir sans dépit, sur le sentier escarpé qui menait à la ferme, trois personnes au lieu de deux, et sa maîtresse à peine remise du mal qui jusqu'alors l'avait retenue dans la ville d'York, étayer au bras de Philip ses pas encore chancelants. Sylvia, de l'autre côté, soutenait aussi sa mère et les deux jeunes gens échangeaient par-dessus la tête de Bell quelques-uns de ces propos familiers auxquels toute timidité, toute réserve sont naturellement étrangères. Rien de plus simple, rien de plus facile à concevoir, puisque après tout le jeune cousin restait le seul protecteur de cette famille privée de chef. Mais le pauvre Kester, qui dans le secret de son cœur s'était attribué cet office, ne s'en regardait pas moins comme lésé dans ses droits, et au lieu d'aller au-devant de ses deux maîtresses, il se réfugia, mécontent et boudeur, au fond de son étable chérie.

Occupés avant tout de Bell Robson, de son agitation fiévreuse, des refus qu'elle opposait à leurs soins, les deux jeunes gens ne parurent pas prendre garde à l'absence du valet de ferme. Sylvia l'avait néanmoins remarquée, et qui plus est, — sans pouvoir se rendre un compte exact de ses sentiments, — elle comprenait vaguement les mobiles de son étrange conduite. Aussi, éludant les tentatives de Philip qui semblait vouloir l'entretenir en particulier avant de repartir pour Monkshaven, se mit-elle à chercher Kester dès que sa mère lui sembla n'avoir plus besoin de rien. Elle le trouva occupé en apparence à contempler, par-dessus la barrière du champ voisin, la volaille éparpillée qui becquetait à plaisir les jeunes gazons. Ce n'était pas là un spectacle qui dût absorber ses pensées, et pourtant il ne se retourna que lorsque sa jeune maîtresse, posant la main sur son épaule, l'eut interpellé directement.

« Pourquoi, lui disait-elle, n'es-tu pas venu au-devant de nous ?

— Je ne sais ; ne me le demandez pas.... Contentez-vous de savoir l'aventure de Dick Simpson.... »

On se souvient peut-être de Simpson, l'acolyte de Hobbs ; et si on n'a pas oublié son entretien avec Robson, immédiatement après l'incendie du *Randyvow*, on se rendra compte de l'importance du témoignage par lui porté contre le malheureux fermier de Haytersbank.

« Que lui est-il arrivé ? dit Sylvia dressant l'oreille.

— Quand il est rentré à Monkshaven, reprit Kester d'un ton satisfait, on lui a servi un fameux régal composé d'œufs et de cailloux,.. sans trop s'inquiéter, ajouta-t-il en souriant, si les œufs étaient gâtés, ou si les pierres étaient dures.... »

Sylvia se taisait ; mais ses lèvres étaient serrées, son front avait pâli, ses yeux lançaient des éclairs.

« J'aurais voulu être là, dit-elle enfin avec une respiration frémissante.... J'aurais voulu, moi, aussi lui faire du mal.... Et l'expression de son visage était telle, en ce moment, que Kester sentit le cœur lui manquer.

— Allons donc, fillette !... Laisse faire aux autres !... Ne te tourmente pas à propos de pareilles canailles.... J'ai eu tort de te parler de lui.

— Pas le moins du monde, mon bon Kester.... Les amis de mon père seront à jamais mes amis.... Mais quant à ceux qui ont causé sa mort, qui l'ont fait monter à la potence (ce dernier mot la fit frémir de la tête aux pieds), à ceux-là, vois-tu, je ne pardonnerai jamais.... Non, jamais !

— *Jamais* est un grand mot, dit Kester tout à loisir ; je les bâtonnerais volontiers, volontiers je leur jetterais des pierres ou leur ferais faire le plongeon dans quelque étang.... Mais je répète que « Jamais » est un grand mot.

— Soit.... N'y prenons pas garde.... C'est moi qui m'en suis servie, et depuis quelque temps je ne me reconnais plus.... Viens, Kester, viens voir ma pauvre mère.

— Je ne saurais, répondit-il, détournant sa face ridée pour lui dérober certains signes d'émotion qui s'y manifestaient malgré lui.... J'ai bien des choses à faire, et d'ailleurs, Sylvia, je l'y trouverais ?... Il est là, n'est-ce pas ? »

Sous le regard interrogateur du vieillard, elle ne put s'empêcher de rougir un peu.

« Si c'est de Philip que tu parles, il est là, très-certainement.... Il a été notre unique soutien depuis.... »

Un nouveau frisson acheva la phrase.

« Rien de mieux.... Toutefois, à présent, j'espère qu'il va s'occuper de sa boutique. »

Sylvia comprenait bien le sens caché de cette allusion ; mais, pour se dispenser d'y répondre, elle semblait uniquement occupée d'appeler auprès d'elle une vieille jument qui paissait dans le champ voisin. Kester, qui n'était pas dupe de cette ruse naïve, ne se gêna pas pour insister.

« On parle déjà de toi et de lui, continua-t-il, et si tu ne veux pas que ton nom soit accouplé au sien....

— Ceux qui parlent ainsi ont bien tort, interrompit la jeune fille, rougissant de plus belle.... Un homme ne serait pas un homme si, dans d'aussi tristes circonstances, il ne venait en aide à deux pauvres créatures comme ma mère et moi.... Sans compter que c'est un cousin....

Au surplus, Kester, nomme-moi ces bavards si obligeants, ajouta-t-elle, s'animant toujours.... Je ne leur pardonnerai jamais, voilà tout.

— Encore ! s'écria Kester, qui au fond se sentait à peu près seul responsable de ces propos attribués par lui à la voix publique.... Voilà de belles paroles, pour les avoir toujours au bout de la langue ! »

Sylvia se sentit un peu confuse.

« Mon Dieu, Kester, disait-elle, ne peux-tu donc t'expliquer l'amertume de mon cœur ? »

Et comme elle pleurait presque en lui adressant ces paroles, Kester était bien tenté de pleurer aussi. Mais dans ce moment même la voix de Philip se fit entendre, appelant Sylvia.

« Viens, Kester, viens avec moi ! » Et le prenant par le bras, elle l'entraîna vers la maison.

Bell, au moment où ils entrèrent, se souleva sur son grand fauteuil et saluant Kester comme un étranger :

« Charmée de vous voir, monsieur, lui disait-elle.... Le maître n'est pas céans, mais il ne tardera pas à rentrer.... Vous venez peut-être pour les agneaux ?

— Vous ne voyez donc pas, bonne mère ? dit Sylvia.... C'est Kester.... Kester avec ses habits du dimanche.

— Au fait c'est lui, c'est Kester.... Mais j'ai les yeux si malades.... Je suis contente de te revoir, mon garçon.... Nous sommes restées longtemps dehors.... Mais, vois-tu, ce n'était pas pour notre plaisir.... Nous avions une affaire.... Il fallait.... Tiens, Sylvia, dis-lui ce que c'était.... Tout cela m'est sorti de la tête.... Je sais seulement que je suis partie d'ici à mon corps défendant, et que je me porterais mieux si j'y étais restée auprès du maître.... Mais pourquoi donc n'est-il pas venu au-devant de nous ?... Sans doute, Kester, il est au loin dans les champs ? »

Kester regarda Sylvia comme pour savoir s'il fallait

répondre. La jeune fille avait assez à faire de retenir ses larmes, et ce fut Philip qui leur vint en aide.

« Tante, dit-il, l'horloge est arrêtée.... Si vous pouvez m'indiquer où est la clef...

— La clef, la clef, répondit-elle à mots précipités, elle est sur ce rayon, derrière la grosse Bible.... Mais il vaudrait mieux n'y pas toucher, mon garçon.... C'est le maître qui se charge ordinairement de remonter l'horloge.... Il n'aime pas que d'autres s'en mêlent.... »

Ainsi divaguait la pauvre veuve, faisant sans cesse allusion à son défunt mari dont elle parlait comme d'un absent, et trouvant toujours à cette absence des motifs plausibles, que lui fournissaient d'ailleurs volontiers les personnes de son entourage. Suivant les dispositions où ils la voyaient, et accordant leurs dires aux caprices de sa raison égarée, tantôt Daniel était parti pour Monkshaven, tantôt il travaillait aux champs, ou bien, accablé de fatigue, il était remonté dans sa chambre pour se jeter sur son lit. Bell acceptait et croyait tout. C'était à coup sûr un grand bonheur pour elle, que cet oubli complet du passé, cette méconnaissance du malheur présent. Mais la douleur de Sylvia s'en trouvait aggravée, car sa mère ne pouvait plus lui donner ni une consolation, ni un secours quelconques. Cet isolement la poussait de plus en plus vers Philip, dont l'affection et les conseils lui devenaient chaque jour plus nécessaires.

Kester se doutait bien, — mieux que Sylvia elle-même, — du dénouement inévitable qu'allait amener tout ceci, et son impuissance à parer le coup prévu semblait aigrir chaque jour son humeur. Mais il n'en travaillait pas moins de toutes ses forces dans l'intérêt de la famille, et acheta même une paire de lunettes neuves pour pouvoir consulter plus utilement le « Guide complet du Fermier, » ce *vade mecum* de son défunt maître. Par malheur il n'avait jamais connu que les lettres capitales, et encore en avait-il oublié quelques-unes. Les lunettes, par conséquent, lui servirent peu. Sylvia, qu'il appelait volontiers à son secours, ne lui était guère plus utile, car il lui fallait épeler un mot sur quatre, et comme ces mots étaient précisément les plus longs, les plus incompréhensibles pour son auditeur stupéfait, cette espèce d'enseignement mutuel ne donnait que de fort médiocres résultats. Réduit à son expérience personnelle, Kester néanmoins se figurait volontiers que toutes choses allaient à souhait, lorsqu'un beau jour — tandis que Sylvia et lui, assistés de Dolly Reid, dressaient les meules de foin dans une prairie nouvellement fauchée, — sa jeune maîtresse l'interpella tout à coup :

« A propos, Kester, je ne t'avais pas dit ?... Nous avons reçu hier soir une lettre de M. Hall, l'intendant de lord Malton.... Philip m'en a donné lecture.... »

Là-dessus, elle s'arrêta.

« Bien, ma fille.... Philip te l'a lue.... Et que disait cette lettre ?

— Peu de chose, en somme, si ce n'est qu'on lui a fait des offres pour la ferme de Haytersbank, et que ma mère serait libre de partir aussitôt après la rentrée de la moisson. »

Ceci ne fut pas dit sans un léger soupir.

« Tiens, tiens ! et pourquoi cette proposition de vous en aller avant que vous en ayez manifesté le désir ? observa Kester vivement froissé.

— Que veux-tu ? répliqua Sylvia, jetant sa fourche comme si elle était lasse de vivre.... Comment exploiterions-nous une ferme aussi considérable ?... Si c'étaient des prés, encore passe, mais il y a tant de culture.... Ah ! tiens, ajouta-t-elle allant au-devant des reproches qu'elle lisait déjà sur ses lèvres.... épargne-moi tes censures.... N'était ma mère, j'aimerais autant être morte.

— Mais ta mère, elle-même, crois-tu qu'elle quittera volontiers Haytersbank? reprit l'impitoyable Kester.

— Que veux-tu que j'y fasse?... Il faudrait au moins deux hommes pour tenir la ferme comme le veut M. Hall.... D'ailleurs....

— Quoi, d'ailleurs?... interrompit vivement Kester.

— La réponse est partie.... C'est Philip qui l'a écrite hier soir.... Inutile de revenir là-dessus.... »

A ces mots, elle reprit sa fourche et remua énergiquement les tas de foin, tandis qu'à son insu des pleurs ruisselaient sur ses joues. Kester, à son tour, jeta sa fourche et, sans que d'abord elle y prît garde, s'achemina vers la barrière du champ.... Elle courut après lui et le retint par le bras, sans parler.

« Plutôt que de vous voir chassées d'ici, recommença Kester, j'aurais pris le bail à mon compte.... »

Puis, de nouveaux soupçons se faisant jour dans son esprit :

« Pourquoi donc, ajouta-t-il, ne m'a-t-on pas parlé de cette lettre?... Vous étiez, ce me semble, bien pressées.

— Nous avions congé de M. Hall pour le jour de la Saint-Jean.... Et Philip s'était chargé de la réponse.

— A lui tout seul? » demanda Kester.

Sylvia continua sans prendre garde à l'interruption.

« Le nouveau fermier se charge de tout le cheptel vivant.... Il prend aussi l'outillage, et même, si cela convient à ma mère.... si cela nous convient, tout le mobilier également.

— Le mobilier! s'écria Kester stupéfait.... Qu'allez-vous donc devenir, toi et ta mère, sans un lit pour vous étendre, sans une marmite pour cuire votre dîner? »

Sylvia devint fort rouge, mais garda le silence.

« Vous voilà donc muette, à présent?

— Qu'ai-je donc fait, Kester, pour perdre ton amitié?... De quoi donc suis-je coupable, après tout? N'ai-je pas ma mère?... Suis-je seule au monde?

— Que de réponses pour une question bien simple, reprit Kester.... Comment songez-vous à vous dépouiller de vos meubles?

— Je vais, probablement, épouser Philip, répliqua Sylvia d'une voix tellement basse que si Kester n'eût pas pressenti la réponse, il ne l'aurait certainement pas entendue.

— De mieux en mieux, recommença-t-il.... Vous voilà fort à votre aise, ta mère et toi.... C'est égal, je ne t'aurais pas crue si prompte à oublier un pauvre garçon qui t'aimait comme la prunelle de ses yeux.

— Ah! Kester, Kester! s'écria-t-elle, tu me crois capable d'oublier Charley!... L'oublier!... Quand je le vois, toutes les nuits, gisant au fond de la mer.... L'oublier!... Tu en parles bien à ton aise, mon brave homme! »

Il y avait tant d'agitation, tant de désespoir dans son accent que Kester lui-même en fut effrayé; mais il fallut, malgré tout, qu'il la torturât encore.

« Au fond de la mer? reprit-il.... Et que sais-tu de positif là-dessus?... Pourquoi, comme tant d'autres, n'aurait-il pas été enlevé par la *presse?*

— Ah! dit-elle en se jetant sur le foin, comme je voudrais mourir.... et tout savoir! »

Kester n'ajoutait plus rien. Alors elle se redressa brusquement, et le regardant au visage :

« Parle donc, parle !... Donne tes raisons, s'écria-t-elle.... Je dois beaucoup à Philip.... Il assure qu'il mourra s'il ne m'épouse.... Je n'ai plus d'abri pour ma pauvre mère.... Pour elle, entends-tu bien, car ce que je deviendrai, moi, m'importe peu.... Mais si Charley est encore vivant, je ne saurais épouser Philip.... Non, dût-il mourir, et ma mère se trouver sans ressources....

Et je ne l'épouserai pas, Kester, si tu m'affirmes qu'il y a une chance, une chance sur mille, que Charley ait été enlevé comme tu le dis !...» Elle parlait avec tant d'énergie, on discernait si bien, parmi ces phrases haletantes, les impétueux battements de son cœur, que Kester se sentit obligé, cette fois, de peser plus mûrement ce qu'il allait articuler.

« Voyons un peu, reprit-il. Kinraid a quitté d'ici pour rejoindre son navire.... A partir de ce moment, il disparaît.... Son capitaine, tous ses amis du Newcastle le cherchent en vain partout, même à bord des « vaisseaux du roi. » Il y a de cela quinze mois passés, et personne n'a eu de ses nouvelles.... Maintenant, la mer a rejeté son chapeau, et avec le chapeau un ruban auquel il tenait beaucoup.... On peut donc supposer....

— Mais vous disiez, Kester, qu'il avait pu être enlevé.... Pourquoi, maintenant, récapituler tout ce qui doit faire penser le contraire?

— Je voudrais, mon enfant, qu'il vécût encore, et si cela dépendait de moi, tu ne serais jamais la femme de Philip.... Mais tu me demandes un jugement sérieux.... Je pèse loyalement le pour et le contre.... Il y a toujours une chance sur mille pour qu'il soit vivant, puisque personne ne l'a vu mort.... D'autre part, à cette époque, la *presse* ne se faisait pas du côté de Monkshaven.... Il fallait remonter jusqu'à Shields pour trouver le *tender* le plus voisin.... Et encore a-t-on fouillé ceux de ce côté.... »

Il ne tira pas ses conclusions, mais rentra dans la prairie et se remit à faner.

Sylvia demeurait immobile et pensive, dévorée du désir d'arriver à une certitude quelconque.

Son vieil ami se rapprocha d'elle.

« Tu sais, disait-il, que Philip m'a remboursé mon argent?... Il y a là huit livres quinze shillings et trois *pence*.... Je me charge de vendre les foins et l'outillage pour un peu plus que le terme échu.... Ma sœur est veuve, comme tu sais, et ne fait pas trop bien ses affaires.... Si vous voulez, toi et ta mère, aller vous établir auprès d'elle, je te remettrai, très-exactement, tout ce que je gagne.... Quelque chose comme cinq shillings par semaine.... Mais ne vas pas épouser un homme que tu n'aimes point, lorsqu'un autre homme, qui n'est peut-être pas mort, conserve encore des droits sur ton cœur. »

Sylvia était plus engagée, vis-à-vis de Philip, qu'elle n'avait osé le dire à Kester. La veille au soir il avait reçu sa promesse, et avec mille efforts, mille redites, ce cousin si dévoué, cet adorateur si patient était parvenu à faire entrer dans la faible tête de sa mère, l'idée assez nette de cette combinaison nouvelle qui assurait l'avenir de la pauvre femme et en même temps comblait tous ses vœux. Les paroles de Kester, néanmoins, trouvaient de l'écho dans le cœur de Sylvia et l'avaient plongée dans mille réflexions amères où elle s'abîmait encore quand un léger coup de sifflet, parti de l'extrémité du champ, lui fit machinalement redresser la tête. Devant elle, à une cinquantaine de pas, son fiancé, son futur, les deux coudes sur la barrière, la contemplait avec une ardeur passionnée.

« Voyons, Kester, dit-elle une fois encore, que me conseilles-tu ?... Que faut-il que je fasse ?... Je suis liée à lui par ma parole, et ma mère, en pleine connaissance de cause, nous a donné sa bénédiction.... Parle, Kester ! Parle, mon brave homme !... Faut-il tout rompre, je te le demande ?

— Il ne m'appartient pas de prononcer là-dessus.... Les choses sont trop avancées.... Les gens de là-haut sont les seuls à savoir ce qu'il faudrait faire »

Un nouveau coup de sifflet fut suivi d'un plus doux appel :

« Sylvia, Sylvia, » disait Philip.

« Il s'est montré bien bon pour nous tous, s'écria la jeune fille qui laissa tomber sa fourche avec un geste insouciant.... Je m'efforcerai de le rendre heureux. »

XV

LA ROBE DE NOCES.

Philip et Sylvia étaient donc promis l'un à l'autre. Mais bien qu'il se fût écoulé seulement vingt-quatre heures depuis l'engagement pris, Philip s'étonnait déjà de ne pas se sentir plus heureux. S'il eût voulu se définir à lui-même ce qui lui manquait, il n'aurait trouvé que ceci à dire : Rien n'était changé dans ses rapports avec Sylvia, depuis qu'elle avait promis d'être sa femme. Elle était calme et douce, mais ne semblait ni plus intimidée, ni plus rayonnante, ni plus effarouchée, ni plus heureuse qu'elle ne l'avait été depuis plusieurs mois. Quand elle vint, docile au signal, le retrouver près de cette barrière, le cœur du jeune homme battit plus vite et ses yeux brillaient d'amour en la regardant s'approcher. Mais il ne vit ni rougir son front, ni sourire ses lèvres, et lorsqu'il voulut, avec une muette insistance, lui faire quitter le sentier qui les ramenait à la ferme, elle lui résista machinalement, absorbée dans des réflexions dont il n'avait pas le secret. Il murmurait à son oreille de douces paroles qu'elle semblait à peine entendre. Sur leur route jaillissait une source limpide qui, reçue dans un grossier réservoir, servait aux usages domestiques; les vases de la laiterie, propres et brillants, étaient rangés au bord de l'eau murmurante. Sylvia s'arrêta pour les prendre, et pensa tout à coup que le moment était venu de s'expliquer :

« Philip, lui dit-elle tout à coup, Kester me faisait part, il n'y a qu'un moment, d'une singulière idée....

— Laquelle? » demanda Philip.

Sylvia s'était assise sur le bord du réservoir et trempait dans l'eau sa main brûlante. Elle reprit très-vite, levant sur le visage de Philip ses beaux yeux animés par une curiosité naïve : « Il pense que Charley Kinraid a pu être enlevé par la *press-gang*. »

C'était la première fois qu'elle prononçait le nom de son ancien préféré devant l'homme qui pouvait aujourd'hui se croire aimé d'elle, depuis le jour où à propos du premier elle s'était querellée avec le second. Aussi tout son visage se couvrit-il d'une vive rougeur, mais ses yeux où rayonnaient une candeur irréprochable ne se baissèrent pas un instant.

Quant à Philip, son cœur avait cessé de battre : — on eût dit un voyageur qui, sur la pente d'un herbage vert inondé de soleil, voit tout à coup s'entr'ouvrir à ses pieds un gouffre sombre. Il n'osait pas dérober son regard à celui de la jeune fille, mais il se sentait perdre contenance et son front s'empourprait de honte. Il entendit sa voix prononcer des paroles qui ne lui semblaient pas émaner de lui.

« De quoi se mêle Kester? s'écria-t-il avec un grossier juron.

— Il parle, dit Sylvia, d'une chance contre cent.... Serais-tu par hasard de son avis?

— A coup sûr, dit Philip avec une sorte de désespoir qui le poussait à ne plus s'inquiéter de ce qu'il pouvait dire ou faire.... à coup sûr, ce que personne n'a vu peut n'être jamais arrivé.... Mais Kester serait tout aussi bien à même de contester la mort de votre père, puisque personne de nous n'était là quand.... »

Ses lèvres s'arrêtèrent à temps pour ne pas prononcer le mot fatal ; mais Sylvia n'en poussa pas moins un léger cri. Honteux de la douleur qu'il venait de lui infliger, il aurait voulu la prendre et la bercer dans ses bras, la consoler, l'apaiser comme une mère apaise son enfant qui pleure. Ce désir, qu'il ne pouvait satisfaire, redoublait en lui le sentiment de ses remords et l'espèce de rage à laquelle il était en proie. Tous deux restaient maintenant immobiles, Sylvia contemplant d'un œil triste le bouillonnement et les ressauts joyeux de l'eau babillarde, Philip arrêtant sur elle ses yeux hagards, et avide de l'entendre parler encore, dût sa première parole le frapper au cœur. — Mais elle n'ouvrit pas la bouche.

Fatigué, à la longue, de ce silence intolérable :

« Il est donc vrai, Sylvia, que tu tiens toujours beaucoup à cet homme ? lui dit-il avec amertume. » Si celui qu'il appelait « cet homme » se fût trouvé là, dans ce moment, devant eux, Philip se serait jeté sur lui et ne l'aurait lâché qu'après la mort de l'un ou de l'autre. Sylvia comprit en partie le tourment secret que venait de trahir l'accent plaintif de cette question. Elle leva les yeux vers Philip.

« Je pensais, lui dit-elle, que vous saviez à quoi vous en tenir là-dessus. »

Son pâle visage, tandis qu'elle s'excusait ainsi, resplendissait de tant de candeur et d'innocence, sa voix altérée avait un si pathétique accent, que l'irritation de Philip, son mécontentement de lui-même et de toute chose au monde, fit subitement place à un élan de tendresse passionnée. Il sentit que cette femme devait être à lui, coûte que coûte ; et s'asseyant auprès d'elle, inspiré, — soufflé pour ainsi dire par un tentateur invisible, — il lui parla un langage aussi artificieux, aussi habile, que ses premières paroles avaient été maladroites et compromettantes.

« Vous avez raison, chère enfant; je savais à quoi m'en tenir.... Et Dieu me garde d'élever la voix contre un homme qui n'est plus!... Car il n'est plus, Kester a beau dire.... Si je voulais, cependant....

— Oh! non, non, s'écria Sylvia s'arrachant des bras de Philip.... Pas un seul mot contre lui!... Je suis décidée à n'y pas croire.

— Sois tranquille, dit Philip, je ne touche pas aux morts. »

Et cependant plus éclatait à ses yeux l'amour de Sylvia pour son ancien rival, plus il désirait ardemment la convaincre qu'elle l'avait à jamais perdu, et plus il s'efforçait aussi de pacifier par des mensonges sa conscience alarmée. Kinraid, sans doute, avait dû périr, exposé comme il l'était aux chances de la guerre ou de la tempête. Sinon, s'il vivait encore, son silence disait assez qu'il était mort pour Sylvia. On pouvait donc sans scrupule employer ce mot qui, s'il était faux dans un sens, n'exprimait en somme qu'une incontestable vérité.

« Penses-tu donc, reprit-il, que rien l'eût empêché, s'il vivait, d'écrire à quelqu'un des siens, en supposant même qu'il pût t'oublier?... Et pourtant, pas un de ses parents de Newcastle ne le croit encore de ce monde.

— C'est bien là ce que dit Kester, » soupira Sylvia.

Philip reprit courage. Il replaça doucement son bras autour de la jeune fille, et penché à son oreille, la supplia d'oublier celui qui n'était plus, pour songer à l'homme dont toute l'existence allait lui être consacrée. Sylvia l'écoutait sans répondre quand un faible cri, parti de la maison, vint lui fournir l'occasion de s'échapper :

« Ma mère a besoin de moi, » s'écria-t-elle bondissant hors de son siége rustique, et l'instant d'après elle avait disparu.

Philip, toujours assis près de la source, but à longs traits dans le creux de sa main quelques gorgées d'eau;

puis, se relevant tout à coup, il soupira et suivit sa cousine dans la maison.

Parfois, sans s'y attendre, il rencontrait chez elle des résistances qu'il ne pouvait s'expliquer; mais, en général, elle déférait à ses conseils avec une douceur qui semblait attester l'insouciance la plus absolue. Parfois aussi elle lui obéissait comme à son mari futur, en vertu des droits qu'il avait sur elle. Rien ne pouvait le désobliger autant que cette docilité méritoire. Ce qu'il lui fallait, c'était la Sylvia d'autrefois, volontaire et capricieuse, hautaine et gaie, inconséquente et charmante. Celle-là, par malheur, avait à jamais disparu !

Il s'aperçut un soir que, sur certains points, il serait inutile de vouloir fléchir cette volonté ordinairement si peu rebelle. Dick Simpson, l'ex-domestique de Hobbs, se mourait à Monkshaven, sans que personne à la ferme eût connaissance de sa misérable agonie. Aux premiers mots qu'en toucha Philip, le visage de Sylvia devint tout à coup radieux.

« Il se meurt, dis-tu ? s'écria-t-elle. Bon débarras pour ce monde !

— Ce langage est bien rigoureux, reprit Philip; il ne m'encourage guère à réclamer une faveur que j'espérais obtenir de toi.

— S'il s'agit de Simpson,... répliqua-t-elle ; mais, elle s'interrompit aussitôt : Achevez, achevez, disait-elle, j'ai eu tort de vous couper la parole.

— Il te ferait pitié, ma Sylvie !... Depuis son retour d'York, depuis cette journée où les gens de Monkshaven l'ont si rudement maltraité, il n'a jamais pu se rétablir.... Sa tête par moments s'égare.... Il se figure qu'on le poursuit, qu'on le siffle, qu'on lui jette des pierres....

— Tant mieux, dit Sylvia, tu ne pouvais rien m'apprendre qui me fît autant de plaisir. C'est la juste punition de sa conduite envers mon père.

— De cela et de bien d'autres choses.... Mais enfin, Sylvia, cet homme se meurt.... Il se meurt, aux prises avec une misère épouvantable.... au fond de cette étable que l'incendie a dévorée à moitié, sans personne qui veuille s'occuper de lui ou même lui adresser une bonne parole....

— Excepté vous, cependant, dit Sylvia se retournant brusquement vers Philip.... Je présume, du moins, que vous l'avez vu.

— En effet, répondit-il; je lui ai même envoyé le médecin de la paroisse, et, d'après ce qu'il m'a dit, ce malheureux n'a plus que quelques heures à vivre.

— Le sait-il, au moins ? » demanda Sylvia presque triomphante.

Philip secoua la tête.

« Son langage, répondit-il, prouve qu'il le sait.... Il se plaint de la dureté des hommes.... Il soupire après un autre monde où il trouvera, dit-il, plus de miséricorde.

— Il y trouvera mon père, repartit Sylvia toujours âpre et dure.

— Mais, Sylvia, il se repent;... il prétend avoir cédé aux suggestions des avocats, qui l'auraient fait parler malgré lui.

— Beau repentir, quand la chose est faite !

— Le remords est toujours le remords, et cet homme est sur le point de mourir.... Il désire, — et j'ai promis de te le demander en son nom, — il désire que tu viennes avec moi l'assurer que tu lui pardonnes.

— Et tu t'es chargé de ce message ?... Sais-tu bien, Philip, que j'ai envie de rompre pour jamais avec toi ? Nous ne sommes pas de la même trempe, sois-en bien convaincu.... Il n'est pas en moi de pardonner, il n'est pas en moi d'oublier.... Réfléchis donc un peu !... Si ton père avait obligé un misérable en butte à la haine de tous, et que, pour récompense, ce lâche ingrat l'eût fait pendre, te sentirais-tu capable de te réconcilier avec lui, de lui porter de bonnes paroles?... Te sens-tu dans les veines assez de lait, assez d'eau, que dis-je, assez de boue pour te conduire ainsi ?

— Pourtant, Sylvia, vous demandez à Dieu « de vous pardonner vos offenses comme vous pardonnez à ceux qui vous ont offensée. »

— C'est vrai : mais si l'on doit ainsi me prendre au mot, je ne prierai plus, et tout sera dit. C'est pour ceux qui n'ont presque rien à pardonner qu'il est bon d'employer une pareille formule.... Et je trouve fort mal à vous, Philip, de tourner ainsi contre moi les saintes Écritures.... Allez où vos affaires vous appellent !...

— Tu m'en veux, Sylvia ?... Et cependant je sais ce qu'un tel pardon doit te coûter.... Mais tu ne résisterais pas, j'en suis sûr, aux regards suppliants de ce pauvre diable.

— Je te répète que le pardon et l'oubli ne sont pas dans ma nature.... J'aime ceux que j'aime, je hais ceux que je hais.... Je serais un monstre à montrer en foire si je pardonnais à l'homme qui a fait périr mon père.... Et maintenant, laissez-moi !... Il ne faudra pas moins qu'une nuit entière pour me rendre à votre égard des dispositions plus favorables.... Votre vue, en ce moment, m'agace et m'irrite. »

Philip comprit qu'il serait prudent de la prendre au mot. Il retourna donc seul près de Simpson qu'il trouva, quoique vivant encore, incapable de profiter d'un pardon quelconque. Et alors il se repentit presque d'avoir obéi à sa conscience en importunant inutilement Sylvia au sujet de l'infortuné moribond.

Jamais, cependant, il n'est inutile de faire son devoir. Sylvia, laissée à elle-même et réfléchissant à son refus pendant une grande partie de la nuit suivante, sentit son cœur s'amollir peu à peu. Elle tenait en effet de sa mère ses instincts permanents, ceux qui finissaient toujours par prévaloir à la longue ; de son père, en revanche, les premières impulsions, violentes et passagères, qui l'emportaient tout d'abord. Le matin venu, elle ne se disait précisément pas qu'elle irait porter à Simpson des paroles de pardon ; mais si Philip était revenu à la charge, peut-être eût-il fini par l'obtenir d'elle.

Il se contenta de lui apprendre, en passant, la mort de Simpson, et ne sut jamais rien, par conséquent, des clémentes inspirations qui s'étaient fait jour en elle. Les dures paroles dont elle avait usé lui restèrent seules dans la mémoire, et elles s'y retrouvèrent seules, malheureusement, dans un moment décisif pour elle et pour lui.

En général, Sylvia se montrait assez douce et assez bonne ; mais Philip l'eût voulue timide et tendre, ce qu'elle ne fut jamais à son égard. Ses jolis yeux, lorsqu'elle lui adressait la parole, n'exprimaient qu'une paisible indifférence ; elle le consultait en tout et pour tout, comme le meilleur ami de sa famille, et acceptait docilement ses avis sur les arrangements relatifs à leur mariage qui, pour elle, était surtout le signal de leur départ de Haytersbank. Aussi Philip commençait-il à s'apercevoir que ce fruit, si longtemps poursuivi par ses lèvres altérées, était en quelque sorte comme ceux des vergers de Sodome, « rempli de cendres au dedans. »

Il avait une colombe favorite dont il aimait particulièrement le plumage aux nuances tendres et rosées. Par une vraie fantaisie d'amoureux, il se figura retrouver ces nuances dans une des pièces de soie qu'il avait à vendre, et nulle étoffe ne lui parut convenir mieux à sa jeune fiancée pour le jour où il la conduirait à l'autel. Il en leva donc de quoi faire une robe, et lui porta ce charmant tissu dont il fit miroiter sous ses yeux les couleurs brillantes aux dernières lueurs du soleil prêt à disparaître :

« De mardi en quinze, ma bien-aimée, comme un costume pareil t'ira bien ! » lui disait-il à voix basse. Depuis quelque temps il aimait à lui parler ainsi, sur le ton des confidences intimes. Elle ne lui répondait jamais qu'à voix haute.

« De mardi en quinze ?... C'est du quatre que tu veux parler?... Mais je ne porterai pas cette étoffe.... Je serai vêtue de noir.

— Pas ce jour-là, bien certainement, s'écria Philip. Et pourquoi donc, je te prie ?

— Peut-il donc arriver quelque chose qui me fasse oublier mon père ?... Ma vie en dépendît-elle, Philip, je ne quitterais pas le deuil.... Cette étoffe est charmante, j'en conviens ; beaucoup trop belle pour une personne de ma condition : je l'accepte donc avec reconnaissance, et ce sera la première robe que je me ferai faire dans deux ans, à compter d'avril dernier.... Présentement, je garde le deuil.... »

Et comme Philip insistait tristement :

« Non, mon ami, reprit-elle, c'est tout à fait impossible.... Puisque tu y tiens à ce point, j'en éprouve un véritable regret, car je sais tout ce que nous te devons ma mère et moi.... Je le sais, crois-le bien, et je ne suis pas ingrate,... bien que parfois tu sembles le penser.

— Ce n'est pas ta reconnaissance qu'il me faut, Sylvia, » dit le pauvre Philip, mécontent au fond, mais qui n'aurait pu expliquer, tout pénétré qu'il en était, ce qui manquait à sa joie.

Aux approches du jour des noces, Sylvia ne se préoccupa que de sa mère. Philip voulait en vain l'intéresser aux soins qu'il se donnait pour lui rendre agréable la vieille maison de Monkshaven. Cette maison n'avait pour elle que de désastreux souvenirs. Dans le salon décoré afin de la mieux recevoir, elle s'était évanouie de terreur le jour du soulèvement contre la *press-gang*, et dans ce même salon lui avait été révélé pour la première fois le péril imminent où se trouvait son père à la veille de partir pour les assises d'York. Aussi lorsque Philip lui parlait de ses arrangements intérieurs, tout au plus pouvait-elle l'écouter avec patience et comprimer les soupirs de son cœur ému.

La ferme de Haytersbank devait être livrée, le jour même du mariage, à son nouveau possesseur. Ce jour-là, par conséquent, Bell Robson viendrait pour la première fois s'installer à Monkshaven et, dans l'état de faiblesse mentale où elle était peu à peu tombée, il fallait ne pas la laisser seule au moment d'une transition pareille. D'un autre côté Philip avait rêvé, pour cette journée unique, de faire en voiture une excursion à la « baie de Robin-Hood, » partie de plaisir toujours chère aux bourgeois de Monkshaven. Mais il connaissait assez sa future pour être certain qu'elle ne consentirait jamais à quitter sa mère, si quelqu'un ne la remplaçait auprès de la pauvre infirme. Il s'agissait d'une véritable œuvre de charité : ce fut naturellement à Hester qu'il songea d'abord.

Pour la préparer à sa requête, il imagina de la consulter sur les embellissements qui l'occupaient depuis quelques semaines ; et, tout entier à son bonheur, il ne s'aperçut pas du frisson avec lequel la jeune Méthodiste accueillit ses premières ouvertures à ce sujet :

« Si cela te fait plaisir, Philip, j'irai sans doute, lui répondit-elle, mais tu pourrais mieux t'adresser en fait de modes et d'ajustements nouveaux.

— Je sais par une longue expérience, lui répondit-il, que personne mieux que toi ne s'entend à la bonne ordonnance d'un ménage. Nulle part je n'ai vécu plus heureux que sous le toit de ta mère ; viens donc, ne me refuse pas!... Viens me dire si je n'ai rien oublié de ce qui peut plaire à Sylvia.... »

Par un de ces sacrifices héroïques dont le monde méconnaît la grandeur, Hester voulut faire ce qui lui était demandé. Son abnégation alla plus loin, car à force de s'oublier elle-même, elle en vint à sympathiser avec ces préoccupations dont Philip était assiégé pour une autre qu'elle. Et quand, de l'aveu de Sylvia, il lui demanda de servir de *bride's maid* à celle-ci, puis d'aller chercher Bell Robson et de passer auprès d'elle le reste de cette première journée, elle n'écarta que la première de ces deux requêtes.

« Non, Philip, je ne t'accompagnerai pas à l'église, lui répondit-elle en arrêtant sur son visage un regard loyal et grave.... Tu ne dois pas insister là-dessus.... Mais je me rendrai de bonne heure à la ferme de Haytersbank, et je ferai de mon mieux pour épargner à cette bonne vieille femme les chagrins du départ.... Je suivrai de point en point les instructions que tu me donnes pour qu'elle soit rendue ici avant la chute du jour. »

Philip était tenté de la presser encore pour qu'elle voulût bien assister Sylvia pendant le service religieux; mais il vit dans les yeux de la jeune fille, — aussi vague, aussi fugitif que l'impression d'un souffle léger sur un pur cristal, — un nuage, un trouble éphémère qui lui coupèrent la parole en éveillant chez lui, pour quelques secondes seulement, une idée qu'il s'empressa de bannir tant elle lui parut empreinte d'une fatuité ridicule. Il se la reprocha même, comme une insulte à Hester.

Ne voyant jamais Sylvia, n'ayant pour interpréter ses pensées que les souvenirs passionnés et triomphants de l'heureux Philip, Hester n'avait pu s'empêcher de concevoir quelques préventions contre cette jeune fille qu'elle supposait si prompte à oublier l'humiliation de sa famille, et à édifier si vite, sur la tombe de son malheureux père, tout un avenir de félicité domestique. Peut-être en aurait-elle jugé autrement si elle eût accompagné au pied de l'autel cette fiancée modeste et pâle, dont la voix altérée répondit à peine aux questions d'usage, et qui, dans sa résignation distraite, ne trouvait pour répondre aux tendres propos de son nouvel époux que quelques sourires contraints et vagues. Mais, nous le savons, Hester n'était pas là. Bien avant l'heure de la cérémonie, on l'avait vue s'acheminer vers Haytersbank où elle eut fort à faire de pacifier, de consoler la pauvre femme confiée à ses soins. Ce fut une grande épreuve pour Bell Robson que de rentrer dans la maison de Philip. Un éclair de mémoire, qui se fit jour dans le désordre de sa raison, provoqua de sa part un éclat de larmes. Vainement Hester lui reparlait sans cesse du mariage de sa fille avec Philip : la malheureuse veuve était toujours ramenée, par d'implacables souvenirs, au supplice du mari qu'elle avait perdu ; et comme Sylvia n'était pas là pour lui répondre et l'apaiser ainsi qu'elle en avait l'habitude, Bell, dans son égarement, se la représentait prisonnière, sur le point de passer devant les juges, menacée d'un trépas ignominieux.... Enfin, pendant une pause des sanglots convulsifs auxquels s'abandonnait la malheureuse insensée, Hester entendit arriver la voiture qui ramenait les nouveaux époux. Elle vit Sylvia, plus blanche qu'un linge, accourir au bruit des plaintes maternelles ; elle la vit recevoir dans ses bras, étreindre contre son cœur, caresser doucement, calmer peu à peu cette mère qui était en quelque sorte redevenue enfant, et qu'elle traitait effectivement comme un enfant qui a pris peur. C'était là un spectacle touchant, et qui devait aller au cœur de la fille d'Alice Rose. Puis, lorsque Sylvia, sa mère une fois consolée, se tourna vers Hester pour la remercier, lorsqu'elle lui fit entendre le chaleureux langage de la reconnaissance la plus vive, ses paroles, bien simples en elles-mêmes, eurent un charme étrange, une fascination victorieuse que la sincère Hester ne put méconnaître tout en essayant d'y résister.

A quoi, dans ce moment, songeait Philip? Se disait-il qu'il venait d'épouser, vêtue de deuil, cette jeune fille depuis si longtemps aimée? Se disait-il que leur entrée dans la maison conjugale avait été saluée par des cris et des gémissements plaintifs?

FIN DE LA DEUXIÈME PARTIE.

TROISIÈME PARTIE.

I

JOURS HEUREUX.

Les vœux de Philip semblaient maintenant comblés. Ses affaires prospéraient, et ses profits encore modestes passaient de beaucoup les besoins de son ménage. Ses exigences personnelles étaient nulles. Il ne demandait à la fortune que les moyens de faire à son idole un sort digne d'elle. Ce sort, elle l'avait désormais. Rien ne l'empêchait, au besoin, de passer la journée entière dans son salon, occupée de travaux d'aiguille. Plus d'une robe en pièce, — sans compter celle dont il a été parlé, la robe gorge-de-pigeon, — attendaient au fond de ses tiroirs que le goût de la toilette lui fût revenu. Et enfin, sa mère était entourée des égards et des soins les plus empressés, Philip se souvenant toujours qu'il l'avait vue favorable à ses vœux, avant même que leur réalisation fût devenue possible. D'ailleurs, reconnaissance à part, il eût encore comblé d'attentions son infortunée belle-mère, ceci étant le plus sûr moyen d'obtenir de Sylvia quelques sourires et quelques douces paroles. A tout le reste elle était indifférente. La couture l'intéressait moins que son rouet, et les soins à donner à sa mise lui semblaient plus fatigants que la fabrication du beurre ou l'entretien de l'étable. Le grand air lui manquait; les amples horizons lui faisaient faute; mais elle n'en restait pas moins calme et résignée. Trop calme, trop résignée, au gré de Philip. Il était contrarié de la trouver si uniformément docile, de ne lui voir jamais un de ces caprices qu'il eût été si heureux de satisfaire. En somme, pourtant, avec sa patience caractéristique, il s'accommodait de cette affection égale et tiède, si différente de l'ardent amour qu'il lui portait; et il n'aurait pas eu trop à se plaindre s'il n'avait été hanté, dès cette époque, par les rêves les plus pénibles. Bien convaincu, durant les heures de veille, que Kinraid avait dû nécessairement périr dans quelque rencontre, il le revoyait vivant presque toutes les nuits; et quand un réveil soudain l'arrachait à ces visions fiévreuses, quand il se redressait sur son séant, le cœur lui battait encore : il ne pouvait se soustraire à l'idée que Kinraid était là, dans les ténèbres, à quelques pas de lui, caché, menaçant. Son agitation parfois dérangeait Sylvia qui le questionnait alors sur ses rêves, ayant — comme l'avaient à cette époque les personnes de sa classe, — une foi implicite dans l'interprétation prophétique des songes. Il va de soi que Philip éludait toujours ces sortes d'entretiens, et ce n'était jamais sans mentir à sa conscience. Il la trompait quelquefois plus innocemment. Ce fut ainsi que — sans faire semblant de rien, et sur quelques vagues paroles qu'elle avait laissé tomber de ses lèvres, — il alla chercher à la ferme de Haytersbank l'honnête Kester qu'elle désirait revoir. Ce brave homme ne se rendit pas du premier coup; il fallut une certaine diplomatie pour l'attirer à Monkshaven. Il y vint, cependant, à la grande joie de Sylvia qui lui demanda maint et maint détails sur les changements survenus dans cette résidence quittée à regret. Le soir même, Sylvia raconta cette visite à son mari. Philip se garda bien de gâter le plaisir qu'elle avait eu en lui parlant des efforts qu'il avait dû faire pour décider Kester à venir. Il ne lui raconta pas non plus quelle délicate réserve il avait mise à ne pas se trouver en tiers dans leur familier entretien. Sylvia put donc attribuer à une absence complète de sympathie le silence discret qu'il garda vis-à-vis d'elle, et c'en fut assez pour arrêter dans leur premier épanouissement, pour refouler au fond de son cœur les sentiments de tendresse qui commençaient à s'y faire jour. Les nouveaux époux allaient ainsi sur la même route, se heurtant, se froissant à leur insu, et victimes d'une perpétuelle mésintelligence.

Entre Hester et Sylvia, tout au contraire, un attrait mutuel existait, et leur liaison allait se resserrant tous les jours, à la grande surprise de la jeune Méthodiste. Peut-être en eût-il été tout autrement, si Philip eût été mieux aimé de sa femme. Chez celle-ci, la reconnaissance des soins qu'Hester donnait à sa mère et le regret d'avoir méconnu, dans le principe, le dévouement charitable, les vertus modestes de cette pieuse fille se fortifiaient l'une par l'autre. Elle se savaient gré mutuellement, Sylvia de ce qu'Hester ne lui gardait aucune rancune, Hester de ce que Sylvia la voyait sans aucune jalousie prendre une place toujours plus importante dans l'affection de Bell Robson. Mais, au fait, de quoi donc Sylvia pouvait-elle être jalouse? Il était dans sa nature, il était dans sa destinée d'inspirer autour d'elle plus d'affection qu'elle n'en désirait et n'en réclamait pour elle même. Jeremy et John Foster, par exemple, après s'être inquiétés, au début, du mauvais renom que pouvait donner à leur maison la mésalliance de leur jeune associé, finirent eux aussi par subir l'ascendant vainqueur de la femme qu'il avait choisie. Elle dut prendre sur elle, si intimidée que la trouvât une pareille invitation, d'accepter d'eux un solennel dîner de noces à l'issue duquel Jeremy s'engagea, pour lui et son frère, à la protéger contre son mari si jamais elle en avait besoin. Cette promesse, faite en riant, acceptée de même — et qui dans ce moment charma Philip, — devait être tenue plus tard et dans de bien graves circonstances. Il n'est pas rare de voir ainsi des paroles jetées en l'air, et qui semblent vouées à un éternel oubli, former plus tard des liens sérieux et sacrés.

Un an ne s'était pas écoulé, que Philip en était venu à jalouser quelque peu l'affection de sa femme pour Hester. Il y avait là, craignait-il, le germe d'une confiance plus intime, plus absolue que celle dont il était l'objet de la part de Sylvia. Parfois, d'ailleurs, un soupçon lui traversait l'esprit, c'est que celle-ci, dans ses épanchements avec la jeune Méthodiste, lui parlait peut-être de l'homme qu'elle avait aimé jadis. — Rien de plus simple, pensait-il, puisqu'elle le croyait mort. — Cette idée, pourtant, l'irritait.

Du reste il se trompait, en ceci, du tout au tout. Malgré son apparente franchise, Sylvia gardait pour elle ses plus profonds chagrins ; jamais elle ne prononçait le nom de son père, bien qu'il fût sans cesse présent à sa pensée. Elle ne parlait pas davantage de Kinraid, bien que maintes fois, quand le hasard la mettait en face de quelque marin, elle lui adressât la parole d'une voix plus douce, en mémoire de celui qu'elle avait aimé. Il était d'ailleurs l'invisible compagnon de ces courses solitaires qu'elle faisait de temps en temps, — lasse de sa « vie de salon, » — sur les rochers qui près de Monkshaven dominent la mer. Jamais elle ne voulait être accompagnée de personne, pendant ces courtes excursions qui avaient à ses yeux le mérite du bonheur volé. Une fois sur ces pentes abruptes revêtues d'un épais gazon, elle ôtait son chapeau et, assise par terre, de ses deux mains jointes étreignant ses genoux, livrant à la brise marine ses longues boucles d'or, l'œil perdu dans les brumes lointaines de l'horizon, elle s'absorbait en quelque triste rêverie. Et si on lui en avait demandé le sujet, elle n'aurait certainement pas voulu, peut-être n'eût-elle pu répondre.

Le temps vint, cependant, où elle se vit retenue chez elle par une douce captivité, prisonnière auprès d'un bel enfant, le sien, celui de Philip. L'orgueil, le bonheur du jeune père étaient sans bornes. Un nouveau lien se formait ainsi entre eux. Il allait faire accepter à Sylvia une existence si différente de celle qu'elle avait menée jusqu'alors, si peu en harmonie avec sa nature et ses goûts. Sylvia, de même, était plus heureuse; elle se sentait moins affaissée sous le poids d'une résolution irrévocable, moins rebelle, en secret, aux inspirations de la reconnaissance qui la lui avait imposée. L'enfant illuminait sa vie obscure et terne, comme un rayon de soleil illumine un cachot sombre.

« Philip! » dit un soir Sylvia, que son mari croyait endormie et sur laquelle il veillait, gardien immobile et silencieux. A l'instant même il se trouva debout près de son chevet.

Il s'agissait de choisir un nom à l'enfant.

« Je voudrais, dit-il timidement, qu'elle s'appelât comme toi. »

La jeune mère répondit par un léger mouvement d'impatience.

« Non, dit-elle, le nom de Sylvia ne porte pas bonheur.... Comment s'appelait votre mère.

— Margaret, répondit-il.

— Et la mienne, Isabelle.... Donnons-lui ces deux noms, et prions Hester d'être la marraine.

— En ce cas, reprit Philip, il faudrait l'appeler Rose.... Hester Rose.

— J'aimerais mieux Bella.... le nom de ma mère.

— Et moi, dit Philip tendrement, je ne connais pas de nom plus doux et plus joli que Sylvia.... Du reste, mon cher trésor, ce que vous désirez sera fait.

— Voilà donc qui est convenu : la petite s'appellera Bella, du nom de ma mère qui l'aime tant..., Hester sera marraine;... et de cette belle robe gorge-de-pigeon que vous m'avez donnée avant notre mariage, on fera le manteau de baptême.

— C'est pour toi que je l'avais achetée, dit Philip avec un désappointement marqué.

— A la bonne heure, mais je suis si peu soigneuse.... Au surplus, tu as raison, ajouta-t-elle se reprenant.... Cette robe est trop belle pour la petite.... Je la ferai faire pour moi, et je la mettrai le jour du baptême.... Mais que je vais avoir peur de l'abîmer !...

— Si tu l'abîmais, enfant, ne t'inquiète pas : il ne serait pas difficile de la remplacer.... Je ne fais état de la richesse que pour vous procurer, à toi et à ta mère tout ce que vous pouvez désirer.... »

A ces mots, qu'elle voulut reconnaître, elle se souleva, faible et pâle encore, sur son oreiller, et lui donna le premier baiser qu'il n'eût pas sollicité d'elle.

Philip atteignit peut-être, ce jour-là, le point culminant de sa félicité en ce monde.

II

MAUVAIS PRÉSAGES.

Voici comment l'expiation commença. Sylvia s'était d'abord rétablie avec assez de rapidité; mais il y eut ensuite dans sa convalescence une espèce de halte, durant laquelle le sommeil qu'elle prenait aux heures de l'après-midi était suivi d'un léger mouvement de fièvre.

Philip, un jour, monta sur la pointe des pieds, pour venir les regarder, elle et l'enfant. Malgré toutes ses précautions, la porte qu'il poussait vint à craquer. Sylvia, momentanément privée de sa garde, qui pour la laisser dormir en paix avait emporté l'enfant dans une pièce voisine, Sylvia fut réveillée en sursaut. Son visage était pourpre, ses yeux étaient hagards; elle les promenait de tous côtés comme pour se reconnaître, de son front brûlant elle écartait sa chevelure, et Philip ne perdait pas un de ces fâcheux symptômes. Aussi n'osait-il plus avancer d'un pas, espérant qu'elle allait se calmer et se rendormir. Mais elle étendit ses bras par un geste suppliant, et d'une voix plaintive, d'une voix en quelque sorte imprégnée de larmes:

« Oh! Charley!... Reviens, reviens à moi! » disait-elle. Puis se rendant mieux compte de l'endroit où elle était, se rappelant mieux les événements accomplis, elle se laissa retomber en arrière et se mit à pleurer sans autre effort. Un frémissement intérieur s'était emparé de Philip. Il en eût été de même pour bien d'autres, en pareille circonstance, mais il avait de plus, aggravant l'intensité de son émotion, le sentiment et le remords de sa fraude coupable. Les larmes qu'il voyait couler pour un autre homme l'exaspéraient aussi à cause du mal que Sylvia se faisait en s'y abandonnant. A ce moment-là même, il bougea sans doute et fit quelque bruit involontaire. La malade tressaillit de plus belle et s'écriant :

« Qui est là? disait-elle.... Au nom de Dieu, je veux savoir qui vous êtes?

— C'est moi, » répondit Philip, qui s'avança aussitôt essayant de comprimer ce mélange de passions diverses, amour et jalousie, remords et colère, qui précipitaient les battements de son cœur. Il fallait, du reste, qu'il fût tout à fait hors de lui, ce qui explique ses imprudentes et cruelles paroles.

« Philip, lui avait dit Sylvia de cette même voix toujours triste et plaintive, je dormais tout à l'heure et il me semblait être éveillée.... Je voyais Charley Kinraid aussi nettement que je te vois, et je le voyais vivant encore.... Je suis sûre à présent qu'il n'est pas noyé.... Que faire, grand Dieu, que faire? »

Elle tordait ses mains dans une angoisse fiévreuse. Excité à parler par des sentiments divers, que dominait le désir d'apaiser immédiatement cette agitation si nuisible à Sylvia, — et d'ailleurs sachant à peine ce qu'il disait :

« Kinraid est mort, s'écria Philip.... Combien de fois faut-il vous le dire?... Quelle femme êtes-vous donc pour rêver ainsi d'un autre homme, pour lui rester si attachée, lorsque vous êtes mariée à un autre et que cet autre est le père de votre enfant? »

L'instant d'après, il aurait voulu se couper la langue avec les dents. Elle le regardait, en effet, avec ces muets reproches que certains de nous ont vus (Dieu leur vienne en aide!) dans les yeux des morts alors que de tristes souvenirs évoquaient leur image pendant les heures ténébreuses; elle le regarda ainsi, sans un mot de réponse ou de justification. —Puis elle se laissa retomber immobile et silencieuse.

Philip, nous l'avons dit, n'en était pas à se repentir, mais le regard fixe de ces yeux dilatés l'acheva complètement; se précipitant au pied du lit, à moitié penché sur elle, presque agenouillé à ses pieds, ne songeant plus au mal qu'il pouvait lui faire, il semblait lui demander pardon à tout prix, dussent-ils mourir tous deux au moment où elle le lui accorderait. Elle, en revanche, demeurait sans paroles, et autant qu'il était en elle complétement inerte, le lit seul vibrant et craquant sous un tremblement nerveux qu'elle ne pouvait arrêter.

La garde, qui venait de rentrer dans la chambre, fut scandalisée du tableau qui s'offrit à elle et dont elle ne pouvait se rendre compte. Avec force paroles, empreintes de cette sagesse vulgaire qui est l'attribut de sa profession, elle prit par les épaules le malheureux mari, qui ne semblait ni l'écouter ni la comprendre, et le mit littéralement à la porte.

Le médecin, convoqué une demi-heure après, ne ménagea pas à Philip les reproches les plus sensibles, acceptés par ce dernier avec une résignation, une contrition méritoires. Pendant plusieurs jours, que dis-je, pendant plusieurs semaines, il lui fut interdit de voir Sylvia, que le seul bruit de ses pas mettait hors d'elle, bien que, — d'après les questions qu'elle adressait de temps en temps à sa garde, — il fût évident qu'elle ne se souvenait en aucune façon de la scène que nous avons racontée. Lorsqu'à la longue, Philip eut la permission de la voir, elle l'accueillit tranquillement ; mais les sourires qu'elle avait pour leur enfant le rendirent à moitié jaloux, car jamais, quoi qu'il pût dire ou faire, il n'en obtenait de pareils.

Une fois rétablie, elle persista dans cette impassibilité inébranlable et son mari eut plusieurs fois à se rappeler les paroles qu'il lui avait entendu prononcer avant leur mariage, paroles de triste et funeste augure :

« Il n'est pas en moi de pardonner ; je me figure parfois que l'oubli lui-même m'est impossible. »

Cette réserve où il la voyait se retrancher, et sur laquelle n'avait aucune prise l'humble tendresse qu'il lui témoignait, le froissait d'autant plus qu'il connaissait mieux sa nature aimante et passionnée, et qu'il l'avait vue jadis si véhémente et si démonstrative. Parfois, il essayait d'en triompher, n'importe à quel prix, et de provoquer un élan d'impatience, une brusque réponse, une saillie de colère, par quelque injustice préméditée. Mais alors même il échouait, et par ses tentatives maladroites pour lui rendre un peu de vie, il n'arrivait qu'à s'aliéner encore davantage ce cœur rebelle. Rigoureusement irréprochable, strictement exacte en tous ses devoirs, si elle avait à subir ces plaintes ou ces reproches qu'elle savait immérités, elle se gardait bien de répondre ; en pareil cas, cependant, il croyait lire dans le regard qu'elle lui jetait les fatales paroles d'autrefois :

« Il n'est pas en moi de pardonner ; je me figure parfois que l'oubli lui-même m'est impossible. »

N'allons pas nous figurer que la vie de Philip s'absorbait tout entière dans cette lutte sans issue. Le développement subit de sa carrière commerciale, le succès dont il voyait couronnés ses patients efforts, avaient éveillé son ambition ; ambition modeste, d'ailleurs, et telle que le pouvait concevoir, il y a soixante ou soixante-dix ans, un « boutiquier de petite ville. » Il tenait à devenir un des notables de la cité ; il voulait avoir place au banc de la paroisse, figurer d'abord parmi les *sidesmen* (assesseurs) en attendant qu'il devînt plus tard un des *churchwardens* (marguilliers, anciens du consistoire). Aussi le dimanche assistait-il à tous les offices, assez pieux d'ailleurs pour se déguiser à lui-même le secret motif de tant d'exactitude. Et il y menait sa femme, en grand appareil, ce qui n'amusait pas autrement cette naïve paysanne, habituée naguère à n'aller à vêpres que lorsque le foin était rentré, les blés pas encore mûrs pour la faucille, ou les vaches privées de lait. Cette servitude dévote lui pesait, accessoire importun de l'aisance, de la considération qu'elle n'avait jamais vivement souhaitées, qu'elle possédait sans les apprécier beaucoup, et auxquelles elle eût préféré la liberté avec un morceau de pain bis. En réalité, maintenant, elle n'avait plus de vrai bonheur que lorsque, emportant avec elle son enfant, (malgré les objections réitérées de Philip), elle allait s'asseoir sur les rochers du nord de la ville, où la solitude des grèves, les émanations salines de la mer, le souffle impétueux du vent, les libres épanchements de la maternité, semblaient lui rendre pour quelques instants les vives couleurs et la vive humeur de son âge. Mais ensuite, — quand il lui fallait rentrer, après ces joyeuses excursions, dans la pénombre humide de la demeure conjugale, — elle expiait cruellement ses heures de liberté. Son mari, contrarié de la voir revenir plus pâle et plus fatiguée au retour de chaque promenade, attribuait cette pâleur et cette fatigue à ce qu'elle avait voulu, malgré lui, se charger de leur enfant. Et peu à peu, quand il apprit qu'elle allait toujours du même côté, — quand il la vit s'éprendre d'une passion toujours plus forte pour cet Océan impassible et morne qu'elle lui préférait bien évidemment, et dont ne l'écartaient ni le vent, ni le froid, ni les menaces d'orage ; — quand il sut que sa promenade de prédilection était cette gorge étroite de Haytersbank où, pour la dernière fois, elle avait vu Kinraid, — il se sentit pris d'une jalousie étrange, plus fondée peut-être que lui-même ne le croyait. Il n'aurait eu sans doute qu'un mot à dire pour que les excursions de Sylvia eussent un autre but. En ceci, comme en toute autre chose, sa femme se serait montrée docile à un ordre formel; mais il avait honte de lui laisser entrevoir le souci chimérique dont il était dévoré. Néanmoins, sous le coup de cette inquiétude constante et cachée, il se vit assiégé de nouveau par les rêves pénibles qui le mettaient en face de Kinraid soudainement ressuscité. Nuit après nuit revenaient ces songes menaçants, chaque fois avec un caractère plus net, une réalité plus formidable. On eût dit que le Destin, habitué à surprendre les hommes, frappait et frappait encore à la porte de celui-ci.

Ses affaires n'en prospéraient pas moins. Comme d'ordinaire, les autres lui savaient gré du bien qu'il se faisait à lui-même. Sa persévérance, sa capacité, sa prévoyance lui valaient d'universels éloges. Il prenait le pas sur son associé, réduit par son initiative à n'être plus que l'humble instrument d'une intelligence supérieure, mais dont il calmait les susceptibilités vaniteuses en lui laissant l'apparence, les vains dehors d'une autorité fictive.

« Nous avons pensé, nous voulons, » disait Coulson, et au fond, c'était Philip qui avait pensé, qui voulait, qui réglait tout.

III

UN SAUVETAGE.

Toujours calme, toujours méthodique, Hester Rose, sans que personne s'en doutât, prenait sur la nouvelle famille un ascendant salutaire et qui l'étonnait elle-même; étoile presque inaperçue tant que dura le jour, et que le premier moment de ténèbres devait faire briller dans le ciel domestique. A sa grande surprise, nous l'avons dit elle s'était mise à aimer Sylvia, et par ces mêmes motifs qui tourmentaient et chagrinaient Philip, se sentait attirée vers la jeune femme. Après s'être attendue à trouver en elle une personne légère et bavarde, pleine de vanités et de caprices, Hester s'étonnait, se réjouissait de la voir si docile aux ordres de son mari, si peu avide de plaisirs, si dévouée à sa mère et à son enfant. Et parfois cependant la jeune Méthodiste était amenée à penser, — mais elle ne s'arrêtait guère sur cette idée, — que cet intérieur si paisible n'était pas précisément tout ce qu'on pouvait souhaiter de mieux. Philip semblait vieillir vite sous l'action de quelque souci caché; même Hester était obligée de s'avouer qu'elle l'avait entendu s'adresser à sa femme sur un ton d'impatience et d'aigreur. Innocente Hester! elle ne pouvait s'expliquer que les qualités mêmes dont elle louait Sylvia, — qualités étrangères à la nature de celle-ci, — constituaient, aux yeux de son mari, qui l'avait connue dès l'enfance, la preuve irréfragable de la contrainte qu'elle s'imposait; il lui eût été reconnaissant de quelques vaines paroles, de quelques actions capricieuses, bien autrement qu'il ne l'était de ce sacrifice quotidien auquel l'avait réduite un mariage subi à contre-cœur.

Un jour, — c'était au printemps de 1798, — Hester fut invitée à prendre le thé chez ses amis, auxquels elle avait à donner un coup de main, dans la soirée, pour l'emmagasinage des marchandises d'hiver. A quatre heures et demie (c'était le moment de ce léger repas), Sylvia n'était pas rentrée et rien n'était prêt. Depuis une demi-heure déjà, la pluie, battant aux carreaux, avait tiré mistress Robson de cette somnolence engourdie où elle demeurait plongée pendant une grande partie du jour. Philip sortit à ce moment des magasins, dans un état de lassitude physique et morale qui semblait altérer quelque peu sa patience ordinaire.

« Où donc est Sylvia ? demanda-t-il.

— Sortie avec l'enfant, répondit la vieille Phœbé, dont le laconisme familier était en ce moment hors de saison.

— Pourquoi ne le fait-elle pas porter par Nancy ?... Je le lui ai pourtant recommandé bien des fois, reprit Philip de plus en plus mécontent.

— Cela ne me regarde pas, c'est à vous de vous faire obéir, répliqua Phœbé, presque aussi blessée qu'il pouvait l'être.

— Je ne prendrai pas mon thé ce soir, dit Philip à Hester quand tout fut prêt.... Sylvia n'est pas ici, et rien ne va comme il faut.... Je vais continuer l'inventaire.... Ne vous pressez pas, Hester, et causez quelques instants avec ma belle-mère.

— Voyons, Philip, lui dit-elle, tu n'en peux littéralement plus.... Avale cette tasse de thé.... Sylvia serait désolée d'apprendre....

— Sylvia ne s'inquiète guère de moi..., répliqua-t-il en repoussant la tasse avec un geste d'impatience. Sans cela, bien certainement elle serait ici.... »

En général, Bell Robson n'écoutait guère ce qui se disait autour d'elle, et l'on s'était insensiblement habitué à ne point la compter parmi les personnes présentes. Le malheur voulut que l'exclamation de Philip eût frappé ses oreilles, suivie comme elle le fut d'un brusque départ.

Cinq minutes après, Sylvia rentrait hors d'haleine, mais toute joyeuse d'avoir soustrait son enfant à la pluie d'orage en l'abritant sous son châle épais. Elle le montrait avec orgueil à Hester qui, de son côté, se confondait en formules d'admiration, pour empêcher Bell de revenir, comme elle la voyait s'y préparer, sur le désagréable incident dont elle avait été témoin. Mais ses précautions furent vaines.

« Philip s'est plaint de toi, Sylvia !... dit la vieille mère qui ne s'était pas déshabituée de ses anciennes sévérités.... Je ne sais plus à propos de quoi, mais il a dit que tu le négligeais sans cesse.... Ce n'est pas bien, mon enfant.... Une femme doit toujours.... mais j'ai la tête bien fatiguée.... laisse-moi seulement te dire que ce n'est pas bien.

— Comment, s'écria Sylvia stupéfaite, Philip s'est plaint de moi ?... Il s'est plaint à ma mère ? »

Et l'irritation, autant que le chagrin, semblait sur le point de lui arracher des larmes.

« Non, dit Hester.... Ta mère a pris trop à cœur deux ou trois mots prononcés au hasard.... Philip aurait tout bonnement voulu que son thé fût prêt à l'heure. »

Sylvia n'ajouta rien, mais ses joues perdirent bientôt leurs vives couleurs, et son front plissé reprit une expression soucieuse. Hester, qui la suivait de l'œil, vit une ou deux larmes tomber sur les vêtements de l'enfant à mesure que sa mère la déshabillait. Elle jugea que le moment était venu de hasarder une entremise conciliatrice et, versant une tasse de thé qu'elle vint présenter à la jeune femme en s'agenouillant auprès d'elle :

« Porte-lui ceci là-bas, murmura-t-elle à son oreille ; il n'en faudra pas davantage pour raccommoder les affaires. »

Sylvia lui répondit sur le même ton, pour ne pas éveiller l'attention de sa mère :

« Une seule chose me touche dans tout ceci.... c'est qu'il ait dit du mal de moi devant cette pauvre femme.... Je sais quels efforts je fais chaque jour afin de remplir mes devoirs envers lui.... Tu n'imagines pas ce qu'ils me coûtent, ma pauvre Hester.... Ce soir je serais rentrée à l'heure s'il n'avait fallu nous abriter, ma fille et moi, sous un quartier de rocher, pour éviter les grêlons.... Songe ce que c'est, de rentrer ensuite dans cette espèce de souterrain pour y trouver ma mère montée contre moi !... Sans cette petite, vois-tu ? je voudrais, et pour beaucoup, n'avoir jamais été mariée.

— Tais-toi donc, enfant..., dit Hester se levant avec indignation. Ce que tu dis là est un péché.... Tu ne te doutes pas, à ce qu'il paraît, du sort fait à bien des gens.... mais ne parlons plus de tout ceci ; porte-lui son thé, et tout sera dit. »

En articulant ces dernières paroles, Hester n'avait peut-être pas assez ménagé sa voix. Toujours est-il que Bell Robson l'avait entendue, et que, saisissant au vol l'idée de la jeune Méthodiste, elle se l'appropria incontinent.

« Tu as eu tort, ma fille, reprit-elle avec autorité : on ne fait pas jeûner son mari ; porte-lui son thé ; porte-le-lui, sans retard ! »

Sylvia se leva, et, avant d'obéir, posa sur le front de sa fille un baiser tout frémissant de passion. Ensuite elle prit la tasse, et tout bas dit à Hester, avec l'accent du défi :

« Je vais le trouver.... pour obéir à ma mère et afin de la calmer un peu. »

Puis, s'adressant à Bell Robson, elle ajouta un peu plus haut :

« Je lui porte son thé, mère ; mais, quant à ma rentrée, je n'ai pu faire autrement. »

Si l'acte en lui-même était une démarche de conciliation, l'esprit dans lequel il allait s'accomplir n'avait rien de pacifique. Hester laissa Sylvia gagner les devants pour ne pas gêner, par sa présence, les épanchements mutuels d'où le raccommodement pouvait sortir. Sylvia cependant présentait la tasse à son mari, sans un seul mot d'explication ou de regret. Si elle eût parlé, même pour se plaindre, Philip en eût été soulagé. Tout valait mieux que ce silence. Il essaya de l'en faire sortir par quelques reproches aussi atténués que possible, et comme s'il eût voulu provoquer ainsi une de ces bonnes querelles, suivies de tendres retours, après lesquelles, mari repentant, il aurait pu s'excuser ou d'avoir parlé trop vite ou de l'avoir injustement blâmée. Mais Sylvia s'était promis de ne pas ouvrir la bouche, pour ne manifester ni colère ni émotion quelconque. Ce fut seulement au départ que, se retournant tout à coup, elle lui dit :

« Ma pauvre mère, Philip, n'a plus bien longtemps à passer ici-bas.... Épargne-lui le chagrin de s'irriter contre sa fille, en t'abstenant de me censurer devant elle.... Notre union, j'en conviens, a été une grande erreur.... Mais devant cette pauvre vieille veuve, faisons semblant d'être heureux !

— Sylvia, Sylvia ! » cria-t-il, la rappelant.

Elle l'avait entendu sans nul doute, mais elle ne se détourna pas. Il la suivit et la prit par le bras, peut-être un peu rudement. Les paroles calmes qu'elle venait de prononcer l'avaient frappé en plein cœur; elles attestaient, en effet, une conviction longtemps réfléchie.

« Sylvia, lui dit-il d'un ton presque farouche, que signifie ce que vous venez de dire ?... Parlez !... Cette fois, j'exige une réponse. »

Il la secouait presque, et ses manières véhémentes commençaient à l'effrayer, car elle les attribuait simplement à la colère, n'y reconnaissant pas l'emportement d'une affection qu'exaspère la froideur dont elle est payée.

« Laissez-moi !... Vous me faites mal, Philip ! »

A ce moment même entrait Hester, dont la sereine présence remplit Philip de confusion; il ouvrit la main et sa femme s'échappa; elle s'échappa dans la chambre de sa mère, chambre déserte en ce moment, où elle put s'abandonner sans contrainte à toute l'amertume, à tous les transports de sa douleur.

Elle s'attendait à revoir Philip, et soit qu'il vînt la gronder encore, soit qu'il fût amené près d'elle par un désir de réconciliation, elle redoutait d'avance le bruit de ses pas. Mais il était retenu dans ses magasins et ne parut point. Bell Robson monta seule, entre sept et huit heures, pour se mettre au lit, selon sa coutume ; mais, contre sa coutume, elle ne réclama point l'assistance de sa fille qui, pour ne pas lui laisser voir les traces de son chagrin, demeurait accoudée à la fenêtre, contemplant les tuiles des toits d'en face.

Quand Bell fut endormie, un âpre désir s'empara de Sylvia : c'était de se retrouver seule, sous la paisible voûte des cieux.

« Ni ma mère, ni *lui*, ni mon enfant n'ont besoin de moi.... Je pleurerai dehors tout à mon aise et sans craindre sa venue. »

Elle s'habilla donc et sortit. L'instinct du souvenir la conduisit, cette fois, sur cette longue suite de marches qu'on gravissait pour monter à l'église paroissiale. Là, sa mémoire évoqua naturellement la scène des funérailles de Darley, de ces funérailles où elle avait vu Kinraid pour la première fois, et ce dangereux appel du passé réveilla, plus vifs que jamais, les regrets, maintenant coupables, qu'elle avait tant de fois voulu comprimer. Autour d'elle l'orage s'apprêtait à sévir de nouveau ; la marée grossissait, le vent soufflait de terre et par brusques rafales, cherchant vainement à lutter contre le massif, l'invincible élan des flots soulevés qui venaient, impuissants à leur tour, se briser à la base des rochers inférieurs.

Ce désordre des éléments convenait aux dispositions actuelles de Sylvia ; il apaisait la tempête soulevée en elle, mieux que n'eût fait le calme de la nature, si la jeune femme avait vu fidèlement tenues les promesses de beau temps qui l'avaient engagée à sortir de chez elle.

Au lieu d'y rentrer, elle fixa pour limites à sa promenade un petit hameau de pêcheurs dont les huttes étaient groupées au fond d'une anse où aboutissait le sentier qu'elle s'était mise à descendre. Un autre sentier, parti de là, contournait les rochers et revenait vers la ville. En arrivant au bas du premier, Sylvia rencontra sur le bord de la mer un groupe nombreux, presque une foule ; — des hommes alignés méthodiquement, qui tiraient sur une corde, une chaîne ou quelque autre objet du même genre ; — des enfants de tout âge, des femmes qui les suivaient, attirés sans doute par quelque curiosité puissante.

Ils côtoyaient les rochers, mais à certaine distance, et Sylvia, s'avançant un peu, comprit aussitôt leur manœuvre. Le gros câble auquel les hommes étaient attelés tenait par son autre bout à un petit bâtiment caboteur qu'elle entrevoyait, à peu près démantelé, presque à l'état d'épave, mais dont le pont était couvert d'hommes encore vivants, qu'elle discernait aussi, vaguement, aux clartés fuyantes du crépuscule. Le vent, les flots étaient d'accord pour éloigner du rivage ce malheureux bâtiment ; il semblait vouloir se dérober au câble sauveur pour aller se jeter sur un banc de rescifs que Sylvia connaissait bien, et signalé pour avoir causé la perte de maint et maint navire moins avarié que n'était celui-ci.

La foule, cependant, composée de pêcheurs et de leurs familles, — tous étaient là sans exception, sauf les malades, — la foule était parvenue à l'endroit où se tenait Sylvia. Les hommes haletaient sous le câble, les femmes, poussant des cris aigus, jetaient des paroles d'encouragement à l'équipage en danger. Une de ces dernières interpella vivement Sylvia.

« Allons, ma fille, disait-elle, ne perds pas ton temps à nous regarder !... Il y a là plus d'un brave garçon en péril.... A ce bout de câble est suspendu le cœur de plus d'une mère.... Viens avec nous, ma fille, aide-nous, et dans tes nécessités, à ton tour, Dieu t'assistera. »

Sylvia ne se le fit pas répéter ; elle prit place dans les rangs, et, sous le frottement du câble, sentit bientôt s'échauffer la paume de ses mains nues. D'autres mains, à côté des siennes, étaient à vif et saignaient sans que personne songeât à lâcher prise. De temps en temps quelqu'un des pêcheurs mettait un mot d'ordre en circulation pour accélérer, retarder, diriger le mouvement, suivant l'occurrence ; mais ceux-là étaient bien rares à qui l'haleine ne manquait pas. Les femmes, les enfants marchaient en avant-garde, écartant les pierres, les barrières mobiles qui pouvaient faire obstacle. Ce fut de ces dernières, bavardant volontiers à tort et à travers, que Sylvia recueillit quelques détails sur le navire qu'elle travaillait à sauver. C'était un caboteur de Newcastle, arrivant de Londres, qui, pour gagner du temps, avait pris cette espèce de canal intérieur, théâtre de maint et maint naufrage ; l'orage survenant tout à coup, il ne s'était pas trouvé en état de lui tenir tête. De sorte que, sans l'intervention des pêcheurs par lesquels il avait été signalé en premier lieu, et qui étaient parvenus à conduire au rivage la longue amarre jetée du bord, il eût infailliblement donné sur les rescifs en question, et se fût perdu corps et biens.

« Il faisait encore jour, dit une des femmes, et ils étaient si près de nous que je pouvais distinguer leurs visages.... Des morts ne sont pas plus pâles, et l'un d'eux s'était mis à genoux pour prier.... J'ai reconnu parmi eux un officier de la marine royale, aux galons d'or de son uniforme.

— Ce doit être quelqu'un du pays, venu pour voir ses parents.... Il est rare, sans cela, que les officiers du roi naviguent ailleurs que sur les vaisseaux du roi.

— Voici qu'il est tout à fait nuit !... Les maisons de la Ville-Neuve commencent à s'éclairer.... Nous aurons du mal à doubler la pointe, mais ceci fait, le navire est hors de péril. »

Un grand effort se manifesta et le danger se trouva surmonté. Au milieu des cris de joie et des lumières qu'on apportait de toutes parts, le bâtiment naufragé — ou du moins ce qui en restait — arriva dans les eaux du port. Les pêcheurs sautèrent des rochers sur le quai, pour voir de plus près les hommes qui leur devaient la vie. Les femmes, lasses et surexcitées, se mirent toutes à pleurer. Toutes, à l'exception de Sylvia dont les larmes étaient épuisées. Joyeuse d'avoir vu tant de braves gens échapper à la mort, elle leur eût volontiers serré la main ; mais elle se rappela qu'il était tard et que le souper de famille réclamait sa présence. Comme elle descendait les marches de l'église, elle rencontra un des pêcheurs qui venait de remorquer le bâtiment jusque dans le port.

« Il y avait à bord, lui dit-il, dix-sept hommes y compris les mousses, plus un lieutenant de l'État qui figurait sur le rôle des passagers.... C'est une bonne affaire que de les avoir tirés de là.... Bonne nuit, ma brave femme !... Tu n'en dormiras que mieux pour nous avoir donné un coup de main. »

Sylvia, descendue des hauteurs, se sentait oppressée par l'air étouffé des rues. Les magasins déjà se fermaient. On voyait, aux étages supérieurs, aller et venir les lumières vagabondes. Elle ne rencontra presque personne, car on se couchait de bonne heure, à Monkshaven. Dans sa demeure, où elle rentra par un petit guichet donnant sur le quai, tout reposait déjà. Nancy était couchée ; Phœbé dormait dans un coin de la cuisine ; Philip était encore occupé, dans l'entrepôt des marchandises, à terminer son inventaire avec l'assistance de Coulson ; Hester était retournée chez sa mère.

Les deux bols de lait chaud qui constituaient le souper du mari et de la femme les attendaient au bord du fourneau. Sylvia, vu les circonstances, n'imagina pas d'aller prévenir son mari et se mit à prendre seule son repas du soir ; puis elle monta auprès de sa petite fille qu'elle venait d'entendre pleurer ; de là, elle passa chez sa mère, que la scène de l'après-midi avait laissée dans une assez vive agitation et qui, dans cet état presque fiévreux, ne pouvait demeurer seule. Sylvia eut donc à descendre auprès de Philip qui, triste et las, s'efforçait de souper tant bien que mal, pour l'avertir qu'elle passerait la nuit auprès de Bell Robson.

Il accepta cet arrangement en si peu de mots et avec une telle insouciance apparente, que Sylvia ne songea ni à lui expliquer l'emploi de sa soirée, ni à lui rendre un compte plus détaillé de l'état où elle avait trouvé sa mère.

Dès qu'elle fut sortie, Philip repoussa loin de lui son grand bol à moitié plein, et, se cachant le visage dans ses deux bras repliés sur la table, demeura là, couché plutôt qu'assis, pendant un temps assez long. Près de lui charbonnait, se consumant, la mèche d'une de ces chandelles de suif encore en usage à cette époque ; elle tomba bientôt, grésillant, glissant et creusant une ornière profonde ; Philip ne s'en apercevait pas, non plus que du feu qui allait mourant, — et qui bientôt mourut tout à fait.

IV

UNE APPARITION.

Mistress Robson fut assez mal toute la nuit. A ses souffrances physiques se joignait un grand malaise moral. L'idée que Philip avait à se plaindre de Sylvia, pesait sur sa conscience alarmée. Sa fille s'en apercevait de reste aux reproches incohérents que Bell Robson lui adressait çà et là; et pour en finir, pour calmer la pauvre malade, elle lui promit solennellement, la main dans la main, de ne jamais plus sortir de chez elle sans la permission de son mari. Elle sacrifiait ainsi son dernier plaisir aux scrupules de sa mère infirme, sachant bien que Philip trouverait toujours des objections à ces promenades dont il était offusqué.

Ce matin-là même, il fallut tenir la parole qu'elle venait de donner. Mistress Robson ne connaissait pas de meilleur calmant qu'une infusion de mélisse; elle en avait demandé toute la nuit, et Sylvia s'était trouvée à court, sa provision étant épuisée. Elle savait, néanmoins, que dans certain recoin abrité du jardin de la ferme, à Haytersbank, croissaient plusieurs tiges de ce « baume, » et que la ferme elle-même se trouvait actuellement inoccupée, les nouveaux tenanciers ayant dû renoncer à leur bail par suite du décès de l'un d'eux. Aussi avait-elle combiné, durant la veillée, une course matinale vers son cher jardin d'autrefois, où elle était sûre de pouvoir cueillir la précieuse plante. Pour cela, il fallait l'assentiment de son mari, et se résoudre à le solliciter ne lui fut pas très-facile. Ainsi qu'elle l'avait deviné, il répugnait à la laisser partir, alléguant la fatigue d'une pareille course et proposant de la faire lui-même si elle était absolument indispensable.

« Soyez tranquille, répondait Sylvia insistant et suppliant ; j'ai été accoutumée, dès ma jeunesse, à des courses bien plus longues.

— Va donc, si tu le veux absolument, dit Philip.... Mais prends d'abord quelque chose, et fais ensuite ta promenade tout à loisir. »

Ces dernières recommandations furent perdues, car, dès les premiers mots, Sylvia s'était élancée sur son chapeau et son châle. Depuis le jour de ses noces, elle n'avait revu Haytersbank qu'une seule fois. En cette occasion, la ferme lui était apparue sous je ne sais quel aspect étrange et discordant, envahie par de nombreux enfants dont les jouets épars et les cris tumultueux contrastaient avec l'ordre sévère jadis maintenu par Bell Robson. Ces joyeux enfants, à l'heure actuelle, n'avaient plus de père, et la maison était close en attendant l'arrivée de quelque nouveau tenancier ; close était l'étable, et la volaille avide n'errait pas dans les champs voisins, à la recherche de sa picorée quotidienne. Partout régnait un silence bizarre, inaccoutumé, qui blessait en quelque sorte les oreilles de Sylvia. Seulement, dans le vieux verger situé hors de vue, derrière un pli de terrain, une grive prolongeait incessamment les fredons aigus de sa chanson matinale.

Sylvia passa lentement devant la maison et descendit vers ce bout de jardin, sauvage et désert, qu'elle avait tant et tant de fois parcouru. Auprès de l'ancien puits, les successeurs des Robson avaient creusé une pompe ; innovation aussi choquante pour Sylvia que pour le puits lui-même. La chaîne rouillée était enroulée autour du cabestan ; le seau desséché, fendillé, tombait en miettes. De quelque appentis sortit un pauvre chat, étonnant de maigreur, à qui la faim arrachait de plaintifs miaulements; il accompagna Sylvia au jardin comme s'il était charmé de retrouver quelque société humaine; mais il se refusait au moindre contact.

Parmi les touffes d'herbes à baies, qui poussaient vigoureusement de toutes parts dans un désordre fécond, Sylvia se fraya un chemin jusqu'à l'endroit, bien connu d'elle, où croissait la plante qu'elle venait chercher; elle en détacha les feuilles naissantes, et de temps en temps laissait quelques légers soupirs s'échapper de sa poitrine. Puis elle revint sur ses pas, s'arrêta tout émue devant la porte de la maison, monta sous le porche, et posa ses lèvres sur le bois insensible avec un attendrissement dont elle-même ne se rendait pas compte.

Elle essaya d'attirer le chat dans ses bras pour l'emporter chez elle et lui faire un sort plus heureux; mais cette tentative effaroucha l'animal, qui courut se réfugier dans son inaccessible retraite, laissant derrière lui comme un vert sentier sur la rosée blanche de la prairie. Alors Sylvia se remit en route pour rentrer chez elle, s'abandonnant à ses pensées, à ses souvenirs, jusqu'au moment où, parvenue à la barrière posée entre le domaine et le chemin, elle se trouva soudainement arrêtée.

Sur le sentier, en dehors de l'étroite issue, un homme était debout, tournant le dos au soleil matinal. Elle ne vit de lui, tout d'abord, que son uniforme; c'était celui de la marine royale, et les habitants de Monkshaven, à cette époque, le connaissaient bien.

Sylvia passa rapidement près de lui, sans regarder en arrière, bien que sa robe eût presque frôlé l'habit de ce personnage immobile. Elle n'avait pas fait un pas de plus, — non pas même un demi-pas, — lorsqu'elle sentit son cœur bondir et retomber dans sa poitrine comme si une balle l'eût traversé de part en part.

« Sylvia! disait l'étranger d'une voix que le bonheur et la passion faisaient trembler.... Sylvia!.... »

Elle tourna la tête; lui-même avait changé de position, et les rayons du jour, maintenant, tombaient d'aplomb sur son visage. Ce visage était bronzé; ses traits s'accentuaient plus fortement, mais c'était bien le même qu'elle avait vu pour la dernière fois, trois longues années auparavant, dans l'étroit défilé de Haytersbank, et qu'elle ne s'attendait plus, depuis longtemps, à revoir en ce bas monde.

Il s'était rapproché d'elle et lui tendait les bras; comme attirée par la fascination d'autrefois, elle arriva toute chancelante sur le cœur qui l'appelait; mais quand elle se sentit enveloppée, étreinte dans ces bras robustes, elle tressaillit et se dégagea brusquement avec un cri qui déchira l'air, portant en même temps ses mains à son front comme pour écarter une sorte de vapeur magique, un enivrement, un éblouissement qui pouvaient la perdre.

Puis elle le regarda de nouveau, et s'il avait pu lire dans ses yeux, il y eût trouvé un récit tragique.

Deux fois elle ouvrit, pour parler, ses lèvres rebelles, et deux fois les paroles qu'elle allait prononcer rentrèrent au fond de son cœur, où les rappelait le sentiment d'une misère écrasante.

Il crut l'avoir abordée trop soudainement, et ce fut avec des paroles atténuées, une sorte de murmure amoureux qu'il essaya de la ramener dans ses bras avides. Mais à peine comprit-elle ce mouvement que, par un geste rapide, elle sembla vouloir l'écarter, et, avec un gémissement inarticulé, se prenant encore une fois la tête à deux mains, elle se mit à courir aveuglément vers la ville, comme pour y chercher une protection.

Pendant une ou deux minutes, cette conduite si

étrange parut avoir arrêté sur place l'étranger surpris et déconcerté ; mais il l'interpréta de nouveau par ce qu'avait eu de trop soudain le hasard de leur rencontre, et il se jeta sur les traces de la fugitive, marchant assez vite pour ne pas la perdre de vue, sans chercher cependant à la rejoindre trop tôt.

« Je lui ai certainement fait peur, à cette chère enfant, » se disait-il persistant dans son idée. Elle servait à refréner son impatience et à ralentir son allure habituelle ; parfois, cependant, il se trouvait si près de Sylvia qu'elle reconnaissait le bruit de ses pas, et dans son exaltation insensée elle songea un instant à chercher l'apaisement de sa douleur sous l'eau de cette rivière qui courait, large et rapide, à quelques pas d'elle. Dans cette voie fatale, quelle pensée l'arrêta? Peut-être le souvenir de l'enfant qu'elle allaitait, peut-être celui de sa vieille mère infirme ; peut-être un ange envoyé par le Seigneur. Nul ne le saura jamais ; ce qui est certain, c'est que, persistant à courir le long des quais, elle se détourna tout à coup et se précipita dans une porte ouverte.

L'étranger, qui l'avait toujours suivie, arriva ainsi dans une salle basse, obscure et tranquille, où un déjeuner de famille était servi. La brusque transition du plein jour aux ténèbres lui fit croire, tout d'abord, que la fugitive avait passé outre et qu'il était seul : aussi s'arrêta-t-il avec un mouvement de dépit, prêtant l'oreille et sans rien entendre que les battements de son cœur ; mais un souffle haletant, une sorte de sanglot impossible à comprimer lui fit porter ses regards autour de lui, et il aperçut alors Sylvia tapie derrière la porte, la tête enfouie sous ses vêtements, en proie à des tressaillements nerveux, à de violents soubresauts qui ébranlaient toute sa personne.

Il se rapprocha d'elle aussitôt, et avec les plus douces

paroles, se reprochant de l'avoir ainsi alarmée, il essayait d'écarter les mains dont elle se couvrait le visage ; mais, par un effort énergique, cherchant pour ainsi dire un coin plus reculé, une obscurité plus complète, elle se dérobait à ces violences caressantes. Elle eût voulu disparaître, s'abîmer sous terre à jamais.

« Sylvia, lui dit-il enfin essayant d'une autre tactique, on croirait que mon retour ne vous cause aucune joie : me reprocheriez-vous de n'être pas venu plus tôt?... Je ne suis ici que depuis hier au soir, et la première pensée de mon réveil a été pour vous.... Depuis que je vous ai quittée, d'ailleurs, il en est toujours ainsi.... »

Sylvia retira les mains qui voilaient sa face, et la laissa voir enfin, plus pâle que celle d'une morte. Ses yeux profonds, à force de désespoir, n'exprimaient plus aucun sentiment.

« Où étiez-vous ? lui demanda-t-elle très-bas, d'une voix rauque et pour ainsi dire étranglée.

— Où j'étais ? dit-il, et ses yeux s'allumèrent. Un soupçon nouveau, plus sérieux que le premier, venait de poindre dans son esprit.... Où j'étais ? répéta-t-il ; et faisant alors un pas vers elle, il lui prit la main, non plus avec tendresse comme naguère, mais résolûment, hardiment, en homme qui réclame des explications immédiates.

— Votre cousin.... Hepburn, veux-je dire, ne vous a-t-il pas raconté ce qu'il avait vu ?... Il était là, cependant, lorsque la *press-gang* est tombée sur moi.... Je lui donnai pour vous un message.... Je vous demandais de me garder votre foi comme je vous garderais la mienne.... »

Entre chaque phrase il s'arrêtait, attendant, bouche béante, qu'elle lui répondît. Aucune réponse n'arriva ; les yeux dilatés de la jeune femme demeuraient fixés, et pour ainsi dire captifs, dans le regard effaré dont il les couvrait en lui parlant ainsi. Quand il eut fini, elle resta muette un moment ; puis, d'une voix perçante, irritée :

« Philip ! » s'écria-t-elle.

Personne ne vint.

Alors, d'une voix plus pénétrante encore et plus furieuse :

« Philip ! » s'écria-t-elle de nouveau.

Du fond de l'entrepôt, — où il hâtait la besogne du matin pour ne pas retarder le déjeuner de sa femme aussitôt qu'elle serait rentrée, — Philip entendit ce dernier cri qui traversa la maison, les portes fermées, l'air immobile, et vint le chercher derrière son rempart de ballots. Il pensa que Sylvia s'était blessée, que l'état de Bell Robson empirait, que leur enfant était malade, et il se hâta d'accourir vers l'endroit d'où la voix était partie.

En ouvrant la porte qui séparait le magasin du salon, il vit, lui tournant le dos, un officier de marine et sa femme, à lui, prosternée, presque étendue sur le parquet ; dès qu'elle l'aperçut elle se redressa, s'accrochant, s'étayant au bras d'un fauteuil et comme une aveugle, à tâtons, vint se placer debout devant lui.

L'officier fit volte-face d'un air farouche et sembla vouloir s'élancer vers Philip, tellement étourdi par ce spectacle inattendu que, même alors, il ne s'expliquait ni la présence ni l'identité de l'étranger.

Mais Sylvia posa sa main sur le bras de Kinraid, réclamant ainsi, par un simple geste, le droit de parler la première. Sa voix avait tellement changé que Philip n'en reconnut pas les accents.

« Mon ami, disait-elle, voici Kinraid.... Il revient pour m'épouser.... Il n'a pas péri, comme tu vois.... Il a été simplement enlevé par la *press-gang*.... Il affirme que tu étais présent, que tu n'as rien ignoré.... En est-il ainsi ?... Parle, explique-toi ! »

Philip ne savait que répondre, à quel expédient recourir, sous quelles paroles chercher abri.

Jusque-là l'influence de Sylvia s'était trouvée assez puissante pour réduire Kinraid au silence; mais bientôt il lui devint impossible de se contenir.

« Parlez! s'écria-t-il, se dégageant aisément de la faible étreinte qui l'arrêtait et s'avançant vers Philip dans une attitude menaçante.... Ne vous ai-je pas chargé de lui dire ce qui en était.... de lui porter l'assurance de ma fidélité.... de réclamer en mon nom l'exécution de sa promesse?... Comment, vil misérable, vous lui avez caché tout ceci?... vous lui avez laissé croire que j'étais mort, ou que je me jouais de sa parole?... Tenez! »

Et sa main était déjà levée pour châtier cet homme dont la tête pliait sous un double fardeau de honte et de remords; mais Sylvia se jeta rapidement au-devant du coup.

« Charley, disait-elle, tu ne saurais le frapper!... C'est un vil misérable, en effet, (ceci dit sur le ton à la fois le plus dur et le plus calme), mais, après tout, c'est mon mari.

— Cœur déloyal, s'écria Kinraid se tournant soudain vers elle.... Entre toutes les femmes, Sylvia Robson, c'est de vous que je me serais le moins défié. »

En même temps, il accompagna ces mots d'un geste de mépris qui semblait la repousser loin de lui. Ranimée soudain par cette espèce d'insulte :

« Épargne-moi, Charley! s'écria-t-elle, bondissant jusqu'à lui.... Ne fais pas comme lui, aie pitié de moi!... Si tu pouvais savoir comme je t'aimais.... quel deuil j'ai gardé de toi.... comme j'ai conservé pieusement les reliques de ton amour.... Ne t'éloigne pas, écoute-moi, puis étends-moi morte à tes pieds, et je te bénirai.... Quand je te croyais mort, n'ai-je pas ardemment souhaité, souhaité mille fois d'aller te rejoindre?... Cet homme qui est là pourrait te le dire.... Tu le savais, Philip.... Dis-lui que je ne mens pas!

— Plût à Dieu que je fusse mort, » gémissait le malheureux, bourrelé par sa conscience. Mais déjà elle s'était retournée du côté de Kinraid, et ni l'un ni l'autre ne prenaient plus garde à lui, absorbés tous deux, l'une dans ses paroles enflammées, l'autre dans l'attention qu'il leur portait.

« Sais-tu, reprit Sylvia, qu'ils ont emprisonné mon père? ils l'ont jugé, ils l'ont supplicié pour être venu en aide à de pauvres malheureux, victimes comme toi de la *press-gang*.... Oui, Charley...., ce bon, ce tendre père a péri sur la potence.... Ma mère, sous ce coup terrible, a presque perdu la raison.... Nous étions sans ressources, ruinées, on nous chassait.... Et toi, Charley, je te croyais mort. »

Insensiblement rapprochés l'un de l'autre, ils étaient à ce moment enlacés dans une mutuelle étreinte et, la tête appuyée sur l'épaule du jeune marin, Sylvia laissait librement déborder ses larmes.

Philip s'avança comme pour l'entraîner; mais Charley la retint plus étroitement que jamais, jetant à Philip un défi silencieux. Sylvia, sans le savoir, protégeait alors son mari contre une atteinte que la fureur de Kinraid risquait de rendre mortelle.

« Écoutez-moi, Sylvia, disait ce malheureux cherchant toujours à la dégager, il ne vous a jamais aimée comme moi.... Avant vous il avait séduit, il avait trompé d'autres jeunes filles.... Vous seule avez eu mon cœur, et que vous m'aimiez ou non, ce cœur restera vôtre jusqu'à la mort.... Que vous dirai-je encore?... Je le savais infidèle à d'autres.... Devais-je penser que tu l'aurais à jamais fixé?... C'est ce qui m'a retenu.... Je ne dis pas que j'aie eu raison.... Mais comment vous porter ce message?... C'était ma mort, savez-vous?... Comprenez donc que je vous aime plus que jamais femme ne fut aimée!... Au nom de cet amour, pardonnez-moi! »

Il la regardait, à ces mots, dans une attente fiévreuse, et quand il vit qu'elle n'avait pas même écouté son ardente adjuration, cette attente fit place au désespoir. Il cessa de l'attirer à lui, et son bras inerte retomba le long de son corps.

« Maintenant je puis mourir, disait-il; rien ne me rattache à la vie.

— Sylvia, reprit alors Kinraid emporté par son impétueuse ardeur, votre mariage est nul.... Votre consentement n'a été obtenu que par une ruse infâme.... Vous êtes ma femme et non la sienne.... Nous étions engagés l'un à l'autre par une solennelle promesse.... Et, voyez, voyez plutôt! »

Il tirait de son sein, disant ceci, la moitié d'une pièce d'argent fixée à son cou par un ruban noir.

« Dans ces prisons de France où on m'a fouillé vingt fois, je suis parvenu à sauver ceci.... Notre serment mutuel n'a pu être détruit par un mensonge.... Les moyens ne me manquent pas pour faire rompre ce prétendu mariage.... Mon amiral me protége.... Son amitié, son appui ne me feront pas faute.... Venez avec moi!... ce mariage sera rompu et nous en contracterons un autre, à la face du ciel et de la terre.... Sortons !... Laissons à ce misérable le remords de son indigne fraude et de sa déloyauté envers un honnête marin.... Vouons à l'oubli le passé.... Marchons en toute confiance vers un avenir qui ne nous trompera pas.... Allons, Sylvia, suivez-moi! »

De son bras entourant la taille de la jeune femme et le visage animé par tous les feux de l'espérance, il l'entraînait déjà vers la porte.... L'enfant, justement alors, poussa un léger cri.

« Écoute, dit-elle se dégageant, écoute, Kinraid!... cet enfant m'appelle.... Cet enfant, c'est le sien et j'allais l'oublier.... J'oubliais tout.... Je me serais perdue.... Le serment que je vais prononcer me sauvera.... Jamais je ne pardonnerai à cet homme.... jamais je ne le reconnaîtrai pour mon mari.... Tout est fini entre nous!... Il a flétri ma vie, il l'a flétrie à jamais; mais ni vous ni lui ne flétrirez mon âme.... Croyez-moi, Charley, la destinée m'est bien dure.... Encore faut-il s'y soumettre.... Un baiser donc, un seul baiser, et ensuite, — Dieu m'en soit témoin, Dieu me punisse si je faiblis, — je ne vous reverrai plus, de ce côté de la tombe!... Liée par un double serment, je ne manquerai ni à l'un ni à l'autre.... Je sais à quoi je m'oblige, à quoi je renonce pour jamais.... Un baiser donc, un dernier baiser!... Dieu me vienne en aide, il est parti!... »

V

UN AVENTUREUX SOLDAT.

Elle s'était jetée sur un siége, toute frémissante. Philip, immobile, demeurait auprès d'elle, ignorant si elle le savait là, et n'ayant au fond qu'une pensée, celle de leur séparation définitive et sans retour. La voix de l'enfant se fit entendre encore; nulle autre que Sylvia ne pouvait répondre à cet appel de la faim.

Elle se leva donc, et, dès les premiers pas, sembla chanceler. Philip, machinalement, s'avança pour la soutenir. Le regard indifférent qu'elle porta sur lui était toute une révélation; c'était celui qu'elle eût jeté au premier meuble venu, table ou fauteuil, qui se fût offert à ses mains pour raffermir sa marche indécise. Mieux qu'aucun symptôme d'aversion, il effaça chez Philip les derniers vestiges d'une espérance quelconque.

Il la suivit de l'œil tandis qu'elle gravissait l'escalier à grand'peine et, lorsqu'elle eut disparu, il se laissa retomber sur un siége, cédant à une indicible prostration de toutes ses forces.

Après un temps plus ou moins long, la porte s'ouvrit, et Coulson entra, surpris de ne pas revoir Hepburn dans les magasins.

« Qu'as-tu donc, Philip ?... On te croirait malade.... Il est neuf heures et demie, et je ne reconnais pas là ta ponctualité ordinaire. »

Philip rappelant à lui toutes ses pensées, — mais dirigé surtout par un instinct secret qui le mettait en garde contre tout ce qui pouvait nécessiter une explication, — se leva, balbutia quelques vagues excuses, et suivit son associé dont les yeux le guettaient à la dérobée.

Hester, elle aussi, remarqua l'espèce d'affaissement que révélait la physionomie de ce malheureux, et se sentit prise pour lui d'une immense pitié. Mais après ce premier regard qui lui donnait tant à pressentir, elle évita soigneusement de manifester une attention gênante. Sur son calme et doux visage une ombre seulement planait, et çà et là sa poitrine se gonflait de quelques soupirs.

C'était le jour du marché ; une foule bavarde affluait dans les magasins, et le sauvetage de la veille était le sujet de presque toutes les conversations. Un nom fut bientôt prononcé qui fit tressaillir Philip, et lui imposa l'attention la plus scrupuleuse. Ce nom revenait à chaque instant sur les lèvres d'une maîtresse d'hôtel dont la maison était principalement fréquentée par les marins. Elle racontait comment Kinraid, à bord du bâtiment caboteur, avait été reconnu par un des gens de l'équipage, nonobstant ce bel uniforme ; qui d'ailleurs lui allait si bien ; — et qu'il n'aurait jamais porté, ajoutait la bonne femme, si la *press-gang* ne l'avait enrôlé un peu violemment au service du pays.

Kinraid, une fois reconnu, avait raconté son histoire, et comment il s'était trouvé sous les ordres d'un vaillant capitaine, sir Sidney Smith, fort enclin aux entreprises périlleuses. Il s'était agi, certain jour, d'enlever un vaisseau français, sous les batteries mêmes qui le protégeaient de leur feu. Kinraid, déjà raccommodé avec son nouveau métier, s'offrit comme volontaire. Son exemple en entraîna quelques autres; mais, dans le courant de cette expédition tentée avec une audace héroïque, la plupart furent faits prisonniers et restèrent longtemps au pouvoir des Français. Puis, un beau jour, ils s'évadèrent dans un bateau pêcheur, et furent recueillis à bord de l'escadre anglaise qui croisait alors dans les eaux de la Manche.

« Alors, continua la brave femme — entourée maintenant d'un nombreux auditoire, et comme exaltée par l'attention qu'on lui prêtait, — alors le capitaine sir Sidney Smith fut promu à la dignité d'amiral, et celui que nous appelions Charley Kinraid, le *specksioneer*, reçut la commission de lieutenant... Il est maintenant couvert de gloire, et m'a fait l'honneur de coucher la nuit dernière dans ma pauvre maison! »

Autour de Philip, à ce moment, s'éleva un bruit d'applaudissements enthousiastes et de joyeuses acclamations. Kinraid était donc l'idole du public, et rien de ce qui le concernait ne pouvait rester indifférent à la foule. Aux récits qui déjà circulaient sur son compte, quels détails allaient s'ajouter encore? Dès demain, — peut-être dans la journée même, — tout Mönkshaven serait au courant de la trahison pratiquée par Philip contre le héros du jour. On se dirait, (et avec quelle indignation!) comment ce dernier l'avait supplanté dans l'amour de Sylvia, au moyen d'une dissimulation coupable.

Philip comprenait toute la portée de pareils propos dans un pareil moment. Il se voyait déchu, en un instant, de l'estime péniblement achetée par ses longs travaux. Tout au moins serait-il à la merci de Kinraid, qui d'un mot pourrait le perdre. Aussi écoutait-il la tête basse, et perdu dans ses réflexions, tout ce qui se disait dans le groupe voisin. Une résolution en lui s'ébauchait. Il leva la tête pour se regarder dans le petit miroir où les clientes du magasin étudiaient l'effet des ajustements qu'elles voulaient acheter, — et alors son parti fut pris complétement.

Ce qu'il avait vu dans le miroir, c'était sa longue figure triste, envieillie, enlaidie encore par les souffrances de cette matinée funeste. Il comparait sa taille courbée, ses épaules voûtées, à la fière et martiale tournure de Kinraid, à ce beau visage brun rehaussé par le prestige de l'épaulette et de l'épée, à ces yeux noirs qu'il avait vus resplendir de tous les feux de la colère, à ces dents étincelantes qu'un sourire terrible lui avait révélées ; — et de cette comparaison naissait un découragement profond, une sorte de dégoût amer qu'il s'inspirait à lui-même.

Ce fut sous l'impression de ce sentiment, et de son désespoir inerte jusque-là, qu'il prit une résolution décisive.

Il fallait, coûte que coûte, se soustraire à l'insultante curiosité dont il allait devenir l'objet. Il fallait se dérober à l'opprobre, aux humiliations qui le menaçaient, soit chez lui, soit au dehors.

Il sortit du magasin, et traversant le salon, où il s'arrêta quelques instants, il monta, les dents serrées, à l'étage supérieur.

D'abord il entra dans l'espèce de chambre-alcôve où reposait son enfant. Nancy a raconté, depuis lors, combien elle fut surprise de le voir s'agenouiller à côté du berceau où dormait la petite Bella. Cette prière, à une heure si avancée du jour, confondait absolument la routine dévote de la rustique suivante.

Ensuite il se leva, se pencha vers l'enfant, et déposa sur son front un long baiser où semblait passer toute son âme.

De là, sur la pointe du pied, il se glissa dans la chambre où couchait sa tante, cette tante qui avait toujours été pour lui une amie fidèle. Il aimait à se dire que l'état actuel de sa raison allait lui épargner bien des chagrins.

Jamais il n'avait songé à revoir Sylvia ; il n'osait affronter la haine et le mépris qu'elle ne manquerait pas de lui témoigner. Mais elle était là, couchée à côté de sa mère, et semblait s'être endormie. Mistress Robson dormait, elle aussi, le visage tourné vers la muraille. Philip ne put s'empêcher de jeter sur sa femme un dernier regard. On eût dit que, même dans son sommeil, elle ne voulait pas le voir ; elle avait la tête inclinée dans le même sens que sa mère, mais il pouvait discerner et les traces de larmes sur ses joues, et le gonflement de ses paupières, et la vibration nerveuse de ses lèvres. Il s'inclina pour baiser sa petite main qui pendait à côté du lit ; mais aussitôt qu'elle se sentit effleurer par sa chaude haleine, cette main se retira vivement et un frisson passa tout le long du corps étendu.

Il comprit alors que Sylvia ne dormait pas, et que simplement elle gisait là, comme écrasée sous son fardeau de misères, — de ces misères qu'il avait à se reprocher.

Un soupir profond sortit de ses lèvres ; mais il quitta la chambre, descendit l'escalier, et avant de s'éloigner pour toujours, se hasarda seulement à rentrer dans le salon. Il y avait là deux silhouettes, — celle de Sylvia et la sienne, — exécutées pendant le premier mois de leur mariage par quelque « artiste » errant (si toutefois ce n'est pas profaner ce mot). Elles étaient accrochées au mur dans de petits cadres en bois, de forme ovale; — noirs profils relevés d'or, et rappelant la forme humaine d'aussi loin qu'on le puisse imaginer. Après avoir contemplé une minute ou deux le portrait de Sylvia, Philip s'en saisit, poussé par une irrésistible convoitise, et le glissa sous son gilet, qu'il reboutonna soigneusement.

C'était là tout ce qu'il emportait de chez lui.

Il voulut sortir par la porte donnant sur le quai. La rivière était là, et peut-être ses eaux paisibles lui eussent-elles offert une tentation funeste. Mais des groupes nombreux étaient réunis sur la berge, et leur seul aspect fit rebrousser chemin à Philip, qui trouva bientôt une autre issue pour revenir dans la Grand'Rue ; il la traversa presque en droite ligne pour gagner un passage bien connu, au bout duquel un escalier grossièrement taillé dans le roc le mena bientôt sur la hauteur, à la limite des vastes marécages qui s'étendaient à perte de vue. Cette rude ascension, rapidement accomplie, l'avait mis hors d'haleine. Il s'arrêta donc et, du sommet, jeta sur la ville un regard d'adieu. Coupée en deux par la rivière étincelante, elle lui apparaissait maintenant tout entière au bord de la mer soulevée, avec son petit port hérissé de mâts, ses maisons aux toits irréguliers. Le long des quais ses yeux cherchaient machinalement à discerner, parmi celles-ci, la demeure où il venait de laisser tant d'êtres chéris. Il la reconnut sous cet aspect nouveau ; il distingua le mince filet de fumée bleue qui s'échappait de ce foyer domestique auprès duquel il ne devait plus s'asseoir.

Cette cruelle idée, comme un aiguillon puissant, le fit repartir à l'instant même, sans qu'il sût où il allait, sans qu'il en prît le moindre souci. Il traversa les champs labourés où les blés, à peine sortis de terre, commençaient à verdir. Il tourna le dos, avec un mouvement d'amertume, à cette vaste mer où le soleil se mirait ; il s'enfonça dans les vastes pâturages de l'intérieur, gravissant ces cimes à l'herbe courte sur lesquelles planaient en chantant les joyeuses alouettes. Il marchait toujours devant lui, si indifférent à la morsure des ronces et aux obstacles des buissons, que le noir bétail de ces régions sauvages, cessant parfois de brouter et levant la tête, le suivait du regard avec un étonnement stupide.

Maintenant il était arrivé par delà les espaces clos et les murs de pierre. Dans les marécages bruns et désolés, revêtus encore de leurs bruyères sèches, de leurs fougères jaunies, de leurs genêts épineux, il avançait toujours, foulant aux pieds, broyant les tendres pousses de l'année, sans prendre garde aux cris subits du pluvier effarouché; on l'eût dit pressé, poussé par le fouet sanglant des Furies. Pour unique soulagement à ses pensées amères, pour unique moyen d'oublier et les froids regards, et les âpres paroles de l'inflexible Sylvia, il n'avait que ce violent exercice, cette course aveugle, effrénée, presque folle.

Elle continua ainsi jusqu'à l'heure où les ombres du soir, tempérées par des clartés rougeâtres, tombèrent sur ces grands espaces déserts.

Jusque-là, il avait évité à dessein les routes et les sentiers qui lui faisaient craindre de rencontrer quelqu'un; l'instinct énergique de la conservation, la gêne de ses membres endoloris, les battements inégaux de son cœur fatigué, l'espèce de brouillard qui se plaçait parfois entre ses yeux et l'horizon l'avertirent qu'il fallait se résoudre, soit à chercher un abri et un morceau de pain, soit à se coucher dans l'herbe épaisse pour y attendre la mort. Ses chutes devenaient de plus en plus fréquentes; le plus léger obstacle le faisait trébucher. Il avait dépassé la région où paissent les bœufs; il ne rencontrait plus que des moutons à tête noire, et ceux-là aussi, cessant de brouter, le regardaient avec stupeur

Son imagination commençait à s'égarer et il lui semblait reconnaître, parmi ces niaises physionomies d'animaux, quelques-unes de ces figures placides comme il en voyait souvent à Monkshaven, dans cette petite ville déjà si loin, si loin de lui.

« Si tu n'y prends garde, lui cria quelqu'un, tu vas te laisser surprendre par la nuit »

Philip regarda de quel côté venait la voix.

Un vieux berger aux jambes roidies, vêtu d'une pauvre blouse, était à une centaine de pas. Sans rien répondre, Philip se traîna péniblement vers cet homme.

« Seigneur Dieu, reprit le berger, d'où viens-tu donc?... Il faut que tu aies rencontré le Vieil Harry[1], car tu as la mine terriblement longue.

— J'ai perdu mon chemin et voilà tout, répliqua notre voyageur, affectant un sang-froid qui lui coûtait un immense effort sur lui-même.

— C'est perdre beaucoup dans ce pays-ci, repartit le berger, et tu es heureux que je sois venu voir à mes brebis.... Au surplus, les *Trois Griffons* ne sont pas loin, et une bonne soupe à l'eau-de-vie te remettra le cœur. »

Philip suivit son guide à grand'peine. Il n'y voyait presque plus et se dirigeait d'après le bruit des pas. La lenteur de sa marche, ses arrêts fréquents impatientaient le berger qui marmottait entre ses dents, çà et là, quelques imprécations désobligeantes. Le sentiment qui les dictait n'avait rien en soi de très-fâcheux, mais la haine même et l'outrage n'auraient ni surpris Philip, ni soulevé en lui le moindre ressentiment.

Ils arrivèrent à une espèce de chaussée naturelle jetée en travers des marais; à quelque cent pas devant eux était une sorte de petit cabaret dont le foyer jetait au dehors un reflet ardent.

---

1. Nom familier du Malin Esprit.

« C'est là, dit le vieillard, tu ne peux maintenant t'y tromper.... Et encore, je n'en sais rien.... Tu as l'air si embarrassé de ta personne.... »

Aussi continua-t-il de le guider, pour le remettre sain et sauf aux mains de l'hôte.

« Voici, disait-il, un gaillard que j'ai trouvé là-bas marchant en zig zag comme s'il était ivre.... Je crois cependant qu'il n'a pas bu, mais sa tête me semble un peu dérangée.

— Non, dit Philip se laissant aller sur le premier banc venu.... J'ai ma tête à moi, mais les forces me manquent.... Je me suis perdu.... » Il n'en dit pas davantage, et tomba évanoui.

Il se trouvait là, par grand hasard, un sergent des soldats de marine qui, comme Philip, avait perdu sa route. Il en profitait pour rester à boire avec deux ou trois manants qu'il émerveillait de ses étonnants récits, et que retenait d'ailleurs auprès de lui l'espérance de quelque « tournée » gratuite.

Au moment où il vit tomber Philip, le sergent s'était déjà levé pour lui apporter son cruchon de bière dans lequel, selon la coutume du Yorkshire, il avait ajouté un petit verre de *gin*. Il en fit couler une partie sur le visage de Philip; quelques gouttes se frayèrent un chemin entre les lèvres pâles de ce malheureux et le ranimèrent presque aussitôt.

« Apportez de quoi manger, notre hôte! s'écria le sergent... Au besoin, c'est moi qui paye. »

Un grossier pain d'orge, un morceau de lard froid furent bientôt sur la table. Le sergent demanda du poivre et du sel, hacha menu ces aliments épicés avec soin, et les administra au malade par cuillerées, pressant d'ailleurs Philip d'avaler de temps en temps quelques gorgées de la liqueur placée devant lui.

Une soif brûlante, qui aurait fort bien pu se passer

de tant de stimulants, s'était emparée de Philip, et il buvait à longs traits, sans se rendre compte du liquide qu'il absorbait ainsi. Sur un homme d'habitudes aussi sobres, pareille boisson ne pouvait manquer d'avoir effet, et son imagination s'exalta bientôt.

Il avait devant les yeux, dans son joyeux uniforme rouge, ce beau militaire si gai, si alerte, si insouciant, — admiré, respecté de tous par cela même qu'il appartenait à la profession des armes. Ne se pouvait-il donc pas que s'il revenait un jour à Monkshaven avec ce brillant costume, ces martiales allures, Philip parvînt à reconquérir le cœur de Sylvia ? Naturellement brave, l'idée du danger à courir, si elle s'offrit à lui, ne devait pas l'arrêter longtemps. Il se crut très-habile en abordant avec son nouvel ami la question d'enrôlement; mais il avait affaire à un homme autrement madré que lui, et qui savait d'ailleurs, par expérience, comment les « pêcheurs d'hommes » amorcent leur proie.

Philip avait bien quelques années de plus que l'âge réglementaire; mais — à cette époque où la consommation militaire était si grande, — on ne regardait pas de fort près à de si minces détails. Le sergent se mit donc à pérorer sur les avantages qu'un homme ayant reçu de l'éducation devait inévitablement trouver dans le corps spécial auquel il se félicitait d'appartenir; — un tel homme inévitablement devait monter en grade; — tout au plus pourrait-il, le voulant bien et à grand-peine, demeurer simple soldat. C'est ainsi que le sergent envisageait la question.

Plus Philip essayait de réfléchir et plus, dans son étourdissement, il avait peine à rassembler deux idées de suite.

Enfin, par une sorte d'escamotage, il se trouva qu'il avait, dans le creux de sa main, le fatal shilling qui constitue les arrhes de l'embauchage militaire; et il avait promis de se rendre le lendemain matin devant le magistrat le plus proche, pour y prêter serment comme soldat d'infanterie dans la marine de Sa Majesté. A partir de ce moment, ses souvenirs confus ne lui rappelèrent plus rien.

Il se réveilla sur un petit lit de camp dressé pour lui dans la chambre du sergent, lequel dormait du sommeil du juste. Les souvenirs amers de la veille lui revinrent l'un après l'autre, et le rendirent indifférent au destin qu'il s'était fait.

La prime d'engagement lui avait été remise, il le savait; et bien qu'à la rigueur il eût pu réclamer contre l'espèce de stratagème dont il avait été dupe, — bien qu'il ne conservât aucune espérance, et d'ailleurs aucun souci, des avantages qu'on avait fait luire à ses yeux, — il se résignait, dans son accablement inerte, à suivre la voie ouverte devant lui et d'où il n'eût pu sortir que par un puissant effort de volonté. Tout ce qui le séparait de sa vie antérieure, tout ce qui pouvait la lui faire oublier, était accueilli comme un bienfait; il saluait de même tout ce qui devait multiplier ses chances de mort, en lui épargnant toutefois la nécessité coupable d'attenter lui-même à ses jours. Et enfin, dans les plus intimes profondeurs de sa pensée, il retrouva, mais à l'état de cadavre, le rêve brillant qu'il avait fait la veille; ce rêve de gloire et de beauté, ce rêve où l'amour que Sylvia lui avait toujours refusé devenait enfin la récompense de tant d'efforts.

Cette vision de l'ivresse ne lui arracha qu'un soupir, et son morne désespoir repoussa les consolations que lui offrait une pareille chimère. Le sergent, cependant, qui l'avait en vain convié à prendre sa part d'un déjeuner commandé avec quelque recherche, surveillait du coin de l'œil sa nouvelle recrue, prévoyant une remontrance et redoutant une fuite soudaine.

Ce fut dans le silence le plus docile, sans articuler une syllabe de repentir ou de regret, que Philip se laissa conduire, à deux ou trois milles de l'auberge, devant le juge de paix Cholmeley, de Holm-Fell-Hall, où il fut définitivement enrôlé au service de Sa Majesté sous le pseudonyme de Stephen Freeman.

Avec un nouveau nom il commençait une nouvelle vie. Mais celle qu'on a vécu subsiste à jamais!

VI

CE QU'ON NE DIT PAS.

Deux heures après la disparition de Philip, Hester se trouvait seule dans le magasin. C'était le moment du dîner, et tout Monkshaven était à table. La tête appuyée dans ses mains, elle songeait tristement à ce qui s'était passé, la veille au soir, entre Philip et Sylvia. Fallait-il donc croire qu'ils n'étaient pas heureux l'un par l'autre, et, cela étant, quelle surprise, quelle énigme!... Qu'il lui eut semblé facile de consacrer sa vie entière à Philip, de lui soumettre en tout sa volonté, de ne songer qu'à son bien-être! Bien souvent, ainsi jugées du dehors, les dissidences conjugales semblent inexplicables : elles le sont parfois pour ceux-là même qui s'y trouvent directement mêlés. Faut-il s'étonner du trouble et de la gêne d'esprit où Hester demeurait plongée, en face de ce démenti donné à toutes ses prévisions, à tous ses calculs?

Le docteur Morgan, le médecin de la famille, vint l'arracher à ces préoccupations mélancoliques.

« Vous êtes donc seule, Hester?... Coulson, Hepburn où sont-ils?... Hepburn, surtout, j'ai besoin de lui.... Sa femme est dans une situation pénible.... Pouvez-vous m'apprendre où il est?

— Sylvia, dites-vous?... Mais j'ai passé la soirée avec elle, et rien n'annonçait....

— Sans doute, sans doute. Mais bien des choses arrivent en quelques heures.... Mistress Robson est mourante.... Peut-être est-elle morte, au moment où je vous parle.... Hepburn devrait être auprès de sa femme.... Ne pourriez-vous l'envoyer chercher? »

Un messager partit aussitôt, dépêché vers la maison des Foster, chez qui on supposait que Philip avait pu aller chercher quelques fonds, requis pour ses échéances; mais, de toute la matinée, on ne l'avait pas vu dans les bureaux de la banque. D'autres recherches furent faites, et par Hester, et par le docteur, et par Coulson, mais sans aucun résultat. Phœbé l'avait vu passer sous la fenêtre de la cuisine, et ce devait être, disait-elle, un peu avant onze heures; deux gamins des rues croyaient l'avoir rencontré sur le quai, au milieu d'un groupe de marins; mais ces derniers, retrouvés et reconnus à grand'peine, ne se rappelaient rien de pareil.

Avant qu'il fît nuit, toute la ville était préoccupée de cette étrange disparition. Avant qu'il fît nuit, Bell Robson avait rendu son âme à Dieu, et Sylvia, les yeux secs, persistait dans sa stupeur immobile, moins émue que personne, en apparence du moins, par les incidents de cette journée. Son enfant seule lui donnait encore quelque souci; elle la tenait serrée dans ses bras, et le docteur Morgan ordonna qu'elle lui fût laissée, pensant que le voisinage de ce petit être déterminerait sans doute, à la longue, une effusion de larmes, un élan de sensibilité qu'il fallait provoquer à tout prix.

On craignait qu'elle ne s'informât de son mari dont l'absence, en de pareils moments, devait lui paraître singulière. Mais elle n'en dit pas un mot. On la voyait, seulement, chaque fois que la porte s'ouvrait, tourner les yeux de ce côté avec une sorte d'inquiétude. Elle attendait probablement celui qu'on cherchait de toutes parts sans le trouver.

Le docteur Morgan se chargea, dans la soirée, de la communication embarrassante que l'absence d'Hepburn rendait inévitable. Affectant la plus complète sécurité, il parla de cette absence inopportune comme d'un incident sans importance dont on aurait l'explication dès le lendemain. Il épiait, cependant, l'effet de ses paroles. Sylvia poussa un soupir, et ce fut tout. Mais au moment où il allait se retirer, elle lui demanda, levant un peu la tête :

« Combien de temps croyez-vous, docteur, qu'*elle* soit demeurée sans connaissance?... Avant de tomber dans cette espèce de sommeil bizarre, supposez-vous qu'elle pût entendre ce qui se disait autour de son lit.

— Ceci, répliqua-t-il, dépend de bien des circonstances.... Vous rappelez-vous?...

— Je ne me rappelle rien, cher docteur.... Il est arrivé tant de choses.... et je souffre tellement de la tête.... Seriez-vous assez bon pour me laisser seule? »

Il sortit effectivement, mais ce fut pour lui envoyer Hester, qui trouva la porte close et le verrou poussé.

« C'est étonnant, dit le médecin, elle ne semble pas le moins du monde inquiète de son mari. »

A ces mots, Hester et Phœbé détournèrent les yeux, évitant de se regarder. Toutes deux, à l'aide de leurs souvenirs, s'expliquaient la conduite de Sylvia. Elles se séparèrent, quand le docteur fut parti, sans oser se faire part de leurs tristes conjectures.

Le lendemain, il y eut foule dans le magasin. Chacun y venait faire provision de commérages pour défrayer la curiosité des bourgeois de Monkshaven, et la pauvre Hester eut mainte fois envie de se jeter aux genoux de Coulson, afin qu'il cessât de répéter et redire en cent façons les détails d'un récit dont chaque parole la blessait au cœur.

Une des personnes présentes s'avisa de remarquer la coïncidence du retour de Kinraid avec le mystérieux départ de *master* Hepburn.

« Ainsi va le monde, répondit Coulson volontiers sentencieux.... Tel qu'on croyait mort se retrouve bien portant, et quant à Philip, tout vivant qu'il fût, il semblait bon à mettre en terre lorsque je le vis mercredi dernier entrer dans les magasins. »

Pendant tous ces propos, on apprêtait les funérailles de mistress Robson. A la grande surprise d'un chacun, Sylvia, — qui n'était pas sortie de sa chambre depuis la mort de sa mère et qu'on supposait ne rien savoir de ce qui se passait dans la maison, — déclara formellement qu'elle accompagnerait le cortége au cimetière. Personne à cet égard, n'avait d'autre droit que celui des remontrances. Le docteur Morgan espérait d'ailleurs, que dans le cours de cette solennité quelque incident inattendu viendrait déterminer la crise de larmes sur laquelle il comptait pour débarrasser Sylvia de ses intolérables douleurs de tête. Ce fut, en effet, ce qui arriva.

Jusqu'au moment où les assistants se formèrent en rond autour de la fosse, Sylvia était demeurée aussi impassible que jamais. Elle vit alors Kester, dans ses habits du dimanche, un bout de crêpe neuf autour de son chapeau et pleurant, comme si son cœur allait se briser, sur la bière de sa chère maîtresse.

Ces regrets si sincères, ce spectacle imprévu firent enfin couler les larmes de Sylvia, et l'explosion de sa douleur fut si terrible que la bonne Hester, chargée de l'accompagner, craignit qu'elle ne pût assister jusqu'au bout à la triste cérémonie. Sylvia, néanmoins, s'imposa ce pénible effort, et faisant ensuite un détour pour rejoindre Kester : — « Viens me voir, viens me voir, » lui dit-elle, à travers ses larmes.

L'honnête vieillard, qui pleurait aussi, ne lui répondit que par un signe de tête.

VII

NOUVELLES MYSTÉRIEUSES.

Kester fut introduit dans le salon où Sylvia était assise, sa fille sur ses genoux. Elle ne savait plus se séparer de cette enfant, unique lien qui la rattachât à la vie.

« Ne me parle pas de ma mère, se hâta-t-elle de dire à Kester, en prenant la main calleuse qu'il lui tendait ; elle est bien heureuse d'être partie.... » Puis, comprimant tout à coup ses larmes :

« A propos, Kester, reprit-elle toujours très-vite, Charley Kinraid n'est pas mort.... Le savais-tu ?... Mardi, lundi, je ne sais, il était ici.

— Je le savais vivant, mais j'ignorais que tu l'eusses vu, répondit Kester.... Je me réjouissais de penser que, pendant tout le temps de son séjour, tu avais été retenue auprès de ta mère.

— Il est donc parti ? demanda Sylvia.

— Certes, et depuis plusieurs jours.... Si je ne me trompe, il n'est resté qu'une nuit.... Et je m'étais figuré que, te voyant mariée....

— Kester, interrompit Sylvia penchée en avant et parlant à voix basse.... Je l'ai vu.... ici même,... en présence de mon mari,... et Philip n'a jamais ignoré qu'il vivait encore ! »

Kester se leva brusquement.

« Par le ciel! s'écria-t-il, cet homme a pris là une grande responsabilité. »

Sur les joues pâles de Sylvia deux taches rouges vinrent se former, et pendant une minute environ, ni l'un ni l'autre n'ouvrit la bouche. Ce fut encore elle qui rompit le silence et, parlant plus bas que jamais :

« Kester, lui dit-elle, je suis plus épouvantée que je n'oserais le dire à personne.... Crois-tu qu'ils se soient rencontrés?... Cette pensée m'est odieuse.... J'ai dit à Philip ce que j'avais sur le cœur.... J'ai prononcé contre lui un serment solennel.... Mais s'il lui était arrivé malheur, et par les mains de Kinraid.... Si.... »

Le coloris fiévreux de ses joues s'effaça devant l'image sinistre qu'elle venait d'évoquer.

« On le saura facilement, reprit Kester.... Je vais de ce pas aux *Armes du Roi,* sur le quai.... C'est là qu'il était descendu....

— Bien, bien, dit Sylvia, et prends par le magasin.... Chacun me guette pour savoir le secret de mes pensées, et j'ai peine à leur dissimuler celle qui me ronge le cœur.... Coulson sera dans le magasin, mais il est moins à redouter que Phœbé. »

Kester était de retour au bout d'une demi-heure. Il trouva Sylvia dans la même attitude où il l'avait laissée. Elle le regardait avidement, mais sans lui adresser un seul mot.

« Parti ! dit aussitôt le zélé messager. Parti dans la carriole de poste, à dix heures précises, le jeudi matin, et sans avoir vu personne.... pas même les Corney, qui se plaignent à grand bruit de leur cousin le lieutenant.

— Merci, Kester ! dit Sylvia se laissant retomber dans son fauteuil comme si, ses inquiétudes une fois calmées, elle perdait tout ressort, toute énergie.

Elle demeura longtemps muette, les yeux fermés, la joue posée sur la tête de son enfant.

« Je regarde comme sûr, reprit Kester, que ces deux hommes ne se sont pas retrouvés.... Le départ de ton mari n'en est que plus inexplicable.... Tu lui as cependant fait connaître, disais-tu, ce que tu as sur le cœur?

— Oui, répondit Sylvia sans bouger.... Et toute ma crainte, c'est que ma mère ne m'ait entendue.... » Ici les larmes dont se remplissaient ses yeux fermés débordèrent lentement sur ses joues : « Cependant, je n'ai dit que la vérité.... Lui pardonner m'est impossible.... Je n'ai pas encore vingt et un ans et, grâce à lui, ma vie est perdue.... Mieux que personne, il savait à quelle torture j'étais en proie.... Un mot de lui l'aurait calmée; et ce mot, il était chargé de me le dire....

— Si j'eusse été là, dit Kester qui serrait ses poings par un mouvement d'indignation, je l'aurais infailliblement assommé.

— Et pourtant, Kester, reprit Sylvia, il était si bon pour ma mère! Ma mère avait pour lui tant d'amitié.... Oh! reprit-elle, se soulevant et ouvrant ses grands yeux mélancoliques.... comme il est quelquefois bon de pouvoir mourir !... A quelles misères on échappe ainsi!

— Soit, dit-il, mais il y a des gens dont on ne voudrait pas voir abréger la misère.... Songe, par exemple, à la vie que mène aujourd'hui Philip. »

Sylvia frissonna de tout son corps, et ne répondit pas sans quelque hésitation.

« Je ne veux pas le savoir, disait-elle.... J'ai formé contre lui des vœux.... et c'était mon droit....

— Voyons, voyons, mon enfant! dit Kester, effrayé lui-même de l'émotion que ses dernières paroles avaient produite, nous ne saurons rien à ce sujet ni l'un ni l'autre.... Pourquoi donc nous en occuper?.... Mais tu ne m'as pas demandé par quel hasard je me trouve établi à

Monkshaven.... Ma sœur est venue s'y fixer,... Nous vivons ensemble, et, Dieu merci, j'ai du travail,... Aussi vais-je te quitter sans retard.... Sache, seulement, que si jamais tu as besoin comme aujourd'hui d'un messager discret, ou si tu voulais causer des choses passées avec un ami d'enfance, tu n'as qu'à me faire chercher dans le *cottage* de Peggy Dawson, à droite du pont, et fallût-il faire vingt milles, j'accourrai tout aussitôt. »

Il s'était levé, disant ceci, pour échanger avec elle une cordiale poignée de main. Son dernier regard tomba sur l'enfant qui dormait.

« Elle te ressemble plus qu'à lui, dit-il.... Je puis bien dès lors, ce me semble, appeler sur cette petite tête blonde les bénédictions du Seigneur. »

Environ trois semaines après la disparition de Philip, Hester Rose reçut une lettre de lui. Le seul aspect de l'adresse, tracée en caractères bien connus d'elle, l'avait jetée dans une telle agitation qu'elle dut laisser écouler plusieurs minutes avant de rompre le cachet et d'affronter les révélations que ces pages devaient contenir.

Appréhensions vaines, au surplus; la lettre ne renfermait aucun renseignement précis, à moins qu'on ne prît pour telle la date un peu vague de « Londres » inscrite d'ailleurs sur le timbre de la poste.

Voici ce qu'elle lut :

« Chère Hester,

« A ceux que cela peut intéresser, veuillez apprendre
« que j'ai définitivement quitté Monkshaven. Personne
« ne doit concevoir à mon sujet la moindre inquiétude;
« j'ai un gagne-pain. Présentez, je vous prie, mes hum-
« bles excuses à mes excellents amis, Messieurs Foster,
« et à mon associé William Coulson.

« Agréez, ainsi que votre mère, l'assurance de ma vive
« affection. Présentez, s'il vous plaît, mes respects et
« mes tendresses bien particulières à ma tante Isabella
« Robson. Sa fille, Sylvia, sait bien que ce que je res-
« sens et toujours ai ressenti pour elle, ne saurait ici s'ex-
« primer par des mots. Je ne vous charge de rien qui la
« concerne. Dieu bénisse et conserve mon enfant ! Vous
« devez tous me regarder comme mort. Je le suis pour
« vous d'ores et déjà ; bientôt peut-être le serai-je en
« réalité.

« Votre très-affectionné serviteur
« et obéissant ami,

« PHILIP HEPBURN. »

« P. S. Oh ! chère Hester, pour l'amour de Dieu et de
« moi, veillez sur (une rature marquait ici les deux mots
« *ma femme*) Sylvia et sur mon enfant ! Je me figure que
« Jeremy Foster vous assistera dans ce que vous voudrez
« faire pour eux. Ceci est la dernière prière que vous
« adressera jamais le pauvre P. H.

« Elle est si jeune ! »

Kester lut cette lettre dont l'accent découragé pénétra son cœur, et il lui sembla qu'il y avait là matière à se consulter sans retard avec les frères Foster, ces amis si dévoués. Mais un incident survint, qui lui fit ajourner cette résolution.

Sylvia, le matin même, cherchant à se rendre compte de la situation qui lui était faite, en avait compris pour la première fois tous les embarras. Philip une fois parti, elle n'avait plus aucun droit à occuper la maison. Elle n'y restait que par pure tolérance, ignorant d'ailleurs quelles ressources elle possédait encore, et s'il ne lui faudrait pas travailler pour vivre. Le travail, même celui des champs, n'avait rien qui l'effrayât, et bien au contraire ; — mais, avec un enfant, que deviendrait-elle ?

Le souvenir lui revint alors des paroles amicales que Jeremy Foster lui avait adressées à l'issue de sa visite de noces ; et bien que ce fût là un prétexte léger pour une démarche si grave, elle résolut d'aller lui demander conseil. Elle allait sortir pour la première fois depuis la mort de sa mère, et il lui répugnait étrangement de s'exposer aux regards du public. Elle éprouvait encore une autre crainte, au moment de descendre dans les rues. Malgré tous ses efforts, elle ne pouvait se soustraire à l'idée que Kinraid avait dû secrètement rester dans le voisinage ; et c'était pour elle une véritable terreur que de se sentir exposée à le rencontrer encore. Il lui semblait que si elle venait à l'entrevoir, lui ou son brillant uniforme, — si elle entendait, ne fût-ce qu'au loin et prononçant une seule syllabe, cette voix bien connue, — son cœur cesserait de battre et qu'elle mourrait d'angoisse et de crainte, en songeant à ce qui pourrait survenir.

Contre ce péril, la Providence lui envoya un bouclier. Ce fut l'enfant que Nancy lui apportait, toute habillée, pour lui faire prendre l'air. A peine l'eût-elle dans les bras que le cours de ses pensées changea complétement. L'enfant, que sa dentition faisait souffrir, poussait de temps en temps quelques cris plaintifs, et c'en fut assez pour que la jeune mère franchît, sans s'occuper d'autre chose, la longueur des quais et le pont qui conduisait à la Ville-Neuve. Elle ne prit pas même garde aux respects que lui valurent, sur le chemin, son deuil austère, sa beauté frappante, la pitié qu'inspirait le double malheur dont elle venait d'être frappée, — et jusqu'au souvenir qu'on gardait à son père, dont la mort tragique était réputée, à Monkshaven, une espèce de martyre.

Nous passerons sur l'accueil affectueux qui lui fut fai

par les deux frères, de même sur les soins qui lui furent prodigués quand ils la virent arriver chez eux épuisée par sa longue course, intimidée par l'importance de l'entrevue qu'elle allait avoir, et se demandant jusqu'où devait aller sa confiance vis-à-vis d'étrangers qu'elle connaissait à peine.

Lorsque Jeremy, devinant son embarras, lui proposa de passer au salon pour l'entretenir seul à seul, Sylvia songea un moment à prier la femme de charge de garder l'enfant avec elle. Mais la petite Bella était capricieuse, et refusa obstinément de quitter sa mère. Jeremy et Sylvia l'emmenèrent donc avec eux, et cette triviale circonstance devait exercer sur l'avenir de cette enfant une influence difficile à prévoir.

Voyant à quel point elle était embarrassée pour aborder le sujet de sa visite, Jeremy, pour lui laisser le soin de se remettre, s'occupait de la petite fille, qu'il essayait d'amuser en faisant scintiller devant ses yeux les breloques de sa montre.

« Cette enfant vous gêne peut-être, dit enfin Sylvia, se décidant à prendre la parole.

— Pas le moins du monde, répliqua Jeremy.... Elle vous ressemble étonnamment.... Bien plus qu'à son père. » Et c'était à dessein qu'il lui parlait de Philip, frayant ainsi la voie aux communications qu'elle devait avoir à lui faire.

Elle lui demanda aussitôt, effectivement, s'il avait reçu quelques nouvelles de son mari. Et sur sa réponse négative : — « Il faut donc, murmura-t-elle, qu'il soit mort ou parti pour jamais.... Mon enfant n'a plus que moi au monde.... »

Jeremy ne voyait pas les choses du même œil; il pensait, ou affectait de penser, que Philip leur serait rendu avant peu.

« Non, répondit Sylvia, il ne reviendra jamais....

J'en prendrais d'ailleurs mon parti, si je pouvais savoir ce qui lui est arrivé.... Malgré ma rancune, je ne lui souhaite aucun malheur....

— Il y a là-dessous quelque chose que je ne comprends pas très-bien, reprit Jeremy.... Ne pourrais-tu me l'expliquer ?

— Il le faut bien, répondit la jeune femme, puisque je suis venue vous demander conseil.... Sans cela, voyez-vous, ajouta-t-elle naïvement, personne au monde n'en aurait rien su.... Et avant que je parle, j'ai à vous demander le secret le plus rigoureux.... Vous me le promettez, n'est-il pas vrai ? »

Jeremy Foster, profondément touché par l'expression de son visage, ne sut pas résister à cette ardente prière et, contrairement aux règles de la prudence, il prit l'engagement qu'elle demandait. Alors, — avec force réticences que les questions précises du vieux quaker rendaient parfaitement inutiles, force hésitations que ses encouragements dissipaient, — Sylvia lui raconta tout ce qui s'était passé : Jeremy Foster l'écoutait avec attention, et quand elle eut fini, retint à grand'peine un gémissement plaintif. Mais, se reprenant aussitôt et donnant à sa voix l'accent de l'espérance :

« Rassure-toi, Sylvia Hepburn, lui dit-il; quand il aura fait ses réflexions, ton mari ne saurait manquer de revenir.

— Hélas, lui dit-elle avec un élan de franchise étrange, c'est là ma plus grande crainte.... Je voudrais le savoir heureux, mais ailleurs.... Quant à vivre ensemble, c'est impossible.

— Ne parle pas ainsi, s'écria Jeremy d'un ton suppliant; tu te repens bien certainement de tes imprudentes paroles....

— Pas le moins du monde, dit-elle lentement; et n'était le souvenir de ma mère (elle est morte, elle est heureuse et, j'y compte bien, ignore tout ceci) je ne pourrais m'empêcher de haïr Philip. »

L'impression pénible produite chez le vieux quaker par ce langage implacable se trahit sans doute sur sa physionomie, car Sylvia reprit aussitôt :

« Vous me jugez bien mauvaise, de n'éprouver aucun remords, et peut-être, monsieur, avez-vous raison... Le souvenir de ce que j'ai souffert, de l'irrévocable malheur auquel je suis vouée, ne laisse place chez moi qu'à un seul sentiment.... Je suis lasse de tout, je voudrais mourir.... »

Mais, comme en disant ces mots elle pleurait, l'enfant effrayée se mit à pleurer aussi, et la jeune mère oublia sur-le-champ son âpre désespoir, pour rassurer et calmer par les plus tendres caresses le petit être qu'elle berçait sur son sein.

Le vieillard comprit sans peine par où ce cœur de marbre était accessible.

« Pauvre petite ! s'écria-t-il, ta mère te rendra-t-elle jamais ce qu'elle t'enlève ?... Presque orpheline, tu as raison de pleurer. Tes parents terrestres semblent t'abandonner, et que deviendras-tu si le Père d'en Haut ne t'appelle à lui ? »

Sylvia le regardait, épouvantée. Serrant plus étroitement sur son cœur l'enfant qui pleurait encore :

« Ne parlez pas ainsi, monsieur, s'écria-t-elle.... Ce sont là des malédictions.... Je n'ai jamais abandonné, je n'abandonnerai jamais ma fille.

— Tu as juré, reprit le vieillard, de ne jamais pardonner à ton mari, de ne plus vivre à ses côtés.... Or, sais-tu que la loi du pays lui donne le droit de réclamer son enfant, et que tu te trouverais alors entre un parjure ou l'abandon de ta fille ?

— Je ne sais quel parti prendre.... Ma tête se perd dans toutes ces complications, dit la jeune femme après un long silence.... Il a été bien cruel envers moi.

— C'est vrai, dit le vieux quaker ; jamais je ne l'aurais cru capable d'une pareille bassesse. »

Sylvia demeura stupéfaite de cet acquiescement, qui était de la part de Foster un simple acte de loyauté. Par un de ces inexplicables retours qui appartiennent à l'essence même du cœur humain, elle ne put entendre porter contre Philip un jugement si sévère, sans éprouver le besoin de le défendre ou du moins de pallier ses torts :

« Il aimait tant ma mère !... Elle l'aimait tant.... Il avait tant fait pour elle.... Sans cela je ne l'aurais pas épousé.

— Dès l'âge de quinze ans, reprit le quaker, il a toujours montré bonne tête et bon cœur.... Ni moi, ni mon frère n'avons eu un mensonge à lui reprocher.

— Ce fut pourtant bien un mensonge que de me laisser croire à la mort de Charley, reprit Sylvia, aussitôt rendue par cet éloge à ses premiers ressentiments.

— Tu dis vrai, c'était un mensonge égoïste.... Il t'imposait une souffrance pour en arriver à ses fins.... Aussi, comme Caïn, le voilà chassé du Paradis domestique.

— Ce n'est pas moi, monsieur, qui lui ai dit de s'en aller.

— Ce sont tes paroles, Sylvia, qui l'ont décidé à partir.

— Je ne puis les reprendre, monsieur.... Il me semble que je les dirais encore. »

Cette fois, cependant, on eût dit qu'elle espérait, qu'elle provoquait un démenti.

« Pauvre petite ! » se contenta de répéter Jeremy, donnant à sa voix l'expression d'une pitié profonde.

Les yeux de Sylvia se remplirent de larmes.

« Parlez, monsieur, que dois-je faire ?... Pour elle, je suis résolue à tout... Je me soumettrai à tout, pourvu que je la garde auprès de moi.... Que puis-je faire au monde ?... Dites le moi, monsieur, si vous le savez !

— Ceci demande réflexion, reprit Jeremy, après un instant de silence.... Il faut que je consulte mon frère John.

— Et votre parole, monsieur ? s'écria la jeune femme.

— Je t'ai promis, répliqua le quaker, de ne rien révéler à personne ce qui s'est passé entre toi et ton mari ; mais, à présent que ce dernier nous a quittés, il faut bien que je me consulte avec mon frère pour savoir ce que vous deviendrez, toi et ton enfant. »

Ceci fut dit avec une gravité qui impliquait une espèce de reproche, et le vieillard, se levant, mit un terme à l'entrevue.

« Sois tranquille, mon trésor, murmura Sylvia, tout en descendant la colline, à l'enfant qui ne la pouvait comprendre et qu'elle couvrait de ses baisers.... Je t'aimerai pour deux ; je t'envelopperai si bien de ma tendresse que jamais ton père ne te manquera. »

VIII

ISOLEMENT.

Jeremy Foster était homme d'honneur. Jamais il ne fit allusion à la visite de Sylvia, mais ce qu'elle lui avait dit entra pour beaucoup dans les projets qu'il soumit à l'approbation de son frère et d'Hester.

Il fut convenu qu'elle continuerait à résider sous le même toit, ce qui, dans l'hypothèse du retour de Philip, faciliterait le renouvellement de leurs rapports mutuels et préviendrait les commentaires malveillants du public. Hester et sa mère viendraient habiter auprès de Sylvia et de son enfant. Grâce à la libéralité de Jeremy Foster qui lui avait abandonné une partie de son intérêt dans la maison de commerce, la jeune méthodiste comptait au nombre des associés. Elle avait pris peu à peu la direction exclusive du département spécial qui lui était confié ; de telle sorte que, pour mainte et mainte raison, sa présence à peu près continuelle devenait une vraie nécessité. D'autre part, la santé défaillante d'Alice Rose ne permettait pas qu'elle demeurât loin de sa fille, et les soins à lui donner constituèrent pour Sylvia une mission de confiance qu'elle était éminemment apte à remplir. La part de Philip dans l'avoir social, grossie récemment d'un legs de quatre à cinq cents livres qu'il avait aussitôt placées dans la maison, donnait un revenu suffisant pour l'entretien de Sylvia et de son enfant, qui par là ne se trouvaient à la charge de personne. Tout fut ainsi réglé par Jeremy Foster et accepté par Sylvia qui était restée trop enfant, trop dépourvue d'initiative personnelle, pour ne pas se remettre absolument en ses mains. Haytersbank se trouvant libre, elle eût sans doute préféré reprendre son ancienne vie dans ce rustique séjour. Mais l'intérêt même de son enfant et des soins à lui donner, la fit, non sans quelque regret, renoncer à cette vision caressée pendant quelques jours.

Hester eut aussi à se vaincre pour pardonner à Sylvia le malheur de Philip. Elle ne voulait voir en lui que son frère, mais une sœur n'a-t-elle le droit de s'indigner en voyant son frère méconnu, dédaigné par la femme qu'il aime ? D'un autre côté, Philip, dans sa lettre, lui enjoignait de veiller sur Sylvia et sur son enfant. Il fallait, pour remplir utilement cette tâche sacrée, surmonter l'antipathie et les ressentiments que lui inspirait la conduite irréfléchie de la jeune femme.

L'enfant par bonheur était là ; l'enfant aimée de tous sans réflexion, sans motif, sans effort. Hester passait avec elle ses heures les plus légères. Coulson et sa femme, à qui Dieu n'avait pas envoyé de postérité, ne se lassaient pas de l'avoir chez eux. Jeremy et Foster l'avaient en quelque sorte adoptée, et jusqu'à l'austère Alice Rose qui se sentait émue en faveur de la gracieuse petite Bella, ne pouvant s'empêcher de la comprendre parmi ces élus du Seigneur, dont le nombre lui apparaissait chaque jour plus restreint. Ceci la prédisposait à revenir peu à peu sur les jugements sévères qu'elle avait portés contre Sylvia, et à recevoir de meilleure grâce les soins que la jeune mère lui prodiguait.

Quant à celle-ci, personne ne savait ce qui se passait en elle, et c'est tout au plus si elle le savait elle-même. Au milieu des angoisses qui l'assiégeaient fréquemment, cette âme naïve cherchait un secours, et il lui semblait que la lecture des Livres saints l'aurait consolée. Malheureusement, elle ne savait pas lire encore et n'osait l'avouer à personne, pas même à Hester, dont la froideur involontaire la déconcertait, et chez qui elle devinait de secrets reproches, un étonnement douloureux du silence qu'elle gardait sur le compte de son époux absent.

La seule personne qui lui parût avoir réellement pitié d'elle, était le pauvre Kester. Encore cette pitié s'exprimait-elle plutôt par des regards que par des paroles : effectivement, en vertu d'une espèce d'accord tacite, ils ne parlaient presque jamais du passé. Deux fois seulement, — au moment du départ, la main sur la porte qu'elle allait refermer derrière lui, — Sylvia lui avait demandé s'il avait entendu parler de Kinraid, depuis cette nuit qu'il était venu passer à Monkshaven. Et à ces deux questions, séparées par un intervalle de quelques mois, sa réponse avait été négative. Eût-elle osé prononcer ce nom devant quelqu'autre, à qui Sylvia aurait-elle pu s'adresser ? Les Corney avaient quitté Moss-Brow depuis la Saint-Martin, pour aller s'établir à bien des milles, du côté de Horncastle ; Bessy restait, à la vérité, mariée dans le voisinage ; mais elle et Sylvia n'avaient jamais été fort intimes, et leur amitié, nous l'avons vu, s'était encore refroidie trois ans auparavant, à l'époque du prétendu trépas de Kinraid.

Ce fut vers ce temps-là — c'est-à-dire en 1798, et la veille de Noël — qu'un secret, jusqu'alors ignoré de Sylvia, lui fut inopinément révélé par Alice Rose. Elles étaient seules depuis quelques moments déjà, et la mère d'Hester contemplait sa jeune compagne plus languissante et plus abattue que jamais.

« Pauvre enfant, lui dit-elle tout à coup, la religion seule te sera une consolation. Bien d'autres y ont eu recours avant toi.

— Comment faire ? dit Sylvia qui venait de tressaillir en se voyant l'objet d'une observation si assidue.

— Comment ? répéta la vieille Méthodiste avec surprise ; lis ta Bible, et tu le sauras.

— Mais je ne sais pas lire, objecta Sylvia, qui, dans ce moment de désespoir, ne songeait plus à dissimuler son ignorance.

— Quoi, pas même lire ?... Toi, la femme d'un savant comme Philip ?... Ce monde-ci va décidément tout de travers !... Penser qu'on a pu préférer à Hester, instruite comme tous les ministres ne le sont pas, une petite fille qui n'est pas en état de lire la Bible !... »

Sylvia put à peine retenir la question que ces paroles lui suggéraient. Sans s'apercevoir de son étonnement, Alice Rose reprit la parole.

« Pendant que Philip s'occupait de toi, disait-elle,

Hester se consolait avec sa Bible.... Elle savait, elle, à qui demander l'oubli de ses peines.

— Je ne refuserais pas de lire, dit Sylvia sur le ton le plus humble.... Seulement, il faudrait m'enseigner.... Peut-être que cela me ferait du bien.... Je suis réellement malheureuse.... »

Et, sur l'austère figure d'Alice, ses yeux se levaient remplis de larmes.

Profondément touchée, mais sans en rien laisser voir, celle-ci ne dit rien ce jour-là. Le lendemain, elle appela la jeune femme auprès d'elle, et se mit à lui faire épeler, lettre par lettre, le premier chapitre de la Genèse. La docilité, le zèle de la jeune écolière lui eurent bientôt gagné le cœur d'Alice, que la lenteur de ses progrès ne pouvait décourager; il n'y avait pas là un simple enseignement, mais, à ses yeux, le rachat d'une âme.

Les paroles prononcées au sujet d'Hester étaient pour Sylvia l'objet d'une curiosité, d'un intérêt qui allaient croissant. Prêtant à la jeune Méthodiste les sentiments passionnés qu'elle-même avait eus pour Kinraid, elle s'étonnait de cette douceur, de cette patience inaltérable dont Hester ne s'était jamais départie à son égard, et, — pénétrée du tort qu'elle lui avait fait sans le vouloir, — elle s'efforçait de regagner peu à peu l'affection perdue, de vaincre cette froideur dont elle avait maintenant le secret. Pendant le printemps qui suivit, de fréquentes occasions lui furent offertes de se rendre utile à la jeune Méthodiste, dont la santé s'était altérée et qui, par ordre du médecin, devait chaque jour prendre hors de la ville un exercice salutaire. Sylvia voulut l'accompagner dans ces excursions quotidiennes, la conduire elle-même à ces fermes où il était prescrit à Hester d'aller respirer l'air des étables et boire le lait de vache au sortir de la mamelle. Bella les accompagnait, et c'était une grande joie pour la mère et la fille que ces promenades rustiques sous le ciel printanier, le long des bois encore sans feuilles et des ruisseaux attiédis.

Un soir du mois de mai, comme elles s'en revenaient toutes trois, Hester se traînait derrière ses deux compagnes d'un pas languissant et sans articuler une parole. Ces symptômes de souffrance n'avaient pas échappé à Sylvia, mais elle n'en fit l'objet d'aucune remarque, pour ne pas contrarier Hester, qui aimait à garder par devers elle tout ce qu'elle ressentait de douloureux. Cependant, cette dernière fut réduite à s'arrêter, épuisée de fatigue et absorbée dans une rêverie singulière.

« Je crains, lui dit Sylvia, que la course n'ait été trop longue. »

Hester, à ces mots, tressaillit presque.

« Non ! répondit-elle ; seulement, ce soir, j'ai la tête plus malade.... Elle m'a fait souffrir toute la journée ; mais depuis que nous sommes sorties, il me semble entendre à chaque instant le retentissement d'une canonnade lointaine.... Je ne saurais vous dire à quel point ce bruit me fatigue.... »

Puis elle se remit à marcher plus rapidement que jamais, ne désirant évidemment ni qu'on s'apitoyât sur elle, ni qu'on fît de ses paroles l'objet d'un commentaire quelconque.

IX

COMMENT ON SE RETROUVE

En effet, le 7 mai 1799, — mais bien loin de Monkshaven, sur une mer qui reflétait les feux du ciel d'Orient ; — des tonnerres d'artillerie ne cessèrent de retentir.

Au bord de la Méditerranée, le long d'une grève blanche, s'élèvent des deux côtés d'une anse profonde, à droite, un couvent aux blanches murailles, à gauche, les remparts d'une ville forte, poussés jusque dans la mer et formant une sorte de havre, où les navires sont à l'abri des coups de vent qui désolent les côtes orientales de l'immense lac. Le ciel est pourpre, la lumière impitoyable. Une odeur d'épices flotte dans l'air, émanée des milliers de fleurs aromatiques qu'une saison précoce a fait éclore. Au midi de la ville une escadre anglaise est à l'ancre. Elle assiste au siège de Saint-Jean-d'Acre, et tâche d'en arrêter les progrès par les bordées qu'elle envoie sur les flancs de l'armée française.

Ce jour-là, le 7 mai, d'autres vaisseaux furent signalés au loin. Ils amenaient des secours à la ville assiégée. Leur arrivée devait être le signal d'une tentative suprême, car le siége en était alors à sa cinquante-cinquième journée, et le grand capitaine qui en avait la direction n'attendrait certainement pas, pour donner l'assaut, que la garnison eût reçu de nouveaux renforts. Sir Sidney Smith ne pouvant se tromper sur les intentions de Buonaparte, venait de donner ses ordres en conséquence. A l'exception des hommes indispensables pour entretenir le feu des vaisseaux, il avait fait débarquer tous les matelots et tous les soldats de marine pour qu'ils allassent prêter secours aux forces anglo-turques, chargés de défendre la vieille cité historique.

Un de ses officiers — le lieutenant Kinraid, le même qui, trois ans auparavant, associé à l'entreprise héroïque de son chef, avait d'abord partagé sa captivité, puis s'était ensuite évadé avec lui et Westley-Wright des cachots du Temple — eut l'honneur, ce jour-là, d'être envoyé par son amiral au poste le plus périlleux. Lui et ses hommes arrivèrent dans les jardins de Djezzar-Pacha au moment où sir Sidney Smith et le colonel d'infanterie de marine concertaient ensemble le dernier plan de défense. Il était alors trois heures de l'après-midi.

D'abord envoyé sur le ravelin du nord, l'équipage du *Tigre*, ayant pour chef le lieutenant Kinraid, reçut ordre peu après d'aller protéger le débarquement des renforts commandés par Hassan-Bey, lesquels descendaient sur le Môle, où sir Sidney Smith s'était rendu en personne. Cette mission remplie avec plus de bonne volonté que d'égards pour les troupes turques, les matelots et soldats de Kinraid, avec sir Sidney Smith à leur tête, revinrent se placer derrière la batterie anglaise, sur cette brèche fatale si souvent assaillie, si vaillamment défendue, mais qu'on ne s'était jamais disputée comme dans cette brûlante après-midi.

Djezzar-Pacha, lorsqu'il apprit où ils étaient, quitta précipitamment les jardins de son palais, et, malgré les amples vêtements qui gênaient sa marche, vint sur la brèche même d'où il essayait de retirer un à un ses courageux alliés : « En s'exposant ainsi, disait le pacha, ils l'exposaient lui-même à tout perdre. »

Ses efforts eussent été inutiles, car nos matelots avaient pris goût à l'affaire, et se faisant du combat un jeu véritable, n'auraient pas souffert qu'un vieux bonhomme — pacha ou non — se permît de les déranger; mais les Français venaient d'ouvrir une nouvelle brèche sur un autre point des remparts, et dirigeaient maintenant de ce côté leur principale attaque. Il fallut donc s'y porter au plus vite, et les deux ravelins, où Kinraid et ses hommes furent postés pour diriger un feu terrible sur les flancs de l'ennemi, touchaient presque à sa première ligne d'attaque.

« Faites de votre mieux, Kinraid, dit sir Sidney à son lieutenant, lorsqu'il eut achevé de lui donner ses instructions; du haut de cette colline, là-bas, *Boney*[1] a les yeux sur vous !... »

---

1. *Boney*, abréviation familière du nom de Buonaparte.

Et de fait, sur une hauteur qui porte le nom de Richard Cœur-de-Lion, au centre d'un état-major à cheval formé en demi-cercle, un petit homme semblait donner des ordres, écoutés avec une extrême déférence. De cinq minutes en cinq minutes, quelque aide de camp partait au galop pour les porter aux deux extrémités de la ligne française.

Vint un moment où les Français se jetèrent avec fureur sur la brèche nouvellement faite, par où ils croyaient pénétrer sans trop de résistance. Surpris de ce mouvement, Kinraid, pour savoir de quoi il s'agissait, se hasarda hors du ravelin où il était à l'abri. Une balle perdue vint alors frapper cet homme qui, pendant toute une journée de carnage, avait pu passer pour invulnérable ; et tandis que les Français, descendus dans les jardins du pacha, livraient un terrible combat à l'arme blanche, Kinraid demeura étendu au delà des ravelins, à bien des mètres en dehors de l'enceinte fortifiée. Il pouvait se regarder comme perdu, car il avait la jambe brisée. De tous côtés, autour de lui, des cadavres ; des cadavres français, car aucun Anglais ne s'était hasardé si loin. De tous côtés aussi, des blessés qui, exaspérés par leurs souffrances, lui jetaient des regards haineux, des imprécations furieuses. Nul doute que si quelques-uns parvenaient à se traîner jusqu'à lui, leurs efforts ne s'unissent pour l'achever. Enfin, les piquets volants de l'armée française étaient à portée de fusil, et son uniforme, moins éclatant que celui des soldats de marine, devait toutefois attirer sur lui le feu de l'ennemi pour peu qu'il se permît le moindre mouvement. Et cependant la tentation de se retourner était grande, car le soleil de Syrie dardait en plein dans ses yeux. La fièvre, d'ailleurs, commençait à l'envahir ; sa jambe blessée lui faisait de plus en plus mal ; une soif terrible, causée par la perte de son sang, séchait ses lèvres et brûlait sa gorge, qui lui semblait tapissée de bois. Il se mit à penser à un temps qui n'était plus, — à ces mers du Groënland, où il s'était vu entouré de glaces, — à certains cottages anglais enfouis sous l'herbe et la feuillée. Le passé devenait à ses yeux plus réel que le présent. Un effort considérable lui rendit le sentiment de sa situation; il compta ses chances de salut, qui étaient en bien petit nombre, et alors il sentit ses paupières se mouiller malgré lui au souvenir de cette femme, récemment épousée, qu'il avait laissée en Angleterre, à cette femme qui peut-être ne saurait jamais comment il était mort, avec son image devant les yeux....

Il vit tout à coup un détachement anglais d'infanterie de marine qui venait, protégé par le relief du ravelin, recueillir les blessés pour les conduire à l'ambulance. Ces braves étaient si près de lui qu'il pouvait distinguer leurs visages et les entendre parler; mais il n'osait leur donner aucun signe de vie pour ne pas attirer sur lui-même et sur ceux qui viendraient à son aide, les balles des piquets ennemis.

L'idée que la nuit allait venir, — qu'elle amènerait sur le champ de carnage ces misérables pillards qui accourent, comme les animaux immondes, s'abattre sur les mourants, — qu'avant d'être achevé par eux il serait en butte à leur rapacité, à leurs outrages, — lui fit malgré lui relever la tête. Mais le soleil couchant l'éblouit; il ne put rien voir de ce que ses yeux cherchaient. Alors il retomba désespéré, ne songeant plus qu'à mourir.

Ces mêmes rayons qui l'avaient aveuglé le sauvèrent. Il fut reconnu comme le sont les victimes d'un incendie, à la lueur des flammes. Un des hommes du détachement quitta ses camarades, se ruant à toute course parmi les blessés ennemis, à portée des balles et de la mitraille françaises. Il vint, il s'inclina sur Kinraid, comprit dans une parole ce dont il s'agissait, saisit le blessé dans ses bras et l'emporta comme un enfant, avec cette véhémente énergie qui tient à la force de la volonté plus qu'à la force du corps. Avant que ces deux hommes fussent rentrés derrière le ravelin, plus d'une balle leur avait été adressée; l'une d'elles avait atteint le malheureux lieutenant et déchiré les chairs de son bras.

Kinraid, à ce moment, souffrait des douleurs atroces; il croyait déjà ressentir les affres de l'agonie; il se souvint néanmoins plus tard qu'au moment où le soldat de marine appelait ses camarades, et avant qu'ils fussent accourus à sa voix, lui, Kinraid, avait cru reconnaître, comme dans un rêve, un visage présent à sa mémoire; mais ce devait être une illusion, tant paraissait peu probable une pareille coïncidence. Et cependant, le peu de mots que cet homme avait prononcés au moment où ils étaient seuls — tout hors d'haleine auprès de Kinraid sur le point de s'évanouir — se trouvaient singulièrement d'accord avec la bizarre hypothèse que ses dehors avaient suggérée à ce dernier. Voici ce qu'il avait dit, en paroles entrecoupées :

« Je ne croyais pas que vous dussiez lui rester fidèle ! »

Les autres arrivèrent ensuite. Tandis qu'ils organisaient une espèce de brancard avec leurs ceinturons, Kinraid perdit complétement connaissance. Quand il reprit ses sens, il était à bord du *Tigre*, dans sa cabine, et le chirurgien du navire enveloppait d'éclisses et de bandages la jambe malade. Une fièvre intense l'empêcha, plusieurs jours de suite, de rassembler ses idées et ses souvenirs. Mais son premier soin, dès qu'elle eut cessé, fut d'envoyer son domestique à la recherche d'un soldat de marine nommé Philip Hepburn, avec ordre de l'engager à se rendre sans retard auprès du lieutenant Kinraid.

Le matelot passa presque toute la journée à explorer

l'escadre, vaisseau par vaisseau, questionnant tous les soldats de marine qu'il trouvait sur son passage, mais sans qu'un seul pût lui donner des nouvelles de Philip Hepburn. Kinraid entra là-dessus dans une colère épouvantable, que son état de fièvre rendait fort périlleux et que le chirurgien se hâta de calmer en lui promettant de faire lui-même les recherches désirées. Malgré tous les soins qu'il se donna, cette seconde enquête n'eut pas d'autre résultat que la première; le chirurgien comme le matelot, le matelot comme le chirurgien en vinrent à se persuader que le personnage dont parlait Kinraid n'était que la création chimérique de ses sens surexcités par la fièvre. Vainement, pour les dissuader, entrait-il dans les détails les plus précis; ni l'un ni l'autre ne voulait admettre qu'un soldat de marine, bien réel et bien vivant, pût dissimuler son existence dans un corps de troupes régulières. Après avoir insisté sans succès pour les convaincre, le malade les envoya promener.

« Je vous répète, leur disait-il avec un énorme juron, je vous répète que j'avais ma tête à moi.... L'homme dont je parle s'appelle Philip Hepburn. Les paroles qu'il m'a dites, personne autre que lui ne pouvait les prononcer.... Maintenant, il est vrai d'ajouter que nous avions l'un pour l'autre la haine la plus cordiale; et je ne devine pas ce qui aurait pu le déterminer à se mettre en péril pour me sauver la vie.... Cela est ainsi, néanmoins; mais puisque vous ne pouvez me le trouver, faites-moi grâce de vos balivernes.... Mon imagination, cher docteur, n'est pas aussi créatrice que vous le pensez.... Quant à toi, Jack, sois bien sûr qu'il ne s'agit pas d'un esprit, mais d'une créature en chair et en os.... A présent n'en parlons plus, et laissez-moi tranquille! »

Pendant que cette conversation avait lieu, Stephen Freeman — on n'a sans doute pas oublié ce pseudonyme — était à bord du *Theseus*, horriblement mutilé, malade, et sans un ami pour veiller à ses destinées.

Posté dans le voisinage de quelques obus empilés sur le pont de ce bâtiment, il nettoyait paisiblement sa baïonnette, lorsqu'un joyeux *midshipman*, un enfant de seize ans, vint à l'étourdie essayer d'enlever la mèche d'un de ces projectiles en se servant pour cela d'un marteau et d'un clou; une étincelle jaillit, l'explosion eut lieu, et le pauvre soldat de marine demeura horriblement brûlé, horriblement défiguré, toute la partie inférieure de son visage ayant été littéralement pelée par la poudre à canon. Chacun le félicitait, il est vrai, de n'être pas demeuré aveugle, mais c'est tout au plus si le malheureux, endurant des supplices inouïs, pouvait se regarder comme ayant eu un « bonheur » quelconque. Il comprenait de reste que, s'il venait à survivre, il resterait invalide, et pour jamais.

Voilà où en était Philip Hepburn, pendant qu'on se donnait tant de mal pour le retrouver.

X

CONFIDENCES.

Bessy Corney, nous l'avons dit, était mariée dans le voisinage de Monskshaven. Dans le cours du même été, mais un peu plus tard, sa sœur Molly (mistress Brunton) vint la voir et poussa naturellement jusqu'à la ville. De quoi lui eussent servi, sans cela, ces toilettes où s'épanouissait tout le luxe bourgeois de Newcastle? Elle vint les étaler chez Sylvia, et ces deux femmes, en se revoyant après quatre ans d'intervalle, s'étonnèrent d'avoir pu être jadis si familièrement liées l'une avec l'autre. Sylvia n'était plus pour mistress Brunton qu'une ménagère insignifiante. Le bavardage bruyant de Molly déplaisait à Sylvia, que ses habitudes quotidiennes avec Hester avaient façonnée à un parler plus lent et plus doux, à des pensées plus calmes et plus austères. Néanmoins, ainsi qu'il arrive souvent, les formes extérieures de l'amitié survivaient à ce sentiment lui-même, éteint pour jamais. Molly et Sylvia s'assirent à côté l'une de l'autre, comme autrefois, la main dans la main, et la première avec son indiscrétion habituelle ébauchait déjà un compliment de condoléance sur la mort de Daniel Robson, lorsque Sylvia lui coupa la parole :

« Pour Dieu, lui dit-elle tremblante de tout son corps, ne parlons pas de ceci !

— Soit, ma pauvre enfant, ce doit être fort pénible pour toi.... Ce devait être aussi fort pénible pour cet odieux mari, qui t'a laissée là si indignement.... Sais-tu, que bien des gens, à sa place, auraient reculé?... Charley Kinraid lui-même.... Celui-là, pourtant, je n'en sais rien, car tu lui plaisais beaucoup.... Et bien plus que notre Bessy, quoi qu'elle en dise.... A propos, vous avez sans doute ouï parler du beau mariage qu'il a fait?

— Non, répondit Sylvia, saisie tout à coup d'une curiosité mêlée d'angoisse.

— Comment donc ? mais c'était dans tous les journaux.... J'ai moi-même coupé l'annonce dans le *Gentleman's Magazine*, que mon mari avait acheté tout exprès.... Et, tenez, je dois l'avoir sur moi. »

Elle tirait effectivement de son petit portefeuille rouge un lambeau de journal tout froissé, puis se mit à lire tout haut :

« Le trois janvier, à Sainte Mary Redcliffe, Bristol, Charles Kinraid, *esq.*, lieutenant de la marine royale, à miss Clarinda Jackson.... Et miss Jackson, ajouta-t-elle, a été dotée de dix mille livres sterling, ce qui fait, comme dit Brunton, qu'on est fier d'avoir un pareil cousin.

— Voulez-vous permettre ? » demanda Sylvia timidement. Alors, sur ce chiffon de papier, elle exerça le talent de lecture qu'elle devait à la vieille Alice Rose, et qu'elle avait acquis dans les saints Livres.

Ces mots qui passaient sous ses yeux n'avaient rien de merveilleux, rien de positivement inattendu ; elle en fut cependant étourdie pendant une ou deux minutes. Jamais elle n'avait songé qu'elle dût le revoir ; — jamais, très-certainement. — Mais devait-elle penser qu'il s'attacherait à une autre femme et l'aimerait autant, peut-être mieux, qu'il ne l'avait aimée ?...

L'idée lui vint, irrésistiblement, que Philip ne se serait pas conduit ainsi. — Bien des années se fussent écoulées sans doute avant qu'il pût se décider à laisser occuper par une autre le trône où il l'avait assise. — Pour la première fois de sa vie, elle sembla comprendre et apprécier cette affection si profonde et si dévouée.

Mais ce fut en elle que tout ceci se passa, et un simple remercîment, sans plus, sortit de ses lèvres au moment où elle rendait à Molly Brunton le bout de papier que celle-ci lui avait confié. Puis elle écouta silencieusement les commérages de son amie. « C'est dans l'ouest, à Plymouth ou de ces côtés, qu'il l'a rencontrée.... Elle avait perdu son père, un riche raffineur, à ce qu'on m'a dit.... Mais d'après ce que Kinraid a écrit à son oncle, — le vieux Turner, celui qui l'a élevé, — elle a reçu la meilleure éducation ; elle joue du clavecin et connaît la danse du Châle.... Elle voulait lui donner toute sa fortune, mais il a insisté au contraire pour que la dot restât exclusivement la propriété de sa femme.... Un véritable assaut de beaux sentiments, comme vous voyez.... Il a dû la quitter récemment pour rejoindre son vaisseau, *le Tigre*, dans la Méditerranée.... Et le vieux Turner attend d'un jour à l'autre la visite de sa nièce.... Il nous invitera, sans aucun doute, à cette occasion, et Brunton m'a promis pour la circonstance une belle robe de satin cramoisi.

— Je leur souhaite toute espèce de bonheur, dit Sylvia, et je le leur souhaite en toute sincérité.

— Dans le mariage, dame, c'est une chance, reprit Molly toujours bien avisée.... Vois plutôt ce qui t'arrive.... Aurait-on jamais pu croire qu'un garçon sage et posé comme Philip te glisserait ainsi dans les mains?... Mais voyons, Sylvia,... je n'ai rien pu comprendre à ce que Bessy raconte là-dessus.... Explique-moi donc.... »

Hester entra fort heureusement dans la chambre, au moment où mistress Brunton abordait ainsi ce sujet délicat, et Sylvia n'eut désormais que deux préoccupations, l'une de faire demeurer la jeune Méthodiste, qui par sa présence gênait certaines questions indiscrètes, l'autre de voir partir le plus tôt possible une visiteuse mal venue. Mais mistress Brunton s'étant promis que son cheval se reposerait à la porte pendant un temps donné, prolongeait sans remords de vains bavardages, et si Alice Rose n'était survenue, elle serait peut-être restée fort longtemps. Une antipathie instinctive devait exister entre ces deux femmes, et, vu leurs habitudes de franc parler, elle se manifesta effectivement bientôt. Sylvia essaya vainement de les pacifier; les propos de Molly devinrent de plus en plus aigres, les censures d'Alice de plus en plus directes et de plus en plus âpres. Sur une allusion désobligeante que la première avait faite à l'abandon de Sylvia et à la triste existence qu'elle menait maintenant, l'indignation d'Alice éclata.

« Lorsque Sylvia Hepburn s'appelait Sylvia Robson, s'écria-t-elle avec impatience, elle était légère et pleine de vanité; son mariage avec Philip pouvait la mettre dans la bonne voie du salut. Le Seigneur a compris autrement son œuvre, et maintenant il ne lui reste qu'à revêtir patiemment le sac de la pénitence et à recouvrir sa tête de cendres. Je n'ai donc rien de plus à dire d'elle.... Mais, quant à l'absent que tu blâmes avec tant de légèreté, sache bien que tu n'es pas à même de le juger!... Et après tout, si l'attrait d'une beauté passagère lui a fait méconnaître une personne plus digne de lui, une personne dont le cœur lui appartenait, il expie cruellement cette erreur, banni comme il l'est du foyer domestique, séparé de sa femme, privé de son enfant. »

Sylvia, qui depuis quelques instants s'était abstenue de prendre part à la conversation, mais qui ne la suivait pas moins d'une oreille attentive tout en feignant de jouer et de causer avec la petite Bella, se retournant soudain, toute pâle et les yeux enflammés, à la suprise d'un chacun :

« Vous parlez, s'écria-t-elle, de choses que vous ne connaissez pas.... Personne n'est juge entre Philip et moi.... Il a été cruel, injuste à mon égard.... Je lui ai dit ce que j'en pensais, et ne compte nullement me plaindre à d'autres.... De plus, ajouta-t-elle sur le point de pleurer, il n'est pas séant, il n'est pas convenable de tenir un pareil langage devant moi. »

Les paroles, l'attitude de Sylvia surprirent singulièrement les personnes à qui elle s'adressait ainsi. Elle venait de manifester un des côtés de son caractère que l'on connaissait le moins, et de se révéler à ses trois interlocutrices sous un jour tout à fait nouveau. Alice ne lui en voulut pas, tout au contraire, de cette brusque saillie : Molly marmotta dans ses dents quelques paroles moqueuses, bientôt refoulées par une sorte de crainte, et les choses en demeurèrent là jusqu'au départ de mistress Brunton, lequel produisit un soulagement général.

A peine avait-elle disparu dans sa carriole, la vieille Méthodiste prononça contre elle un solennel anathème qui — au fond, et malgré sa dureté apparente — n'était qu'une apologie indirecte à l'adresse de Sylvia. Celle-ci l'écouta silencieusement, et après un instant de réflexion, saisissant l'occasion qui s'offrait à elle :

« J'ai voulu bien des fois, dit-elle tout à coup, vous faire savoir, à vous et à Hester (surtout à cause des bontés que vous avez pour Bella), que nous ne devons plus vivre ensemble, Philip et moi, dût-il reparaître ici dès aujourd'hui même.... »

Peut-être aurait-elle continué, mais Hester l'interrompit ici par un léger cri d'épouvante.

« Silence, Hester ! dit Alice ; tout ceci ne te regarde pas.... Quant à toi, Sylvia Hepburn, tu parles comme une enfant ignorante.

— Non. Je parle comme une femme ; comme une femme dont la confiance a été trompée et qui n'a pu se défendre d'une odieuse trahison.... Au surplus, je n'en dirai pas davantage.... C'est à moi qu'on a fait tort, c'est à moi de prendre patience.... J'ai voulu seulement vous faire connaître ma pensée et vous laisser pressentir les motifs de mon silence. »

Ceci dit, Sylvia resta sourde à toutes les questions, à toutes les remontrances d'Alice. Elle déroba son visage aux tristes regards d'Hester ; mais au moment de se séparer, lorsqu'elles se trouvèrent toutes deux seules sur le palier supérieur du petit escalier, elle se retourna, passa ses bras au cou de la jeune Méthodiste, et posant doucement sa tête sur son épaule :

« Ah ! ma pauvre Hester, lui dit-elle tout bas, si vous l'aviez épousé, que de chagrins cela nous eût épargnés, à nous tous, tant que nous sommes!... »

L'instant d'après, dans la chambre où dormait Bella, Hester, presque agenouillée aux pieds de Sylvia, s'excusait en paroles inarticulées de cette affection qu'elle avait crue longtemps un secret entre elle et Dieu. Sylvia, de son côté, la couvrait de caresses, et par toutes sortes de consolations, de paroles tendres, s'efforçait d'adoucir l'impression pénible de ces aveux, le désespoir humilié où ils semblaient jeter une âme si pure et si contenue. Elle s'étonnait en même temps des bizarreries de l'existence, de ces amours si étrangement contrariées et traversées, s'abîmant pour ainsi dire dans l'étude de cette énigme qu'on appelle la Vie. Hester, se relevant tout à coup et lui saisissant les deux mains, lui dit avec un regard solennel :

« Vous devinez, Sylvia, quel a dû être mon trouble intérieur et la honte que j'avais de moi-même. Je suis sûre que vous y compatissez. Maintenant, par cette pitié que je vous inspire, par le souvenir de ces longs rapports qui nous ont unies, par l'affection que votre défunte mère me portait, écartez, je vous prie, ces dures pensées qui ferment d'avance votre cœur au repentir de Philip!... Il se peut qu'il vous ait fait du mal, et certainement vous en êtes convaincue.... Moi, je ne l'ai jamais connu qu'affectueux et bon ; mais s'il revenait un jour de ces régions lointaines où son désespoir l'a conduit (et chaque nuit mes prières demandent à Dieu son retour), éloignez le souvenir du passé !... Pardonnez-lui tout, et soyez pour lui, Sylvia, ce que vous pouvez être, si vous le voulez, la bonne et tendre femme qu'il a cru trouver en vous !

— Pour ceci, jamais.... Vous ne savez pas, Hester, ce que vous me demandez.... Me fût-il possible de pardonner à Philip, je ne l'oserais vraiment pas, après le serment juré qui nous sépare.... Ce serment, je dois le tenir, quoi qu'il m'en coûte.

— Il vaudrait mieux, en ce cas, demander à Dieu de le faire mourir, dit alors Hester avec un mouvement d'amertume découragée, en laissant aller les mains de Sylvia.

— N'était cette enfant que vous voyez, reprit celle-ci, c'est ma mort, non celle de Philip, que vous devriez demander à Dieu.... Ceux que vous aimez le mieux sont ceux qui vous oublient le plus vite.... »

C'est à Kinraid qu'elle faisait ainsi allusion ; mais Hester ne pouvait la comprendre, et, l'embrassant après un moment de silence, elle la quitta pour le reste de la nuit.

XI

UN MESSAGE INATTENDU.

Bien des semaines s'étaient écoulées sans qu'on eût prononcé le nom de Philip, lorsque le même véhicule un peu bourgeois qui naguère avait amené mistress Brunton, s'arrêta une fois encore devant la porte des magasins. Mais, à la place de Molly, on en vit sortir une jeune dame, fort jolie et fort élégante, dont les pieds délicats ne se posaient qu'après mille précautions sur les marches assez mal distribuées de cette carriole anté diluvienne.

« Mistress Hepburn est-elle chez elle ?... Et pourrait-on la voir ? » demanda-t-elle à Hester avec le doux parler des comtés méridionaux.

Sylvia qui avait entendu la question se présenta aussitôt, et, déposant Bella aux bras d'Hester, conduisit la belle inconnue dans le salon qui était son domaine réservé.

« Je suis pour vous une étrangère, lui dit en souriant

la jeune élégante,... mais vous avez connu mon mari....
Je me nomme mistress Kinraid. »

Une exclamation de surprise faillit échapper à Sylvia ; elle parvint cependant à la contenir et à dissimuler les sentiments dont elle était sans doute agitée, tandis qu'elle avançait un fauteuil pour la nouvelle venue à qui elle entendait faire le meilleur accueil. Au fond, cependant, elle se demandait pourquoi cette dame était venue, et si elle comptait rester longtemps.

« Vous avez connu le capitaine Kinraid, n'est-il pas vrai ? » dit la jeune dame, naïvement questionneuse.

Les lèvres de Sylvia s'entr'ouvrirent pour prononcer le mot « oui, » mais il n'en sortit qu'un murmure inarticulé.

« Votre mari, du moins, a connu le capitaine.... Est-il de retour ?... Pourrais-je lui parler ?... Je désire tellement le connaître. »

Sylvia était absolument déconcertée. — Que pouvait avoir de commun mistress Kinraid, la femme de Charley, cette gentille et sereine créature, avec le pauvre Philip ? Par quel hasard, seulement, connaissaient-ils l'existence l'un de l'autre ? — Elle dut se borner à répondre que son mari était absent, absent depuis fort longtemps, qu'elle ne savait pas où il était, qu'elle ignorait l'époque où il rentrerait chez lui.

Le visage de mistress Kinraid s'attrista quelque peu, d'abord à cause du désappointement qu'elle éprouvait elle-même, et aussi par sympathie pour l'espèce d'indifférence découragée qu'exprimait l'accent de Sylvia.

« Mistress Dawson m'avait bien dit, en effet, qu'il était parti quelque peu à l'improviste, il y a plus d'un an, mais je pensais qu'il avait dû vous revenir.... J'attends le capitaine dans les premiers jours du mois prochain.... Que j'aurais donc voulu voir M. Hepburn, et le remercier d'avoir sauvé le capitaine !

— Que voulez-vous dire? demanda Sylvia sortant tout à coup de son indifférence affectée.... Le capitaine, serait-ce?... (elle hésita ici, car le nom familier de Charley, qui s'était offert à elle, ne devait pas franchir ses lèvres devant cette jeune et jolie femme).... Serait-ce votre mari ?

— Certainement.... Mais vous l'avez connu, n'est-ce pas?... Vous l'avez vu chez son oncle, M. Corney ?

— En effet.... Pourtant je ne comprends guère.... Seriez-vous assez bonne, madame, pour vous expliquer un peu plus complétement, dit Sylvia d'une voix faible.

— Pardon, je croyais que votre mari vous avait tout raconté.... Voyons, où faut-il prendre les choses?... Vous n'ignorez pas, sans doute, que M. Kinraid est dans la marine?... Savez-vous aussi qu'on vient de lui confier le commandement d'un vaisseau, et qu'il a gagné son grade à la pointe de l'épée.... Ah! madame, comme je suis fière de lui ! »

Le cœur de Sylvia battait bien fort. Elle eût été fière, elle aussi, d'un mari pareil : « Jamais je n'ai douté qu'il ne devînt un grand homme, pensait-elle avec un secret orgueil.

— Il était au siége d'Acre, » reprit légèrement mistress Kinraid....

Sylvia ouvrit de grands yeux à ce nom qui lui était tout à fait inconnu.

« Saint-Jean d'Acre, vous savez?... près de Jaffa où saint Paul prêchait jadis?... près du mont Carmel, célèbre par le séjour du prophète Élisée?... Saint-Jean d'Acre, en Palestine?...

— Je ne vous comprends pas très-bien, dit Sylvia d'un ton plaintif.... Je crois parfaitement tout ce que vous me dites de saint Paul; mais il était question de nos maris, ce me semble.... Se seraient-ils donc rencontrés?

— Sans doute, je viens de vous le dire.... A Saint-Jean d'Acre, au pied des remparts, pendant une affreuse boucherie, reprit mistress Kinraid avec une sorte de pétulance.... Je vous montrerais bien la lettre de mon mari, mais d'abord je l'ai oubliée chez mistress Dawson.... Et ensuite le capitaine m'écrit de telles.... absurdités que je n'ose les communiquer à personne. »

Là-dessus, la jeune étourdie entra dans tous les détails que nos lecteurs connaissent déjà, — dans tous ceux, du moins, que son mari avait pu lui donner.

Sylvia marchait de surprise en surprise :

« Je ne puis croire que ce soit lui, répétait-elle à chaque instant.

— Et pourquoi, s'il vous plaît? demanda mistress Kinraid.... Puisque vous ne savez pas où il peut être, pourquoi ne serait-il pas là où mon mari dit l'avoir vu ?

— Mais il n'était pas marin.... Pas même soldat.

— Eh bien, il l'est devenu, voilà tout.... Le capitaine le désigne, si je ne me trompe, comme appartenant à l'infanterie de marine.... Il ne serait donc, à ce compte, ni tout à fait matelot, ni tout à fait soldat.... Cela rentre un peu dans ce que vous dites.... »

Alice Rose, survenue en ce moment, fut mise au courant des nouvelles qu'apportait mistress Kinraid. Elle les accueillit avec une incrédulité dédaigneuse.

« Allons donc, disait-elle, Philip Hepburn devenu soldat! lui qui jadis était quaker !... Philip Hepburn entré à Jérusalem, qui est une ville céleste, une ville type, tandis que moi, qui compte parmi les élues, je suis contrainte de rester à Monkshaven, comme le commun des martyrs.

— Mais, reprit mistress Kinraid avec beaucoup de ménagements, — car elle se sentait sur un terrain difficile, — je n'ai pas dit que ce monsieur fût allé à Jérusalem.... Mon mari, seulement, l'a rencontré dans ces parages et l'y a vu faire son devoir en brave soldat.... Que dis-je? plus que son devoir.... Aussi, croyez-moi bien, vous le reverrez sous peu, et je vous demande alors de m'annoncer connaître son retour.... Nous viendrons, le capitaine et moi, lui offrir nos amitiés.... Quant à vous, madame, je suis charmée de vous connaître, ajouta-t-elle en se levant, et si jamais vous venez à Bristol, je compte bien que nous aurons le plaisir de vous recevoir dans notre maison de Clifton-Downs. »

Elle partit là-dessus, laissant Sylvia presque étourdie par les nouvelles idées qui venaient ainsi l'assaillir. Philip, soldat! Philip, risquant sa vie dans une bataille! Et de plus, — c'était là le merveilleux, — Charley et Philip venant à se retrouver, non plus comme rivaux ou ennemis, mais dans les rôles respectifs de sauveur et de sauvé! Ajoutez à tout ceci la conviction, fortifiée par chaque parole de cette femme si heureuse et si aimante, que l'ancien attachement de Kinraid, cet amour si passionné, s'était effacé, anéanti peu à peu, si bien qu'à l'heure présente il ne s'en souvenait même plus. Le sien, elle l'avait déraciné par un violent effort; mais elle sentait bien qu'elle en garderait la mémoire jusqu'au tombeau.

Hester fut moins incrédule que Sylvia. Elle trouvait tout simple que Philip fût un soldat, tout simple qu'il fût un héros. Et il ne lui paraissait pas surprenant, comme à sa mère, que Philip eût obtenu du ciel le privilége de fouler la Terre-Sainte, si toutefois cette Terre-Sainte existait sous le ciel, ce que la vieille quakeresse aurait volontiers contesté.

Pendant qu'on s'occupait ainsi de lui, qu'était devenu Philip?

XII

LE BEDESMAN DU SAINT-SÉPULCRE.

Philip était resté longtemps malade à bord de l'hôpital flottant. Peut-être, s'il eût eu le cœur plus content, se serait-il rétabli plus tôt ; mais la volonté de vivre lui manquait. Son visage brûlé, noirci, défiguré, son corps couvert de cicatrices, le soumettaient à des tortures morales aussi bien que physiques. Ces vains rêves qui avaient flotté un moment devant ses yeux à l'époque de son enrôlement, — et qui lui étaient parfois revenus dans le tumulte fiévreux de la vie militaire, — il les avait à jamais perdus. Reconquérir l'amour de sa femme par l'éclat de l'uniforme, l'attrait de la prestance militaire, était une chance sur laquelle il ne pouvait plus compter. Dans l'avenir nouveau qui se révélait, il n'y avait plus qu'irrémédiable laideur, débilité corporelle, et, pour toutes ressources, les misérables secours que l'État accorde à ses serviteurs invalides, — maigre pitance qui les met tout juste à l'abri de la faim.

On le soignait pourtant avec une attention toute spéciale, vu la nature particulière et « curieuse » des blessures qui lui avaient été infligées. Ce malade parfaitement résigné, qui ne demandait rien, ne s'inquiétait de rien, se souciait fort peu de mourir ou non, intéressait par cela même les chirurgiens du bord. Ils se piquèrent d'honneur, et, dès qu'ils le virent hors d'affaire, ils le mirent sur la liste des « renvoyés au pays. » Son pouls fléchit légèrement sous le doigt du chirurgien quand on lui annonça qu'il allait retourner *chez lui* ; mais il n'articula pas une seule parole. Il était trop indifférent à l'existence et au monde pour avoir une volonté quelconque. Il eût facilement obtenu, sans cela, de rester où il était.

Transféré, selon les circonstances, de navire en navire, de garnison en garnison, Philip, à la longue, gagna Portsmouth, au commencement d'une soirée de septembre 1799. Le transport sur lequel il arrivait, encombré de blessés et d'invalides, fut à peine en vue des blanches dunes d'Albion que tout le monde s'empressa d'accourir sur le pont : « *Old England for ever !* » criait celui-ci, brandissant son bonnet de police, et tout disposé à fondre en larmes : « *Rule Britannia* » chantaient ceux-là, musiciens difficiles à faire marcher ensemble. La plupart, cependant, restaient assis dans une immobilité que leur faiblesse expliquait, contemplant ces rivages dont ils s'étaient crus à jamais séparés. Philip était de ceux-ci. Un peu à l'écart de ses camarades, roulé dans un grand manteau militaire dont l'avait gratifié un de ses officiers, il se défendait de son mieux contre l'impression que produisait sur lui, après un séjour dans les climats chauds, cette brise de septembre glaciale pour un malade.

En vue de Portsmouth, les cordages du navire se pavoisèrent de couleurs bariolées, au-dessus desquelles notre cher *Union-Jack*[1] planait triomphalement. Le port envoya ses signaux; les préparatifs de débarquement se firent avec une hâte extrême, à bord et à terre. On voyait accourir sur le rivage des hommes en uniforme qui passaient de droit aux premiers rangs de la foule empressée. C'étaient les infirmiers militaires, pourvus de leurs litières d'ambulance et de tous les objets qui pouvaient servir à transporter commodément les glorieux mutilés de la dernière campagne.

1 Le drapeau national du Royaume-Uni. (*N. du T.*).

Avec un dernier élan, un dernier balancement d'escarpolette, le navire vint tomber sur ses ancres à la place qui lui était assignée. Philip était toujours immobile, presque étranger à ces cris de bienvenue, à cette agitation, à ces ordres bruyants qui se croisaient de part et d'autre, et qui ébranlaient ses nerfs sans lui imposer la moindre attention. Cependant, un supérieur vint à parler, et notre soldat, rompu à la discipline, endossa son sac pour quitter le navire. Un de ses camarades, pendant la traversée, — pauvre poitrinaire moribond, rempli d'illusions, de gaieté, fécond en joyeuses saillies qu'une toux pénible venait à chaque instant interrompre, — lui était devenu particulièrement cher. Le secret de cette amitié, c'est qu'il avait une femme dont il était épris comme aux premiers jours de leur mariage, et un enfant de l'âge de Bella. Philip, une fois sur les quais, lui offrit le bras pour soutenir ses pas chancelants. Ils marchaient ainsi, un peu en dehors des rangs, lorsqu'une femme, perçant la foule, — une femme qui portait un enfant dans ses bras, — vint se jeter au cou du camarade de Philip. Sans s'apercevoir au premier abord du changement funeste que ses traits avaient subi, elle baisait son visage, ses mains, et jusqu'à son vieil uniforme, oubliant pour un moment sa petite fille qui se cramponnait à elle, effarouchée au milieu de tous ces visages inconnus.

Jem toussait, le pauvre diable.... une vraie toux de cimetière. Philip n'en était pas moins jaloux de lui, de ce reste de vie, de cette mort prochaine ; — n'allait-il pas vivre, en effet, et n'allait-il pas mourir entouré d'affection et de tendresse? Il y avait, entre la destinée de cet homme et celle à laquelle il se sentait voué, un contraste qui pesait, pour ainsi dire, sur son cœur refroidi, et lui causait une souffrance nouvelle dont il se serait cru garanti par tant de souffrances passées. La figure entourée de bandages, son bonnet de police enfoncé sur ses yeux, serrant son manteau sur ses épaules frissonnantes, Hepburn avançait au milieu de la foule empressée et curieuse.

Ils furent arrêtés au coin d'une rue par un embarras de voitures qui faisait obstacle. Sur le trottoir de cette rue arrivait d'un pas alerte un officier de marine, ayant une dame au bras, et autour duquel rayonnait une atmosphère de santé, de gaieté sereines. Il s'arrêta pour regarder le cortége des blessés et, s'adressant à la jeune dame, lui dit quelques mots, parmi lesquels Philip distingua ceux-ci : « .... le même uniforme. » Puis, la quittant pour un instant, il s'avança vers Philip, qui n'avait pas encore levé les yeux sur lui et aux oreilles duquel arrivèrent, comme une brise du pays natal, ces paroles accentuées à la manière des comtés du nord :

« Tenez, mon camarade, prenez ceci!... » — C'était une *couronne* qu'il introduisait de force dans la main de Philip. — Je voudrais avoir plus d'argent sur moi ;... cette pièce, au lieu d'être en argent, serait en or. »

Cette voix, cette prononciation étaient bien connues de Philip; elles produisirent sur lui une sensation pareille au souvenir d'une maladie mortelle; et bien qu'il sût déjà, sans pouvoir s'y méprendre, quel était son interlocuteur, il n'en tourna pas moins vers lui sa figure enveloppée. Oui, c'était bien là cet homme si favorisé par la nature et le sort, — cet homme dont il avait déjà sauvé une fois la vie, — qu'il arracherait de nouveau à la mort si l'occasion s'en présentait, — mais qu'il avait demandé à Dieu de ne plus rencontrer en ce bas monde.

Murmurant quelques paroles à voix basse, il voulait restituer son argent au capitaine Kinraid; celui-ci, naturellement, se refusait à le reprendre, et la foule qui les sépara l'instant d'après mit fin au débat. Philip resta donc, tenant encore à la main cette obole qu'il était tenté de laisser tomber; par bonheur, il pensa tout à coup à la femme de Jem, qui se traînait derrière eux, lasse d'une longue marche, les pieds endoloris, mais radieuse encore de sa joie récente. Il lui transmit l'offrande du capitaine et reçut du pauvre couple, en échange, des remercîments dont il avait honte, car ce qu'il venait de leur donner lui brûlait les doigts.

Les formalités de son licenciement comme invalide durèrent encore quelques semaines, après lesquelles, assuré d'un petit subside quotidien, il lui fut loisible de quitter Portsmouth. En s'acheminant vers le nord, péniblement et à très-petites journées, il put constater combien la guerre d'alors était populaire. Sa grande taille courbée, son bras en écharpe, les noires cicatrices de son visage, le mouchoir de soie qui maintenait en place sa mâchoire mutilée, tout ce qui attestait en lui le soldat vaillant et malheureux, le signalait à la respectueuse hospitalité de l'habitant des campagnes. Plus d'un *cottager* aux mains calleuses quittait le coin de l'âtre pour venir sur sa porte jeter un regard sympathique à « l'homme qui avait battu les Français. » Plus d'une bonne fermière s'empressait au-devant de lui pour lui offrir soit le verre d'*ale* brassée à la maison, soit le grand bol de lait frais qui pouvait apaiser la soif du voyageur altéré.

Même accueil dans les auberges de village; mais celui-là n'était pas aussi désintéressé. L'hôte savait, en effet, que la présence d'un soldat récemment revenu des guerres attirerait chez lui grand concours de buveurs, et que les politiques de la localité profiteraient de l'occasion pour renouveler leurs éternels débats, la pipe à la bouche et le verre en main. — Le patriotisme doit peut-être quelque chose aux cabarets; mais les cabarets doivent bien davantage au patriotisme.

Pour la première fois de sa vie, Philip se voyait l'objet de tant de prévenances ; c'étaient des rayons de soleil tombant à propos sur son âme frissonnante. Malgré tout, et bien qu'il avançât à très-petites journées, son voyage vers le nord lui coûtait d'énormes fatigues, et il soupirait après le jour où il n'aurait plus en perspective, pour le lendemain, son étape quotidienne.

Ce fut dans ces dispositions qu'il arriva près d'une grande ville au centre de laquelle se dressait, comme une gardienne assidue, son imposante cathédrale gothique. Mais de l'endroit où il était, pour arriver à cette cité, il fallait encore franchir deux ou trois *miles*, et c'était beaucoup pour les forces qui lui restaient. Un cultivateur, que son teint pâle et sa marche languissante avaient ému de pitié, lui indiqua un petit chemin de traverse à l'extrémité duquel il trouverait l'hôpital du Saint-Sépulcre, où le pain et la bière se distribuaient gratis à tout venant, et où il pourrait aussi, une fois désaltéré, se reposer tout à son aise à l'ombre de la grande porte, sur le banc de pierre placé là pour les voyageurs.

Telle est, en effet, cette pieuse fondation d'un chevalier du moyen âge qui, au retour des guerres de France, inspiré par ses remords ou par son confesseur, construisit et dota un hôpital destiné à douze soldats invalides, plus une chapelle où ils doivent assister aux messes dites jusqu'à la fin du monde pour sir Simon Bray et ses successeurs à perpétuité. Un bâtiment particulier sert à loger le prêtre chargé de veiller sur le bien-être des *bedesmen*[1], et qui était tenu jadis de réciter les offices quotidiens ; toutefois, avec le progrès des ans, le but primitif de la fondation a été méconnu peu à peu. Les antiquaires seuls s'en souviennent. L'hôpital militaire est devenu un hospice accessible à tous, et la charge du

---

1. Ce mot, composé du vieux vocable *bed* (en saxon *beade*), *prière*, et du mot *man* que tout le monde connaît, désigne les *assistés* tenus de prier pour ceux dont ils reçoivent les bienfaits. (*N. du T.*)

warden une sinécure fort agréable. Des vieilles coutumes, une seule subsiste encore, en vertu des termes exprès du testament; c'est qu'on doit, à quiconque la demande, une miche de pain blanc et une coupe de bonne bière, brassée d'après une recette de sir Simon lui-même, recette dans laquelle le lierre rampant (ou *terrestre*) doit tenir lieu de houblon. Inutile de dire que la recette a été modernisée comme le reste.

Profitant de l'indication qui lui avait été donnée, Philip, installé bientôt sur le banc hospitalier, reçut par un guichet pratiqué sous la voûte, et des mains d'un petit vieillard à figure bienveillante, le pain et la bière auxquels il avait droit. De la place qu'il occupait, ses regards arrivaient sans obstacle, à travers une grille ouverte, sur la pelouse fleurie autour de laquelle un petit nombre de vieillards infirmes, les uns assis, les autres se promenant deux à deux, humaient à la fois les tièdes rayons du soleil d'octobre et le vague parfum de ces roses qui renaissent tous les mois. Le portier — qui guettait de l'œil son convive, et ne pensait pas se tromper à l'expression de sa physionomie — partit de là pour entamer l'entretien.

« L'endroit est bon, n'est-ce pas ? disait-il.... tout au moins pour ceux qui l'aiment.... Je suis un peu las d'y résider.... C'est aussi par trop séparé du monde.... Il n'y a pas, dans un rayon de plus d'un mille, le moindre établissement public où on puisse, le soir, aller chercher des nouvelles.

— Je me figure pourtant, répondit Philip, qu'on doit vivre ici fort heureux, surtout quand on a le cœur tranquille. »

Justement alors vint à s'ouvrir la porte du bâtiment occupé par le *warden*, et le *warden* lui-même apparut en grand costume ecclésiastique.

Il allait à la ville voisine, et s'arrêta pour adresser

quelques mots au soldat blessé ; d'autant plus volontiers que les vestiges de son uniforme usé venaient de lui faire reconnaître à quel corps ce pauvre diable avait appartenu.

« Vous avez l'air bien fatigué, mon garçon, lui dit-il bonnement, et une tranche de viande froide ne ferait pas mal pour aider ce morceau de pain à descendre.... Je vois que vous étiez dans l'infanterie de marine.... Où donc avez-vous servi ?

— J'étais au siége d'Acre, monsieur, pendant le mois de mai dernier.

— En vérité ?... Devant Saint-Jean d'Acre ?... Vous avez dû connaître mon fils Harry.... je veux dire le lieutenant Pennington ?

— Nous servions dans le même corps, répondit Philip un peu ranimé par le souvenir de sa vie militaire.... Et c'est lui qui m'a donné ce manteau, quand il m'a vu repartir pour l'Angleterre.... J'avais été son planton pendant quelque temps.... C'est un digne jeune homme et un brave officier.

— Que vous la veuilliez ou non, vous aurez votre tranche de *roastbeef*, dit le recteur carillonnant à sa porte.... Je reconnais maintenant ce manteau, qui n'aura pas fait long service à mon jeune bandit. . Entrez avec moi, mon brave !... Venez raconter à mistress Pennington tout ce que vous savez d'Harry et de sa conduite pendant le siége. »

Nous laissons à penser si Philip, une fois introduit chez la mère de son lieutenant, fut accablé par elle et par ses deux filles de questions et de marques d'intérêt. Dans le cours du long interrogatoire qu'il eut à subir, une des jeunes *misses* se pencha furtivement à l'oreille de son père qui répondit par un geste d'assentiment à ce qu'elle venait de lui dire. Et lorsque Philip s'apprêtait à prendre congé :

« Çà, mon brave, lui demanda-t-il avec le ton protecteur que les riches prennent volontiers vis-à-vis du pauvre, où donc comptez-vous aller, maintenant? »

Philip ne répondit pas tout de suite. Par le fait il ne savait que répondre.

« Je crois, dit-il enfin, que je continuerai vers le nord.... Où j'arriverai, Dieu le sait....

— N'avez-vous donc pas de parents?... Ne les allez-vous pas retrouver? »

Encore une pause; et cette fois un nuage passa sur le front de Philip.

« Non! dit-il, je ne retourne pas auprès des miens.... J'ignore s'il me reste quelque parenté. »

Sa physionomie, son langage ambigu firent penser à ceux qui l'écoutaient, ou que la mort lui avait enlevé tous ses parents, ou que son entrée au service les avait complétement aliénés de lui.

« Je vous demandais ceci, continuait le *warden*, parce que nous avons un *cottage* vacant dans la prairie. Le vieux Dobson, qui était avec le général Wolf à la prise de Québec, est décédé il y a une quinzaine. Maltraité comme vous l'êtes, je crains bien que vous ne soyez jamais en état de travailler.... Mais il nous faudra les meilleurs témoignages, » ajouta-t-il en dirigeant vers Philip un regard aussi inquisitorial que possible.

Ni l'offre du *cottage*, ni cette allusion aux renseignements qu'on allait exiger ne parurent émouvoir le pauvre soldat vagabond. Ce n'est pas qu'il n'éprouvât au fond quelque reconnaissance, mais l'accablement de son cœur ne lui permettait pas de s'intéresser beaucoup à ce qu'il allait devenir.

Le *warden* et sa famille, accoutumés à regarder un établissement au Saint-Sépulcre comme le paradis des soldats invalides, furent un peu contrariés de voir accueillir aussi froidement leur bienveillante proposition.

Le *warden* se mit à énumérer les avantages de cette position confortable.

« Vous auriez, outre la jouissance du *cottage*, une charge de bois le jour de la Toussaint ou aux fêtes de Noël, et une autre à la Chandeleur, *item* une capote bleue et un habillement à la Saint-Michel, plus un shilling par jour pour le reste de votre entretien.... Je ne parle pas du dîner, que vous prendriez avec vos camarades, et dans la salle commune....

— Où le *warden* va lui-même, lui-même en personne, chaque jour, s'assurer que rien n'y manque, et dire les grâces à l'issue du repas, ajouta la femme de l'honnête sinécuriste.

— Je dois vous paraître stupide, répondit Philip avec une sorte d'humilité, en ne montrant pas plus de gratitude pour une offre qui passe de beaucoup toutes mes espérances.... c'est une grande tentation que celle-ci, car je suis précisément épuisé de fatigue.... J'ai songé plus d'une fois à me laisser tomber au coin d'une haie, pour y mourir sans avoir un pas de plus à faire.... Mais c'est que, voyez-vous, j'avais autrefois, dans le nord, une femme et un enfant.

— Les auriez-vous perdus? » demanda une des jeunes filles avec l'accent de la sympathie la plus vraie.... Ses yeux rencontrèrent ceux de Philip, chargés d'une inexprimable mélancolie. Il essaya de parler; il voulait s'expliquer plus clairement et pourtant laisser la vérité dans l'ombre.

« Fort bien, se hâta d'ajouter le *warden* qui crut entrevoir le fond des choses.... Voici donc ce que je proposerai.... Vous allez occuper, à titre provisoire, et comme *bedesman* à l'essai, la maison du vieux Dobson. J'écrirai à mon fils pour qu'il me renseigne sur votre compte.... Vous vous appelez, dites-vous, Stephen Freeman?. D'ici à ce que je reçoive la réponse, vous saurez si notre genre de vie vous convient, et, dans tous les cas, vous aurez trouvé chez nous un temps de repos.... Le manteau d'Harry, vous le voyez, compte pour certificat de bonne vie et mœurs, ajouta-t-il en souriant. Vous devez, cela va sans le dire, vous conformer aux règles de l'établissement, — la chapelle à huit heures, le dîner à midi, tous les feux éteints à neuf heures du soir.... Mais je vous expliquerai tout cela plus en détail, quand nous traverserons l'enclos pour vous aller mettre en possession. »

Philip se trouva donc ainsi, presque en dépit de lui-même, installé comme *bedesman* dans l'institution du Saint-Sépulcre.

XIII

UNE FABLE DÉMENTIE.

Pendant ce long hiver où il se trouva si souvent seul avec lui-même, dans les deux pièces jadis occupées par le vieux Dobson, Philip eut occasion, à diverses reprises, de repasser en esprit les incidents de sa vie d'autrefois, et — par un phénomène dont nous ne nous chargeons pas de rendre compte — plus il revenait ainsi sur les torts qu'il avait eus envers Sylvia, plus sa tendresse pour elle semblait les aggraver à ses yeux. Il s'accusait pour lui donner raison, et n'acceptait en sa propre faveur aucun de ces plaidoyers qui autrefois lui semblaient si concluants. A ses longues pensées, à ses amers souvenirs se mêlait une grande curiosité. — Où était Sylvia ? que faisait-elle ? A qui ressemblait leur enfant, cette enfant sur laquelle ils avaient des droits égaux ? — Il se rappelait alors la pauvre femme du soldat, la petite fille qu'elle portait dans ses bras et, songeant qu'elle avait justement l'âge de Bella, se repentait de ne l'avoir pas mieux regardée, de n'avoir pas conservé d'elle un souvenir plus net. Ceci l'eût aidé à se figurer l'*autre*.

Un soir, las de ressasser indéfiniment ces tristes pensées, il chercha parmi les quelques volumes en lambeaux que son prédécesseur avait laissés derrière lui, une lecture capable de le distraire pour quelques instants. Un tome dépareillé de *Peregrine Pickle*, un recueil de Sermons, la moitié d'un *Annuaire militaire* de 1774, enfin les *Sept champions de la Chrétienté*, voilà tout ce qui lui tomba sous la main. Il prit ce dernier volume, qu'il n'avait jamais lu et dans lequel il trouva l'histoire de sir Guy, comte de Warwick. Il vit comment ce guerrier fameux, étant allé combattre les païens sur leurs propres domaines, demeura loin de son pays pendant sept longues années; — comment, au retour, sa propre femme, la comtesse Phillis, qu'il avait laissée en son castel, ne reconnut pas le pauvre pèlerin, usé par ses voyages, qui avec force mendiants et autres coquillards venaient recevoir de ses mains blanches la ration de pain quotidienne, — comment ensuite, agonisant dans la grotte qui était devenue son seul refuge, il envoya querir la noble dame au moyen d'un signe connu d'eux seuls, — et comment enfin, se rendant à l'appel de son seigneur, elle vint l'assister, en ce passage suprême, échanger avec lui de douces et pieuses paroles, puis recevoir son dernier soupir, qu'il rendit la tête appuyée sur le sein de cette fidèle épouse.

Ce vieux conte, que presque tout le monde connaît dès l'enfance, était pour Philip une nouveauté. Il ne pouvait y croire d'une manière absolue, parce que le caractère fictif des autres légendes était trop palpable et trop évident. Mais il ne pouvait non plus s'empêcher de penser que ce récit particulier reposait sur un fond de vérité; que Guy et Phillis avaient vécu autrefois, comme Sylvia et lui vivaient aujourd'hui, créatures de chair et de sang. L'édifice gothique qu'il avait sous les yeux, la vie claustrale qu'il menait lui faisant comprendre et toucher au doigt, pour ainsi dire, ces souvenirs de l'époque chevaleresque, l'attachaient à cette relation naïve qui ressuscitait deux amants d'autrefois, depuis longtemps cendres et poussière. Il se disait que s'il pouvait voir Sylvia sans être reconnu d'elle, comme le comte voyait la comtesse, — vivre à sa porte ignoré de tous, et sans qu'elle le sût la contempler à son aise, elle et son enfant, — puis quelque jour, lorsqu'il serait sur son lit de mort, la mander à son chevet et mourir pardonné dans ses bras, ce serait là, certainement, un beau rêve. Une fois entrée dans son esprit, cette pensée devint une véritable obsession. Il se sentait appelé à Monkshaven; à Monkshaven était sa place, et pour Monkshaven il fallait partir; telles étaient au moins ses visions nocturnes, car aussitôt que sa raison reprenait le dessus, il comprenait parfaitement combien il serait insensé de quitter un séjour paisible, de renoncer à des soins bienveillants, pour aller dans une résidence où ne l'attendaient que l'abandon et la misère, — à moins qu'il ne se fît reconnaître, — et où, s'il prenait ce dernier parti, une infortune plus amère encore deviendrait probablement son partage.

Lorsque en face du petit miroir oblong suspendu à la muraille, le pauvre *bedesman* contemplait ses tempes dénudées par la maladie, ses lèvres béantes à qui l'état de sa mâchoire disloquée ne permettait plus de se rejoindre, ses yeux encore assez beaux — c'était toujours ce qu'il avait eu de mieux — mais enfouis dans leurs orbites profondes, il se riait amèrement de ses fantaisies romanesques et des folles espérances qui lui avaient fait croire jadis à la possibilité de reconquérir l'amour de Sylvia. Si jamais il revenait à Monkshaven, ce devait être pour y prendre forcément le même rôle que Guy de Warwick. Mais du moins il verrait sa Phillis et, de temps en temps, rassasierait ses yeux affamés en regardant passer son enfant. Sa petite paye d'invalide — six *pence* par jour, hélas! — le mettrait à l'abri d'une détresse absolue.

Le digne *warden* fut étonné, choqué au dernier point lorsque, — pour la première fois depuis qu'il était en exercice, — il vit un *bedesman* du Saint-Sépulcre abdiquer spontanément les bénéfices d'une situation si enviée.

« Réfléchissez !... disait-il à Philip. Ces anciennes connaissances dont vous ne pouvez, prétendez-vous, rester plus longtemps séparé, vous ne savez rien de positif sur leur compte... Elles sont peut-être mortes, peut-être parties, et si cela était, vous n'auriez que ce que vous méritez.... Souvenez-vous qu'une fois sorti d'ici, on n'y rentre plus.... »

Là-dessus, le *warden* s'éloigna sans prêter grande attention aux humbles excuses de Philip, qui continuait à protester de sa reconnaissance et de ses regrets : mais notre invalide n'en restait pas moins décidé à partir dès qu'il aurait pu prendre les arrangements nécessaires pour assurer, dans sa nouvelle résidence, le payement du subside quotidien qui lui était alloué par l'État.

Ses forces étaient un peu revenues, il avait réalisé quelques menues épargnes sur son allocation de *bedesman*, lorsqu'au mois de février il quitta l'établissement du Saint-Sépulcre. Ce fut seulement aux premiers jours d'avril qu'il revit, entre York et Monkshaven, les sites familiers à sa mémoire. Plus que jamais alors ses hésitations lui revinrent, et il se rappela les paroles de mauvais augure que le *warden* lui avait fait entendre. A la dernière étape de ce long voyage de deux cents milles, il s'arrêta, pour passer la nuit, dans cette même auberge où jadis il s'était enrôlé. C'était sans intention, et uniquement pour abréger sa route de quelques milles qu'il avait pris de ce côté; mais il n'en fut pas moins assailli de pénibles pensées, en récapitulant tout ce qui s'était passé depuis le jour où, sous ce même toit, il avait en quelque sorte posé de ses propres mains les bases de son malheur à venir. L'idée lui vint aussi que Sylvia pouvait être morte. Et reverrait-il la petite Bella, qu'il avait laissée resplendissante de santé, mais qui reposait peut-être maintenant, à l'ombre de quelque cyprès, dans le cimetière de Monkshaven?... Tout lui était, ce jour-là, présage sinistre : le son mélancolique des cloches lointaines, le cri rauque et perçant des oiseaux de marais, le bêlement plaintif des agneaux nouveau-nés.

Il reprit, comme à dessein, le chemin qu'il avait suivi lors de sa fuite; il descendit, au coucher du soleil, le même escalier taillé dans le roc, dont les dernières marches aboutissaient à un passage obscur donnant sur la Grand'rue. De plus en plus près, à chaque palier, il entendait les sons d'une musique joyeuse, les éclats d'une foule en liesse; aussi se garda-t-il bien de quitter ce sombre couloir dont les ténèbres le protégaient et, tapi à l'angle de la rue, il examina simplement ce qui se passait.

C'était une compagnie d'écuyers et de jongleurs, une troupe de Cirque, enfin, qui faisait solennellement son entrée dans Monkshaven. Le cortége était précédé de trompettes aux surcots mi-partis, que suivait un char rouge et or, traîné par six chevaux pies et qu'on dirigeait à grand'peine dans la rue étroite et tortueuse. Sur ce chariot perchaient des rois et des reines, des chevaliers et des grandes dames, — du moins le semblant d'iceux et d'icelles, — admirés et enviés par la marmaille qui les suivait, mais bien las, les pauvres hères! et frissonnant de froid sous la pompe héroïque de leurs vêtements. Philip pouvait les voir; il les vit, sans doute, mais sans leur accorder la moindre attention. Presque en face de lui, — dix pas les séparaient à peine, — debout sur les degrés d'une porte bien connue, Sylvia se tenait, ayant aux bras un bel enfant rieur à qui elle était venue montrer la mascarade. Elle-même souriait, et de son propre plaisir et de celui qu'elle voyait prendre à Bella. Un moment, elle tourna la tête : c'était pour parler à Coulson, placé derrière elle et dont la réponse, que Philip ne put entendre, parut redoubler sa gaieté.

« Si j'étais là, pensa-t-il, elle ne rirait pas de si bon cœur. »

Puis, quand la mère et la fille, la cavalcade une fois passée, regagnèrent la tiède région du foyer domestique, le mari de l'une, le père de l'autre se glissa furtivement dans cette rue où le froid du soir, l'obscurité toujours croissante venaient de remplacer les derniers rayons du soleil couchant. Il cherchait un misérable abri, une couche dure où ses membres fatigués allaient s'étendre sans que le sommeil fermât ses yeux.

La belle histoire de la comtesse Phillis, qui regretta si longtemps son mari, ne lui avait jamais semblé si mythologique. — Le comte Guy, au surplus, n'avait pas épousé sa femme, sachant qu'elle aimait un autre homme, et cet homme vivant encore, bien qu'elle le crût défunt.

XIV

L'INCONNU.

Peu de jours avant celui où Philip arrivait ainsi à Monkshaven, maître Kester, fidèle à son ancienne amitié pour Sylvia, était venu prendre congé d'elle, devant s'absenter pour un terme beaucoup plus long que celui de ses excursions ordinaires. Bien qu'on fût encore au samedi, le brave homme avait déjà sa barbe faite et ses habits du dimanche, car il mettait un scrupule de délicatesse à ne pas affecter trop de familiarité vis-à-vis de cette riche bourgeoise qu'il avait connue toute petite, et avec laquelle il avait vécu, dans la ferme de Haytersbank, sur un si grand pied d'intimité.

Elle lui parlait rarement de Kinraid; mais il en fut question, ce jour-là. Elle lui annonça l'avancement rapide, le brillant mariage du jeune marin. Elle lui fit part également, pour répondre à ses questions étonnées, de l'étrange aventure par suite de laquelle Charley Kinraid devait la vie à Philip Hepburn. Et la surprise de Kester allait grandissant toujours.

« J'aurais plutôt cru, dit-il naïvement, que le trouvant ainsi dans la mêlée, il l'aurait achevé d'un mauvais coup.

— C'est ce qui vous trompe, s'écria Sylvia levant soudainement les yeux sur lui.... Philip est absolument incapable d'une action pareille.... A la place de Kinraid, je ne crois pas qu'il se fût sitôt remarié.

— Ainsi donc, depuis le départ de Philip, vous n'avez jamais entendu parler de lui? demanda Kester, après un moment de silence.

— Jamais par autre personne que par cette jeune femme. Celui qu'elle appelle « le capitaine » a fait chercher de tous côtés, sans le moindre résultat, l'homme qui l'avait tiré du danger.

— Auriez-vous jamais cru qu'il se fît soldat?

— Non, répondit-elle.... Et cela ne lui ressemble guère.

— Que supposais-tu, cependant?... car tu as dû penser quelquefois à lui, depuis si longtemps.... Pour s'être mal conduit envers toi, il n'en est pas moins le père de ta petite.... Que pensais-tu qu'il deviendrait, quand il a quitté d'ici?

— Pouvais-je le savoir, moi? Je m'occupais de lui le moins possible, et j'aurais voulu ne jamais y songer, car je me sentais devenir folle en pensant à la manière dont il nous avait séparés, moi et.... cet autre.... Je m'étais mise ensuite à me demander ce qu'il devenait, et à désirer qu'il ne fût pas trop malheureux.... Je le croyais à Londres, où il était allé quelque temps auparavant, vous le savez, et où il paraissait avoir mené une vie assez douce.... Lorsque ensuite Molly Brunton m'annonça le mariage de.... l'autre, ce fut comme un coup frappé sur mon cœur, et je regrettai les paroles qui m'étaient échappées dans le feu de la colère.... Quant à l'histoire que cette belle jeune dame est venue me raconter, j'y ai beaucoup réfléchi, depuis lors, et je crois savoir à quoi m'en tenir.... Philip est mort, voyez-vous, et c'est son fantôme qui est venu secourir *l'autre* à l'heure du péril.... J'ai entendu dire à mon père que les esprits ne peuvent rester en repos dans leur tombe, aussi longtemps qu'ils n'ont pas réparé les dommages faits à autrui pendant leur vie.

— J'en suis arrivé aux mêmes conclusions, dit Kester avec solennité.... J'étais bien aise de savoir d'abord ce que vous en pensiez.... Mais pendant que vous me racontiez cette histoire, je n'ai pu m'empêcher de l'interpréter ainsi.

— Laissons cela! reprit Sylvia. Convenons seulement que c'était un brave et digne homme.

— Pas moins, ajouta Kester, que ce brave et digne homme a gâté toute votre vie, ma pauvre enfant; et peu s'en est fallu qu'il ne gâtât aussi celle de Charley Kinraid.

— Oh! repartit Sylvia non sans amertume, la vie des hommes ne se gâte pas si facilement que celle des femmes.

— D'abord ce n'est pas la faute des hommes.... Et puis, mon enfant, la vie de Philip, une fois qu'il a été parti, me paraît avoir dû se gâter beaucoup.... Peut-être est-il heureux pour lui qu'il en ait été débarrassé si vite.

— Eh bien, recommença Sylvia sur le point de pleurer, je n'aurais pas voulu qu'il mourût sans recevoir de moi quelque bonne parole.

— Inutile de gémir sur ce qui est passé.... Parlons d'autre chose, avant que je m'en aille.... Je pars demain pour les Cheviots d'où je dois ramener ici un troupeau de moutons que Jonas Blundell vient d'acheter.... C'est une besogne de deux mois et plus....

— Il n'y a pas là de quoi se désoler, dit Sylvia un peu étonnée de l'accent découragé avec lequel Kester parlait de sa future absence.

— C'est à cause de ma sœur, continua-t-il,... de cette pauvre veuve avec qui je fais ménage commun.... Tout est si cher, maintenant; le pain de quatre livres vaut seize *pence*.... Et ce n'est pas tout, on prévoit une famine dans le pays.... Il en résulte que je vais faire faute à ma sœur, avec ce que je lui payais pour ma nourriture et mon loyer.... Si du moins j'avais pu lui trouver un locataire pour l'appentis que j'occupe chez elle.... Mais il faudrait que ce fût un honnête homme, car elle a le cœur si bon, l'humeur si complaisante, qu'un vaurien n'aurait pas la moindre peine à se jouer d'elle.

— Puis-je lui venir en aide ? demanda Sylvia toujours prompte à obliger.... J'ai toujours quelque argent de reste, et je ne demande pas mieux....

— Doucement, ma fille, doucement, interrompit Kester, n'allons pas si vite en besogne !... Ce bon mouvement de ta part est précisément ce que je craignais, en te parlant de tous nos détails d'intérieur.... Je laisse à ma sœur une petite somme, et je trouverai bien moyen de lui faire passer encore quelques écus. Ce n'est donc pas d'argent qu'elle a besoin, mais d'une bonne parole par-ci, par-là, pour soutenir son courage.... Si tu voulais l'aller voir de temps en temps, pour l'égayer un peu en lui parlant de moi, je t'en serais véritablement reconnaissant et je partirais le cœur plus à l'aise.

— Soyez donc sûr que je le ferai, Kester.... Et d'autant mieux que, quand vous n'êtes pas là, je me sens toute isolée. »

Sur la foi de cette promesse, Kester partit gaiement pour le nord, certain que Sylvia viendrait fréquemment visiter la pauvre veuve. Mais les accoutumances de la jeune femme avaient bien changé, depuis le temps où elle passait la moitié de sa vie en plein air dans les entours de la ferme paternelle, émiettant du pain pour la volaille, régalant de quelques fruits perdus le vieux cheval de charrette, ou grimpant sur le point le plus élevé du domaine pour sonner la trompe qui rappelait son père et Kester au repas du soir. En ville, on ne sort pas sans mille cérémonies préliminaires, et sa situation spéciale, — situation de femme abandonnée, — lui faisait craindre les regards dont elle était suivie, toutes les fois qu'elle mettait le pied dans la rue. Aussi ne s'y hasardait-elle jamais que pour promener Bella, et Jeremy Foster la dispensait souvent de cette corvée. Il avait pris en gré cette enfant, et venait presque chaque jour, au sortir de la banque, réclamer sa petite amie pour l'emmener le long des quais et ne la reconduire chez elle qu'après l'avoir gardée à dîner. Si par hasard cette seconde course lui était incommode, Sylvia, passé une certaine heure, se le tenait pour dit et allait chercher sa fille.

Ce fut précisément ce qui lui arriva, une quinzaine environ après la visite d'adieu qu'elle avait reçue de Kester, et l'occasion lui sembla favorable pour aller, ainsi qu'elle l'avait promis, voir la veuve Dawson, dont le *cottage* était à l'autre bord de la rivière, au bas des rochers, juste à l'endroit où ses eaux se précipitent dans la mer. Partie d'assez bonne heure, elle débuta par cette visite. La veuve était sur sa porte ouverte, son tricot en main, ne jetant pas même un regard sur les aiguilles rapides, mais l'œil fixé sur la lutte constante des flots qui se jouaient devant elle. Est-il bien certain qu'elle les vît, — et n'était-elle pas plutôt absorbée par les spectacles chimériques d'un passé à jamais disparu ?

Elle accueillit Sylvia Robson, bien qu'elle l'eût connue tout enfant, avec une extrême déférence; la familiarité de son frère avec mistress Hepburn, élevée maintenant au rang de riche bourgeoise, l'ayant toujours un peu scandalisée.

Après les remercîments vinrent les confidences. La veuve aurait voulu pouvoir écrire à son frère certains détails relatifs à son ménage, « et qui, disait-elle, lui mettraient le cœur à l'aise. » Malheureusement Kester ne savait pas lire, ce qui rendait assez difficile ce genre de communication alors moins usité qu'il ne l'est maintenant.

« J'aurais voulu lui apprendre que j'avais trouvé un locataire, continua la brave femme.... Il est là, dit-elle ensuite, montrant l'appentis adossé à son *cottage*, il est là sur son lit, un peu mal portant.... C'est un singulier corps, mais je ne le crois pas un mauvais homme. »

Sylvia, se rappelant ici ce que Kester lui avait dit des faciles dispositions de la pauvre veuve, crut devoir l'interroger sur l'hôte inconnu qu'elle s'était donné.

« Voici à peu près quinze jours qu'il est chez moi, répondit mistress Dawson, car il m'a déjà deux fois payé sa semaine..... En le voyant arriver, un beau soir, las et n'en pouvant plus, haletant et se traînant à peine, j'avais presque honte d'exiger qu'il s'acquittât d'avance.... Mais je me suis rappelé les recommandations de Christophe (elle ne se permettait jamais d'abréger le prénom de son frère) et j'ai pris mes précautions en conséquence.... Malgré tout, nous sommes fort bons amis, et peu à peu il s'est mis à m'appeler grand'maman, bien que, sur la mine, on ne puisse guère lui donner plus de dix ou douze ans de moins que moi.... Ce n'est pas qu'il se montre d'une extrême confiance, car il ne m'a jamais dit ni ce qu'il est, ni d'où il vient.... Mais je présume que ce doit être quelque ouvrier de nos mines de houille, victime d'une explosion de feu grisou.... Sa figure, en effet, est labourée de marques noires, comme celles que laissent les brûlures.... Depuis quelques jours il souffre beaucoup, et passe au lit la plus grande partie de son temps.... Tenez !.... l'entendez-vous geindre ?... »

A travers la mince cloison, un profond soupir, — disons mieux, un gémissement, — venait en effet de se faire entendre.

« Pauvre misérable ! dit Sylvia baissant la voix, il y a dans ce monde plus de cœurs souffrants qu'on ne le suppose ! » Mais, après un instant, elle vint à se rappeler encore une fois ce qui lui avait été dit touchant l'extrême faiblesse de mistress Dawson, et elle jugea indispensable de la raffermir par quelques bons conseils : — « En somme, reprit-elle, vous ne savez rien de lui qui soit de nature à vous rassurer.... Un vagabond n'est jamais qu'un vagabond, et dans un isolement comme le vôtre, il faut se montrer prudente.... Il me semble qu'aussitôt un peu remis, je le prierais d'aller chercher gîte ailleurs.... Ne dites-vous pas qu'il a de l'argent ?

— Nullement; je n'ai rien dit de semblable, car je n'en sais rien.... Il me paye d'avance, à la vérité.... Il me rembourse exactement toutes les emplettes que je fais pour lui.... Mais cela ne monte jamais bien haut, car il ne dépense guère en nourriture.

— J'attendrais certainement qu'il fût rétabli, réitéra Sylvia, mais, à votre place, je me débarrasserais d'un pareil hôte.... Il en serait tout autrement si votre frère était à Monkshaven. » Là-dessus elle se leva pour partir.

La veuve Dawson, au moment des adieux, retenant la main que Sylvia lui avait tendue, plaidait humblement la cause de son protégé.

« Ne vous fâchez pas, madame, ne vous fâchez pas contre moi, si je ne me trouve pas le courage de le repousser d'ici avant qu'il n'en sorte de lui-même.... Christophe m'en voudra certainement si je vous contrarie en quelque chose; mais ce pauvre abandonné m'inspire une pitié profonde, et quoi qu'il puisse arriver, je ne le renverrai certainement pas.

— Vous vous trompez, répondit Sylvia, si vous pensez que ceci me contrarie.... Après tout, ce n'est pas mon affaire.... Seulement, je vous le répète, si j'étais de vous, je renverrais cet inconnu.... Il ne manque pas de maisons tenues par des hommes, qui sont faits aux mœurs des vagabonds, et savent les tenir en respect. »

Cela dit, Sylvia s'éloigna, marchant tête haute en plein soleil. Dans les froides ténèbres de la « bassegoutte » le misérable vagabond souffrait et gémissait. Elle ne se doutait guère qu'à deux pas d'elle, pendant tout cet entretien, gîsait cet homme pour qui son cœur devenait chaque jour moins implacable.

XV

PREMIÈRES PAROLES.

On était au printemps de l'année 1800. Il existe encore des vieillards qui vous diraient ce que fut la famine de cette année mémorable. La récolte de l'automne précédent avait manqué ; la guerre et les lois sur les céréales avaient ramené les blés aux prix de disette. Parmi ceux qu'on apportait sur les marchés, une grande partie étaient gâtés, et cependant on les achetait encore, dans l'espoir qu'en mêlant cette farine humide et visqueuse à la fécule de riz et de pommes de terre, on l'adapterait aux nécessités de l'alimentation. Les familles opulentes se refusaient la pâtisserie et tout ce qui constitue une superfétation de luxe dans l'emploi du blé. On avait augmenté la taxe sur la fine fleur d'amidon qui servait à poudrer les cheveux ; — et tous ces palliatifs étaient autant de gouttes d'eau extraites d'un océan de misères. Philip se rétablissait malgré lui. Au dégoût profond que les aliments lui inspiraient naguère, succédait cette faim dévorante qui accompagne la convalescence ; mais il ne restait plus rien de ses épargnes, et que pouvait être, en cette terrible année, un misérable subside de six *pence* par jour ? Pendant mainte soirée d'été, il rôda plusieurs heures de suite autour de cette maison qui jadis avait été la sienne, et qui aurait pu lui appartenir encore, à la condition d'y entrer et de réclamer ses droits. Mais pour s'imposer ainsi d'autorité, — mutilé, misérable comme il l'était, — il eût d'abord fallu n'être pas Philip Hepburn. Aussi restait-il dans son ancien abri, à l'entrée de ce passage tortueux et rapide qui débouchait sur la Grand'rue, et de là, aux douces clartés du crépuscule, il assistait à la fermeture des magasins; il voyait l'honnête William Coulson, ce bourgeois comfortable, sortir pour retourner chez lui auprès de sa femme, et s'aller attabler devant quelque abondant repas. Philip, alors, — que n'inquiétait guère la police primitive de la petite cité, cette police alors composée d'un vieux *watchman*, — longeant les rues par leur côté le moins éclairé, jetant de toutes parts des regards rapides, arrivait au quai, traversait le pont, et rentrait à petit bruit dans son misérable asile, pour ne pas réveiller son hôtesse endormie, — endormie comme lui, sans avoir satisfait sa faim. Puis, sur l'étroite couche de l'appentis, il tâchait, évoquant des visions chéries, de retrouver le temps où dans la salle basse de Haytersbank, il donnait à Sylvia des leçons si négligemment écoutées. Il ressuscitait les amis défunts. Il se rappelait ces joies, ces espérances que l'arrivée de Charley Kinraid le *specksioneer* avait si complétement anéanties.

Car la veuve Dawson n'avait pas suivi le conseil de Sylvia. Ce vagabond qui s'était présenté à elle sous le nom de Freeman, — il signait ainsi les reçus de sa petite pension d'invalide, — logeait encore chez elle et payait toujours d'avance son modeste shilling hebdomadaire. C'était peu de chose, par ce temps de disette. A peine de quoi suffire à la nourriture d'un homme bien portant. Pour une personne habituée à calculer, c'eût été une raison suffisante d'éloigner un hôte pareil. Mais la pauvre veuve ne raisonnait pas ainsi :

« Voyez-vous, madame, disait-elle à Sylvia qui était venue la voir un soir avec sa petite fille.... bien peu de

gens accepteraient aujourd'hui un si modique loyer....
Ou du moins on chercherait à se rattraper sur autre
chose; et le malheureux n'y suffirait pas.... Surtout avec
l'appétit qu'il a retrouvé.... Fiez-vous à moi pour le
renvoyer quand les temps seront meilleurs; mais à
présent, ce serait pour ainsi dire le condamner à mort....
Et j'ai, grâce à vos bontés, de quoi nous faire vivre lui
et moi. »

Sylvia ne fut d'abord pas très-flattée d'apprendre que
ses libéralités envers la sœur de Kester servaient en
partie à défrayer les besoins de ce locataire inconnu,
qu'elle pouvait supposer un vagabond vivant aux dépens
de la bonne vieille. Mais le cruel tableau de la famine
attendrissait un peu tous les cœurs; et une heure après
la conversation que nous venons d'enregistrer, Sylvia ne
vit pas sans quelque émotion se traîner péniblement
sur la route neuve qu'on traçait alors pour rejoindre la
terrasse de North-Cliff, et qui ne menait à d'autre habitation qu'à celle de la veuve Dawson, un malheureux
qu'elle reconnut à son signalement pour le locataire du
misérable appentis. Il pouvait n'être, aux yeux de la loi,
qu'un vagabond en rupture de ban; on s'attristait,
néanmoins, de le voir traverser le pont avec peine,
s'arrêtant à chaque pas et s'appuyant aux parapets pour
assurer sa marche alanguie. Il allait à la ville, où elle-
même se rendait avec l'heureuse petite Bella.

Une pensée lui vint alors. Elle s'était toujours figurée
que cet inconnu pouvait être un homme dangereux à
rencontrer sur ce sentier solitaire, qui, du *cottage* de la
veuve Dawson menait à la grande route. Il était si
simple, en ce lieu désert, de se jeter sur elle pour chercher à lui ravir l'argent dont il la saurait munie. Aussi
s'était-elle bien gardée, à mainte et mainte reprise, de
verser aux mains de la veuve ses libéralités habituelles,
s'imaginant avoir vu s'entr'ouvrir doucement la porte

de l'appentis, et se croyant épiée par l'inconnu dont la cupidité s'éveillerait, pensait-elle, au bruit des pièces de monnaie qu'elle remuerait en ouvrant sa bourse. Maintenant qu'elle voyait devant elle se manifester la faiblesse et les infirmités de ce malheureux, la pitié remplaça tout à coup ces craintes absurdes :

« Fillette, dit-elle à la petite Bella nantie d'un gâteau que la femme de charge de Jeremy Foster l'avait forcée d'emporter.... Ce pauvre homme que tu vois là-bas a bien faim.... Tu devrais lui donner ton gâteau, que je remplacerai demain par un autre deux fois plus grand. »

Cette dernière considération — et aussi la générosité naturelle aux enfants qui sortent de table bien complétement rassasiés, — firent consentir Bella au sacrifice qu'on lui demandait.

Sylvia prit le gâteau, et s'abritant de son châle, glissa une demi-couronne au centre de cette espèce de brioche qu'elle rendit ensuite à Bella.

« Je vais te prendre dans mes bras, continua-t-elle ensuite, et lorsque nous dépasserons cet homme, tu lui remettras ton offrande par-dessus l'épaule de maman.... »

Ces instructions furent fidèlement suivies; au moment où les vêtements de sa mère frôlaient ceux de l'inconnu, l'enfant lui présenta le gâteau que sa petite main serrait encore.

« Tiens, pauvre homme! disait-elle.... Bella n'a plus faim. »

Telles furent les premières paroles qu'il entendit prononcer par son enfant. Elles résonnaient encore à ses oreilles tandis que, détournant la tête et penché sur le parapet du pont, il laissait tomber dans le rapide courant des larmes brûlantes que l'Océan allait recevoir dans son vaste sein. Modifiant ensuite son itinéraire, il revint sur ses pas et rentra dans son abri nocturne.

Le lendemain tout ceci n'était pour Sylvia qu'un souvenir effacé; mais Bella s'en préoccupait encore, et voulant répéter devant Hester, avec les gestes et les inflexions de voix qu'elle se rappelait, la scène de la petite fille et du Mendiant, elle saisit à l'improviste la montre que celle-ci portait à sa ceinture et que sa forme appelait à jouer le rôle de la brioche. Hester voulut la reprendre, et dans ce conflit la montre tomba par terre. Il n'y avait plus qu'à la porter chez Darley pour la faire raccommoder.

Ce Darley était le frère du marin tué jadis dans le combat où Kinraid s'était distingué contre la *press-gang*, et le frère, par conséquent, de la pauvre fille infirme à qui Hester avait naguère prodigué ses soins. Volontiers redouté pour son excentricité caustique, il n'en était pas moins l'horloger favori des marins du port, qui lui confiaient de préférence, vu son habileté consommée, la réparation de leurs montres et de leurs chronomètres. Il faisait avec eux une sorte de commerce d'échange, et acceptait sans peine, en place d'argent, quelques-unes de ces curiosités qu'ils rapportaient de leurs voyages. La reconnaissance qu'il professait pour la jeune méthodiste mettait celle-ci à l'abri de ses sarcasmes, et il ne travaillait pour personne avec autant de zèle, pour personne à prix aussi réduit.

Pendant que, ses lunettes sur le nez, il démontait la montre malade, Hester s'amusait à examiner les mille et un brimborions qui de son atelier faisaient une espèce de musée. Elle tressaillit tout à coup, et poussa un petit cri de surprise. L'horloger leva les yeux, et lui vit entre les mains une montre qu'elle venait de prendre sur l'établi.

« Qu'as-tu donc? lui dit Darley; n'aurais-tu jamais vu un bijou de cette espèce?... Ou bien serait-ce la forme bizarre de ces lettres gravées sur le couvercle qui te surprend à ce point? »

24

C'étaient effectivement ces lettres, entrelacées à la vieille mode et formant un chiffre tout particulier, qui venaient d'attirer l'attention d'Hester. Un Z, un H, initiales de Zachary Hepburn, le père de Philip. Vingt fois elle avait vu cette montre dans les mains de ce dernier; elle l'y avait vue, notamment, la veille du jour où il avait quitté ses foyers, et, sachant qu'il y attachait une valeur toute spéciale, elle ne pouvait douter qu'il ne l'eût emportée avec lui. Pour ce qui était de la vendre, il n'avait dû s'y résoudre qu'à la dernière extrémité. — Où donc alors était Philip? Par quelles chances de vie ou de mort cet objet si précieux pour lui se trouvait-il de retour à Monkshaven?

« D'où vous vient ceci? » demanda-t-elle avec tout le calme qu'il lui fut possible de garder, émue comme elle l'était. Darley n'aurait probablement pas répondu à cette question si toute autre personne la lui eût adressée. Il était assez jaloux des secrets de sa profession, et n'aimait pas à mettre le premier venu dans la confidence de ses petites affaires. Mais, vis-à-vis d'Hester, ce n'était plus le même homme. Il prit la montre, en regarda le numéro gravé à l'intérieur, et aussi le nom du fabricant. Alors seulement il répondit en ces termes :

« Hier, à la nuit, un homme est venu me proposer d'acheter ceci. C'est un objet qui date d'au moins quarante ans, car il y a bien cela que le fabricant, Nathan Gent, est allé rejoindre ses ancêtres.... C'était, de son vivant, un bon ouvrier.... Aussi ai-je acheté cette montre à celui qui me l'apportait.... Acheté à beaux deniers comptants, et pour ce qu'elle vaut, à très-peu de chose près.... J'aurais préféré un échange, mais le gaillard n'a pas mordu à l'hameçon.... C'était probablement un « meurt-de-faim » comme il y en a tant actuellement.

— Mais qui était-ce? demanda Hester d'une voix entrecoupée.

— La belle question !... Qu'en puis-je savoir ?

— Sa tournure, ses traits, son âge ?... Voyons, ne me faites pas languir !

— Mais je t'ai dit, mon enfant, que c'était à la nuit tombante.... Et j'ai tant à faire de mes yeux que je ne lorgne guère le visage de mes pratiques.

— Pour examiner la montre, il vous a fallu de la lumière.

— Peste, quelle subtilité !..... J'avais une chandelle que je tenais tout contre mon nez.... Je ne l'ai pas levée pour regarder cet homme au visage.... C'eût été malhonnête, tu en conviendras. »

Hester n'avait plus rien à dire. Quand il l'eut ainsi réduite au silence, Darley se sentit moins inflexible.

« Après tout, reprit-il, si vous tenez tellement à savoir qui était cet homme, je ne regarde pas comme impossible de vous mettre sur ses traces.

— Et comment ? demanda Hester avec une sorte d'avidité.... Je désire en effet le savoir, et j'ai d'excellentes raisons pour cela.

— Soit, alors : je vous dirai tout.... C'est un cadet dont le pareil ne se rencontre pas tous les jours.... Je suis certain qu'il avait grand besoin de monnaie, et cependant il a tiré de sa poche une bonne demi-couronne enveloppée dans du papier, me priant de la lui trouer.
— Prenez garde, lui ai-je dit, quand on gâte ainsi la bonne monnaie du roi, elle cesse pour jamais d'avoir cours, — à quoi il a répondu, marmottant entre ses dents, qu'il n'en fallait pas moins faire la chose.... Et il m'a laissé cette demi-couronne, qu'il doit revenir chercher demain vers le soir.

— Oh ! William Darley, dit Hester tendant vers lui ses mains jointes.... Sachez qui est cette homme,... sachez où il loge.... Sachez tout ce que vous pourrez apprendre de lui.... Je vous en serai si reconnaissante ! »

Darley la contemplait avec une attention mêlée de sympathie : — « Jeunesse, dit-il, j'aurais préféré que vous ne vissiez pas cette montre…. On ne gagne rien à se trop occuper d'une des créatures de Dieu…. mais je n'en ferai pas moins ta commission, continua-t-il tout à coup sur un ton bien moins grave…. Je suis un vrai blaireau quand je m'en mêle…. Revenez chercher votre montre d'ici à deux jours, et je vous donnerai tous les renseignements que j'aurai pu me procurer. »

Hester s'en alla donc avec un grand battement de cœur, à l'idée qu'elle allait enfin avoir quelques nouvelles de Philip, mais n'osant pas se flatter, dans le premier moment, que ces indices dussent satisfaire aux exigences de son ardente curiosité. Quelque matelot nouvellement débarqué avait pu rapporter de ses expéditions lointaines la montre de Philip. En ce cas, Philip était mort. Rien d'impossible à ceci. C'était même, ainsi se disait-elle, que devait le plus naturellement s'interpréter le retour de cette montre sur l'identité de laquelle il ne lui était pas permis de conserver le moindre doute. Il se pouvait, en revanche, que Philip lui-même l'eût portée chez Darley, et alors il lui fallait se le figurer en lutte avec la faim et forcé, — littéralement forcé, pour ne pas mourir comme tant d'autres, — d'aliéner ce précieux bijou de famille. Si cela était, quelle honte et quel remords de penser à ces trois amples repas que Sylvia leur servait chaque jour !

Sylvia !… Hester gémissait intérieurement en se rappelant ce qu'elle lui avait dit autrefois : — « Je ne lui pardonnerai jamais le mal qu'il m'a fait ! » Voilà bien les paroles impies qu'elle avait proférées le soir où Hester était venue, l'étreignant de ses bras, lui faire l'humiliant aveu de cet amour insensé dont Philip n'avait jamais daigné s'apercevoir.

Et maintenant, à qui était réservé le soin de réunir

ces deux êtres? Serait-ce à Hester elle-même qui ne pouvait se douter, — âme trop droite, raison trop vigoureuse, — de ce qui se passait dans le cœur de Sylvia, dans ce cœur mobile, passionné, changeant?

Et si c'était à elle, qu'aurait-elle à dire, qu'aurait-elle à faire, Philip se trouvant là sous le double coup d'une misère et d'une tristesse écrasantes? Dévorée d'anxiétés, elle chercha comme d'ordinaire son refuge et sa consolation dans la sainte parole du Père céleste.

« Avec Dieu, tout est possible » se répétait-elle à chaque instant pour mieux se calmer.

Il est vrai. Tout est possible avec le secours de Dieu. Mais il accomplit parfois son œuvre au moyen de terribles instruments. A ceux qui souhaitent la paix, il envoie la mort.

XVI

SAUVÉE, PERDU.

Nous sommes au surlendemain. Hester est sortie pour retourner chez Darley. Comme toutes deux ne sauraient quitter à la fois Alice Rose, Sylvia est restée auprès de la vieille méthodiste, et attend le retour de son amie qui ne doit pas être absente plus de vingt minutes. Les yeux levés sur le ciel qui resplendit de tous les feux d'une belle soirée d'été, Sylvia s'abandonne à des pensées qui peut-être causeraient à Hester la plus vive surprise. Depuis le départ de Philip, en effet, elle a quelquefois regretté cette tendresse qui l'entourait d'une protection si intelligente; lorsque Alice la réprimandait avec aigreur, lorsque la douce gravité d'Hester prenait une nuance de mécontentement sévère, elle se rappelait l'inaltérable indulgence de Philip, qui pendant les dix-huit mois de leur union ne lui avait jamais fait entendre, — sauf en deux occasions déjà rapportées, — que le langage de l'affection la plus complaisante. D'ailleurs, le mariage de Kinraid avait donné raison à Philip. Le jugement qu'il avait porté sur l'inconstance du *specksioneer* se trouvait confirmé par cet hymen dont Sylvia s'irritait plus que de raison, et, par ce contraste même, le patient, le fidèle amour de Philip se trouvait mis en relief. Aussi, songeant au terrible serment qui la séparait de lui, elle s'était sentie souvent, elle se sentait encore, ce soir-là, une étrange défaillance de cœur, se demandant si sa défunte mère aurait approuvé une conduite aussi implacable.

Sa rêverie fut interrompue par l'arrivée de Kester. Elle ignorait qu'il fût déjà revenu des Monts Cheviots, et comptait précisément se rendre chez sa sœur, ce soir-là même, pour savoir s'il l'avait avertie de son retour. Au moment de l'accueillir par une interpellation joyeuse, les paroles se glacèrent sur ses lèvres. La physionomie du vieillard était bouleversée. Elle exprimait en même temps une sorte de terreur et de pitié.

« C'est cela, dit-il, sans autre exorde, la voyant tout habillée pour sortir.... On a grand besoin de toi.... Viens sur-le-champ!...

— Ma fille, ma fille! s'écria Sylvia qui se sentant aussitôt défaillir, mais comprenant la nécessité de rester debout, se cramponnait au dossier de son fauteuil.

— Oui, ta fille, reprit Kester la prenant par le bras et l'entraînant avec lui du côté du quai.

— Dis-moi tout, Kester, reprit Sylvia d'une voix faible.... Dis-moi si je l'ai perdue!

— Non, répondit Kester; elle est maintenant hors de danger.... Ce n'est pas elle, c'est *lui* qui a besoin de ton assistance.... Lui à qui elle devra deux fois la vie.... et auprès de qui sa femme devrait être déjà.

— Philip! s'écria Sylvia s'arrêtant court sur le pont... Philip, à la fin!... Philip! »

Kester, répondant alors à ses questions précipitées, lui expliqua brièvement ce qui s'était passé. Jeremy Foster, que l'enfant accompagnait au retour de sa promenade habituelle, l'avait menée voir les travaux de la route neuve; ils s'exécutaient alors sur le flanc des rochers dont la base plongeait dans les flots. C'était le temps des grosses marées, et les vagues montaient presque au niveau de cette route encore inégale. Le vieillard n'y voyait pas très-bien, les pas de l'enfant n'étaient pas très-assurés. A un moment donné, — Kester n'en savait pas davantage, — un cri perçant s'était fait entendre, et Kester, rentré chez sa sœur une demi-heure auparavant, s'était élancé au secours.

« Le vieux Jeremy était là, disait-il, comme privé de raison, et penché sur l'eau. Un homme, assis sur les rochers voisins, venait de se lever et arrivait à toute course.... Avant que j'eusse pu demander qui c'était, il avait plongé, tête en avant, au sein de ces vagues terribles.... Je n'osai le suivre, bien que devinasse à peu près qu'il s'agissait de Bella.... Mais je m'étais avancé à l'extrême bord, et le vieux Jeremy, sur ma demande, me retenait par mes vêtements.... Tu vas voir, j'avais mon idée.... Je guettais une occasion favorable.... En effet, deux bras sortent de l'eau soutenant un pauvre petit être tout ruisselant.... C'était Bella!... Je me jette en avant, je la saisis et, grâce au point d'appui que je m'étais assuré, je la ramène saine et sauve.... Ce bain-là, je t'en réponds, ne lui fera pas de mal.

— Laisse-moi, laisse-moi, disait Sylvia se débattant sous la main de Kester.... Bella! je veux voir Bella! »

A peine l'eut-il lâchée, cédant à ses instantes prières, qu'elle se trouva trop faible pour avancer d'un pas.

« Si vous voulez montrer un peu plus de courage, dit Kester, je me charge de vous faire arriver là-bas.

— Tout ce que vous voudrez, répondit humblement Sylvia, pourvu que Bella me soit rendue.

— Et celui qui l'a sauvée ? reprit Kester avec l'accent du reproche.

— Je sais que c'est Philip, murmura-t-elle.... Et vous m'avez dit qu'il avait besoin de moi.... Donc, il vit encore, et je vous l'avoue, Kester, j'ai peur de lui.... Je voudrais rassembler mon courage avant de le voir, et il me semble que rien ne me remettrait le cœur autant qu'un regard jeté sur Bella.... Si vous saviez ce qu'a été notre séparation !... si vous saviez quelles paroles j'ai prononcées....

— Oublie ce que tu disais alors; et songe seulement à ce que tu vas lui dire, car il est mourant.... Avant que la barque de sauvetage ait pu lui porter secours, il a été lancé à mainte et mainte reprise contre les rochers.... Je crains bien....

— Marchons ! » dit Sylvia qui ne tremblait plus. Et sans ajouter un mot, les dents fortement serrées, elle pressait l'allure un peu lente de son guide. Arrivé à l'extrémité du pont, elle parut incertaine sur la route à suivre.

« Par ici, dit Kester.... Il loge avec ma sœur depuis tantôt neuf semaines.... Et il est si défiguré par ses blessures, que personne encore ne l'a reconnu.

— C'était donc lui ! s'écria la jeune femme avec un gémissement plaintif.... Et moi qui voulais le faire chasser de là !... Dieu pourra-t-il me le pardonner jamais ? »

Ils arrivèrent ainsi devant le misérable *cottage*. Il n'était plus désert et silencieux comme d'habitude. Plusieurs marins, groupés autour de la porte, attendaient avec anxiété la décision des médecins qui examinaient en ce moment les contusions et meurtrissures dont le corps de Philip était couvert. Deux ou trois femmes, en dehors de ce groupe, causaient tout bas à mots pressés.

Quand Sylvia parut, chacun se dérangea pour lui faire place. Ils la regardaient tous avec une certaine sympathie, tempérée cependant par une réflexion quelque peu malveillante. Ne l'avaient-ils pas vue, en effet, vivre à l'aise et dans l'abondance, pendant que son mari mourait de faim sous ce misérable toit? — Son mari, disons-nous, car l'histoire était déjà connue et tout le monde savait à quoi s'en tenir sur le compte de ce prétendu vagabond que la veuve Dawson avait logé chez elle.

Sylvia comprit ce que leurs regards et leur silence avaient de pénible. Mais que lui importait, à ce moment? Elle se tourna du côté de Kester, qui put à peine distinguer quelques paroles dans ce qu'elle lui disait d'une voix étouffée. Il comprit, cependant, qu'elle désirait, avant de pénétrer dans le *cottage*, attendre la sortie des médecins.

Pour l'instant, elle demeurait complétement étrangère au spectacle qu'elle avait sous les yeux. Ni ces gens qui la regardaient, groupés sur la route, ni les roches en talus que battaient encore les flots écumants, ne lui offraient une image nette et distincte, un bruit dont elle eut conscience. Devant ses yeux un brouillard, dans ses oreilles un vague bourdonnement. Et tout à coup, néanmoins, certaines paroles prononcées à l'intérieur de la maison semblèrent percer les murailles et lui arriver sans obstacle ; — c'était l'arrêt de mort de Philip.

Les médecins étaient d'accord; l'épine dorsale étant brisée, il ne restait plus aucune ressource. Malgré l'étouffante chaleur de cette soirée d'été, Sylvia se sentit envahie par un frisson glacial.

« Il faut que j'entre là, dit-elle à Kester d'une voix douce.... Une fois que les médecins seront sortis, fais en sorte que personne n'y pénètre. »

Ignorant ce qu'elle avait entendu, Kester s'étonna de ces paroles. Il s'étonna également, et bien d'autres avec lui, lorsque, — les médecins venant à sortir suivis de Jeremy Foster, tous plus graves les uns que les autres, — il la vit se glisser dans la maison sans leur adresser une seule parole, sans leur poser la moindre question, pâle, les yeux secs, et comme soulevée de terre, tant ses pas semblaient légers.

A l'intérieur, une obscurité complète, sauf dans le rayon lumineux que projetait autour d'elle une misérable chandelle de suif. La veuve Dawson pleurait, tournant le dos au lit, à son propre lit sur lequel on avait déposé Philip dans le premier moment de trouble, alors qu'on ne savait au juste s'il était vivant ou mort. Tout en pleurant ainsi sans bruit, elle rassemblait les lambeaux de vêtement que les médecins, à grands coups de ciseaux, avaient détachés de ce pauvre corps meurtri. A l'aspect de Sylvia, elle secoua la tête sans prononcer un seul mot.

Le pas de la jeune femme, ce pas si léger, qui lui donnait les allures d'un spectre, fut à l'instant même reconnu par le mourant. Il se tourna aussitôt du côté du mur, pour cacher dans l'ombre son visage défiguré.

Mais, sans la voir, il la savait près de lui, agenouillée à côté de sa couche. Sur sa main, engourdie déjà par les approches de la mort, il sentait que des lèvres venaient de se poser.—Aucun des deux, pourtant, ne parlait encore.

Enfin, s'exprimant avec effort et sans retourner la tête :

« Ma pauvre Sylvie, dit-il, pardonne-moi maintenant.... Si je vais jusqu'au matin, ce sera tout ! »

Il n'obtint d'autre réponse qu'un long soupir d'angoisse, mais une joue lisse vint s'appuyer contre sa main, et il sentit que la pauvre femme frissonnait de la tête aux pieds.

« Certes, reprit-il après un moment de silence, je m'étais fait un bien grand tort, et je le vois maintenant.... Je meurs, cependant, je meurs.... Dieu me pardonnera, je pense, et pourtant j'ai péché contre lui.... Un effort, ma fille !... un effort, ma Sylvia ; ne pourras-tu, toi aussi, me pardonner ? »

Il prêta, pendant un moment, une oreille avide. A travers la fenêtre ouverte, il entendait les vagues sonores qui frappaient les rochers et leur muraille inclinée. Mais d'elle, pas un mot. Seulement, à la longue, un autre soupir d'angoisse passa, frémissant, entre ses lèvres fermées.

« Mon enfant, reprit-il encore, j'ai fait de toi mon idole.... Si j'avais ma vie à revivre, je m'efforcerais de moins t'aimer et d'aimer Dieu davantage.... S'il en eût été ainsi, je n'aurais pas commis contre toi cette faute énorme.... Malgré tout, petite, un mot de tendresse !... Un mot qui m'assure de ton pardon....

— Oh ! Philip, Philip ! » s'écria-t-elle en gémissant, lorsqu'elle se vit adjurer de la sorte.

Puis, relevant la tête, elle ajouta :

« Ces paroles que j'ai prononcées étaient des paroles coupables.... Ce serment que j'ai fait, un serment criminel.... Le Dieu tout-puissant m'a prise au mot, et si tu savais, Philip,... si tu savais quel châtiment il m'inflige ! »

Il pressa faiblement sa main, il effleura son visage d'une caresse timide ; mais ce qu'elle avait dit ne lui suffisait point.

« Je t'ai fait tort, reprit-il. Dans ce cœur habité par le mensonge, le divin précepte a été méconnu..... Je n'ai pas été pour toi ce que que j'aurais voulu que tu fusses pour moi.... J'ai porté jugement contre Kinraid, alors que....

— Et tu ne te trompais pas, interrompit-elle vivement.... Il était bien l'homme inconstant et léger que tu le croyais.... Son mariage, avec une autre femme, a suivi de près ton départ.... Et toi, Philip, quand je te retrouve, faut-il que ce soit?... »

... Pour te perdre, allait-elle ajouter, mais elle s'arrêta subitement, de peur de lui révéler ce qu'il ne savait peut-être pas encore. Il comprit cette réticence significative et, passant de nouveau sur ses cheveux une main caressante :

« Parle toujours, fillette, lui dit-il, tu ne m'apprends rien, sois tranquille!... Mon Dieu, reprit-il quand il la vit plus calme après quelques sanglots, je ne croyais pas qu'il m'arrivât jamais un tel bonheur.... La miséricorde de Dieu est bien grande.

— Me pardonnera-t-il, croyez-vous ? lui demanda-t-elle aussitôt, en levant la tête, avec un accent égaré.... Je vous ai chassé de chez vous, je vous ai fait courir à ces guerres où vous pouviez trouver la mort, et quand vous êtes revenu, pauvre malheureux ! il n'a pas tenu à moi que vous ne fussiez chassé de cette maison où je vous savais aux prises avec la faim.... Ah ! je suis condamnée, je le vois trop.... J'irai où sont les grincements de dents, tandis que vous habiterez, vous, où les larmes sont essuyées.

— Non! dit Philip, tournant cette fois la tête, car il s'oubliait lui-même entraîné par le désir de la rassurer. Pour ses pauvres enfants égarés, Dieu garde toujours la pitié d'un bon père ; plus j'approche de la mort, plus nettement il m'est révélé.... Nous nous sommes fait du mal l'un à l'autre ; mais, à présent que nous en savons la cause, la pitié, le pardon nous deviennent faciles.... Dieu, qui sait davantage encore, sera aussi bien plus indulgent. Nous nous retrouverons devant sa face; je te le dis parce que je le crois fermement.... Mais alors je ne t'aimerai qu'après lui, et non pas, comme je l'ai fait, par-dessus toute chose au monde. »

Sa voix s'était graduellement affaiblie. Il cessa de parler et ne bougea plus. Sylvia étendit la main vers une table voisine, sur laquelle était un cordial que les médecins avaient laissé derrière eux en désespoir de cause. Elle en versa quelques gouttes sur les lèvres du mourant. Puis elle s'agenouilla de nouveau, reprit la main qu'il lui tendait toujours, et dans ces yeux dont le regard mélancolique et fixe ne la quittait pas, s'étudiait à ne pas perdre de vue l'indécise clarté qui attestait un reste de vie. Sur les rochers en pente les vagues sonores continuaient à bondir.

. . . .

Kester et sa sœur veillaient au dehors, assis devant la porte et sous le ciel étoilé. Ils étaient seuls, tout le monde s'étant retiré peu à peu, même les deux quakers, qui avaient emmené la petite Bella. Vers minuit, ils virent une forme humaine gravir rapidement le sentier. C'était Hester, à qui la fatale nouvelle était enfin parvenue et qui se hâtait d'accourir. Le vieillard la regardait en silence.

« C'est donc lui?... C'est lui, c'est Philip? » dit-elle aussitôt que sa respiration haletante lui permit de parler.

Kester secoua tristement la tête.

« Et sa femme?... Et Sylvia? reprit Hester.

— Elle veille auprès de lui, toute seule.... L'entrée de la maison nous est interdite. » murmura tout bas le fidèle gardien.

Hester fit quelques pas pour s'éloigner et, tout à coup, levant les mains vers le ciel :

« Seigneur Dieu, notre Maître à tous, s'écria-t-elle, tu ne m'as pas même jugée digne d'unir leurs mains dans cette dernière étreinte !

Et lentement, le cœur gros, elle retourna près de sa mère endormie.

Les premières blancheurs d'une matinée d'été marquent sur le ciel vers deux heures après minuit. Philip tenait à voir lever cette nouvelle aurore, — la dernière de toutes, il le savait.

Comme soldat, la mort lui était familière. Une ou deux fois, — le jour, entre autres, où il s'était précipité au milieu des balles pour sauver Kinraid, — ses chances de salut avaient été dans la proportion d'une contre cent. Encore cette chance unique existait-elle; à présent, au contraire..., il éprouvait cette sensation nouvelle, (que la plupart d'entre nous éprouveront aussi tôt ou tard), d'une fin qui n'est pas seulement prochaine, mais inévitable.

Il sentait l'engourdissement gagner ses membres, les gagner un à un, en remontant des extrémités vers le centre. Mais la tête restait libre, et le cerveau accessible aux impressions les plus vives.

Il se voyait, hier encore, tout petit enfant appuyé aux genoux de sa mère, écoutant ses pieuses leçons et brûlant du désir de ressembler à Abraham, l'ami de Dieu, ou bien à David, l'homme selon le cœur de Dieu, ou à saint Jean, le Disciple bien-aimé. Il se rappelait le jour où il avait formé la résolution de leur ressembler ; — c'était au printemps, et quelqu'un avait apporté un faix de primevères ; — le parfum de ces fleurs emplissait encore ses narines à l'heure présente, à ce moment où il gisait mourant, sa vie terminée, son combat livré, avec la triste certitude que le vœu sacré de son enfance ne serait jamais réalisé.

Toutes les tentations qui l'avaient entouré, il les appréciait avec une netteté surprenante. Les lieux, les personnes, se représentaient à lui comme s'il les eût vus, comme s'il les eût touchés. Les pensées qu'il avait eues, les arguments par lesquels Satan l'avait entraîné revivaient dans sa mémoire illuminée de clartés surprenantes. Il démêlait ce que ces pensées avaient d'illusoire, ce que ces arguments avaient de spécieux et de faux : il possédait la vision parfaite de la parfaite vérité; il se rendait compte qu'auprès de chaque tentation existe le moyen de s'y soustraire. Il regrettait amèrement de ne pas s'être rappelé le serment qui le liait à Dieu, le jour où l'esprit de mensonge avait scellé ses lèvres. Quelquefois il sentait sa raison lui échapper, et ne la ramenait à lui que par un effort de volonté. N'était-ce pas déjà l'agonie ? Pour se rattacher à quelque chose de tangible, il cherchait à dégager, de l'espèce de buée qui les enveloppait déjà, les objets présents, ceux dont il était immédiatement entouré. Ainsi voulait-il s'assurer qu'il était sur le lit de Sally Dawson, et non pas sur le misérable grabat, sa couche ordinaire. Cela, il le savait. Il savait aussi que la porte était ouverte, et la nuit étoilée. Sur les rochers du rivage il entendait bondir les vagues sonores. Et du côté de la mer, — de ce côté-là seulement, — il voyait poindre les lueurs grises de l'aube. Cette chaude main qui serrait la sienne, cette main qu'animait un sang impétueux et jeune, elle était à Sylvia, il le savait; — c'était bien sa femme dont le bras était passé autour de lui et dont les sanglots ébranlaient, de temps en temps, son corps engourdi.

« Dieu bénisse et console ma bien-aimée, se disait-il à lui-même.... Elle sait à présent qui je suis.... Là-haut, tout sera mieux encore, sous les rayons de la clémence divine.... Ma mère m'aimait bien.... Dieu m'aimera davantage.... »

Quand cette pensée lui vint, il voulut joindre les mains pour prier ; mais Sylvia garda l'une d'elles étroitement captive, et il demeura immobile, n'en priant pas moins pour elle, pour son enfant et pour lui-même. Ensuite, il vit au bord du ciel quelques teintes roses ; il entendit, à travers la porte, un long soupir que la fatigue arrachait à Kester. Il aurait voulu pouvoir lui crier d'aller se jeter sur son grabat, dans cet appentis où lui-même avait passé tant de nuits sans sommeil, dont il n'était séparé que par une mince cloison, et qu'il n'était plus destiné à revoir jamais. Bientôt il perdit le sentiment de la durée du temps. Dans la perspective troublée de ses souvenirs, l'image de Sally Dawson, penchée sur lui et le regardant tristement, tout à l'heure, au moment où elle traversait la chambre, — et celle de sa mère, lui parlant de Dieu et des Patriarches dans cette salle basse embaumée par l'odeur des primevères, — ces deux images étaient exactement au même plan. Puis il sentit dans son cerveau un battement précipité, une espèce de tourbillon. Prête à prendre son vol, l'âme essayait ses ailes. Le sentiment de l'actuel revint presque aussitôt : — il entendit sur les rochers inclinés bondir les vagues sonores.

Et ses pensées se reportèrent sur Sylvia. Il reprit la parole, mais d'une voix qui n'était plus la sienne, d'une voix qu'elle ne connaissait pas, d'une voix qui lui fit peur. Lui-même, pour émettre chaque son, faisait des efforts qui l'étonnaient.

« Ma femme !... Sylvie !... Encore une fois, pardonne-moi tout ! »

Se jetant sur lui à corps perdu, elle baisa ses pauvres lèvres brûlées, et le pressant dans ses bras, gémissante, elle disait à son tour :

« Malheur à moi !... c'est moi, moi, Philip, qui ai besoin de pardon. »

Déjà il ne l'entendait plus. La conscience des choses présentes ne lui revenait que par instants passagers. Par instants seulement, il comprenait que Sylvia était là, qu'elle approchait un cordial de ses lèvres, qu'elle murmurait de tendres paroles à son oreille. Puis il sembla s'endormir. Mais au moment où les rayons rouges du soleil matinal vinrent frapper ses yeux, il se releva par un effort soudain, et se tournant pour voir une fois encore ce pâle visage adoré :

« Dans le ciel ! » s'écria-t-il avec un radieux sourire. Puis il retomba, masse inerte, sur son oreiller.

. . . .

Lorsque Hester survint, portant dans ses bras la petite Bella dont le sommeil n'était pas tout à fait dissipé, ce fut pour voir le cadavre de Philip, que Sylvia tenait encore embrassé. Kester, à côté d'elle, sanglotait amèrement ; mais Sylvia ne pleurait pas. Quand on lui présenta l'enfant, elle la regarda, les yeux grands ouverts, et semblait ne pas comprendre. Mais à la vue de cette figure couverte de cicatrices et qu'elle reconnut aussitôt :

« C'est le pauvre homme qui avait faim, s'écria Bella.... Crois-tu qu'il ait encore besoin de manger ?

— Non, répondit doucement Hester, les choses du passé ne sont plus.... Le chagrin et la souffrance n'habitent pas où il est. »

Tandis qu'elle parlait ainsi, son regard tomba sur un ruban noir passé autour du cou de Philip. A ce ruban, qu'elle souleva d'une main respectueuse, pendait une pièce d'argent. C'était celle qu'il avait fait percer, quelques jours avant, par William Darley.

Bella, effrayée de se trouver dans un lieu inconnu, chercha naturellement refuge aux bras de sa mère et, dès qu'elle fut là, les pleurs de Sylvia ne tardèrent pas à couler.

Monkshaven est devenu, à notre époque, un établissement de bains dont la réputation va croissant. Les flots sonores y bondissent, comme jadis, sur les roches inclinées, et tant que la mer sera la mer, vous pourrez entendre, par une belle nuit d'été, le même bruit qui arrivait aux oreilles de Philip, pendant les intervalles de la lutte suprême, tandis qu'il restait, pour ainsi dire, suspendu entre la vie et la mort.

La mémoire de l'homme est moins constante que les flots. Quelques vieillards ont seuls conservé la tradition d'un contemporain de leur enfance, lequel mourut dans un *cottage* dont ils désignent à peu près le site, à deux jets de pierre de la maison où sa femme, endurcie contre lui, vivait au sein d'une abondance coupable. Telle est la forme définitive que la compassion populaire et l'ignorance des faits réels ont donnée à notre légende.

Il y a peu de temps qu'une dame s'étant rendue aux « Bains publics », — élégant édifice construit à la place même du *cottage* de la veuve Dawson, — et trouvant toutes les cellules occupées, se mit à causer avec la baigneuse. Le hasard fit tomber la conversation sur l'histoire dont Philip Hepburn est le héros.

« Quand j'étais encore jeune fille, disait la baigneuse, j'ai connu un vieillard qui ne tolérait pas le moindre blâme jeté à cette femme dénaturée.... Il ne disait rien contre le mari; mais il protestait, en général, contre tout jugement porté par les hommes : la femme de Hepburn selon lui, avait été tout aussi rudement éprouvée que Hepburn lui-même.

— Peut-on savoir ce qu'elle était devenue? demanda la dame.

— Que vouliez-vous qu'elle devînt ? répliqua la baigneuse. Elle était pâle, toujours triste et vêtue de noir. C'est à peine si je me rappelle l'avoir vue dans ma première enfance, car elle mourut avant que sa fille fût en âge d'être mariée. Miss Rose se chargea de celle-ci, et n'a cessé de veiller sur elle avec un soin maternel.

— Miss Rose ?

— Hester Rose !... Est-ce que vous n'avez jamais entendu parler d'Hester Rose, celle qui a fondé, sur la route de Horncastle, cet hospice pour les matelots et soldats invalides ?... Au-dessus de la porte est une inscription où on lit que cette fondation a été faite « en mémoire de P. H., » et ces deux lettres, s'il faut en croire quelques personnes, seraient les initiales du nom de ce malheureux qu'on laissa mourir de faim.

— Et sa fille ?...

— Un des Foster, de ceux qui avaient établi la vieille banque, lui légua une fortune considérable. Aussi épousa-t-elle un de leurs cousins, d'une branche éloignée, et ils sont allés s'établir en Amérique, il y a déjà bien longtemps.

FIN DE LA TROISIÈME ET DERNIÈRE PARTIE

TABLE.

PREMIÈRE PARTIE.

		Pages.
I.	Monkshaven	1
II.	Les revenants du Groënland	7
III.	L'achat d'un manteau	13
IV.	Philip Hepburn	26
V.	Histoires de presse	32
VI.	Les funérailles du matelot	39
VII.	Tête-à-tête. — Le Testament	49
VIII.	Attraction et répulsion	59
IX.	Le Specksioneer	66
X.	Une éducation	70
XI.	Les visions de l'avenir	79
XII.	La fête du Nouvel an	86
XIII.	Perplexités	104
XIV.	Affaires de commerce	111

DEUXIÈME PARTIE.

I.	Une question difficile	123
II.	La promesse	132
III.	Avertissements inutiles	143
IV.	Un reflux sur le fleuve Amour	154
V.	Une mission importante	164
VI.	Aimé, perdu	169
VII.	Un refus	176
VIII.	L'ombre épaissit	183
IX.	Représailles	191
X.	Joie éphémère	202
XI.	Les mauvais jours	210

XII.	Une triste veillée	222
XIII.	Jours ténébreux	230
XIV.	L'épreuve	237
XV.	La Robe de noces	248

TROISIÈME PARTIE.

I.	Jours heureux	261
II.	Mauvais présages	267
III.	Un sauvetage	272
IV.	Une apparition	283
V.	Un aventureux soldat	293
VI.	Ce qu'on ne dit pas	304
VII.	Nouvelles mystérieuses	308
VIII.	Isolement	318
IX.	Comment on se retrouve	323
X.	Confidence	330
XI.	Un message inattendu	337
XII.	Le Bedesman du Saint-Sépulcre	342
XIII.	Une fable démentie	352
XIV.	L'Inconnu	358
XV.	Premières paroles	365
XVI.	Sauvée, perdu	373

FIN DE LA TABLE.

COULOMMIERS. — IMPRIMERIE PAUL BRODARD.

www.ingramcontent.com/pod-product-compliance
Lightning Source LLC
Chambersburg PA
CBHW060051190426
43201CB00034B/675